価格支配力と マーケティング

CREATE THE
PRICING POWER
THROUGH
MARKETING
INNOVATION

菅野誠二
千葉尚志
松岡泰之
村田真之助
川﨑稔

CROSSMEDIA
PUBLISHING

ゲームのルールは変わった。
いま、創造への情熱を失ってはならない。
本書は、そのための希望の書である。

THE RULES OF GAME HAVE CHANGED.
THE PASSION FOR CREATION MUST NOT CEASE.
THIS BOOK OF HOPE WAS CREATED TO DO JUST THAT.

序章

マーケティング・イノベーションが生み出す「価格支配力」

菅野誠二

「価格支配力」とは何か？

事業を評価する上でもっとも重要なことは、「**価格支配力**」だ。競合他社にシェアを奪われることなく価格を引きあげる力を有しているならば、その事業は極めて優良な事業と言える。もし、10％値上げする前に祈祷をしなければならないのなら、それはひどいビジネスだ。

ウォーレン・エドワード・バフェット

The single most important decision in evaluating a business is **pricing power**. If you've got the power to raise prices without losing business to a competitor, you've got a very good business. And if you have to have a prayer session before raising the price by

10 percent, then you've got a terrible business.

—— Warren Edward Buffett ——

これは投資家に時折引用されるウォーレン・バフェットの至言である。

２０１０年、リーマンショック後の経済危機において、ブルームバーグに投資をした動機をＦＣＩＣ／金融危機調査委員会から問われた際の回答だ。彼は世界最大の投資会社バークシャー・ハサウェイを率い、「オマハの賢人」と称される世界屈指の投資家である。バフェット氏にとって、「価格支配力がない企業は投資対象にならない」ということだろう。

価格支配力とは「自社の提供物*の販売価格を管理・決定・マネジメントする力」である。これは「需要を減退させてしまったり、競合他社にシェアを侵食されたりすることなく、利益を維持・拡大するために価格を引きあげる能力」とも定義できる。この価格マネジメントを放棄している企業を、本書では「価格〝無〟支配力企業／Non-Pricing Power Company」と呼ぶことにする。

今後の日本経済の厳しい見通しを想定すると、先述の賢人の警句が今、特別な意味合いを示している。１９８９年の日本企業は、世界時価総額ランキングでトップ20位内に14社

*自社の提供物：マーケティング上、提供物／offeringsとは商品・サービスを含む概念を指す。商品が物単体で機能することは減少しつつあり、商品はクレーム対応から情報からソフトウェアまで、サービスと一体化して価値を生む。文中で「商品」という言葉を使用することが多いが、特別に定義し直さない限りは「サービス」も含んだ言葉として使用する。

がランクインしていたが、現在では30位以内まで範囲を広げたとしても1社も入らない。日本企業の多くはこれまで海外投資には資源を傾注しながらも、国内の物的・人的投資を控え、固定費の抑制でデフレ価格を成立させてきた。

しかし今、このデフレゲームのルールは変わった。

円安下で資源コストが上昇し、変動費が高騰する。そして物価上昇へとつながって、消費者は生活防衛に心を砕き、人口減が追い打ちをかけて消費も減退する。これら国内の経営環境の悪化は容易に解決できない。そうなるとビジネスの海外シフトを一層加速させ、経営の軸足を海外に移すのも一案だ。ただし海外で事業推進する際、価格〝無〟支配力企業である限りは、成功が難しいのではないか。

一方で海外シフトは困難な企業が、それでも価格支配力によって販売価格をマネジメントして利益をあげる戦略を〝選ばない場合〟もあるだろう。しかし、販売量・売上拡大とシェア奪取を目標として、コスト削減効果で稼ぐ戦略を選択するとなると、よほどのイノベーションを起こさない限りは成功が難しいのではないか。

数少ない望みはインバウンド消費だが、コスト削減の対象となっていた国内人件費もいま以上の抑制は困難だろう。2030年までに644万人の労働力ギャップが発生する予測もあるくらいだ**。この予測によれば、労働力ギャップは働く女性102万人、シニア

** 『労働市場の未来推計 2030』パーソル総合研究所
https://rc.persol-group.co.jp/thinktank/spe/roudou2030/

163万人、外国人81万人を新たに増やしても298万人分不足していることから、この差分を解消するには生産性を向上させる対策が必要である。

生産性とは企業が生み出す付加価値を「分子」として、「分母」である土地、労働、資本などの生産要素で割ったものだ。この分母はDX や働き方改革、AI、ロボット導入などで補うことが期待されている。しかし、これらの打ち手も欧米先進国の企業と比べれば後塵を拝している。これはもう、待ったなしで実行していくしかない。

ここに加えて、分子になる「企業の付加価値」を向上させることが肝要だ。付加価値の源泉として、値上げによる売上マージンの向上や、イノベーションによる市場拡大が効果的だ。これらは決して容易なことではない。しかし、不可能ではない。そこには、強力なマーケティング戦略が必要になってくる。

結論として、価格支配力が確立できなければ、企業は市場での価値を失っていくのではないか。この課題意識が、私が本書を執筆した原点である。

私は2013年に「値上げのためのマーケティング戦略」(以下、前著)を上梓し、多くの企業にとってデフレ環境での値上げがいかに重要かを説いた。ありがたいことに好評を得て、現在まで版を重ね続けている。ここに編集者の方から改訂版のお話をいただいたので、今日的な価格戦略論を想定しはじめた。現在、経営環境はインフレ局面を迎え、高利益率と企業成長を両立するためには、また違った観点でのマーケティング戦略、価格戦略の強化が必須であることに思い至った。

企業がコストプッシュの圧力に抗いきれない場合に、単に値上げができればよい、というわけではない。需要や競争力に悪い影響を与えることなく、値上げをおこなうことが重要なのだ。長期的な視点から、顧客の利益を大きく損なう値上げは、その地位を維持することが困難なので戦略論として論外だ。しかし、健全な企業経営において、価格支配力は極めて重要な能力なのである。

第1部・第4章「4類型のマーケティング・イノベーション・マトリクス」（P130）の考え方をもとに価格支配力を創造することで、自社の提供物が顧客にとって不可欠なものとなり、業界全体のバリューチェーンの中でも稀有な位置づけを確立しなければならない。これが実際の事業で容易ではないことは理解しているつもりである。

今回、執筆にあたって相当数のブランドマネージャーやマーケティング最高執行責任者／CMO、トップエグゼクティブの方たちに、「担当ブランドに価格支配力はあるか？」「なぜ、そのような力のあるブランドが存在する一方で、弱いブランドができるのか？」「成功のカギは何か？」など、時間をかけてヒアリングした。

世に知られている一見強力なブランド担当者も、多くは「価格支配力」という単語は初耳だったようだ。しかし、その思想に大いに賛同をいただいた。一方で現実には「値上げのための価格戦略」に大変苦労されていた。そして、それを打破するための試行錯誤と、到達したその企業特有の成功のカギの一部を伺うことができた。

これらの戦略を体系的に記述するのは大変な労力を要することもあり、書き出しに躊躇をしていた。だが、幸いにも弊社のコンサルタントとBBT大学の仲間に執筆のお手伝いいただけることとなったため、筆を執ることにした。

さて、ここから前著での基本的なマーケティング理論と価格戦略論を踏襲しつつ、「価格支配力を向上させるマーケティング戦略」について述べていこう。

WHY―WHO―WHAT―HOWに答えを出す

この本の構成を最初に解説したい。

私の経験上、よいマーケティング戦略を構築するステップは、WHY―WHO―WHAT―HOWの順で問いに答えていくとうまくいく。この順序で「価格支配力」構築の議論を進める。

付加価値を創造して価格支配力を得ることを主眼に置くが、本書は価格戦略論の枠に収まるだけの本ではない。これはマーケティング戦略全般に関することであり、ひいては企業経営の要を握る戦略であることを踏まえて、論を進める。

WHY　なぜ、我々がやるのか?

まず、「その事業やブランドの存在意義は何か?」「大義は何か?」「なぜ、我々はそのブランドを世に問いたいのか?」という「問い」に対して答えを考えはじめよう。

「貴社の事業・ブランドのミッション（使命、目的、存在意義）やビジョン（自社のありたい姿、目標、夢）、バリュー（価値観や行動規範）は何か?」と自問自答してほしい。そしてこれら3つが組織に浸透した時に生まれるカルチャー（企業文化、固有の仕事のやりかた、作法や姿勢）は何だろうか。もし、この問いに対する定義が、事業・ブランド名を他社のものに置き換えても成立する凡庸なものは、存在価値がない。

多くの読者は、価格戦略はマーケティングミックスの一要素として、他の要素と互いに結びついていることは理解しておられると思う。しかしながら価格の決定は、そのマーケティングミックスの相互関係よりも、経営の上位概念と連動した熟慮が必要である。

だが、そう信じて、かつ、これを実行している方は、どれほどいるだろうか。

ここで価格に関する至言をご紹介したい。

――値決めは経営である。

故・稲盛和夫*

企業と顧客がともにハッピーである値決め。それが、「顧客価値創造プライシング」である。価格支配力を持つことで事業・ブランドの「儲ける型」を創出する道を選択するのであれば、大義・存在意義の策定や再確認が強固であればあるほど、価格戦略が経営トップから現場まで一貫した、いわば「付加価値追求の企業文化」が根づく。そして、そのＷＨＹの定義が、価格戦略の実行にそのまま表れる。

顧客にとって存在意義が不明確な事業やブランドは、ちょっとした環境の悪化時に価格戦略や方針がブレやすく、価格低減圧力をかけてくる勢力（たとえば、販売代理店、卸、小売、顧客）に対抗できないので、いとも簡単に支配力を失ってしまう。そもそも、たやすく価格を決定する方針を変えるのなら、それを戦略とは呼ばない。発売当初、高付加価値を目指したブランドが存在意義を忘れて価格を下げ、ブランドを棄損して市場撤退した事例は非常に多い。

量と利幅との積が極大値になる一点を求めることです。その点はまた、お客様にとっても京セラにとっても、共にハッピーである値でなければなりません。この一点を求めて値決めは熟慮を重ねて行われなければならないのです。」
https://www.kyocera.co.jp/inamori/about/thinker/philosophy/words63.html

WHO どんな課題を持つ、誰を幸せにしたいのか？

困りごとや不満（ペイン／Pain）を抱えていたり、もっと気の利いた生活（ゲイン／Gain）を望んでいる顧客はいないだろうか。そのような彼、彼女が抱えている、現状と理想の間にある解消したいギャップのことを「問題」という。そして、その問題の根幹にかかわる要因の中で、解決時のインパクトや緊急性が大きいために、「解かねばならない」と決めたことを「課題」と呼ぶ。

その課題を抱えた顧客の中で、我々が幸せにできる人（CAN）と、幸せにしなければいけない人（MUST）がいる。そこからさらに、もっとよい思考として、前述の2つを含めて幸せにしたい人（WILL）が誰かを決定する。特に、意思＝WILLが重要だ。この観点から、事業やブランドの理解者であり、共感を覚えてくれるターゲットが見つかれば、なおよい。

SDGs／持続可能な開発のための2030アジェンダは未解決な社会課題の解決へのゴール、目標であり、この処方箋には多くのイノベーションが必要である。成功すれば社会はもちろん、自社へも大きな経済的リターンを生む可能性がある。SDGsのゴールを自社のWHYに掲げることもあるだろう。

しかしながら、たとえば世界中から貧困や差別を同時になくすことは難しい。WHYの

*稲盛和夫 オフィシャルサイト『値決めは経営である』:「経営の死命を制するのは値決めです。値決めにあたっては、利幅を少なくして大量に売るのか、それとも少量であっても利幅を多く取るのか、その価格設定は無段階でいくらでもあると言えます。
どれほどの利幅を取ったときに、どれだけの量が売れるのか、またどれだけの利益が出るのかということを予測するのは非常に難しいことですが、自分の製品の価値を正確に認識した上で、

抽象度が高すぎると、そのままでは事業にならないのである。であれば、WHYに加えてWHOを同時に想定して、「まずはこの地域の、この課題を持ったターゲット・顧客を幸せにしよう。勝ちパターンを見つけたら、その次のターゲットは誰？」という具合にWHOを定義すれば、実効力のある戦略策定に近づくことができる*。

ドラッカーの言葉を引き合いに出さずとも「ビジネスの目的は顧客の創造」である。

そのためには、顧客の定義が必要だ。

WHAT　何をもって顧客に価値を提供するのか？　課題解決で儲かる仕組みは何か？

WHATは儲かる仕組みである。前項のWHOで定義した、顧客の課題を解消することで、得られる経済的リターンが大きくなって、はじめて追加投資が可能になる。つまり、顧客を幸せにして得た利益を再投資し続けなければならない。そうしてやっとイノベーション、つまり社会変革が起こる。単なる発明はイノベーションにあらず。イノベーションは経済に関わるものだ。顧客価値を創造し、競争優位性を打ち立てなければ価格支配力は手に入らない。

これは通常のマーケティング戦略で言えば、ポジショニングやブランディングの策定という行為を指す。事業の構造をデザインするという意味ではビジネス・モデル**の構築だ。競合の商品が自社商品シェアを侵食しだしたら、それは多くの場合、マーケティング担当

*外務省ホームページ『持続可能な開発のための2030アジェンダと日本の取組』
https://www.mofa.go.jp/mofaj/gaiko/oda/SDCs/pdf/000270587.pdf

**ビジネスモデル：どのように価値を創造し、顧客に届け、収益を得るかを論理的かつ構造的に記述したもの。

者が競合ブランド担当者に出し抜かれたからであり、劣後しているからだ。担当者だけの責任でないとしたら他に想定できるのは、その組織のマーケティング・イノベーションを継続的に生み出す能力が劣後しているからである。

この優位性の構築が価格支配力の源泉になる。競争優位を構築する戦略の詳細は第4部WHATの章で後述しよう。

価格支配力の構築にはこれら「WHY－WHO－WHAT」の3要素の答えが前提条件となる。事業やブランドの存在価値を決定するからだ。神は細部に宿る。この3要素の実行戦略としてのHOWは、この上位概念との一貫性と、実行プランとして現場が動ける具体性が必要である。

HOW　マーケティングミックス、基盤（調査・分析、IT、組織）

HOWでは、まず調査・分析、ITシステムを活用して、マーケティングミックスの計画を策定し、PDCAサイクルに従って実行する。これを4つのCで定義すると顧客課題解決／Customer Solution、顧客コスト設計／Cost to the Customer、利便性設計／Convenience、顧客接点設計／Communicationである。

また、「顧客価値創造プライシング」を実現して価格支配力を実装するには、マーケティングの発想・思考・行動が企業組織の奥深くに浸み込み、企業文化と一体化していなければ成功は難しい。そのため、マーケティング戦略と組織戦略は主従関係ではなく、同列に扱うべきである。

　こうしたマーケティング志向で推進された組織／Marketing Driven Organizationを構築する組織戦略に関しては、優良事例の解説と、取りうる実際の打ち手を第6部CULTUREの第18、19章で述べよう。また、デジタルシフトが必須の現在ではITの仕組みも併せて解説したい。調査・分析、ITシステム、組織戦略はいわば価格支配力創造の基盤というべきもので、マーケティング戦略全般に関係する。（図0－1）

図0-1 WHY-WHO-WHAT-HOWに答えを出す

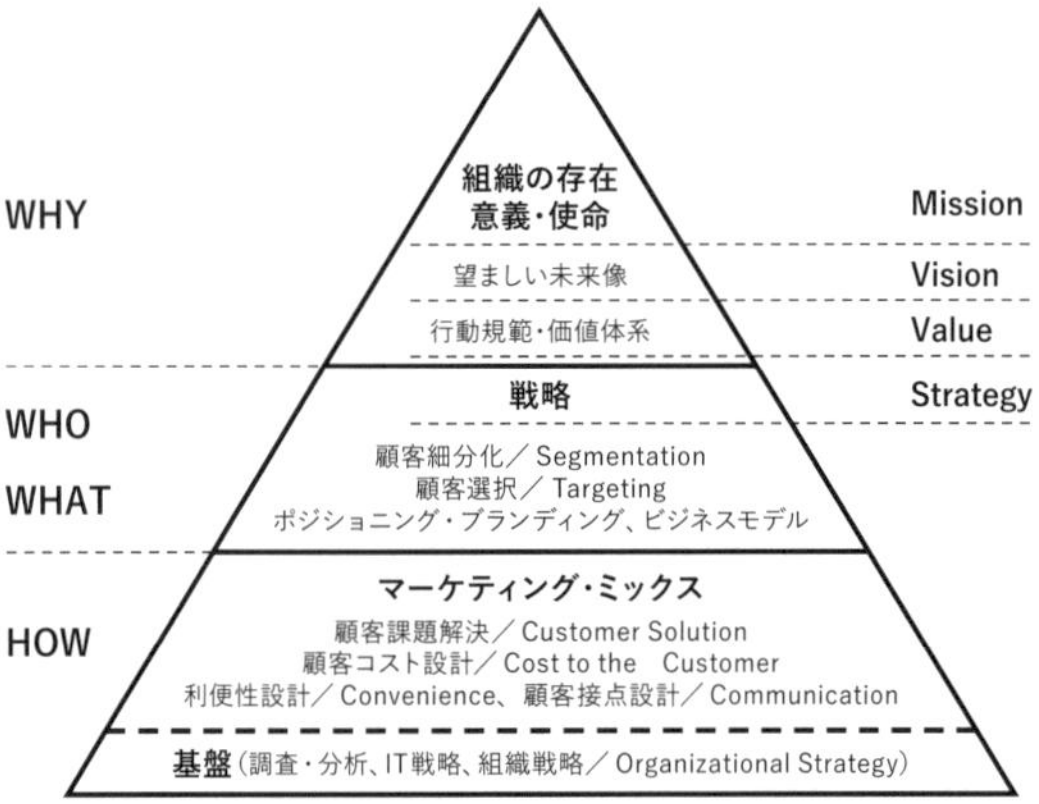

本書のWHY－WHO－WHAT－HOW

ここで、「WHY－WHO－WHAT－HOW」に従って、なぜ私が本書を上梓し、誰へ向けて書き、何を伝え、どうすれば学びが得られるようにできるのかを整理してみた。

WHY　なぜ、出版するのか？

「価格支配力」の概念を広く世に浸透させ、もっと付加価値を創造できる企業に貢献し、他者の付加価値を尊重する社会を形成したい。

WHO　読者対象は誰か？

提供物の価格やマーケティング戦略にコミットする立場の企画、開発、営業、経営企画部などのマネージャー層で、付加価値を生むマーケティング戦略策定と実行に悩みがある方が主な読者ターゲット。そしてこれからマーケターになるビジネスパーソンも念頭にある。これらの読者には全章をはじめから読んでほしい。

加えて、ビジネスの種類や企業規模に関係なく、CMOや経営者などの戦略決定者で、価格支配力を構築できる組織運営に悩みを持つ方々も想定している。こうした初学者でない方は第6部・18、19章を中心に読み進めていただきたい。筆者は、これらの方々を少しでも幸せにしたいと思っている。

後述するが、本書の主張は「組織の構成員は全員マーケターになるべき」という趣旨のため、実現可能な最大の市場規模／TAM：Total Addressable Marketは、付加価値のある事業を目指すビジネスパーソンすべてが対象である。

WHAT　何を情報価値として伝えるのか？

「価格支配力」という新しい概念をマーケティング戦略の中核として据えるために実践的な内容を提供したい。理論だけでなく、現実に価格戦略に向き合う実務家の知恵を抽出して、構造化を試みる。

HOW　どのように伝えるのか？

専門用語をかみ砕き、できるだけマーケティングの初学者でもわかるような表現でありながら、マーケティングの実務家にも新たな視点が生まれるような伝え方を採りたい。

本書構成のガイドライン

マーケティング初学者を想定して、WHY―WHO―WHAT―HOWの問いに対応した各フェーズに、マーケティング戦略を構築するためのフレームワークや思考を立体的に解説したものが図0―2である。各章のアイコンとして使用するので、各論と全体構成の関係を結びつけてご理解いただきたい。

ただし、フレームワークはあくまで参考であり、フレームワークをステップに沿って埋められれば価格支配力が得られる、というほど事は単純ではない。くれぐれも、「フレームワーク中毒の思考停止」にならないようにしてほしい。

論理構成は演繹的にしてあり、下記の構造となっている。

1、2章……マーケティングと「価格支配力」の概念・インパクト

3章……価格支配力を創造した好事例と「価格〝無〟支配力企業」の悪しき兆候

4章……価格支配力を生み出すための重要な4つの型「マーケティング・イノベーション・マトリクス」

5〜6章〈WHY〉……「未来からのバックキャスト」で創造するビジョンと戦略
7〜8章〈WHO〉……誰を幸せにするかを決める「ポジショニング・ステートメント」と「ターゲティング」
9〜11章〈WHAT〉……競争優位を仕組み化して創造する「ビジネスモデル」「ポジショニング」「ブランディング」
12章〈HOW〉……「ファクト・ベースの調査」で構築する「ブランドの全戦略」
13〜14章〈HOW〉……「カスタマーソリューション／顧客課題解決戦略」で実行する「顧客価値創造プライシング」
15章〈HOW〉……準備・状況把握・攻め・守りで備える「価格戦争」
16章〈HOW〉……顧客に提供価値を知覚してもらうための「伝達」する方法
17章〈HOW〉……サイエンスとアートの「両輪思考」で有意な差をつくる「B2Bビジネス」における価格支配力
18〜19章〈CULTURE〉……明確な「責任の所在」と「トップの覚悟」が生み出す「マーケター文化」

本書が理論を学ぶだけに終わらず、実行・実践に移すための指南書になれば、これほど嬉しいことはない。

それでは、はじめよう。

菅野誠二

図0-2 WHY-WHO 自社の存在理由と顧客の課題を見極める。
WHAT 課題を解決するために、勝てる仕組みを構築する。
HOW サイクルを仕組みで回し、実行する。

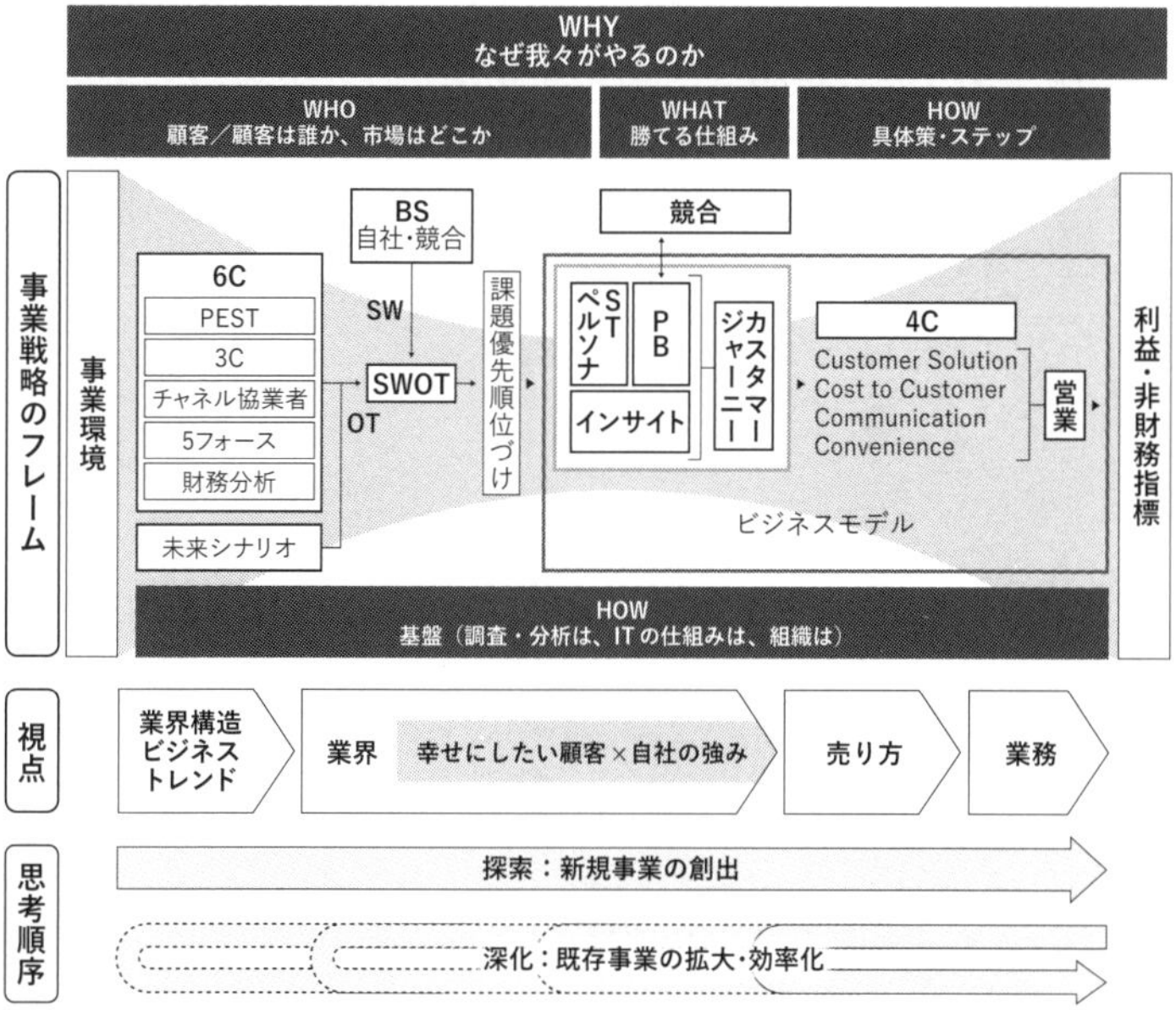

※6C（3C：Customer, Competitor, Company）＋Controller, Channel, Collaborator　BS：ビジネスシステム分析
ST（Segmentation, Targeting）　P＝Positioning ／ B＝Branding　インサイト＝購買のツボ
カスタマージャーニー＝顧客の購入体験　ビジネスモデル（顧客価値創造と提供の仕組み）

©Buona Vita 2023

第2部 WHY
未来のシナリオを逆算で描く

第3部

WHO

幸せにしたい顧客をファンにする

第4部 WHAT ビジネスモデルとブランドで競争優位を創造する

第5部 HOW 価格支配力を実装する

第12章 「ファクト・ベースの調査」と「ブランドの全戦略見取り図」 千葉尚志 360

第6部
CULTURE
仕事の作法と組織の文化

第1部
PRICING POWER

価格支配力とマーケティング

第1章 「イノベーション」としてのマーケティング

菅野誠二

マーケティングの基本

価格支配力のマーケティング戦略で成功する手法を述べる前に、まずはマーケティングの基本概念を解説することから話を進めたい。この共通認識が揃っていないと、その先の概念の理解が難しい。

マーケティング概念の生誕地であるアメリカの、米国マーケティング協会（AMA）に敬意を表して、そのマーケティングの定義*をご紹介しよう。

実は、その定義は時代の変化に即して、以下の様に変遷している。

*What is Marketing? — The Definition of Marketing — AMA
https://www.ama.org/the-definition-of-marketing-what-is-marketing/

1985年版

個人や組織体の目標を満足させる交換（Exchange）をつくり出すもので、サービス・商品・アイデアについて、その構想、流通、販売促進、価格設定、これらの計画から実行のプロセス。

当時のマーケティングの定義は「交換をつくり出すもの」だ。価値あるものと貨幣を交換するという本質は現在でも大きく変化していない。そのために4つのP（Product：商品戦略、Price：価格戦略、Place：販売経路戦略、Promotion：販売促進戦略）をおこなうという定義だった。視点は相対取引をする買い手と売り手の2点のみ。儲けの源泉となるプライシング／値決めには、相手が許す限りプライス・ポイントを高く設定することが重要だった。

私見ではあるが、一定数の日本企業はこのレベルのマーケティング理解にとどまっているのではないだろうか。

2004年版

組織とステークホルダー両者にとって有益となるよう、顧客に向けて「価値」を創造・伝達・提供したり、顧客との関係性を構築したりするための組織的な働きとその一連の過程。

2004年には、3つの変化が見て取れる。

①ステークホルダー、つまり取引相手のみならず社会、業界、取引先などの「利害関係者」まで想定すべきこと。

②「顧客価値」という概念が中核になった。これが一番大きい変化だ。4Pという単語が消えて「顧客」中心の価値創造と伝達、提供としたことも意味がある。

③「関係性を構築する」という、新たな概念が加わった。マーケティングの投資効率を鑑み、一過性ではなく顧客生涯価値／LTV：Life Time Valueに重きを置いた定義になった。

顧客価値創造という概念に従い、マーケティングミックスが変化した。4Pは売る側、つまり提供者のプロダクト・アウト発想＝製品が良ければ、売れるという考え方が基軸だ。これが機能しにくくなった時代に、もっと「顧客主体」に移行すべきと考案された考え方が4C（Customer Solution, Cost to the Consumer, Convenince, Communication）である。

商品戦略／Productではなく、顧客課題解決／Customer Solutionとして顧客が持つ課題、つまり欠乏や悩み／ニーズ、欲求／ウォンツなどを満たす、なんらかの解決手法を提供する戦略にする。ハーバードビジネススクールのセオドア・レビット教授が論じたとおり、「4分の1インチ径のドリルを買いに来た顧客はドリルそのものが欲しいのではなく、4分の1インチの穴が欲しい」のだ。つまりニーズを満たすベネフィットが欲しいのである。
こうなると商品そのものの所有は重要ではなく、利用すること、つまりサービス化が重要になってくる。自動車でさえ物ではなく、移動手段の提供サービスで稼ぎ、ビールもサブスクで家庭へ生ビールが届くというサービス化を実現する。

価格戦略／Priceではなく、顧客が支払うコスト／Cost to the Customerと捉える。お客様には金銭に加え、それ以外に支払うコストとして時間や手間暇などの物理コストもある。そのほか、心理的に負担に感じることもコストの1つだ。後述するが、重要なのが、それら3つを含む「切り替え費用／スイッチング・コスト」である。貨幣の支払いコストを下げずに、その他のコストを低減する、あるいは負担感をなくすべきだと捉える。

販売経路戦略／Placeは、これまでの現実に存在する流通チャネルだけでなく、今では顧客課題解決がPCやスマホでクリックするだけで自宅へ届く。だから、利便性／Convenience＝「手に入れやすさ」の設計へと発想を変える。今日のネットを活用したマーケティングではConvenienceと、Communicationが一体化している。スマホでのコミュニケーションと販売促進でポイントなどを付与してワンタッチで購買につなげたり、O2Oマーケティング*のように現実の小売店舗へ誘導したり、あるいはOMOマーケティング**

*O2Oマーケティング：Online to Offlineの略。インターネットの情報が実世界の購買活動に影響を与え、オンラインからオフラインへと生活者の行動を促すマーケティング施策を指す。
**OMOマーケティング：O2Oが小売り発想であったのと比してOMO（Online Merges with Offline）はオフとオンをわけずに融合させ、チャネルを問わず認知、検索、購買、決裁、受け取りなど、一連の最適な顧客体験を促す。

なども含めて、一連の流れで「価値の交換」が完結している。

販売促進戦略／Promotion「今なら15％オフで、さらに景品がつきます！」などという販売施策だけでなく、相互意思疎通／Communicationとして顧客が必要な時に必要な情報を交換する努力が必要になる。その結果として、一過性の利益を追うのではなく「顧客との関係性を構築」することで持続的な利益が生まれる（図1－1）。

2017年版

マーケティングとは消費者、顧客、パートナー、および社会全体にとって価値のある提供物を創造、伝達、流通、交換するための活動、一連の制度、およびプロ

図1-1 顧客起点でマーケティングミックスを考え、提供者として実現する。

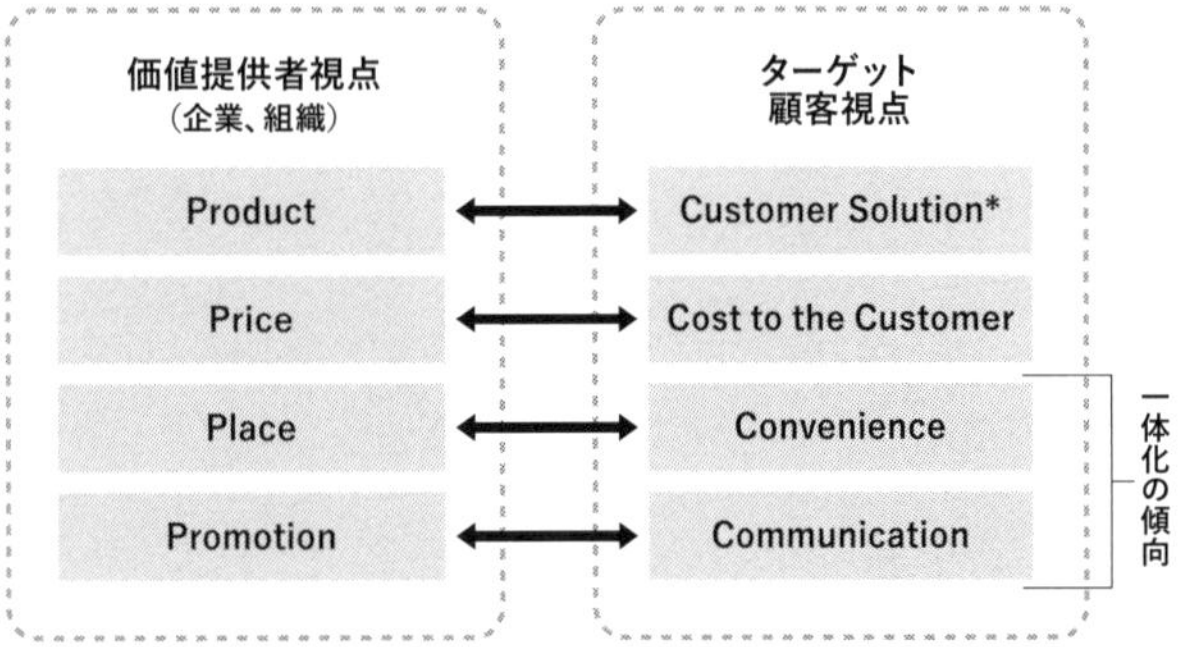

＊ロバート・ラウターボーン（Robert F.Lauterborn）は、Customer Valueと定義している

セスをいう。

2007年版に定義され、そのまま2017年に承認されてからは、現在でも使用されている。2004年からの変化点は、多少曖昧さがあった「ステークホルダー」の概念を顧客に限らず「パートナー」や「社会全体」という広範囲な関係者が対象となる、と明確に定義したことである。マーケティングの手法が企業利益を追求するあまりに暴走をはじめ、社会全体の利益最適化に反する懸念が増加したことに対応し、自制を促す定義となった。

企業の社会的責任が強く意識され、マーケティングの目的は単なる利益追求ではなく「世界をよりよい場所にする」(フィリップ・コトラーの言葉)ことであるという意思が感じられる。

マーケティングとイノベーションは不可分。「インサイト」と「価値」がキーワード

これまでマーケティングの基本的な概念構築に多大な影響を与え続けてきた泰斗として、フィリップ・コトラーの思考も披露しよう。

2010年「Marketing 3.0」*を出版し、これまでのマーケティング1.0や2.0が終焉したことと、その目的が「製品販売」「消費者志向」から「世界をよりよい場所にする」へと変化したことを説いた。そしてソーシャルメディアの台頭と顧客の変化からマズローの欲求説に従って、基本的ニーズ：機能的価値、社会的ニーズ：感情的価値に加えて「人間中心のマーケティング」、つまり人が人としての魂の拠りどころを見据えた、精神的な価値の提案が必要であると主張した。

顧客は自らのベネフィットだけではなく、よりよい世界に貢献する企業やブランドのミッションやビジョンを体現するマーケティングを要求しはじめるという慧眼である。

2017年出版の「Marketing 4.0」**ではスマホなどのデジタル機器とSNSの普及から、マーケティング3.0をデジタルに対応させ、情報格差／デジタルデバイドを踏まえてそれを克服するような、新しい顧客体験／カスタマー・ジャーニー（5Aモデル***）が必要であることを説いた。マズローの欲求5段階説から顧客の自己実現に応えることの重要性を述べている。

2021年に出版された「Marketing 5.0」****では「Marketing 4.0」を加速させる人工知

*『Marketing 3.0 : From Products to Customers to the Human Spirit』Philip Kotler , Hermawan Kartajaya , Iwan Setiawan ／ Wiley
**『Marketing 4.0: Moving from Traditional to Digital』Hermawan Kartajaya , Philip Kotler , Iwan Setiawan ／ Wiley

能や自然言語処理、センサー、ＩｏＴなどの技術の進展とコロナにより世界同時に迫られた、さらなるデジタル社会の本格的な到来によって、デジタル空間とリアル社会でデジタル技術を活用して顧客体験の満足度を上げていく手法を解説している。これらの目的は、デジタルを活用しながら人間が共存してイノベーションを起こしていくことにある。

　コトラー教授は日本の経営者、マーケターに次のようなメッセージ****を残している。

> 誰もが変化に対して敏感であるべきなのです。変化に敏感であるかどうかによって、自ら製造するものだけでなく、未来に何を提供しうるかも変わってしまうのです。それを称して「イノベーション」と言うのです。
>
> ２０１６年、私は、日本の優れた経営者と本を書きました（『マーケティングのすゝめ』中公新書ラクレ）。この本では「マーケティング」「イノベーション」について述べています。両者は分離不能なものです。
>
> 日本の方々はピーター・ドラッカーから多くを学んでおられますが、ドラッカーが常に述べ続けたことはそのことなのです。偉大な企業を創造しうる機能は、マーケティングとイノベーションの2つのみであると。その他の機能はすべてコストに過ぎないとドラッカーは述べています。
>
> 私たちの本（注：マーケティング4.0）でも、柱をなすのはマーケティングとイノベーショ

*** 5Aモデル：購買モデル。Aware認知→Appeal訴求→Ask調査→Act行動→Advocate推奨

**** 『Marketing 5.0 : Technology for Humanity』Hermawan Kartajaya , Iwan Setiawan , Philip Kotler ／ Wiley

ンにほかなりません。企業のマーケティング部門がなすべき仕事は、まさにマーケティングとイノベーションにある——それが言いたかったことでした。

「個」の顧客との関係づくりには、膨大なデータの収集に加え、生身の顧客の購買動機をしっかりと理解していかなければなりません。

デジタル・マーケティングに伴うツールの種類も負けずに膨大です。重要な2つのキーワードは「インサイト*」と「価値」です。マーケティングをおこなう方なら、価値創造における「価値」がいかに微妙な性質を持つものか、それがとてつもない数の要因から成り立っていることを知る必要があります。テラバイト規模のビッグ・データから、ダイナミックな相互作用を読み取り、新たなインサイトを見きわめていくことが「価値」創造につながります。

マーケティングの本質は、顧客課題に対する「新たな価値の創造／イノベーション」と「価値交換のプロセスを管理すること」にある。そして、「顧客インサイト」の特定がその成否の鍵を握る。

さて、これから、「価格支配力とマーケティング」の関わりを述べていく。なお、中堅以上のマーケターの方はマーケティング戦略論として抽象度が高く、引用されるのは海外の

*****博報堂WEBマガジン　センタードット『P.コトラーが問う。日本企業は、創造への情熱を失っていないか。』https://www.hakuhodo.co.jp/magazine/52489/
*インサイト：「行動を起こす心のスイッチ」のこと

事例ではあるが、「Marketing 5.0」の一読をお勧めする。

マーケティング戦略はポエム厳禁。SMACT／SMARTであれ

マーケティングの定義の説明はこのくらいにして、「戦略」の話に移ろう。

戦略とは、「設定したゴール（＝目的と目標）を達成するためにおこなう、持続的な対競合優位を確保するための首尾一貫したアクション」という定義でここからは読み進めてほしい。

策定・記述のポイントはSMACTである。この効用は「戦略を発令、実行するすべての組織員が、同じ解釈で実行し、成果の可否を客観的に評価し、次のアクションにつなげることができる」ということだ。

・Specific　　具体的なアイデアで、資源配分のアクションにつながる
・Measurable　測定可能（例：ROI）

・Achievable　論理的に実現可能
・Consistent　理念などの上位概念と一貫性がある
・Time-bound　時間軸が設定されている

ほぼ同じ意味になるが、SMART（Specific／Measurable／Achievable／Relatedまたは Relevant：経営目標に関連した、Time-bound：時間制約がある）という言い方もある。

著名なマーケティングコンサルタントである音部大輔氏は、SMACTでないマーケティング戦略を評して「ポエムだ」と喝破した。

定型詩でないポエムは作者と解釈者間にルールがなく、各自の解釈が自由であることが魅力だ。しかし、それが戦略となると現場は混乱を極め、間違いなく失敗する。

第2章

価格支配力で創造する「自由なプライシング」

菅野誠二

価格支配力という果実が秘めるインパクト

「価格支配力」を持つことの意義・必要性は何か。

まずは財務の観点から述べていこう。仮に自分の会社が1％値上げに成功した場合と、販売量が1％増加するよう打ち手を実行した場合では、どちらが、どのくらい営業利益が増加するか。この感度分析*をしたことがあるだろうか？　コストなど、他の条件に変化がないと仮定してのことである。一方で、もし売上は変わらずに1％の固定費を削減することができたら、または1％の変動費を下げることができたら、どの程度利益が増加するだろう？　その4つの打ち手をすべてうまく組みあわせることが至難の業だとしたら、何を優先すべきだろうか？

*感度分析：計画を立てる際、現状から対象の要素が変動した場合に売上や利益などにどの程度の影響を与えるかを定量的に算出する分析。

それらの施策を実行するための投資や追加作業、そして実行可能性も考慮すべきだろうから、決断するにはデータ収集と分析を行なった上での判断力、実行力が必要である。

そんなふうに悩む前にここで、通説をお伝えしよう。手に入れられる果実の大きさについて、その重要性を先に述べておくと、圧倒的に「価格を1％あげる」ことの成果が大きい。これは数多の学者やコンサルタント会社が繰り返し証明してきた。

ペンシルバニア大学ウォートンスクールのジャグモハン・ラジュー教授（マーケティング学部長）らの調査によれば、主な米国産業の1％増減の感度分析をしたところ、営業利益改善率の順位は、左記の順だったそうだ。

①値上げ：10・29％
②変動費削減：6・52％
③販売量増加：3・2％
④固定費削減：2・45％

業界によってこの改善率は多少変化するが、この順位は全産業で変わらない。特に卸売・小売業や製造業での価格改善効果は大きい。つまり、価格支配力によって販売量を落とさずに値上げできることは、自社利益確保の最重要の源泉となる。

なお、マッキンゼーが日経ファイナンシャルクエストのデータを使って日本の東証一部上場企業の平均値を感度分析した結果は左記の順で、まったく先述のデータと同カテゴリーではなく、計算時期も異なるが傾向は同じである。

① 値上げ：23・2%
② 変動費削減：16・3%
③ 販売量増加：6・9%
④ 固定費削減：5・9%

変動費であれ固定費であれ、1%の削減が営業利益に与えるインパクトは、比較論でも大きくない。販売量も、その増加分にはコストがかかってくるため、6・9%のインパクト程度である。一方、1%の値上げはそのまま利益に上乗せされるわけだから、もっとも大きな効果を生み出すのも当然といえば当然であろう。

売上で意思決定をする企業は罠に陥る

売価と販売数量の関係は反比例することが多い。多くの日本企業は売上の向上を最重要目標と設定する傾向があり、売上の伸びが鈍ると価格を下げて販売数量を確保しようとする。少々、極端な例をお見せしよう。

変動費が1個あたり60円、売値100円の商品を10万個売っていた企業は、400万円の限界利益を得る。そして固定費を30%として300万円を引いて、100万円を利益として得ているとしよう。もしここから価格を25%値引くと、同じ額の利益を確保するためには販売量を2・7倍にしなければ損をする。逆に25%の値上げができれば販売数量は約40%落としてもよいことになる。

いかに価格支配力が利益に直接効果があるかが理解できるはずだ。このような価格変更の販売量への影響は、限界利益ベースでシミュレーションをしてみるべきだろう（図2－1）。

営業の評価制度が「トップライン：売上、受注額」中心の企業では、現場は価格の値引きやリベートを乱発してでも売上を確保しようとする。この売上至上主義によって、売上が拡大すれども利益が減る事態を招くことがある。また、情報システム上、１ＳＫＵ／Stock Keeping Unit：最小管理単位ごとに正確な損益計算ができていなかったり、できていても営業現場に知らせない企業の場合も、現場のトップライン向上の努力が利益面では裏目に出ることがある。

　ある飲料メーカーで支店営業企画課長、部長20余名が参加された営業戦略立案ワークショップを開催したことがある。リベートなどのコストを省き、取引ごとに実際に企業が受け取る利益（ポケットプライス*）を理解するワークショップだった。

　その際に営業現場で使用可能なリベート（売上割戻）を含む販売促進費用の金額と種類

図2-1 価格変更の販売量への影響度は限界利益ベースで考慮する

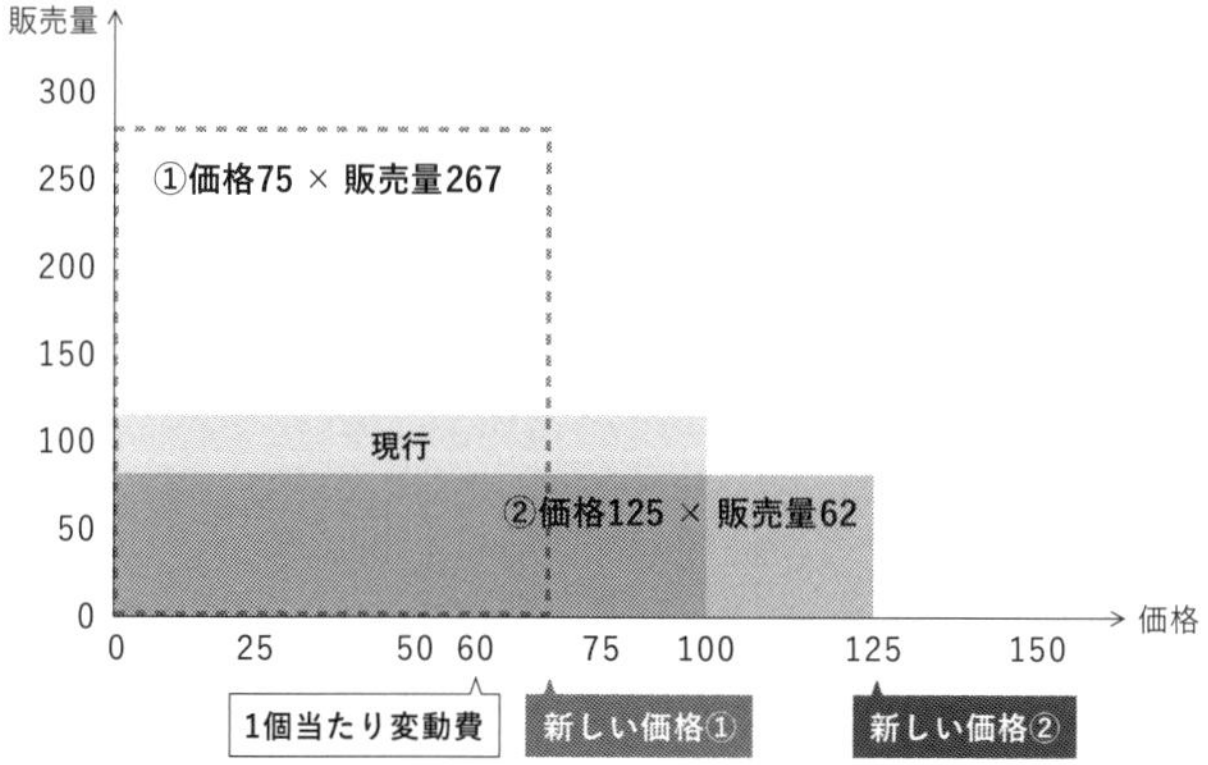

*第5部 12章 P405「プライシングの目的に応じた『調査手法と使い分け方』」で解説

をすべて書き出してもらった。すると、その種類は年間契約達成リベート、期間リベート、特別リベート、運送料、配送センター費用、小売店の販売棚を入場料のように確保する費用、POSデータ入力手数料、共同広告協賛金など、なんと30種類以上もあった。

実際には担当営業によってそれらが組みあわせで支払われ、最悪の場合は規定の出荷価格から25%を優に超える合計割引率の実例もあった。10支店でのリベート支払い状況を詳細にまとめてみた本人たちが、あまりに支店ごとに使用するリベート手法と額にバラツキがあって驚いていた。ある程度は本社が決めた値引き方針に従っているはずなのに、「本社決裁分」「支店長特別決裁」などの名の下に例外的なリベートも支払われていた。そして「そんなリベートは情報システムが受けつけないはずだ」「いやいや、こんな奥の手があってね……」という種明かしが続いた。

このように価格設定を蔑ろにして「儲からない!」と嘆いている上場企業が存在する。この企業が状況を学習したのちに、ITシステムの刷新とともにリベート体系の単純化と見える化に取り組んだことは言うまでもない。

痛みを感じさせない「顧客価値創造プライシング」

「価格支配力による顧客価値創造プライシングの実行」が戦略構築の中核である。この顧客価値創造プライシングを紐解くための切り口が「コスト」と「価値」の2つの軸だ。さらに、マーケティングの4つのCの関係を「顧客価値創造プライシング」の切り口で1枚にまとめると図2−2のように表すことができる。ここではCost to the Customer／顧客コスト設計戦略を中核の説明の変数とするので、顧客にとってのコストを横軸／X軸とし、顧客の知覚価値を縦軸／Y軸としている。

図2-2 顧客の知覚価値*－顧客のコスト＝顧客価値
顧客価値＞0⇒顧客満足の創造

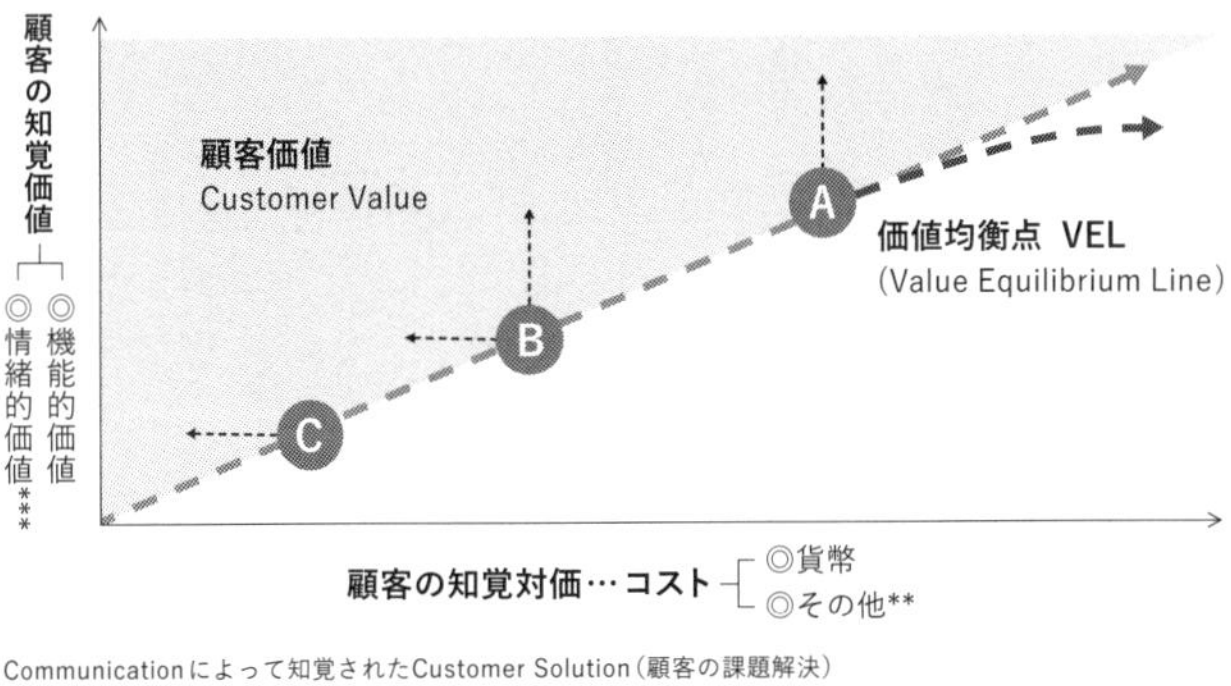

＊Communicationによって知覚されたCustomer Solution（顧客の課題解決）
＊＊心理的コスト、時間、手間など。Convenienceの要素を包括
＊＊＊社会的価値も含む

©Buona Vita 2023

コストと価値の関係

コストと価値の説明をする前に、前述の2017年のマーケティングの定義においては、2004年版で一度消えた「交換」という概念が復活していた。このことから、「価格の本質は貨幣と商品の交換比率」にあることを踏まえて、ビジネスにおける「コスト」と「価値」の関係を説明しよう。

○貨幣以外の2つのコスト

「コスト」とは何か。2004年の定義でCommunicationとConvenienceが一体化しつつあることはP31で述べた。もし、顧客が商品・サービスを目の前にして、「これをいま、この場で、すぐにでも手に入れたい！」と感じたなら、Customer Solution、CommunicationとConvenienceが一体化している状態を指している。つまり、購買に至る一連の流れにおいて、ワンストップで課題解決を充足可能なことに顧客が魅力を感じている状態だと言える。その一体化した価値と交換されるものが顧客コスト／Cost to the Customerである。

この時、貨幣以外にも大きく2つのコストが存在する。一つは「物理的コスト」で、たとえば購入の手間や、時間である。あるいは購入後、慣れない商品の使用法を確認して学習することも該当する。もう一方の「心理的コスト」は、購買プロセスや新商品の使用法を覚えることが面倒な場合や、使用している現行商品への愛着である。また、カツラ・美容整形などのように、人に使っていることを知られたくないと感じる心理的負担の感覚である。

これら金銭的、物理的、心理的コストすべてが、他の商品・サービスからのスイッチングコストになる。このとき注意したいのは物理的、心理的コストが金銭的コストよりも大きな意味を持つ場合があるということだ。このさじ加減が重要である。たとえば、Convenienceは購入に至る手間暇を低減すれば物理的コストが下がる。さらに買物行為そのものを楽しませることができれば、心理的コストも下がることで購買が促進されるからだ。

○機能的価値と情緒的価値

次に、「価値」について説明しよう。顧客はCommunication、またはConvenienceによって自分の課題解決の重要性や対応する提供物の価値を知覚する（知覚価値／Perceived Value）。そして、この商品が持つ利便性＝価値と「交換」するために顧客はコストを支払う。最後に、顧客の中に残る、その残価が「顧客価値」である。

この「顧客価値の創造」が顧客満足に直結するポイントであり、プライシングにおいても重要な観点となる。当然ながら、この顧客満足がそもそもゼロ以下であれば、いくら前述のコストを下げたところで顧客満足は生まれない。さらに、払い過ぎたコストがマイナスとなる場合においては「残念だ……。」と感じて、顧客は二度と戻ってこない。

その成否を左右する顧客課題解決／Customer Solutionの要素は2つある。

一つは、たとえばパソコンであればCPUの速度やハードディスクの容量、搭載されているOSやアプリケーションといった商品スペックのような「機能的価値」だ。客観的で合理的な価値である。

もう一つは、顧客が商品やサービスを体験した際に感じる誇らしさ、安心、気持ちよさなどの主観的感情・満足感のような「情緒／感情的価値」だ。高性能なPCがサクサク動く体験を「気持ちいい」と感じることが情緒的価値につながる人もいるが、往々にしてブランド・ストーリーやデザインが価値に寄与することは多い。

情緒的価値に内包される社会的価値は、たとえばブランド物のバッグを持つ自分は周囲から羨ましがられると感じられた際に、「周囲から認められて気持ちいい。一つ上のクラスに仲間入りした」という社会的評価が価値を生む場合などが考えられる。

さらに、デヴィッド・アーカー*はこれらに加えて「自己表現価値」があると論じている。つまり、その商品を持つことで可能になる自己表現や自己実現を価値とする考え方だ。高価なブランドバッグを所有するのは他人に見せるためではなく、自分がそのブランドに相応しい人物だからであり、そのような自己表現のために持つのである。

*デヴィッド・アーカー（1938～）：米国の経営学者、専攻はブランド戦略。カリフォルニア大学バークレー校ハース・ビジネススクール名誉教授

成熟した市場では差別化を生むだけの機能的価値が生み出しにくくなるので、こうした情緒的価値の重要度が増す。この情緒的価値においては、競合より際だった点を雄弁に語るユニークなブランド・ストーリーが重要となる。

これら2つの価値は、実際には顧客が価値交換するためにコストを支払ったあとの余禄分、つまり「よい買い物ができた！　得した！」「これでやっかいごとが片づく」「楽しみだ」と思えた、あるいは感じられた質と量が「顧客価値」であると定義できる。コストの支払いに対して実感される価値の大きさに比例して顧客満足が生まれるため、ここに焦点を当てたプライシングが肝要であり、ビジネスの本質として顧客価値を創造できるのかが問われる。

ちなみに、ニューロ・マーケティング（脳科学の知見を活用したマーケティング）の大家A・K・プラディープ**によれば、人は代金を支払うタイミングで、身体的な痛みと同じ脳の部位が活性化するという***。つまり貨幣コストとは「痛み／ペイン：Pain」そのものなのだ。

**A・K・プラディープ：神経科学を市場調査に応用する「ニューロマーケティング」の先駆者で、世界有数のニューロマーケティング会社、ニューロフォーカス社の創設者・CEO。マイクロソフト、グーグル、シティバンク、CBS、ペイパルなど多くの大企業を顧客に持つ。
***『マーケターの知らない「95%」　消費者の「買いたい！」を作り出す実践脳科学』A・K・プラディープ：著，ニールセン ジャパン：監修／CCCメディアハウス（2011年）

ペインを探し出せ！

マーケティングに長けたマイクロソフトのマーケターは、まず「顧客のペインを探せ！」という合言葉を使う。このペインこそが解決策を提供して充足させるべき「ニーズ」だ。消費者は、そのペインを晴らす解決法とコストを交換する際、できるだけお金をかけずに解決したがる。「何か、うまいやり方はないだろうか？」と。

筆者は時折、マーケティングセミナーで「この中でマイクロソフトのオフィスにいくら支払ったか、言える人はいますか？」と質問する。すると、9割以上の参加者はマイクロソフト・オフィスの価格を答えられない。4万円以上する高価な買い物であったのにもかかわらず、だ。

実は、エクセル、ワード、パワーポイントなど、一つひとつのソフトの価格を意識させるとペインを感じやすくなる。しかしPCに「組み込み／プリインストール」したり、いくつかのソフトを「ワンパッケージ化」したりする巧みな販売戦略によって、価格を知覚しづらくなっている。つまりペインを感じにくくされているのである。

現在ではマイクロソフト365ではオフィスと1テラバイトのクラウド・ストレージを、

月額使用料を支払って利用できるサブスクモデルとして、月額税込825円*で「おトク」と謳い、パッケージからの乗り換えを誘う。一括で、高額を支払いたくないという顧客のペインを回避するプライシングだ。

パッケージの価格と月払いでは、累積でいつ支払価格が大きくなるか、厳密に計算する人は少ないだろうというシミュレーションに加え、離脱をさせない追加サービスを想定しているはずである。マイクロソフトは安易に「金銭的なペインを下げて儲けを削る」という愚を犯さない。

今後、ChatGPTが組み込まれたBingのサービスが普及するにあたって、いずれはユーザー企業や個人ユーザーのデータが蓄積され、そのプロセスを経てカスタマイズされたAIの企業ごとのデータが育つだろう。そうなれば、顧客にとってはマイクロソフトのサービスからのスイッチングコストは莫大になる。

いずれ、圧倒的な価格支配力を持つようになるだろう。

ブランドポジションで見る3つのプライシング戦略

情報武装した賢い顧客は、知覚した価値とコストの差分を瞬時に判断する。P45図2-

* 2023年5月時点でのMicrosoft 365 Business Basicの価格

2にあるA、B、Cの3つの商品を瞬時に見分けるのだ。だが、比較して得られる価値とコストのバランスが均衡している場合は選択に迷うことになる。

マーケティングの妙は、顧客の琴線に触れるコミュニケーションによって価値均衡点／VEL：Value Equilibrium Lineを上回る「突き抜ける価値」に対して共感を得ることにある（図2－2ではA、Bから出る上方向への矢印や、B、Cから出る左へ向かう矢印）。

例を出そう。

Aのような商品は高級ブランドなど、情緒的価値の高い商品が多い。「ルイ・ヴィトン」のバッグが20万円、米国の「コーチ」が10万円、無名メーカーのバッグが5万円だとする。ルイ・ヴィトンはマーケティング上の原則として、決して図2－2における左に行かないこと、つまり値引きではなく、上方へ向けて顧客価値を向上させるようなブランディングやコミュニケーション／販売促進をおこなう。

この場合、大きな出費に対するペインを忘れさせる、もしくは正当化する理由が必要だ。「がんばって働いた自分へのご褒美だから、いいよね」「私はこの価格のブランドを持つに相応しいんだ」と感じさせることである。そのために「ヴィトンは船旅で海難に遭っても防水性が高くて、中身は濡れなかったし、浮き輪代わりにもなった」「修理にとことん応じてくれるので、長年使えて結局は経済的」といった、まことしやかなブランド噂話や高価な買い物をする言い訳・正当化ストーリーが効果的である。ウェブ上でルイ・ヴィトンの安売りを謳うサイトは存在するが、自社ではセール・アウトレットの販売を一切しない。コピー商品に対する摘発も徹底している。

エルメスやグッチ、シャネルなど、上流階級の人々に向けて誕生してから長い歴史を持ち、品質・価格とも最上級クラスのブランドをハイ・ブランドと言う。その中でも値崩れを抑える施策はルイ・ヴィトンが群を抜いている。このポジションでの価格戦略は「上澄み価格設定／スキミング・プライシング（第5部・第14章P449で詳述）」（ホイップクリームの上澄みのように、おいしいところだけをすくいとるように高利益を得る価格）を採用する場合が多い。

Bのポジションはコーチだ。四半期ごとのデザインの新作を提供しながら、ブランディングに気を配りつつ、時にはバーゲンをおこない、アウトレット販売も実施する。バーゲンでの売上が度を超す場合、ほどなく顧客はブランド価値を見損ない、ブランド認知が価値均衡点上で下方へ移行していくためにブランドが大きく毀損される。遂には売上が低下しはじめる。

Bの場合、マス顧客を獲得し、売上を向上させながらもブランド価値を下げない工夫がマーケターの腕の見せどころだ。絞り込んだアウトレットや、ロイヤル顧客のみへのご愛顧、時期限定キャンペーンなどで「訳あり製品／シーズン遅れ品」などとして提供する施策が常套手段である。こうしたプライシングを「ブリッジ・ベター価格設定（第5部・第14章P450で詳述）」と呼び、AとCの中間でバランスのよい落としどころを探す。ここに価格支配力を発揮できるかどうか、である。

近年では本来のアウトレット品の意義が薄れ、商品企画時点でアウトレット向けを大量製造するメーカーも存在する。しかし、これを拡大しすぎれば、BからCポジションへの転落が待っていることを肝に銘じておくべきだろう。

Cのメーカーはたゆまぬコストダウンとお手頃価格のアピールに努めるといった定番の戦略が考えられる。この価格戦略を「浸透価格設定／ペネトレーション・プライシング（第5部・第12章P451で詳述）」と呼び、マス・ターゲットへ浸透していく戦略だ。

顧客を「ワオ!!」に導く自由なプライシングを創造せよ

ブランド担当者は、顧客に「ワオ!!」と言わせることを志向する。マーケティングプランを策定する際には、これらA、B、Cのいずれの場合においても、バランスを突き破らねばならないのだ。
顧客価値創造プライシングは、「一物一価の価格付け」という固定概念を破壊し、柔軟に顧客のニーズを満たすようなイノベーションを促す考え方だ。たとえば貨幣以外のペインを圧倒的に突出して下げることを主眼に置く商品・サービス提案だってありうる。新製品を直接顧客に販売せず、使用した分量だけ価格をいただくフィー型のサービスをつくることもできる。顧客が購入するタイミングや競合の動きなど、需給バランスに即時対応して、価格をダイナミック（動的）に変化させる価格戦略、ダイナミック・プライシングが広がってきている。「無料経済」と言われるビジネスモデルでは2種類以上の顧客を想定し、広告モデルではエンドユーザーからサービスの使用データを提供してもらい、そのデータを解析して広告主に意味合いや広告を販売することで、エンドユーザーの利用価格をゼロにするモデルである。

プライシングは本来、自由に発想すべきものなのだ。
そしてそれは、実現可能だ。

第3章

「価格〝無〟支配力企業」のチェックポイント

菅野誠二

価格戦略における世界基準と日本の意識の差

「インフレ時の価格戦略研究：インフレ率が増して収益性が棄損する事態に、どう打ち勝つか？」という報告書*がある。価格戦略に特化したコンサルティングファームとして世界的に名を馳せているサイモン・クチャー社が2022年に世界20ヶ国3000社を調査したものだ。

結果を見ると日本企業の特異性が際立っている。2021年12月から2022年3月までに値上げした日本企業の割合は31％（世界平均58％）、していない企業59％（世界平均35％）、不明、無回答9％（世界平均7％）だった。

将来の値上げに関して「予定あり」は日本企業39％（世界平均52％）、「予定なし」は43％

*『Inflation Pricing Study: HOW Businesses Conquer Rising Inflation Rates and Eroding Margins』SIMON KUCHER：simon-kucher.com

（世界平均28％）、「分からない、無回答」は18％（世界平均20％）であった。日本企業は、値上げへの意思が弱い。

「インフレ率が増して収益性が喪失する事態に、どう打ち勝つか?」という質問に対して、「顧客や販売量を失っても値上げをする」という厳しい選択をした日本企業の割合は9％。世界平均16％と比較して低いと言わざるを得ない。この率は中国、シンガポール、米国企業がそれぞれ2割なので、その半分以下だ。さらに、「値上げによる顧客、販売量損失を選択できず、価格調整する」と「わからない、無回答」が合わせて約6割という状況である。

思考停止状態なのかもしれない（図3－1）。

図3-1 インフレが進行して利益が削られても、日本企業は約6割が値上げに踏み出せない現状。決断しているのは9%のみ

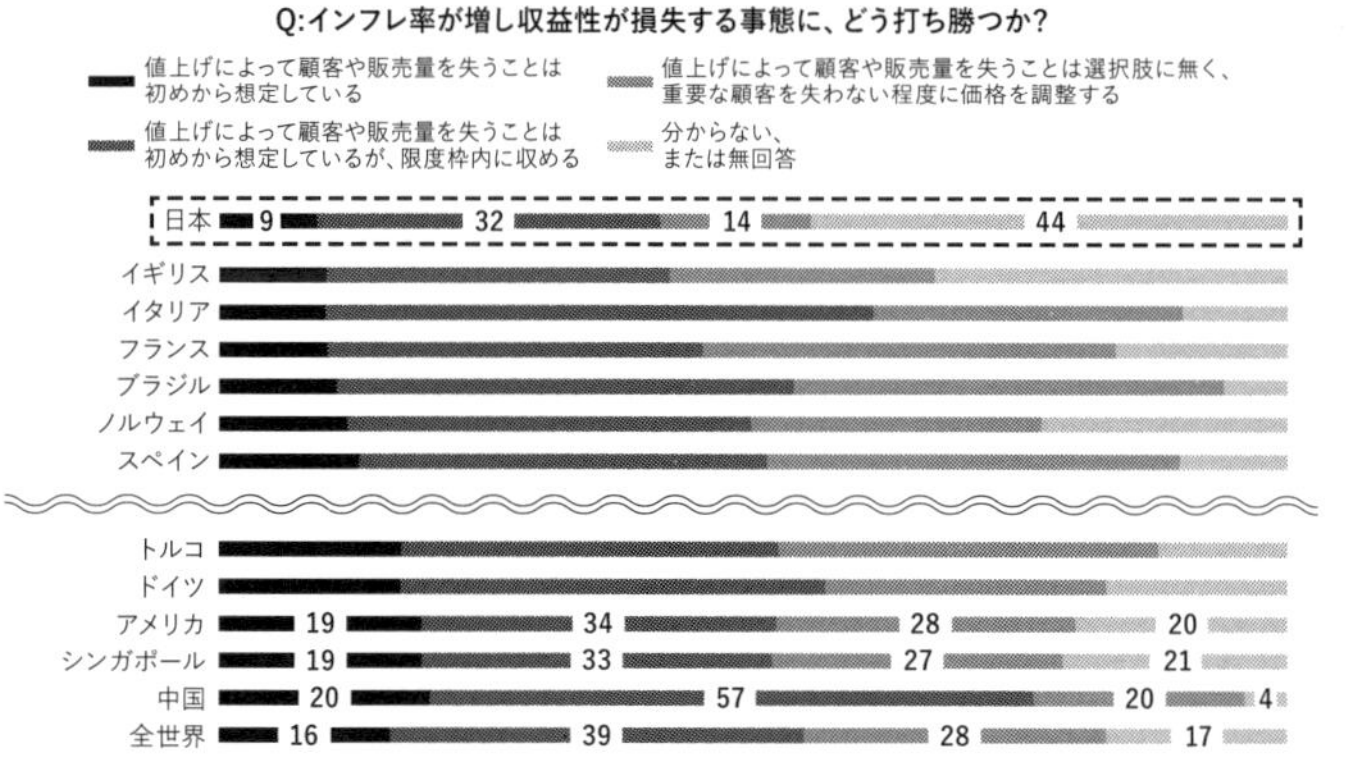

出典『Inflation Pricing Study: How Businesses Conquer Rising Inflation Rates and Eroding Margins』April 18, 2022 SIMON KUCHER

価格支配力を持つ企業と比較して、自社を判定する

日本企業が陥っているこの状況を、筆者はなんとしても打破したい。

そこで、この章では価格支配力を構築している企業がどうやって成功にたどり着いたか、事例を中心に解説しよう。まとめとして、WHY－WHO－WHAT－HOWのすべての要素が一気通貫で連動している優秀な企業もご紹介したい。

この好事例とは真逆に、もし読者が「自社は『価格〝無〟支配力企業』で、他社に価格決定権を奪われているかもしれない」と感じたら、悪しき兆候に対してチェックポイントを提示するので自己判定してほしい。

兆候度数が高い企業は、今すぐにでも支配力の奪取が必要だろう。

WHY　なぜ、我々がやるのか？

まずはWHYがはっきりしている優良企業の際立ったマーケティング戦略や方針を抽出

する。事例を通じて伝えたいのは、「規模の大小や業界を問わず普遍的な勝ち方がある」という点であり、ここに着目してもらいたい。

企業文化で価格マネジメントをする

必ずと言っていいほど、価格支配力企業が持つ特長がある。それは、これまでに多く語られてきた「事業、ブランド特有の使命（ミッション／Mission）」「特有のありたい姿（ビジョン／Vision）」「特有の価値観（バリュー／Value）」の話だけではない。当然ながらこれらの要素を持ち合わせ、その意味を踏まえた上で「企業文化*（カルチャー／Culture）」を持っている、という点にある。

「固有の仕事のやり方や行動規範、作法・姿勢を実装しているかどうか？」

ここが、本当の勝負どころだ。壁に掲げてあっても誰も気がつかない、お題目のミッション・ビジョン・バリューでは意味がない。

ここで言う企業文化の定義は、左記のとおりだ。

① 経営者が組織の使命・存在理由などを可視的なレベルで働きかけている。
② ありたい姿や戦略ゴールを共有化している。
③ 実行後の成功体験を経て定着した、基本的な前提知識がある。

*企業文化／Culture：仕事のやりかた、姿勢とは、「どういう仕事のやり方を期待されているのか？　仕事のやり方は、どんな行動規範、価値観にもとづいているのか」である。—『両利きの組織をつくる——大企業病を打破する「攻めと守りの経営」』より（加藤雅則，チャールズ・A・オライリー，ウリケ・シェーデ／英治出版／2020）

同時に、これら①②③が各人の行動の評価価値にもなっており、①②③のステップを経て成長・変容していく。まさに、企業が自らの手で各社・各様につくりあげていく、「仕事のお作法」と言える。

近年では、ミッションの代わりに「現在のあるべき姿」を定義したパーパス／Purposeという概念を標榜する企業も増加している。しかしいずれにせよ、本書ではWHY＝なぜ、我々がやるのか？　に対する答えが企業文化のレベルまで浸透しているかどうかを強く意識して解説していく。

ホンダ、ソニー、日立製作所に見る「成長の根源」にあるもの

ホンダのホームページ*には「A00」という聞きなれない言葉が刻まれている。

Hondaでプロジェクトが走り出すときに、一番はじめに議論されるもの。
「これは、どんな世界を実現するための仕事なのか」
最後まで絶対にぶれないための指針、コンセプトといってもいいかもしれません。
それを、Hondaでは「A00」と呼びます。壁にぶち当たったとき、意見が食い違ったとき、常に立ち返りすべての判断基準となるもの。Hondaの魂、それが「A00」です。

*ホンダHP：https://www.honda-recruit.jp/about/hondaism.html

これがホンダの企業文化である。ホンダでは現在でも、一度も会ったことのない創業者本田宗一郎氏を「おやじ」と呼ぶ方々が存在し、おやじ由来の「A00」をすべての開発の判断基準にしている。この基準から、世界一になった二輪車、その後の四輪車、汎用機へとつながり、戦後の日本企業ではじめて商業的に成功した航空機「ホンダジェット」も生まれた。彼、彼女たちの会話を聞くと、このホンダイズムの企業文化が現在も脈々と生きていることが伝わってきて、驚く。社是は「わたしたちは、地球的視野に立ち、世界中の顧客の満足のために、質の高い商品を適正な価格で供給することに全力を尽くす。」である。日本の企業には珍しく「適正な価格」と断じている。

2003年に株式市場を揺るがしたソニーショック。ここから立ち直ったのは、平井社長がソニーの存在意義を問い直し、パーパス[**]を社内に浸透させたことがきっかけだった。

——クリエイティビティとテクノロジーの力で、世界を感動で満たす。

それ以来、「感動」を生む会社として、ハードを起点に映像や音楽、ゲーム、アニメのコンテンツまでつなぎあわせ、コンテンツクリエイターから消費者までの基盤を創造した。ソニーらしい高付加価値商品が続々と発売されるようになったのはそれからである。

[**]ソニーＨＰ：https://www.sony.com/ja/SonyInfo/CorporateInfo/purpose_and_values/

日立製作所も同様に、2008年に7873億円の赤字ショックを受け、そこからミッション、ビジョン*、経営戦略の改定を行なった。

日立は、社会が直面する課題にイノベーションで応えます。優れたチームワークとグローバル市場での豊富な経験によって、活気あふれる世界をめざします

という宣言を旗頭に、組織改革によって復活を果たした。

企業文化の浸透は実績とともに加速する

ソニーも日立製作所も、低迷期は技術偏重や、価格勝負の不毛な商品開発や値下げ受注を繰り返していた。しかし、存在価値の再定義と付加価値の高いイノベーション志向の戦略に転換して実績が現れた頃、一気に企業文化が変わった。現在では最高益を更新し、好業績を謳歌中だ。私は両社ともに知りあいが多いが、塗炭の苦しみからの復活は見事としか言いようがない。

この企業文化浸透の重要性の法則は日本だけではなく、そして大企業だけでもなく、特に成功したスタートアップでは必須要件と捉えられている。NASAとグーグルがその設

*日立グループ・アイデンティティ：https://www.hitachi.co.jp/about/corporate/identity/

**シンギュラリティ大学：革新的技術を開発する企業のための、新しいスタイルのスタートアップ·インキュベーターとしても各種活動をおこなう。成功した起業家のピーター・H・ディアマンディスと、発明家で未来学者のレイ・カーツワイルが2008年に共同で設立

立に大きくかかわった米国シンギュラリティ大学**では、その研究結果から指数関数的に急成長を収めた企業の共通項が定義されている。一番重要なのは、野心的な変革目標（ＭＴＰ：Massive Transformative Purpose）から事業をはじめることである。ＭＴＰは組織の大志とも呼べる高い目標を示し、そのための「変革」を重視しているのだ***。

> 適切なＭＴＰによる最も重要なメリットは、文化的なムーブメントの創出である。それはジョン・ヘーゲルとジョン・シーリー・ブラウンが「プルの力（引き出す力）」と呼んだものだ。ＭＴＰには心を鼓舞する力があるため、飛躍型企業の周囲には自然とコミュニティが形成され、それ自体が活動を始め、仲間意識や文化が生まれるのである。アイデアから起業が成功することはほとんどない。（中略）必要なのは創業チームの決してあきらめない姿勢と、徹底的に実行する姿勢だ。

大きく世界を変えたいと願うPurposeと、実行する企業文化の浸透が成功のエンジンなのだ。

長期のブランド戦略で社会課題にイノベーションを起こすネスレ

２０２２年、ネスレ（本社：スイス）は時価総額が約３７６３億ドル（約54兆４７００億円）

***『シンギュラリティ大学が教える飛躍する方法　ビジネスを指数関数的に急成長させる』サリム・イスマイル、マイケル・S・マローン、ユーリ・ファン・ギースト／日経BP社（2015年）

で世界ランキング23位。トヨタは約２８０８億ドルで31位*なので、それよりも高位である。

売上は約９４０億スイスフランで、日本円にして13兆３８６４億円（２０２２年末スイスフランレート：１４４・77円）で、昨年対比で８・４％増加。その内訳は販売数量が昨年対比＋０・１％に過ぎず、値上げ分が８・３％寄与、そして営業利益率は17・１％を誇る。

特筆すべきはコロナ禍による原材料の高騰を価格転嫁することに成功し、かつ販売数量を減らしておらず、むしろ微増させている点にある。まさに価格支配力を有する優良企業といえよう。

同社は「食品産業」というオールドエコノミーを主戦場としていたが、２００１年に栄養・健康・ウェルネス企業への転身を宣言した。これによってヘルスケアを含む「21世紀型の食品関連企業」へと変身してきた。現在ではすべての食品関連企業のなかで時価総額が世界一となっている。

一方で、日本の食品関連企業の業績と比較してみると、矢野経済研究所のレポートによれば、メーカーと流通の食品関連企業で上場企業１０３社中、２０１９年度に営業利益率10％を超えたのは5社のみ。食品メーカー企業44社に絞ると平均値で４・７％だった**。なおさら、ネスレの利益率が突出していることが理解できるだろう。

* 2022年世界時価総額ランキング。世界経済における日本のプレゼンスは？（2022.01.26）：https://startup-db.com/magazine/category/research/marketcap-global-2023
**食品関連企業の損益状況に関する分析調査を実施（2020年）／矢野経済研究所：https://www.yano.co.jp/press-release/show/press_id/2533

ネスレは食品業界で乳児用粉ミルク、インスタントコーヒー、ミネラルウォーターと、ライフスタイルの変革も含めたイノベーションを繰り返して成長してきた。「ペリエ」「コントレックス」「サンペレグリノ」「ヴィッテル」「ネスレピュアライフ」などの水ブランドに対して、30年以上ものあいだ長期投資を継続し、赤字事業からの収益改善を経て「水を購入する」というライフスタイルを世界中で確立し、収益事業に育てたのである。

また、ネスレはマイケル・ポーターがＣＳＶ（Creating Shared Value ／共通価値創造）経営を提唱しはじめた２０１１年から5年も遡ったタイミングで、コーヒー豆生産農園と直接契約して生産技術支援、財務援助をおこなった。これによって高品質なコーヒー豆を確保しつつ、環境保全を図るＣＳＶ経営を実行している。

そして生豆購買の中間ベンダーを省くことで得た利益をシェアする「共通価値創造」を通じて、ネスレに関わったコーヒー農園、そして地域社会とその労働者へ経済還元をおこなう。これがネスレ商品の未来のファンを長期目線で育成することにもつながる。利益を得ながら貧困をなくすという「社会イノベーション事業」とも言えよう。現在ではこのようなＣＳＶ活動は、インドの乳牛畜産農家への支援まで広げている。これらはどちらも、長期戦略がなければ成立しない。

長期目線として、50年、１００年単位で未来の世界情勢やマクロ経済、人口動態、技術進歩について議論し、そこで示された予測やビジョンを経営上層部で共有し、戦略に反映するという先端的な策定の試みがある。それが長期成長を支える企業文化を育むのだ。ネスレではそうした文化は、「ニューリアリティ」という会議体からの示唆が戦略の基盤となる仕組みから生まれている。創業100年を超す優良老舗企業、米デュポンの「100年委員会」、独シーメンスの「メガトレンド」も同じ位置づけのものと考えてよいだろう。

ネスレは企業統括と財務戦略の一環として、短期利益を求める株主に過剰対応しないよう、NY市場では上場していない。ロンドンや東京市場からも撤退している。そして4半期決算の開示義務がないスイス市場のみに上場することで、こうした長期戦略を担保・実行する。社会課題を解決することでイノベーションを起こそうとするCSV活動とブランドの長期育成という戦略が功を奏している。

短期の利益追求が疑問視され、社会的価値創造と財務以外の成果の両立が脚光を浴びつつある今、こうした例は日本企業が回帰するべきモデルとなるのではないか。マイケル・ポーターに言われるまでもなく、古来日本には近江商人の「三方良し：売り手良し、買い手良し、世間良し」が存在したからである。

「価格決定権は自社で確保する」と決意する

多くの企業で行なわれている価格決定のフローは、下記の3つのうち、いずれかのパターンを慣習的、惰性的に実施している場合が多い。

①自社コストに必要な利潤を加えて価格を決める
②自社 対 競合商品の強弱で価格を調整する
③顧客、取引先のいいなりで価格を決めさせられている

この傾向は企業のマーケティング担当者と現実の価格決定の実例をインタビューしても同様であった。①はコスト・プラスという値決めの方法で、この発想である限り大胆な付加価値価格は設定しにくい。②③はよくある事例で、顧客価値創造プライシングではない上に、価格決定権を自社で持つ意志が弱く、圧倒的に主体性に欠ける。

ここで象徴的な事例をご紹介する。1964年から30年間に渡ってダイエーと松下電器産業（現 パナソニック）の間で「ダイエー・松下戦争」と呼ばれる確執があった。これは松下がダイエーの安売りに対して商品の出荷停止をしたことからはじまったものだ。そしてダイエーから独占禁止法で告訴されて以降、取引が停止になった事態を指す。

松下の会長・松下幸之助は「定価販売（小売希望価格）でメーカー・小売が適正利潤をあげることが社会の繁栄につながる」と主張した。しかし、ダイエー創業者の中内㓛は「いくらで売ろうともダイエーの勝手で、製造メーカーに文句は一言も言わせない」と、相容れなかった。その後はダイエーだけでなく家電量販店の勢力拡大が続いた。松下幸之助の死後の1994年、両社はやっと和解し、販売供給が再開した。

この事例は松下という家電産業の雄が新しい勢力に屈し、「価格支配力」を譲り渡したことを意味している。そしてパナソニック以外の総合家電メーカーも同様の状況である。

だが、パナソニックは価格支配力を取り戻すべく、2020年から画期的な試みを挑戦中だ。「メーカー指定価格」と呼ぶもので、一部のフラッグシップモデルに関しては、家電量販店が在庫リスクを負わない代わりにパナソニックが販売価格を指定して、値引きも一切認めないという制度である。ショップポイントも勘案し、実質的にはどの店舗で購入しても同じ売価になる。売れ残りの在庫はパナソニックが引き取るという販売モデルの確立で、販売価格の拘束に該当しないため、独禁法には抵触しない。成功すればビジネスモデル・イノベーションである。

家電量販店は他店との競争上、通常は市場投入後に時間が経った商品の値引き販売や、特別なショップポイントの付与で「安値奉仕アピール」をする。その原資をメーカーへリベートとして請求する。これをメーカーが断ることは力関係上、困難だ。

折角の新製品も初速で売れ行きが鈍ければ、あっという間に廉価販売され、儲からない製品として市場を撤退することになる。つまり、製品の価格支配力は小売側にある。多くの家電は終売までに2割くらい価格が下がるので、売価を戻すことを目的に新製品を投入することが業界の慣習となっている。この弊害として、新しさをアピールするために現行商品の性能を少しだけ向上させ、時には消費者が望まない機能を付与したり、消費者不在の製品も生まれてしまっていた。

パナソニックとしては短期目線による毎年の新製品投入を繰り返し、営業利益率が低迷する状況から脱したい。そこで価格支配力を取り戻して利益を確保するため、ＩｏＴで家電をつなぎ、ソフトウェアで機能をアップデートし続ける仕組みをつくった。これにより、むやみに新製品を乱発せず、商品寿命の長期化を狙うことができる。これは現行製品の値崩れを防ぐことも目的に含まれている。つまり、パナソニックのメリットは「メーカーの利益改善と商品の長寿命化」にある。

他方、小売側にもメリットがあり、「顧客と価格交渉の駆け引き時間がなくなり、その代わりにしっかりと商品説明ができ、販売員のストレスも低下する。フラッグシップ商品は指名買いなので、値引きが不必要なために売りやすい。小規模店舗でも在庫リスクを負わずに高価格商品を販売できる」というものだ。さらには顧客メリットもあり、いつでもどこでも安心して買える。買ったあとの値下げを見て、悔しがることもなくなる。パナソニックは三方良しの精神に則って、Ｗｉｎ－Ｗｉｎ－Ｗｉｎを生み出そうとしている。パナソニックの品田正弘社長は日経のインタビュー*にこう答えている。

> 適切な値付けができるかが最大のカギになる。

欲を出して高い値付けをするとうまくいかない。消費者を見極めて、価値に見合った価格を初期的につけるようにしないといけない。新取引は将来的に全家電の3割程度（金額ベース）まで拡大したい。
>
> 新たな取引形態が浸透して開発の競争力がつけば、適正な価格で販売できる製品も増えてくるはずだ。

パナソニックの「メーカー指定価格」は「価格支配力を確保したい」という強い意志表示だ。成否はまだわからないが、注目しておくべきだろう。家電競合メーカーも結果を見守っていて、成功の兆しがあれば追随する準備をしているだろうから、価格支配力のバランスが変わるかもしれない。

*『家電の値崩れ止まるのか？　パナソニック、量販店に価格指定』2022年10月04日　日経クロストレンド

神様ではなく、お客様をファンにする誇りを持つ

顧客中心の企業というと、時折「お客様は神様」と考える極論が出やすいが、これは間違いだ。あまりに有名だが、あえて、リッツ・カールトンのクレド（信条）をご紹介する。同社は世界でも指折りのラグジュアリーホテルで、卓越したサービスを提供するためのクレドが示されていて、これが全従業員レベルまで浸透している。このクレドはさまざまなサービス産業の企業がロールモデルとしていて、各社のクレドの元になっている。

注目すべきは従業員が所持するクレドカードに記載されている、この言葉にある。

―「We Are Ladies and Gentlemen Serving Ladies and Gentlemen.」

従業員が紳士・淑女であることがもっとも大切な資産であり、ゆえに顧客の紳士・淑女にサービスを提供できる、という価値意識である。

また、創業者の言葉からも、お客様を神様には〝していない〟ことがわかる。人としてお客様と対等の存在でなければ、最高のサービスから圧倒的なフィーを受け取ることはできない。リッツ・カールトンの共同創業者のホルスト・シュルツ氏は、著作『Excellence Wins（Zondervan）』を通じた自分たちのサービスについての名言**が秀逸である。

** 『Horst Schulze > Quotes』https://www.goodreads.com/author/quotes/700637.Horst_Schulze

「私たちはサービス業界の陰で働く使い人ではなく、自分たちの力で、自分たちの存在価値を高めることができる」

「企業はすべての人間を常に喜ばせることはできない。しかしそれでもトライすることを妨げはしない」

ある高級ブランドの担当者が仰っていた言葉が、極めて印象深く思い出される。

日本企業によくある『お客様は神様』という思想はよくない。お客様をファンにするという考え方であるべきだ。

WHY 自社の「価格〝無〟支配力企業」チェックポイント

- ミッション、ビジョン、バリュー、パーパスの提示だけでなく、付加価値を追う「固有のカルチャー（企業文化）＝仕事のやりかた、姿勢」があるか？
- 経営層は、「価格決定権は自社にある」と決意しているか？
- 現状に甘んじず、価格決定力を向上させる挑戦を続けているか？
- お客様を、我々のファンにする気概があるか？

WHO　市場はどこか？
どんな課題を持つ、誰を幸せにしたいのか？

深い課題を感じているお客様であるほど、解決案に強く反応する。それは、顧客価値を生みやすいことを意味する。そうして顧客となったのちに、ブランドのファンになってもらえれば、生涯価値の高い顧客を得ることができる。その顧客を徹底的に理解して、ターゲットとして定義するためには顧客の「ニーズ」と「ウォンツ」を理解しなければならない。そして、ニーズのなかでもより深いインサイトの発見が成功の鍵となる。

ニーズレベルの「縦の進化」を読み解き、ウォンツをつかみ取る

顧客のニーズとウォンツを理解するには、人間が何かを欲しくなる心のメカニズムを知る必要がある。これをマズローの「欲求6段階説」で考えるとわかりやすい（図3－2）。マズローは「欲求5段階説」が有名だが、晩年、6段階目として「自己超越の欲求」を加えた。これは見返りを捨てた利他の欲求である。前述したコトラーの「Marketing 3.0」にあった、基本的⇒社会的⇒超・個人的ニーズへの変化が参考になる。

ニーズとは、自らがありたい姿と現状の差を認識し、欠乏や不満を感じることである。現状が基準より下回っている場合、たとえば喉が渇いていると「嫌だな」というペインを感じる。一方で、喉は乾いていなくても、飲んだことがない希少なジュースの存在を知ったら、「気になるな……」というゲインが湧いてくる。

動機づけでもっとも大きいものはこうしたニーズに対して「自分の状況を少しでも改善したい」という「欲求／ウォンツ」だ。人は、このギャップ／課題の解消手段を過去に経験していると、具体的に「炭酸水が欲しい！」というウォンツを知覚できる。

打ち手としては、こうしたニーズを満たす手段を明確に意識して、顧客に「こういう時はコーラだ！」と思い起こさせるようなブラ

図3-2 顧客ニーズ*、ウォンツ、需要とは?

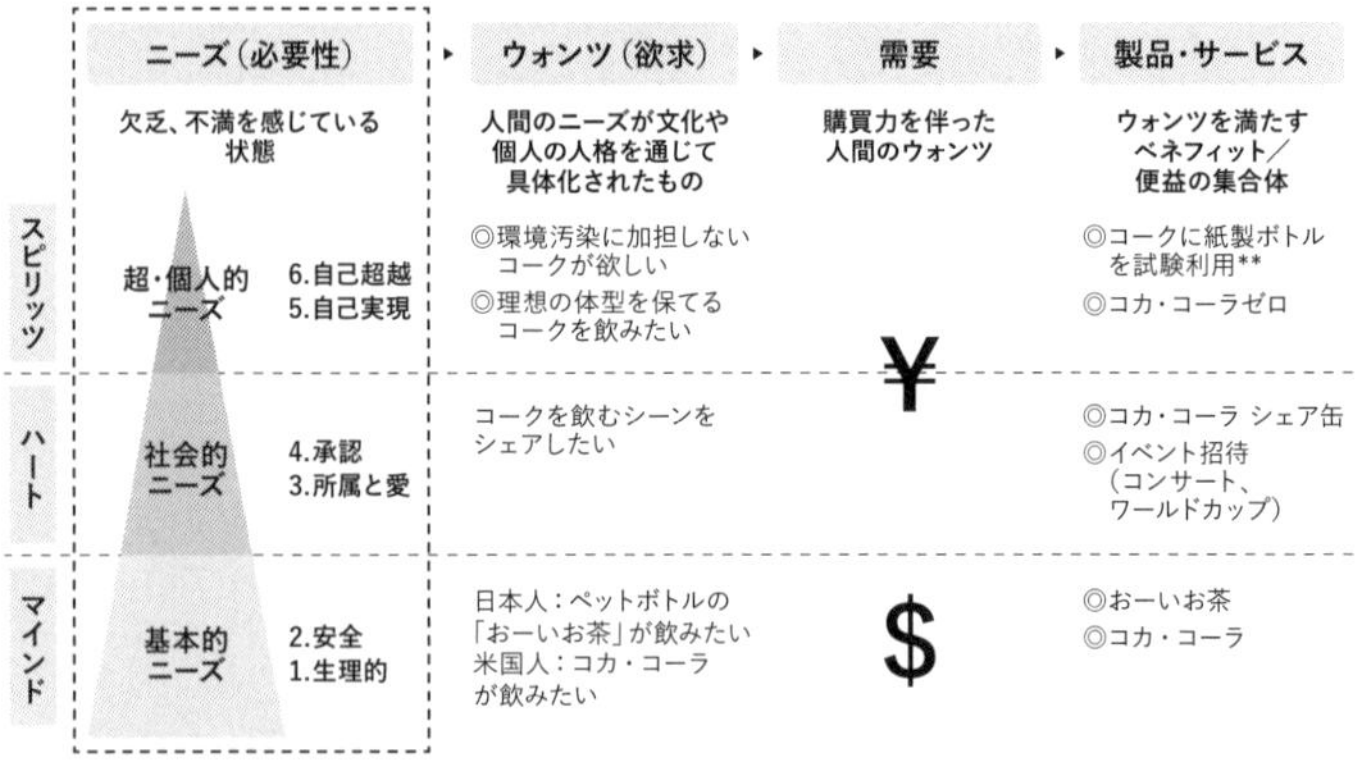

	ニーズ（必要性）	ウォンツ（欲求）	需要	製品・サービス
	欠乏、不満を感じている状態	人間のニーズが文化や個人の人格を通じて具体化されたもの	購買力を伴った人間のウォンツ	ウォンツを満たすベネフィット／便益の集合体
スピリッツ	超・個人的ニーズ 6.自己超越 5.自己実現	◎環境汚染に加担しないコークが欲しい ◎理想の体型を保てるコークを飲みたい	¥	◎コークに紙製ボトルを試験利用** ◎コカ・コーラゼロ
ハート	社会的ニーズ 4.承認 3.所属と愛	コークを飲むシーンをシェアしたい		◎コカ・コーラ シェア缶 ◎イベント招待（コンサート、ワールドカップ）
マインド	基本的ニーズ 2.安全 1.生理的	日本人：ペットボトルの「おーいお茶」が飲みたい 米国人：コカ・コーラが飲みたい	$	◎おーいお茶 ◎コカ・コーラ

*潜在ニーズと顕在ニーズも存在する　**コカ・コーラ社は2019年に発表された「世界をプラスチックで汚染している企業ランキング」で世界1位とされた。対策として2021年2月発表加えて、2030年までに販売した全ての缶・ビンを回収し、リサイクル可能なパッケージに置き換えることを目標と発表

©Buona Vita 2023

ンドの指名買いを実現できれば、しめたものである。

「安全な生活を送りたい」とか、「喉が渇いた」などの生理的に不満を持つものや、身の安全に対する「基本的なニーズ」からはじまって、人は所属や承認、愛情を求める「社会的ニーズ」や、最終的な「自己実現」、利他の世界での「自己超越」ニーズを感じるようになっていく。この経験の過程で他の製品では補えない「特定の商品に対する欲求」を生成させることがマーケティングで付加価値を考える上での最善の策だ。

たとえると、刺すように喉が渇いた時に多くの米国人ならば「ああ、コカ・コーラが飲みたい！」と思うかもしれない。でも、あなたは「今は、お〜いお茶だな」と思う。これらは各人が育った文化、経験や学習の成果によって記憶に刷り込まれているものだ。

最近、パートナーに「あなたはぶくぶく太って見苦しい！これ以上太ったら別れるからね」と宣言されていて、愛情に欠乏を感じている某米国人は、基本的ニーズと社会的ニーズを感じて「ああ、ダイエット・コークが飲みたい！」という欲求が起こる。ダイエットを成就させて、パートナーとの関係復活も成功させて、会社の同僚に自慢したいのかもしれない。

コークマニアとも呼ぶべき私の知人は、コーラ関連グッズの収集家でもあった。当然ブランドの歴史や販売促進キャンペーンに詳しく、コカ・コーラの豆知識も学習し、周囲にそれを披露して楽しんでいた。３段階目の知識、自己表現レベルの個人的ニーズを感じているのだ。段階が進むと、ペットボトルで環境汚染に影響を及ぼしていることに不満を抱く。このニーズからリサイクルボトルのコークが欲しいという自己超越の欲求が湧く。

ちょっとした贅沢品でよく売れるものは、この3段階目の探求・知識・学習・自己表現・自己超越などのニーズを本人に自覚させるようなコミュニケーションを経て、欲求に転化させることが多い。ワイン好きや車マニアはブランドの価値を支える理由が知りたいという探求心や知識欲から、ブランドの歴史や原材料、製法、作り手のこだわりなどの細かなストーリー性に魅せられてファンになる。うんちく話は消費者の欲求を駆り立てるよいスパイスになる。

この「ニーズレベルの縦の進化」を注意深く読み解く必要がある。ただし、その欲求を感じてくれた顧客群が価値の「交換」に応じるだけの経済力を持ち、一定量以上の規模があれば、それは「需要」となる。一般的にピラミッドの形が物語るように、下位のニーズのほうが市場規模は大きいことが多い。一方で上位の「スピリッツ」のニーズは小さいが、支払い能力の高い顧客が存在する。「ニッチには、リッチがいる」のだ。

顧客価値を創造するマーケティングをするためには、なぜニーズにまで遡ってその構造を理解する必要性があるのだろう？　もしあなたがニーズとウォンツの定義を理解せずに、顧客にインタビューして「コカ・コーラ ゼロが飲みたい！」と言われたら、「そうか、それがニーズだ」と解釈し、「コカ・コーラ ゼロに似た商品をつくれ！」と命令するかもしれない。しかし当然ながら、既知の欲求に対して競合ブランドが市場ポジションを確立している場合、模倣は失敗に終わることが多い。そうではなく、その表面上の欲求から奥に潜むニーズを探り出し、縦方向に進化させるか、もっと奥を掘ってみる必要がある。

ニーズには「顕在ニーズ」と「潜在ニーズ」がある。コカ・コーラが飲みたいのは単に喉が渇いた、というだけではない。「長時間仕事して疲れた。（血糖値が下がって）なんだかイライラする」という潜在ニーズに気づき、そこに気分を変えるリフレッシュメントというベネフィット／便益を提供するのだ。現在では、環境課題に敏感なグリーン・コンシューマー向けに、さまざまなエコ・ボトルや循環モデルを検討している。

インサイトは「購買行動を起こす心のスイッチ」と定義する

顧客のニーズには「顕在ニーズ」と「潜在ニーズ」が存在すると述べたが、ここを区別して活用する意味を深掘りしよう。一般的に、人は自ら意識的に活用できている脳の度合いが低く、自らの考えを言語化する能力は拙いため、5％程度の欲望しか表現できないと言われている*。顕在ニーズは誰でも気がつきやすい事柄しか言語化されないため、競合も既に手を打っていることから、対応する商品が存在することも多い。もし顕在ニーズがある

*『マーケターの知らない「95%」 消費者の「買いたい！」を作り出す実践脳科学』A・K・プラディープ：著，ニールセン ジャパン：監修／CCCメディアハウス（2011年）

にもかかわらず他社が応えられていないなら、市場が小さすぎるか、規制があるか、コストまたは技術的に成立しないといった理由が考えられる。そのため、時期を待って技術、プロセス、サプライチェーンやプロダクトにイノベーションを起こす必要がある。

ここで技術革新に頼らず、マーケター主体による解決策としてイノベーションを望むなら、潜在ニーズやインサイトを探る必要がある。潜在ニーズとインサイトの違いは、学問的には明確な定義が存在しないようで、マーケティングのプロでも解釈が異なる。ここからは本書籍での定義を踏まえて解説を続けよう。

インサイト／洞察：Insightとは、「行動を起こす心のスイッチ」だ。ただ、ここからはマーケティング上の定義として、単なる行動ではなく「購買行動」に絞る。「自分でも気づいていない潜在ニーズのなかでも、スイッチを押されると、とりわけ購買行動につながるもの」としておく。自社の商品の購買に結びつかない潜在ニーズ、たとえば自社の倫理的ガイドラインで許されない欲望充足などの事項はインサイトとして議論しても意味がないので取り扱わない。

インサイトは、隠しておきたい本音、言いたくない本音、諦めてしまった理想、セルフイメージ、不安や恐れ、特定のシチュエーションにまつわる望みや葛藤であることが多い。他人から指摘されて商品をはじめて認知した時に「なんだ、気がつかなかったけど／言葉にできなかったけど、私はこれが欲しかったんだ」と、購買行動に移るトリガーだ。人々のインサイトを見つけて数々のイノベーションを起こした、アップルのスティーブ・ジョブスはこうした言葉を残している。

人は形にして見せてもらうまで、自分は何が欲しいのかわからないものだ。人が、本当は欲しいものを見つけやすくするのが、我々の仕事だ。
People don't know what they want until you show it to them.
That's our job. To make it easier for them to find out what they want.

インサイトは、理想と現実のギャップの葛藤から生まれるパーソナルなもの、あるいは具体的なものが狙い目だ。たとえばカソリック教会の7つの原罪と7つの美徳*のような、本音と建前の葛藤（暴食⇕節制、色欲⇕純潔、強欲⇕慈善・寛容、憤怒⇕忍耐、怠惰⇕勤勉、嫉妬⇕感謝・人徳、傲慢⇕謙虚）などから、その奥に潜んでいるものが見つかれば、参考になる。

痛風で尿酸値が高い私は「プリン体の多いビールを飲んではいけない。ジョッキで生なんて、もってのほか！　そもそも医者が言うには、アルコールそのものがよくない」という「節制」を説く天使の声と、「今日、大ジョッキは避けて中ジョッキ1杯くらいならよいじゃない」という「暴食」を説く悪魔の声によって、脳内で葛藤に苛まれる。ここで「今日

*7つの原罪と7つの美徳：プルデンティウス**によって西暦400年ごろに書かれたラテン語叙事詩『プシュコマキア』（魂の闘い）にある7つの美徳が7つの悪徳を倒す物語
**プルデンティウス（Prudentius　348 - 405以後）の「プシュコマキア／Psychomachia）（魂の闘い）」による定義

は仕事で疲れたあなたが、ほんのちょっと幸せを感じられれば、明日も頑張れるのでは？」という、魅力的な「言い訳」を提供されると、そこに光明を見出して、結局は飲んでしまう。

つまり私の本音／インサイトは、「今日は仕事をよくがんばった。妻は見ていないし、良い理由があれば飲みたい。〝だから、今ここで、誰か言い訳を考えてください〟」ということなのだ。

ビールを目の前にして常に葛藤していたが、２００９年にキリンが世界初のプリン体99％カットの端麗Wを出したときの私のつぶやきがまさに「これだ！　なぜ今までなかったんだ！」だった。ビールのおいしさ＝プリン体という経験的知識、刷り込み（これをフレームと呼ぶ）から、ビールを諦めていたのだ。だから、このフレームを外してあげればいい。

一方、残念ながら一般の居酒屋にこのビールは置いていないので、外出先での葛藤は続いている。

インサイトは無意識下にあるため、定量調査からの洞察が難しい。しかし、行動データやテキストマイニングを含め、データ解析から仮説をつくることは可能だ。第5部・第12章『ファクトベースの調査』と『ブランドの全戦略見取り図』で後述しよう。一方の定性調査では「自分でも気づいていないこと」がインサイトなので、そのままでは使えないことが多い。ただ、その一歩手前のヒントが転がっている。

顕在ニーズだけでは足りないので、その顧客が欲しがる意味や理由を深堀りする必要がある。さらには、その裏側にある無意識の「キワキワにあるもの」が重要で、マーケターが自ブランドのためにインサイトを推定し、検証して「創造」すべきものなのだ（図3－3）。この時、担当ブランドへの理解が高いマーケティング・チームに対して、そうした発見を共有した時に「へー！　そういうことか。そういう心理って、案外あるかも……」と共感してもらえるかどうかが重要だ。

P&Gのファブリーズは「家にはさまざまな臭いがあって、気にしだすとイヤ。でもベッドは洗えないし……」という諦めは、言われないと気づかないインサイトに対して、「ファブリーズで洗えるよ！」というソリュ

図3-3 インサイトは、コンシューマー自身も無意識な深いところにあるため、マーケターが創造する必要がある。

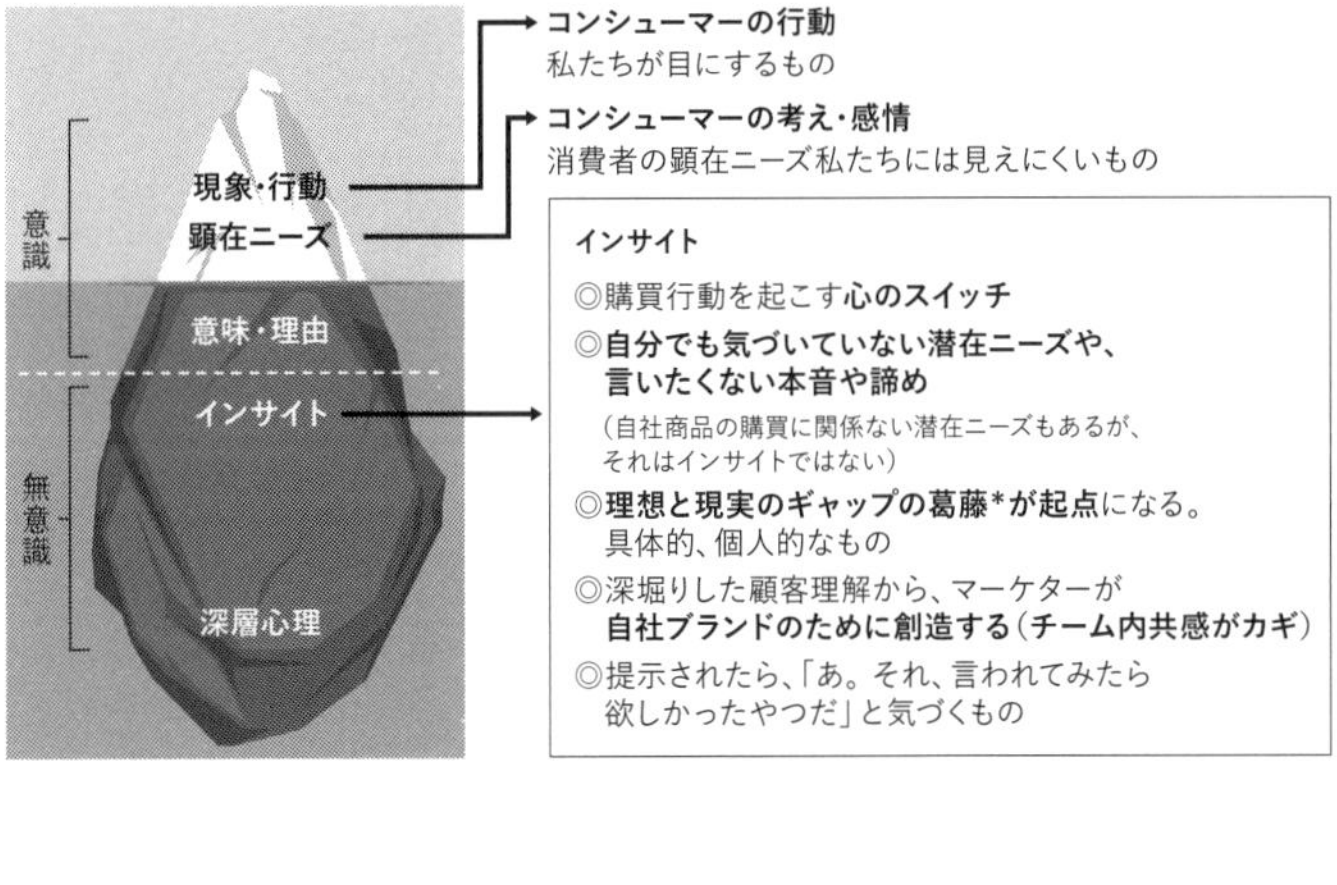

意識
無意識
現象・行動
顕在ニーズ
意味・理由
インサイト
深層心理
コンシューマーの行動
私たちが目にするもの
コンシューマーの考え・感情
消費者の顕在ニーズ私たちには見えにくいもの
インサイト
◎購買行動を起こす心のスイッチ
◎自分でも気づいていない潜在ニーズや、言いたくない本音や諦め
（自社商品の購買に関係ない潜在ニーズもあるが、それはインサイトではない）
◎理想と現実のギャップの葛藤*が起点になる。具体的、個人的なもの
◎深堀りした顧客理解から、マーケターが自社ブランドのために創造する（チーム内共感がカギ）
◎提示されたら、「あ。それ、言われてみたら欲しかったやつだ」と気づくもの

ーションをそのままTV広告で表現し、大ヒットした。

このような顧客のニーズ選定を経てインサイトを創造したあとは、セグメンテーション、ターゲティングとTAM・SAM・SOMの概算、ポジショニング、ペルソナ、カスタマージャーニーの設定へと進む。

以下、順に解説していくが、特に第3部・第7章『ポジショニング・ステートメント』をインサイトから創造する」で、インサイトを創造する具体的な分析、調査手法と実行プロセスを解説しよう。

ペルソナとカスタマージャーニーマップで首尾一貫した打ち手をつくる

インサイトからターゲットを特定したあと、顧客価値の選択から伝達まで社内・外で徹底した一貫性を持たせる有効な手法としてペルソナ・マーケティングがある。要諦は、製品を開発・改良する際に、「人間中心設計」の観点から現実感のある個人を想定してデザインすることにある。

「人間中心設計」とは、人間工学や認知工学を踏まえてユーザーの使い勝手を向上させるための設計だ。意図して個人を特定し、「浅井隆太朗」といった仮称の名前に、年齢、住所、家族構成、価値観、ライフスタイル、商品購買・行動特性などを含んだ架空のターゲットプロファイルを設定する。これが「ペルソナ」である（図3－4）。

時折、企業で作成したペルソナを拝見すると、簡易版の「疑似ペルソナ／なんちゃってペルソナ」で留まっていることがある。そのような簡易ペルソナ、つまり仮説の初期で終わらせずにアンケートの定量データでクラスター分析*をおこない、簡易ペルソナに事実という骨格を与えるのだ。その上でそれぞれのクラスターに定性データの分析を組みあわせて肉付けする。客観的なデータを示すことで、商品企画とプロジェクトメンバー、販売部隊から、ペルソナを踏まえたマーケティングプランへの信頼を得て、実行するのだ。

ペルソナが持つ世界観や顧客が望む機能的価値・情緒的価値、そしてそれを提供するシナリオを描くことは、マーケティングプランを実行に移す際に極めて有効である。

ペルソナの主なメリットは、

図3-4 ニーズ発想で対象ペルソナを選択して シナリオ・ゴールを開発する：スマホのターゲット（事例）

ペルソナ Type1		シナリオ・具体的ゴール
浅井隆太朗 「金使わなくてもかっこいいのが大切だよね」 対象人口 約42万人	**地理／人口統計的特性** 21歳男性。練馬区に両親と住み、都内の大学に通う3年生。 毎月使えるお小遣いは親から貰う3万円とバイトで稼ぐ4万円で計7万円 **心理特性／行動特性** ◎スマホのデザインは重要。よく携帯を落として傷つけるので、それが嫌 ◎電話は極力かけない。LINEとメール中心。よくインスタグラムやツイッターで暇つぶしをする。就活情報のやりとりが重要。スマホでゲームもやっている。月に1万円近い携帯代が悩み。スマホにこれ以上はお金はかけたくない ◎ファッションが好きなので服は1～2万円程度使う。飲み会は月に2～3回、一度に3千円ほど使う。節約のために自宅でごはんを食べる ◎よく読む雑誌は週刊少年ジャンプ、よく見るウェブサイトはSmartNews ◎**大きなゴール：雑事は効率的に、スマートにこなす。少しでもムダな時間が嫌なので、趣味など自分の時間を十分持ちたい**	◎WEBでこの夏発売のスマホで価格が手頃な新製品を検索 ◎価格ドットコムとLINEで聞いた友人の意見を参考に対象を絞り込み、最後は店頭でデザインがよいXXを購入 ◎使ってみると多少大きいが、意外に滑らず落としにくい ◎思ったよりゲームのアプリがおもしろくてお金を使ってしまう ◎スマホで就活情報を収集し、企業のフェイスブックアカウントに連絡を取り、希望企業の説明会に臨んだ。知識を生かしてうまく受け答えした。買ってよかった
ペルソナ Type2		**シナリオ・具体的ゴール**
青木勝 「ハイテクを使いこなす自分が好き」	**地理／人口統計的特性** 35歳男性。横浜市のマンションに元同僚の妻と小学2年生の娘と3人暮らし。年収500万円。 **心理特性／行動特性** ◎仕事で使う会社支給の携帯と、個人の携帯と2台持ちで、煩わしく思っている。 ◎最新機能、アプリが使いこなせることが重要。仲間には最新のIT機器を使いこなしている人と思われている。	◎日経のWEB版をスマホで通勤時に読めたら時間が節約できるから、いいなと思う。 ◎ちょっとできる営業というイメージを持たれたい

*クラスター分析：集団、集落のこと。地理的、人口統計学的データや、趣味・ライフスタイルなどの心理的特徴、ニーズや商品をどう使うかといった行動パターンなどをベースに、似たグループで対象を分類する方法。「生活者サイドの視点に立った分類」を発見できる。クラスターとは元来ブドウの房の意味。

①関係者全員（マネジメント、研究・開発チーム、マーケティング、営業など）が共通のユーザー像を想定して企画、実行できる。
②ターゲットの行動、感情、提供価値に対する評価の実像がわかりやすくなる。
③時間や状況が変わっても、開発後期になっても、初期のペルソナが生かされ、ターゲット像がブレないように戻るべき原点をつくれる。
④製品ライフサイクルに沿ってペルソナも成長するため、適宜、打ち手が想定できる。

ペルソナの作成によって商品開発から売り方まで首尾一貫したアプローチを取ることができ、顧客に価値を届けられるようになる。ペルソナ・マーケティングの先駆者であるマイクロソフトのビジュアルベーシックやワード、エクセルなどの大ヒット商品は、まさにこの成功事例だ。日本でも資生堂の事例など、採用しているブランドは枚挙に暇がないし、B2Bでも活用される。

このシナリオから具体的なゴールに至る時系列の中で起こる顧客の変化として、「認知〜購入〜ファン化」までの顧客体験を拡張し、図式化したものがカスタマージャーニーマップだ（図3－5）。つまり、あたかも顧客が旅をするような「時系列の体験地図」である。これをペルソナと一緒に定義することで、関係者が各ターゲットに対して成すべきことの共通認識ができる。

図3-5 カスタマージャーニー・マップの事例

	認知	関心	検索		比較・評価	購入	信頼	共有
タッチポイント								
行動	Twitterがきっかけで YouTubeチェック 「他の学校で流行ってる」と友達の噂を聞いた	行きつけのお好み焼き屋でポスターを発見 ↓ 友達と盛り上がる	ポスターのQRコードからさっそくアプリをゲット ↓ 動画をいくつか見てみる	寝室で寝転がりながらネットサーフィン ↓ 「川崎ビバレッジ」について調べてみる ↓ 「KANPAI」ドリンクの成分を調べてみる	学校でおしゃべり ↓ もう一度一緒に商品検索 →	アプリにLINE Payを登録して購入	自宅に届く ↓ 友達と飲む ↓ 動画撮影 ↓ 投稿	部活で広める 学校外の友達に拡散 とりあえずつぶやく
思考	◎最近流行ってるの? ◎でも全部埼玉だし、なんか田舎くさい ◎動画は普通に面白かった。グッと来た	◎こんなとこにポスター。川崎の会社か。地元で、必死じゃん! ◎何か真面目に俺らの友情を考えてくれてるのかな? ほんと?	◎QRコード、楽。 ◎なにこれ、面白いじゃん! 盛り上がるー! ◎でも地元感満載でちょっと恥ずかしい	◎もうちょい見よ。何か癖になる… ◎こうやって仲間との絆が残っていくのっていいな。楽しいけどしみじみ ◎あ、無糖なんだ。ミントがすっきりしそう ◎でも友達を誘うのはやっぱり恥ずかしい	◎できれば一緒に買ってやってみたい ◎お、意外に話に乗ってきた! ◎とりあえず検索	◎ノリで5本セットをECで注文 ◎そんな高くないけど、よく分からないものを買ってしまった	◎普通にうまい健康にいいし、一人で買える ◎動画ヤバい。楽しい ◎いいねついた!	◎今後はもっと大人数で撮ろう ◎あいつらにも教えとこう!
購買意欲	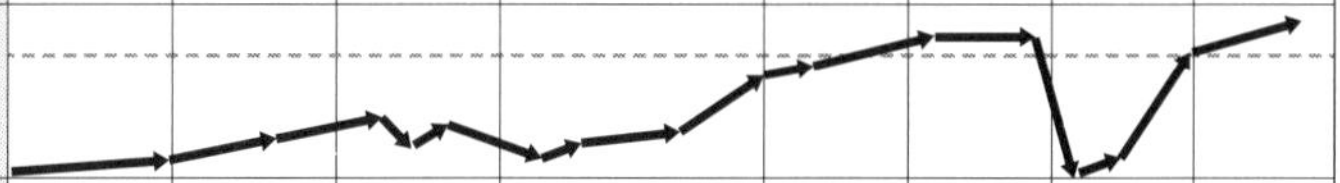							
打ち手	◎SNS拡散のためのインフルエンサー巻き込み ◎地元の有力校で実際に試してもらう	◎地元の強みを活かして学生が行きそうな場所でポスター掲示 ◎地元の有力校で実際に試してもらう	◎QRコードは必須 ◎アプリのデザインはスタイリッシュに。動画の青臭さとのアンバランスを醸し出す	◎自社HPに特設サイトを構築。しっかり若者向けメッセージを打ち出す ◎商品の特徴や成分もしっかり表示。健康であることを推す	◎自社HPでは学生のインタビューを載せて体験談を書いてもらう	◎LINE Pay設定 ◎購入後の画面で「ありがとう、大切な人とKANPAI!」とメッセージ	◎地元物流と組んで翌日配送 ◎アプリの作り込み	◎拡散キャンペーン

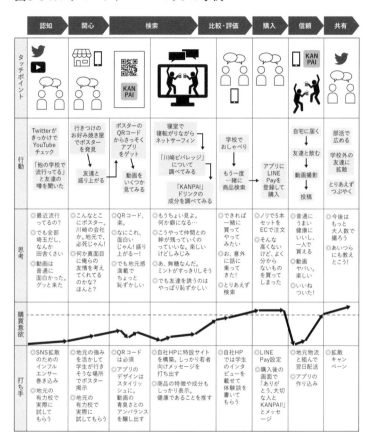

この考え方は多様化するソーシャルメディアとグーグルアナリティクスのような高精度の分析ツールが無料で提供され、ヒートマップツール*など、ユーザーの行動を分析するツールも高精度化したことでWEBマーケティングでは有効な考え方になった。
ここにリアルな顧客接点を加えていけば、顧客理解はさらに深まることになる。

消費者の「怒り」を「幸せ」に変えるか、「納得」させるか

価格支配力と消費者の反応について、物価研究の権威である東京大学の渡辺努教授が「物価とは何か／講談社」という著作で興味深い見立てを披露されている。ご紹介しよう。

「メーカーのかたと価格の話をすると必ず出てくる話題は、誰が価格決定の権限をもっているかということです。彼らの説明では、いったん製品を投入すると価格決定の権限は小売りなどの流通業者がもつようになり、自分たちが価格について口を挟む余地がなくなるとのことです。商品によって多少の差はあれ、そうしたことが実際に起こっているのでしょう。しかし、そこは裏を返すと、新商品を投入するタイミングこそメーカーが主導権を発揮する最大のチャンスであることを意味します。」

「いったん市場に出た商品の価格を変更する、とくに引き上げることが日本では難しいという事情があることが指摘できます。」

*ヒートマップツール：WEBサイト上のコンテンツでユーザーがどのように行動したかを、色の濃淡で表したグラフ。ユーザーのマウスの遷移、スクロール、クリックなどのログから分析し、コンテンツのどの部分に注目しているか、いないのかという関心度が直感的に分析できる。

価格据え置き慣行や価格支配力の喪失といった状態に対して、問題提起がなされている。

「日本のスーパーで扱われている食品や日用雑貨といった商品の種類数を数えると、約一〇万にのぼります。このうち毎年約三万の商品が退出し、それをやや上まわる数の商品が市場に新規投入されています。率にすると年間の退出が二九％、参入が三二％です。米国での商品の退出と参入はそれぞれ二五％と二四％なので、明らかに日本が上まわっています。」

価格〝無〟支配力企業は、新商品の発売時のみ価格改定のイニシアチブが取れるため、プロダクト・イノベーションに頼ろうとする。そして発売後は支配力を失い、また次の新製品発売に賭けることになる。

次いで、渡辺努教授が３００店舗のスーパーでの膨大なデータをもとにシャンプーの価格推移を解析した結果として、『価格硬直性』が商品の短命化を招いている」と結論づけている。

「生涯の価格変化に特徴的なのは、一度も価格の更新を経験することなく生涯を終えるシャンプーが少なくないことです。」

「生涯で一度も価格更新を経験しない商品の割合をシャンプー以外も含む全品目で計算すると、四〇%超と高水準です。」

そして、新商品による世代交代で値段が回復したり、値上げできた「値戻し」が成功した場合の理由を下記のように記している。

①「新製品の品質が先代に比べて向上し、それが商品の人気を高めて価格上昇につながった」事例としてのiPhone最新モデル

②「初物効果：新しもの好きの消費者が商品の新しさに惹かれて需要が高まった」

そして、この2つのパターン以外で、純粋に値上げできた商品の要因を分析して下記のように結論づけている。

「それを超える（純粋な）値上げを敢えて行ったのはなぜでしょうか。これについては、フリオ・ローテンバーグが指摘した、消費者の「怒り」が関係しているのではないかと私は考えています。

前節で述べたように、企業が値上げを言い出せず小型化に向かうのは、表面価格を引き

上げると消費者の反発を買うのではと恐れているからです。ところが、ローテンバーグによれば、こうした世代内の値上げ（商品の生涯中の表面価格引き上げ）と比べると、世代間の値上げ（新商品を投入するタイミングでの値上げ）は消費者の怒りを買いにくい（と企業は信じている）のです。」

とても興味深い。日本人は現存商品の値上げを「けしからん」として怒りが生まれやすい。他者が得をすることへの嫉妬か、デフレに慣れすぎて現行商品の値上げは自分の生活への挑戦と取るのかもしれない。企業が値上げしにくいのは、一般消費者の目線で値上げへの怒りを煽るマスコミの影響なのか、小さな消費者のつぶやきに過剰に反応する企業の問題だろうか。

いずれにしても企業は、自社の価値の正当性を真摯に説明して値上げを断行するか、顧客理解にもとづいて「怒り」を生まずに「幸せ」を感じさせるような値上げのためのコミュニケーションを実行する必要がある。

P96〜で後述するが、新製品投入の「プロダクト・イノベーション」は当たり外れが大きいので経営が不安定になりがちだ。これだけで価格支配力を維持するのは限界があるため、その他のイノベーションの掛け算も併せて模索すべきである。

「TAM・SAM・SOM」を決めて、論理的に一貫性を持つ

仮説を置いて、ターゲットの規模を想定すること。これが顧客のインサイトを特定したあとにすべきことである。左記に3つの概念「TAM・SAM・SOM」を図3－6とともに紹介する。

TAM／Total Addressable Market：事業が獲得できる可能性のある市場規模全体

SAM／Serviceable Available Market：事業が獲得できる特定顧客の市場規模

SOM／Serviceable Obtainable Market：事業が実際にアプローチできる市場規模

図3-6 商品・サービスのTAM、SAMの規模と、伸び率を想定した根拠を明確にする。特にSOMは上記に加えて収益性の根拠が重要

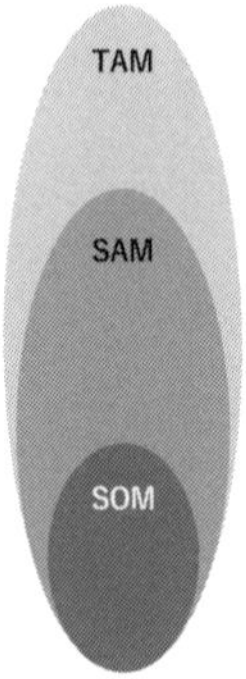

名称	市場の概念	目的、特徴	留意点
TAM Total Addressable Market	◎実現可能な最大市場規模 ◎市場での製品またはサービスの総需要	◎事業の長期的なポテンシャルを示す ◎直接の競合でなくても、同じベネフィット市場も含む	◎マクロで、トップダウン思考で想定 ◎試算に時間をかける必要なし 根拠に2次情報の引用も可（要出典）
SAM Serviceable Available Market	◎特定の顧客セグメントの需要	◎その商品・サービスで獲得しうる目標市場 ◎参入可能な市場やターゲット顧客の選別が可能になる	◎ミクロに、ボトムアップ思考で想定 ◎ターゲット顧客のプロフィールから支払い意思、市場創造の手法、販売手法まで考慮して年間使用金額×規模を想定 ◎数値根拠が必須
SOM Serviceable Obtainable Market	◎SAMのなかで実際に自社が獲得できる市場	◎短期的な売上の目標 ◎そのまま年間の売上目標になる場合も多い ◎事業計画上、重要な指標となる	◎SAMから社内資源やマーケティング、営業、SCMなどの制約を考慮して現実的に算出 ◎SOMが想定期間内に未達になるとSAMへの期待が低下

TAM・SAM・SOMの市場の定義はスタートアップ企業が投資家向けに提案書を書く場合によく使用される。一方で、一般企業でも、自社市場の再定義や規模の再検討にも有益だ。外資企業のマーケターは「トップマネジメントは投資家とみなせ」と教わる。ブランドマネージャーが担当しているブランドは、その企業の数ある投資案件の1つなのだからブランドマネージャーもこの概念をマスターすべきだ。

したがって自ブランドのTAM・SAM・SOMがトップマネジメントや投資家から見て魅力的に映ることは重要である。時折、TAMで規模が大きいことを主張したいがゆえに妄想が入り込みすぎる主張があるが、「信じられる必要がある」ことは言うまでもない。そのため、TAMには多少は夢も入るが、SAM・SOMは現実である。また、SAMが小さくても中長期における成長度合いが重要なケースは多いため、その根拠を証明する必要がある。

○TAM：実現可能な「最大の市場規模」

市場での製品、またはサービスの「総需要」を表す。年間で市場全体に支払われる総額なので、「100%の市場シェアが取れたらこの売上が達成される」という意味でもあるが、設定の目的は、事業の長期的なポテンシャルを示すことにある。

この時、直接の競合市場でなくとも、顧客目線で同じベネフィットが得られる市場も想定するべきだ。たとえば化粧品市場の特定で、しわ、たるみ対策の高級スキンケア商品は、プチ整形市場をベネフィット市場として取り込める可能性がある、といった具合だ。また、TAMの数値はトップダウン思考でマクロ的に想定してよい。試算するのに時間をかけず、算出根拠に2次情報を引用することも可能だ。

ポイントは出典を明記すべきことだ。たとえば、50〜60代女性のスキンケア市場は化粧水880億円、乳液313億円、クリーム737億円、美容液1255億円、1つで基礎化粧品の役割すべてを兼ねるオールインワンが386億円……インテージ調べ。などとして、当該業界でよく引用されるか、政府統計などの信頼できるデータ名、調査会社、調査名を選択して記載する。新規事業で数値がない場合は、近しい用途の市場を代替市場として概算で考える。

○SAM：特定した「ターゲットセグメントの需要」

設定する目的はTAMと異なり、想定している商品・サービスで獲得しうる目標のターゲット市場を示すことだ。そのため、参入可能な市場やターゲットの選別がなされているべきで、算出手法としてはミクロ、かつボトムアップで想定する。競合の現行売上も、このSAMに入る。インサイトを持つターゲットのプロフィールから、その顧客の支払い意思はもちろん、どのようにして市場をつくり出して販売するかまで考慮に入れ、「規模×年間での使用金額」を想定してみる。

たとえば、コロナを経てメイクアップでなくスキンケアに美容の支出先を移したシニア女性が大きく増加した。その中で「オールインワンだけでは満足できない。肌の水分補給には化粧水と併用しなくてはダメ」という女性の顕在ニーズがあるとする。

彼女は「化粧でラクはしたいけど、オールインワンだけじゃあ女性であることを自ら放棄している感じがしてイヤだ。まだまだ、私だって。」というインサイトを持つターゲットだ。その併用者タイプ166万人×中級以上のオールインワン化粧品の平均価格3500円＋化粧水3300円×6回／年がSAMとなる。SAMは数値の根拠が必須だ。

○SOM：SAMの中で実際に「自社が獲得できると想定される市場」

SAMの市場占有率と考えてもよい。設定する目的は短期的な売上の目標や、そのまま年間の売上目標として使用する場合が多い。事業計画上、重要な指標となる。SAMから、社内資源として実現可能な投資額、自社のマーケティング、営業、商品供給などの能力や制約条件を考慮して現実的に算出する。SOMが想定期間内に未達になると、SAMへの期待が低下しがちだ。そのためSOMの算定は堅実さが求められる。

WHO　自社の「価格〝無〟支配力企業」チェックポイント

- 顧客インサイトの発見、特定、検証をマーケティングの中核に据えているか？
- 高い付加価値を認めてくれて、ファンになってくれる顧客を深く理解しているか？
- 数値や売上で顧客を把握しているだけでなく、深い顧客像を語ることができるか？
- ペルソナは感性のみで作文された「疑似ペルソナ／なんちゃってペルソナ」ではなく、顧客クラスターの特徴の根拠となるファクトが、定量／定性調査から得られているか？
- 顧客のカスタマージャーニーマップは調査結果を踏まえて活用しているか？
- 顧客が「怒り」と「幸せ」を感じるポイントを理解しているか？
- 顧客ターゲットが明確に区切られ、TAM・SAM・SOMが論理的に定義されているか？

WHAT　課題解決で儲かる仕組みは？

顧客の課題に対して価値で差別化された提供物をもって解決し、価格支配力を得る仕組みを構築するために重要な2つの視点について解説する。

「マーケティング・イノベーション」と、「ブランディング」である。

マーケティング・イノベーション志向

イノベーションの父といわれた経営学者　シュンペーターが、１９１２年の著作「経済発展の理論」*で、イノベーションは新結合／New Combinationsであると解説した。既知の知識と、他の知識の組みあわせの妙が大きな変革を生みやすい、という意味だ。定義として、「イノベーションとは新しい技術の発明（≒技術革新）だけではなく、新しいアイデアから社会的意義のある価値を創造し、社会的に大きな変化をもたらす自発的な人・組織・社会の非連続な変革」であるとしている。重要な指摘は、「技術革新はイノベーションの十分条件ではない」ということだ。

そしてドラッカーは著作「マネジメント　基本と原則」**で、次のように語った。

> イノベーションとは人的資源や物的資源に対し、より大きな富を生み出す新しい能力をもたらすことである。すなわち新しい満足を生みだすことである。
> イノベーションは発明のことではない。技術のみに関することではない。
> 経済に関わることである。

*『経済発展の理論』J.A.シュンペーター／岩波書店（1977年）に事例を付与
**『マネジメント　基本と原則』P・F・ドラッカー／ダイヤモンド社（2001年）

つまり、イノベーションには技術が必要なことも多いが、それで儲からなければ資本の追加投入が滞り、社会を変える大きな潮流にはならない。儲からないものは社会を変えるイノベーションにはつながりにくい。イノベーションは0→1だけではなく、1→100での社会実装、社会変革も意味する。よって、イノベーションにはマーケティングが必須条件なのだ。

日本企業にとって、日本発・世界初の技術革新だった多くの半導体技術、液晶、リチウムイオン電池なども、現在では海外企業に大きく負け越している。勝機に投資しきれなかった判断ミスと、特にマーケティング能力が不足したことが招いた結果という見方がある。

イノベーションの第一歩は新しいアイデア、つまり「知」を生み出すことである。そして「いま持っている既存の知と、別の既存の知の新しい組みあわせ」によって新しい知が生み出されるという「知の探索」が必要なのだ。こうした考えのもと、シュンペーターが定義した5つのイノベーションの類型を次に列挙する。

①新しい商品／財貨の生産　プロダクト・イノベーション

例　ソニーのPLAYSTATION 5は高精細グラフィック、3Dオーディオ、120Hz／4Kモニターにも対応しており、ネット接続で仲間と交流してプレイするという商品特性でヒットした。

②新しい生産方法の導入　プロセス・イノベーション

例　ZARAは2週間で追加発注商品を世界中の店舗に配送し、売り逃しや在庫過多を抑制する「商品生産のイノベーション」で世界企業となった。

③新しい販売市場の開拓　マーケット／コマーシャル・イノベーション

例　P&Gは洗濯洗剤で洗濯物を白くすることは当然で、「除菌」という新たな顧客インサイトを見つけたことで「アリエール」の顧客層を広げた。

例　J&Jのベビーオイルは乳幼児向けだったオイルを、「赤ちゃんのようなデリケート肌に合う低刺激性」がインサイトとなって女子高生に市場拡大し、ヒットした。

新市場を発見しただけでは売れないため、新販売市場／マーケット発見だけではなく、商業上／コマーシャルのイノベーションも今日では重要だ。

④新しい仕入れ先の獲得　サプライチェーン・イノベーション

例　米国で、国内のシェールガス・オイルを採掘できるようになったことが新しい産業を生み出した。

⑤新しい組織の実現（独占の形成、あるいはその打破） 組織イノベーション

例 製薬会社は製品開発コストが上がり、M&Aにより強い商品と販路を獲得し、世界で戦える組織の実現が成功のカギとなった。

例 ウーバーは単発労働のギグワーカー主体でサービスを提供し、人件費や車両減価償却費などの固定費を変動費化して、保有資産軽減／アセットライト経営で躍進した。

なお、「マーケティングに関わるイノベーションについては、『プロダクト・イノベーション』と『コマーシャル・イノベーション』の2つがある」という考え方は、P&Gのジム・スティンゲル氏が提唱したそうである。

プロダクト・イノベーションは、製品改良や新製品にもとづいたイノベーションを指す。コマーシャル・イノベーションは、製品には手を加えずコミュニケーションや新市場拡大を起点としてイノベーションを起こすこともできる、という考え方である。たとえば、「衣類用柔軟剤のレノアで花粉が付着するのを防げます！」という顧客インサイトにもとづくコミュニケーションによって、プロダクトを変えずとも売上が増加した。

これはジム・スティンゲル氏の「マーケターはプロダクトだけに頼るな！ プロダクト

を触れないからといって言い訳をするな！」という教示である。マーケターは徹底的にイノベーションを志向すべきで、そうやって顧客・消費者のワオ!!＝イノベーションを起こせ、ということだ。そしてこれが、「顧客・消費者のインサイトをいかにして見つけるのか？」という問いにつながってきた。インサイトが深ければ深いほど「ワオ!!」が起こせるはずだから、その「ワオ!!」に対する解決策は必ずしもプロダクトではない、ということだ。

これらに加えて、上記の複合型による「ビジネスモデル・イノベーション」を創出することが大きな潮流になっている。ＧＡＦＡＭのプラットフォーム型の事業はビジネスモデル・イノベーションの典型だ。

②プロセス・イノベーションと④サプライチェーン・イノベーションはコストリーダーシップ戦略において効果が高い。もちろんコスト低減だけでなく、アマゾンの顧客価値向上には「配達の迅速化」のためにサプライチェーン・イノベーションが大きく貢献している。

製造と物流にまつわる２つのイノベーションの力を認めつつ、ここからは価格支配力にフォーカスして、「マーケティング・イノベーション」、つまり「①プロダクト、③コマーシャル、①〜④の複合型ビジネスモデル」によるイノベーションと、それを実現する「⑤組織イノベーション」を中心に解説したい。

テスラはイノベーション複合型　ビジネスモデル・イノベーションの塊

２０２３年３月17日、執筆時点でのテスラの時価総額は９０１２億ドルで世界一。２位のトヨタが２３７０億ドルなので３・８倍である。日経新聞２０２１年11月16日版によれば、トヨタの一台あたり販売利益は平均25万円、一方でテスラは73万円だそうである。

時価総額の差はこの稼ぐ力と成長期待によるところが大きい。

テスラはマーケティング・イノベーション（プロダクト、コマーシャル、ビジネスモデル）に加えてプロセス・イノベーションとサプライチェーン・イノベーションも際立っている。

○プロダクト・イノベーション

電気自動車／ＥＶ車の中でも、ＢＥＶ（バッテリー式電動自動車）は内燃機関エンジンを搭載しないピュアＥＶとして、卓越した電池マネジメントシステムによって長距離ドライブを実現、加速性能に優れた運転性能までも提供している。大型ディスプレイに統一されたシンプルかつ高性能なパネル操作とドライブ状況表示の顧客体験を提供していることも強みだ。運転手への負担が少ない運転支援を提供し、ＯＴＡ／Over The Airの無線通信により、日々車両性能を更新している。

○コマーシャル・イノベーション

環境意識の高い顧客や、カリスマであるイーロン・マスクを信じて自動車を購入する顧客、そしてテスラへの個人投資家も含め、テスラはファンと交流している。これによってコミュニティ参加者のみをイベントに招待するなどして、熱狂的なテスラファンを形成することに成功している。このファン自身が影響力を持って、元々はグリーン・コンシューマーではない周辺市場に向けて、口コミやSNSでテスラの推奨を狙う。これが非常に効いている。

○ビジネスモデル・イノベーション

ネット接続からソフトウェアを改善するOTAのソフト収入が大きい。たとえば自動運転におけるシステムを日々性能改良し、対価として毎月の課金収入を得る、いわゆる「サブスクリプション／定額制モデル」である。多くの売上はオンライン、オフラインのいずれか、または両方における顧客との直接的な売買であるD2C／Direct To Consumerによって生まれるものだ。販売店を通さないため、価格支配力が強力である。

○プロセス＆サプライチェーン・イノベーション

With our giant casting machines, we are literally trying to make full-size cars in the same way that toy cars are made.

我々は巨大な鋳造機械で、おもちゃの車を創るような発想で現実の自動車を造る。＊

テスラは世界に存在しなかった長さ20メートル、高さ7・5メートル、410トン以上のギガプレス（巨大な鋳造装置）を製造の現場に導入した。イーロン・マスク曰く、「新しい単一パーツの鋳物デザインと、それを生産する巨大な機械により、テスラ社の車体生産部門を30％縮小できる」という。

モデル3の組み立て作業工程の中にある、70のスタンピング・押出成形・鋳造を、モデルYではギガプレスにより鋳造される1つのパーツで代替する。つまり、通常メーカーが100以上の部品で構成するものを3つの部品で完成させることになる。2022年に竣工した新工場ギガテキサスでは車載バッテリーから車体の製造、組み立てまでの工程を同じ工場内で実施し、一貫生産＊＊している。これらのイノベーションで車重の軽量化、部品点数低減、製造時間短縮、部品運搬の無駄の排除が可能になった。

＊『6万社の下請けが不要になる…「おもちゃのように車を作る」というテスラ方式はトヨタ方式を超えられるのか』President Online：https://president.jp/articles/-/60305、および同記事内に記載のイーロン・マスクの2021年1月18日15:37のツイート

従来の自動車製造業にとって、まさにゲームチェンジャーだ。膨大な数の系列部品メーカーと協創してきたオールドプレーヤーにはこのような系列切りを伴うイノベーションは実行が困難だ。まさにイノベーションのジレンマが襲う。

○組織イノベーション

テスラの「称賛に値する電気自動車を一般市場にいち早く導入することで、世界での持続可能な輸送手段の到来を加速する」というミッションがある。これが、2021年の時点で既に「世界を持続可能なエネルギー社会へと加速する／Accelerating World's Transition to Sustainable Energy」と、対象をエネルギー分野にまで広げており、人類にとってより重要な課題設定になっている。

このミッションに意気を感じる世界中の俊英が集い、世界を変えたい強固な意志を持つイーロン・マスクの過激なまでの働きぶりと、それを同じように従業員全員に要求する企業文化がテスラの成長を支えている。

あらゆる企業は「ブランドが存在価値そのもの」だと認識する

コロナショックではラグジュアリー製品も旅行者の消失、店舗の封鎖などによって消費が陰り、売上が低迷した。しかし現在、上流層は海外旅行再開から消費拡大が進み、財布

**『テスラの新工場「ギガテキサス」　その恐るべき実力』日本経済新聞／2022年5月10日 2:00：https://www.nikkei.com/article/DGXZQOUC287U50Y2A420C2000000/

はハイブランドへと向かった。コロナショックは製造個数にも制限が出たからか、シャネル、カルティエ、ティファニーなども、製品によりけりではあるものの世界レベルで2桁値上げしている。しかも日本は円安の影響を大きく受けたことにより10％の値上げが数万円から数十万円の変動インパクトを持つ。たとえばシャネルのバッグといえば「マトラッセ」がもっとも有名、かつブランドのアイコンだが、商品によっては過去2年間で50万円以上もの値上げだ。

こうした実情について、コロナ禍を経た2022年末時点での時価総額増加ランキングにもとづいて日経新聞が報じていた。*

欧州では高級ブランドの躍進が目立った。増加額2位の仏LVMHモエヘネシー・ルイヴィトンは緩和マネーの流入で資産が膨らんだ富裕層を引き付け、コロナの行動規制が緩和されて以降は中間層の「リベンジ消費」も取り込んだ。高級ブランドでは4位に仏エルメス、10位に仏クリスチャン・ディオールが入った。インフレ下で消費者が支出先を絞り込むなか「消費意欲を誘うブランド訴求力の高さから需要が落ちにくい」（ニッセイアセットマネジメントの三国公靖・上席運用部長）。

ラグジュアリー製品やハイブランドのブランドマネージャーと会話すると、「自分たち

*『コロナ3年の時価総額増減、LVMHが値上げ力で躍進』日本経済新聞／2023年1月9日

のブランド・バリューはこういうもので、だから値上げをするんだ」という確固たる考え方がある。

全世界での値上げ方針なので、やるのは当然」「そもそもラグジュアリーブランドは値下げをすれば売上を簡単にあげることができる。でも我々はそれをやらない。そんな売り方はブランドの存在価値に背くからだ。

安易な価格プロモーションがブランドの死を招くことは身に染みていて、討議するまでもなくそのブランドですべきこと、すべきではないこと／Do's and Don'tsの判断基準が企業文化になっている。これは、事業そのものへの信条の問題だろう。

サイモン・クチャー社の調査**によると「ラグジュアリー製品の販売価格を2％引き上げると、税引前利益が9～25％向上する（利益増加幅の差異は製品カテゴリーに依存）ことが判明しており、価格最適化による利益拡大の機会が存在する可能性は高い」とのことである。

ディズニーランドは増税やコロナ禍など、客数が落ち込む経営環境の時こそ値上げを実行する。価格支配力を維持しているから可能なことだ。

**『ラグジュアリー製品のプライシング　精緻なプライシング戦略がもたらす利益拡大』山城和人、泉本みらの／サイモン・クチャー：2020年8月そんな東京ディズニーランドも、世界ベースで他のディズニーアトラクションと比較すると、実は、価格は世界一安い（図3－7）。さらに為替変動によって差は開くばかりだ。よって、今後も値上げする可能性は高いと考えられる。ディズニーにとって、ブランドで大きな付加価値を生むことは戦略方針そのものなのだ。2022年5月には「ディズニー・プレミアムアクセス」が導入された。これは一人2000円を支払うと、1つの人気アトラクションの待ち時間を短くして楽しめる施策だ。支払い意欲の高い特定のターゲット向けに値上げし、収益を最大化している。

ここで、「わが社はそのようなブランド企業ではないから、そうした事例には当てはまらない」と感じたら、それこそ思考停止状態と言えよう。

どのような企業であっても、社名や商品、サービス名を登録していて、一人でもお客様がそれらを認識して選んでもらえるならば、立派なブランドだ。つまり、そこには識別記号としてのブランドが存在する。ブランド・プロミスと呼ばれる「約束・暗黙の契約」の意味もあるはずである。あとはそれが強いか、弱いか。その間の諧調だ。付加価値を得るためのブランド論については第4部・第11章、第5部・第12章で解説するので、ぜひともあきらめないでほしい。

強いブランドは、経営の意思と構築するノウハウがないところには成立しない。

WHAT 自社の「価格〝無〟支配力企業」チェックポイント

- ✓ イノベーションに対する正しい解釈を全社で共有しているか？
- ✓ マーケティング・イノベーションのうち、どのレベルを中心にフォーカスしているかを答えられるか？
- ✓ 試行錯誤を繰り返してでも、イノベーションを起こす意志があるか？
- ✓ ブランドは「その企業の存在価値そのものである」と認識しているか？
- ✓ ブランド力の向上のために、打ち手を試みているか？

図3-7 TDLはブランド力で年率約4%の値上げ実施。価格支配力で増税・コロナ禍でも利益確保。それでも全世界レベルでは低価格帯

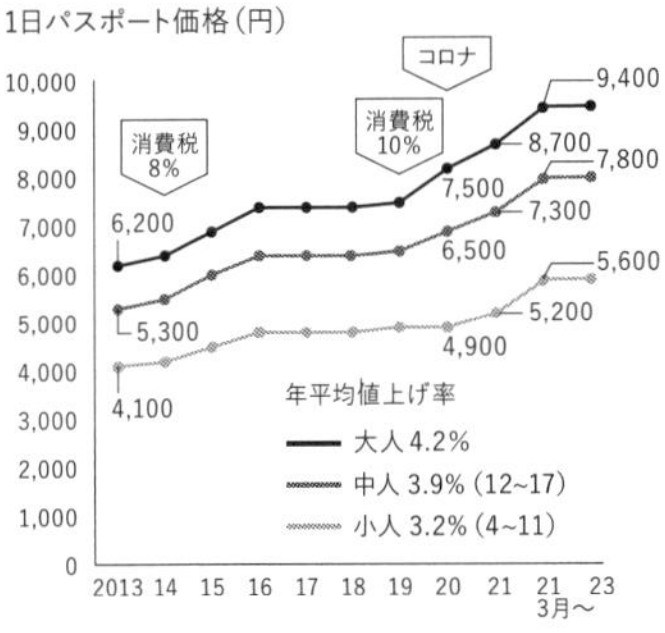

値上げ理由（2016年発表時）
1. 入園者数の抑制とパークの混雑緩和
2. 客単価の引き上げ
3. キャストの人件費増への対応
4. 将来的なパークへの投資資金／キャッシュフローの確保

2023年6月時点　大人1日パスポート価格比較（円）*

1) Shanghai Disneyland	16,359 ～ 20,774
2) Walt Disney World resort	15,281
3) Disneyland resort	14,580
4) Hong Kong Disneyland	10,799
5) Disneyland Paris resort	8,397
6) Tokyo Disney resort	**7,900 ～ 9,400**

*東京は2021年3月より繁忙期価格変動制（ピークで+300円）を導入。各国ディズニー公式サイトより。為替は2023年6月
出典：OLCグループ HP：http://www.olc.co.jp/news/olcgroup/ ニュースリリース 2016年「Dランド、Dシー価格改定について」

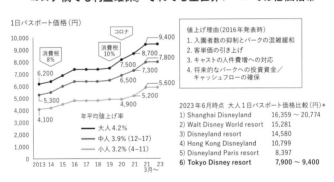

HOW マーケティングミックス、基盤（調査・分析、IT、組織戦略）

WHY－WHO－WHATに対する回答が仕上がったら、いよいよ具体的な打ち手、HOWに向けて展開していく。そのために重要な、いくつかのキーワードをここから解説する。

n＝1開発で顧客インサイトをコンセプトへ。新カテゴリーを創造するプロダクト・イノベーション

「あったらいいなをカタチにする」ことが小林製薬の企業スローガンだ。業績*は同業の花王、ライオンなどの優良企業と比較しても、小林製薬の高収益ぶりが際立つ。この高収益と価格支配力の源泉を解き明かしたい。

小林製薬が掲げるのは、「小さな池の大きな魚」戦略である。思考順序はこうだ。

① みんなが釣りに来る池は競争が激しい

② 小さくてもよいから自分一人で釣る

*2022年12月期売上（連結）1662億円、営業利益266億円、純利益220億円（24期連続増益）、売上高営業利益率16.0%、当期利益率12.0%である。各々事業ポートフォリオと事業規模は異なるが、競合の花王、ライオンの営業利益率がそれぞれ7.1%と7.4%。売上は花王が1兆5510億円、ライオンは3898億円

③　その池を掘りつづけて大きな魚が住めるようにする＝市場を大きくする

新規で創造した市場には、比較対象となる競合商品が存在しない。そこで、提供する顧客価値に見合った任意の値付けが可能だ。これが第2部・第5章で解説する「バックキャストで実現する『first to market』」の思想であり、価格支配力の源泉である。

経済メディアの取材**で、小林一雅 代表取締役会長が左記のように答えていた。

大手企業などが勝負している大きな市場は避け、たとえ10億円しかない小さな市場でもユニークな商品を生み出すことでうちが8割のトップシェアを握れるなら、迷わずその市場を選ぼうと決めていた。

仮に目の前に、100億円の大きな市場が広がっていたとしても、うちが5位で5％のシェアしか取れないようなら捨てる。

これを実現するには「あったらいいなをカタチにする」新市場を創造する力、新しい顧客をつくる力を高める必要がある。

この点における同社らしい手順のポイントは下記の3つだ。

** 『小林製薬の強みはダジャレじゃない、「ニッチ・わかりやすさ・執念」だ』ダイヤモンド・オンライン、2019年5月7日 5:00：https://diamond.jp/articles/-/200928

①アイデア創出力　n＝1／エヌイチ開発
②スピード開発　OEMや協業をフル活用し、テストマーケティングも含んだ先行発売
③わかりやすさのマーケティング　ネーミング、パッケージング、TVCFを中心として、お客様の問題を解決するシーンにこだわったコミュニケーションでコスト効率よくコンセプトを伝える

ここで小林製薬のマーケティングの中核となるn＝1開発を解説する。

マーケティング部内の商品開発担当は、商品の「生みの親」としてコンセプトからネーミング、さらにパッケージに至るまでのすべてを管掌する。対して、ブランドマネージャーは「育ての親」と呼ばれ、営業や広告戦略など〝育て方のプラン〟をつくる役割を担っている。この開発とマーケティング担当者は1チームとして緊密な関係を構築していて、それがアイデアから発売までのスピード感を生みだす。

n＝1開発とは、調査から客観的にニーズを捉えるものではない。開発担当者も生活者なのだから、生活上の問題を自分の感性・主観をベースに消費者の困り事／ニーズとして捉える。まずは自分が周囲に薦められる、よいと思えるアイデアをベースに考える姿勢だ。これは後述するがプロダクト・アウト／生産志向でもなく、マーケット・イン／市場志向

でもなく、ユーザー・イン／生活者志向である。

この着想は最近、さまざまな企業でも採用されているが、筆者が知る限りでは大企業でマーケティングの指針にされたのは小林製薬が格段に早かった。そのアイデアを初期検証する調査では、闇雲に調査会社を使わず、「自分がよいと思うこと」がどれくらい他の人に共感してもらえるか？　そのアイデアのどこが面白いのか？　よいと思えるのか？　どうやって他の人に伝えるか？　どうやったら伝わるか？　を考えて、何度も何度も周囲のマーケターと壁打ちをする姿勢が徹底している。

開発・マーケティング・チームでブランドの10年先を未来洞察して、シナリオを考え、ブランドのありたい姿を設定し、そこから新製品のロードマップと研究開発ロードマップを策定するため、この連携は強固で有効だ。

商品コンセプトのコアをわかりやすく伝えるブランド名は「ナイシトール」（減肥薬）、「熱さまシート」（熱を冷ますシート）、「オシリア軟膏」（肛門のかゆみをなくす軟膏）など他社では真似できないユニークなものが多いが、これは社内のマーケティングと商品開発のチームと、時には周囲を巻き込んで１００～２００個のアイデアを創出し、そこから絞り込んだものだ。現在、その呼称はなくなったようだが、時には合宿までして商品コンセプトを徹底的に議論する会議は「ドロドロ会議」と呼ばれていた。一般企業では「オシリア軟膏」というネーミングに着地する可能性は少ないのではないだろうか。しかしそこから成功しているのだから、これこそが同社の企業文化の成果だろう。

トップマネジメントの決裁を得るには「小さな池」としてはSAMが10億円以上、「大きな魚」としてSOMで3年後には市場シェア50％を超えるような市場リーダーになる前提のマーケティングプランを策定する。このSAM、SOMのスケールは花王、ライオン、P&Gなどの巨大企業ではありえないところも、ユニークなポイントだ。

マーケティング・イノベーションの進化による価格支配力

ここで、3種類のイノベーションを複層的に活用し、進化させている事例としてネスレのマーケティングを解説する。ネスレでは単なる商品の改定を「リノベーション」と呼称し、それを超える「顧客インサイトからのイノベーション」をマーケティングの中核にしようとしている。

○キットカットはリノベーションからビジネスモデル・イノベーションへ

ネスレのキットカットはチョコレート市場で売上1、2位を争うリーディングブランドだ。それにもかかわらず、ネスレのマーケティング担当役員の方にインタビューすると、「厳密に言えば、通常のキットカットに、価格支配力はない」と仰る。

昔なら238円とか298円とかだった袋モノ（袋に入った大容量商品）は今でこそ398円だが、ドラッグストア、ディスカウントショップだと198円にまで安価になる。その価格帯でなければディスカウントショップは売ってくれない。なら、どうやって利益を出していけばよいのか？　特売ありきの商品では、価格支配力を持つのは難しい。実質的な売価に対応できるかできないか、対応するかしないかの意思決定が必要で、つまりはそもそも価格をはねられない商品をつくることが重要だ。

そこで2003年、単品のキットカットを従来にはなかった箱パッケージへ変え、多少の値上げではあるが、小売価格を100円にした。その後、期間限定でストロベリーやオレンジなどの付加価値商品を上市したが、流通の常識である「100円の壁」を超えることはできなかった。

ただ、抹茶のキットカットは高コストという要因も背中を押して、「120円で出す価値がある」という交渉を社内で進め、営業とも交渉して、最終的には「顧客が納得するならやってみる価値がある」ということで販売し、これが成功した。120円にすることが成功した流れで、付加価値に応じたハイクラス向けの商品を出せる素地ができあがりつつある手応えを感じていたという。だがこれはリノベーションにすぎない。

この苦戦から生まれたのが、「キットカット　ショコラトリー」というプロダクト・イノベーションと、ビジネスモデル・イノベーションである。著名なチョコ・パティシエと組んだこの商品は、CVSやスーパーマーケットの棚で小売店任せに売るのではなく、百貨店で自ら顧客に、直接的に通常キットカットの10〜20倍の高価格で売った。これによって価格支配力を保持しようとしたものだ。原材料を厳選したキットカットの開発と百貨店での販売は、その場所が持つ特性上、顧客の「怒り」を買いにくい。さらに、単体では採算が取れなくても、ブランドの価値向上につながっている。ただし、数量が限定的なので、スキームは今後、見直される可能性はある。

○ネスカフェとコーヒーマシンのプロダクト＋ビジネスモデル・イノベーション

インスタントコーヒーの消費減退の理由は、家族構成員数が減り、「一人だけのためにお湯を沸かして淹れるのが面倒だ」と感じることがインサイトであると考えた。また、顧客が感じるインスタントとレギュラーコーヒーの最大の違いは、淹れるときの「香り」であることがわかった。

この差を超越するためにバリスタマシンを開発し、インスタント・コーヒーをカプセルに封入し、そのコーヒーを淹れるマシンから売ることをはじめた。1杯ずつ楽しむことができ、レギュラーコーヒーより後片づけがずっと便利である。マシンで淹れると1〜2m

の距離でも香りが伝わり、インスタントコーヒーのイメージを覆すことができた。これらがユーザーベネフィットだ。なお、バリスタマシンはスイス本社に依頼して日本が世界初で作らせたものだ。

レギュラーコーヒーをカプセルに詰めたドルチェグストと、バリスタは付加価値が取れる価格設定ができて、かつ、現在でも価格支配力を保持している。バリスタマシンは家電量販店では売ることが難しいため、「直販価格」と「一般販売の価格」で再検討し、3万9800円と5万9800円で地域を変えて売り比べたが、売上はあまり変わらなかった。ヒアリングしてみると、「顧客が価格で品質の担保をしたがる傾向がある」ことがわかった。そこで価格を上澄み価格に設定した。

さらに現在では、プリンターやジレットのビジネスモデルに倣って本体価格を抑え、補充品で儲けるモデルへと舵を切った。結果、マシンの販売量も増加し、大きなビジネスモデル・イノベーションを成功させた。

時系列的には2010年くらいから家電量販店で販売したものに対して、「直販の場合はもろもろのハンドリングコストがかからないのでは」というアイデアが湧き、内製化の仮説をもとに自社通販をやることにした。コールセンターも物流も整え、通販広告も打ってテスト販売をはじめたところ、結果は好評だった。当初、D2Cはメーカーが小売のシェアを奪う構図になりがちなので小売は嫌がった。しかし、ふたを開けてみると、商品が何万円もするものなので、店頭で試飲して買う人が増えていったのだ。結果として、流通とも共存することができ、Ｗｉｎ-Ｗｉｎになった。

ドルチェグストのカプセルはスターバックスと提携したラインナップを含めて、今では自社通販での売上が半分を占めるほどにまでシェアが伸びてきた。残り半分は流通での販路だ。このシェア構造が作れたために価格を守れるモデルとなり、価格支配力を保持できている。現在、数百万台の機械が設置されており、専用のカプセルコーヒーだけでも大きな売上を確保している。

○アンバサダーによるコマーシャル・イノベーション

ネスカフェアンバサダーは２０１２年から開始したサービスだ。ネスカフェバリスタやドルチェグストといったコーヒーマシンをオフィスなどに初期費用無料・サポート費用無料で貸し出す。そしてコーヒーを定期購入してもらうことで収益を得る仕組みになっている。コーヒーは1杯あたり、バリスタなら20円から、ドルチェグストなら54円から。

アンバサダーとは「親善大使」のことだが、この場合は「熱烈なファンとしてネスカフェを広める人」という意味だ。熱烈なファンがオフィスでＷＥＢから申し込みをして、職場でネスカフェを販売してくれることになる。この仕組みの妙は次の6点にある。

①価格比較の競合はコンビニのコーヒーや自動販売機のコーヒーだ。そのカテゴリー対比のため、圧倒的に「価格優位性にもとづく価格支配力」がある
②定期購入で安定的に売上が見込めて、「顧客の固定化」と「ファン化」が望める
③ファンからの売り込みなので、「好意的な情報発信」が望める
④メーカーからの売り込みではなく、職場の第三者的な意見なので信頼を得やすい
⑤アンバサダーから、使用シーンに関する真摯なフィードバックが得られる
⑥双方向の意見交換や、実験ができる

この時のコマーシャル・イノベーションのインサイトは、「私が女性だからって、どうしてみんなのためにお茶を淹れたり珈琲をサーブしたりしなきゃならないの！　自分でやってよ、部長！」「あ。これ導入したら、そんな面倒（ペイン＝マイナスの不満）から解放されるな」などと推察できる。そして顧客は、実際にやってみたら「なんだかコーヒーを囲んで皆が会話してるし、喜ばれるって、いいな（ゲイン＝プラス、嬉しい効果）」となった。

つまりこれは、マーケティング・イノベーションを進化させて、プロダクト、コマーシャルに加えてビジネスモデルの3つのイノベーションで相乗効果を高めているのである。

○レファレンス・フレームを外し、カテゴリーをずらしてマーケティング・イノベーションを起こす

キリンビールはクラフトビールのマーケットを広げようとしている。スプリングバレーシルクエール350㎖は1本あたり265円、芳醇は225円である。これまでの主力商品、ラガーや一番搾りは196円なので、シルクエールはビールの1・35倍のプレミアム価格になる。

キリンビールのクラフトビールマーケット拡大の意図は、酒税法の変更を事業機会と捉えたプロダクト・イノベーション狙いである。ただ、価格支配力を保持しているビール銘柄は限られている。プレミアムビールがすべて成功しているわけではなく、各社一様に値上げの難しさを感じているのだ。これは消費者、小売店の中に、価格の参照枠／レファレンス・フレーム：特定の対象に関して経験から生まれる総合的な知識が存在するからだ。たとえば「350㎖のプレミアムビールは何度も飲んだことがあるからわかるよ。コンビニだったら○○円だけど、スーパーの安売りだったら○○円で買えるよね。」といったように、効用値が価格と釣り合っているから買う際に参照する、知識の枠のことだ。

メーカー各社は、この枠から外れることが難しい。

顧客価値の向上とともに値上げした時に、顧客自身が購入する上での言い訳として、「高

いけど（レファレンス・フレームを変えて）、自分にとっては既存品○○に比べてここがいいんだ」と感じられれば、購入に至る。キリンのホームタップビールサーバーは、月4リットルの定期購買モデルで5060円から購入できる。350㎖換算で一杯あたり約440円、1番絞り196円の約2・3倍である。

これは高いだろうか？　しかし実際には、「外出先で生ビールを飲むよりも、安くておいしく飲めるのでは？」という考えが頭に浮かんだ時、購入していただける。「自宅に本格的な生ビールサーバーがあるなんて、ちょっとワクワクしないか？　友人に振る舞ったら驚いて、喜んでくれるんじゃないか？」というのもインサイトの1つだろう。

この時、ここに一番搾りだけでなく、差別化の効いたクラフトビールが選択肢に入ってくる。買わない人は総じて「高い」と言うけれど、買う人は「外で飲む生ビールと比較すればお手頃」という顧客価値を感じて買ってくれるのが良いパターンである。

これがレファレンス・フレームから脱出する「カテゴリーずらし」だ。プロダクトの要素もあるが中核は市場カテゴリーや売り方の新提案＝コマーシャル・イノベーションであり、外部流通を外して直接顧客に販売するD2Cビジネスモデル・イノベーションでもある。

ある大手外資系企業で長年、ブランドマネジメントに携わり、現在では外資系コンサルティング会社のエグゼクティブを務める方は、次のように仰っていた。

適正売価、原価積み上げでやってきたブランドが急に値上げすると、市場やユーザーといったマーケットにかかわる多くの人たちから見れば、いままでのレファレンス・フレームと比べて、すべて割高にしか感じられなくなる。だから発想を変えて、未来洞察とバックキャスト*で「こんな顧客価値があるべきだから、今までのやり方ではなく逆算でやろう」という考え方が理想的だ。ちょっと遠くにある事業環境の大きな変化とその際の顧客ニーズの変化を考えて、レファレンス・フレームに囚われない人だけがハイバリューにコミットできて、それがいいと欲している人に向けてビジネスを作る。これが正解ではないか。

このアプローチは、マインドセットで言えばスタートアップと似ている。新カテゴリーを作る、あるいは今までにないものを生み出すような考え方。その起業家にとっては既存市場に対してもエアポケットが見えている。（ホリエモンの）和牛マフィアもそうだが、国内マーケットが小さくても、グローバルで見たらグローバルニッチで意外に大きいマーケットがある。これは国内だけで見るような小さい市場ではない。

潜在的な機会を捉えていて、「誰もやってないなら自分がやろう」というアントレプレナーシップを持った人がうまくいく。

*未来洞察とバックキャスト：第2部第5章で詳述

**『カメラ市場の「破壊者」ソニー「α9」が変えた創造と革新』東洋経済ONLINE 2021/01/18

○リフレーミング＝購買要因の重要度ずらしによるマーケティング・イノベーション

ここでソニーの企業文化浸透のキーワードである「感動」を体現した、マーケティング戦略の具体例を紹介したい。

[**]２０１０年、当時のソニーは一眼レフのプロ・ハイアマチュア層向けカメラでキヤノンに水をあけられて低迷していた。この時、道は大きく2つあった。売れ筋のキヤノンの真似をして既存の重要購買決定要因／ＫＢＦ：Key Buying Factorを改善する道か、またはその顧客が重要な購買要因とは知覚できていない新しい購買要因を特定し、「こちらの方が、重要では？」と判断基準の軸をずらす道だ。これは顧客に共感し、顧客理解をすることからはじめる「リフレーミング」だ。対象の枠組みを変えて別の感じ方を持たせる方法であり、戦う土俵そのものを変える方法とも言えるだろう。

そこで２０１０年にキヤノンやニコンの最大の強みである「レンズ資産活用」を無効化するために、ソニーαシリーズ新規格のレンズ口径に変更し、他社レンズが使えるように仕様情報を開示することで、レンズマウントアダプターもサードパーティを通じて整備した。こうすることで、両老舗メーカーからのスイッチングコストを下げたのである。

２０１３年にはＣＭＯＳ画像素子のフルサイズを使用したミラーレスカメラ[***]α７を発売してゲームチェンジを狙った。ミラーレスカメラはパナソニックが先行していたが、技

*** ミラーレスカメラ：カメラ筐体内に鏡がなくコンパクトな設計にできるカメラのこと

術的な問題から、まだ普及していなかったタイミングだ。
そして2017年、α9の発売に至って、文字通りミラーレスというカテゴリーを創造して、ついにはシェア逆転を果たし、市場シェア世界一を獲得した。

当時のエンジニアはこの一連の動きを「強みの活用」と「弱みの克服」と指摘する。元々、ソニーのお家芸は小型化技術である。ミラーレスは構造上、小型化には有利だが、オートフォーカスが遅いという弱点があったが、「像面位相差イメージセンサー」という技術開発で克服したのだ。これは技術に端を発するプロダクト・イノベーションに見えるが、担当者たちからすると、「プロのカメラマンの本音やインサイトを徹底して収集し、考え抜いた成果」だという。

ベテランのプロ写真家であっても、重くかさばるカメラとレンズを何本も持って現場で動くのは辛い。その弱音、本音を見逃さなかった。また、プロと言えども、動きの激しい被写体の決定的瞬間をマニュアルで撮るのはほぼ不可能なのだ。これもプロとしては声には出しにくい本音だ。これら「軽量コンパクト」「瞳オートフォーカス精度」をインサイトと捉え、自社の強みを活かした。

今ではプロのカメラマンから、「Sony listens. ／ソニーは我々の話をよく聞いてくれる」と言っていただけるそうだ。ある技術者は「ユーザーの声をよく聞き、彼らのペインポイントを新しい技術で解決した、良き例かと思います」と仰っていた（図3－8）。

発売後はソニーのカメラを疑問視していたプロに徹底的に使用してもらい、その反応と撮った写真をSNSで拡散した。AP通信のフォトグラファーが認定してくれたこともコミュニケーション戦略上、大きい。高額なカメラ市場にはヒエラルキーがあって、頂点の著名プロが購入して「ソニー、いいね。」となると、その下の金持ちハイアマチュアへ、そしてお小遣いを貯めて買うミドルレンジのアマチュアへと裾野が広がる。そのアマチュアである私も、WEBの記事を読み、作品事例で夕闇で走り回る子どもの瞳にフォーカスができることに驚き、α7を購入して、まさに「感動」したのだ。これが顧客インサイト発見からのプロダクト＋コマーシャル・イノベー

図3-8 既存のKBF*を「属性順位ずらし」することで、顧客に新たな価値提案のイノベーションを起こす

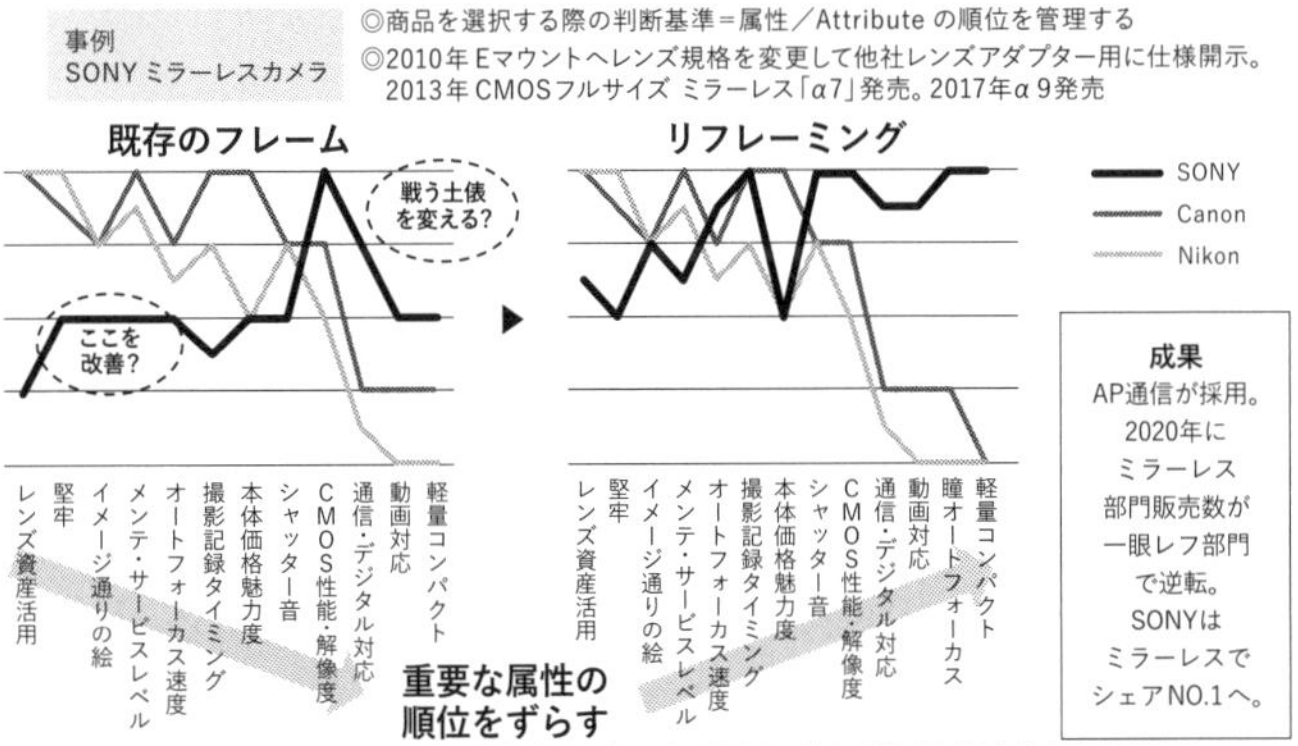

*Key Buying Factor 重要購買決定要因。商品属性に加え、ブランド、周辺からの勧め、手間が省けるなどの要因もありうる
※インタビューによる。図表の正誤責任は菅野に帰する

ションである。

コミュニケーション戦略による、顧客のファン化

現在、インフレ環境下で原材料価格が高騰していることがはっきりと周知されている。こうした環境は、値上げに成功し、利益増につなげる千載一遇のチャンスかもしれない。そうは言っても提供物の見た目も質も、何もかもを変えずに安易な便乗値上げなどをすれば、デフレ時代を通じて「よいモノを安く買う体験から賢くなった消費者の怒り」を買うことは明白だ。そして、そうした値上げは顧客離れを引き起こす。安く済ませると決めたジャンルではデフレ志向商品で済ませ、その余力で本当に好きなものには贅沢するというメリハリの利いた、同一人物による消費の二極化が進行している。

顧客のファン化はLTVをあげるだけでなく、値上げ局面で大きな成果を生む。2022年10月に値上げに踏み切った大手回転寿司チェーン2社を比較した2023年1月の日経ビジネスの記事*を参照しよう。

まず、既存店の売上は前年同月比で、スシローは約30％減、くら寿司は約5％減に落ち込み、値上げの効果を打ち消すほどの顧客離れに苦しんでいる。スシローは創業以来38年間続けてきた「1皿100円（税抜）」を取りやめ、1皿の最低価格を税込120円にしたわ

*売れ続ける王将、トミカ、メルセデス　値上げは怖くない　強固なファンが下支え／日経ビジネス 2023.2.24：https://business.nikkei.com/atcl/NBD/19/special/01368/

けだが、顧客からしてみれば価格を据え置いている競合と比較して、何が値上げの根拠なのかが理解しにくく、コミュニケーション戦略の不足が指摘される。

一方で餃子の王将は2022年5月と11月に2度の値上げを実施して、値上げ効果で客単価が上昇した。王将は「商品の品質・価値の向上を実感いただき、値上げに納得してもらえた」という。単なる値上げにならないよう、値上げ前にギョーザをはじめとする売れ筋14品目のレシピを改良し、利用者からは「おいしくなった」との声が届いているという。

ここで奏功したのは同社のコミュニケーションの一環である「ファン獲得戦略」だ。飲食500円ごとのスタンプを集めると発行される「餃子クラブ会員カード」の会員数は、2022年度に過去最高の102万枚となった。より来店頻度の高いロイヤルカスタマーを地道に育成してきたことが、値上げ局面での強さにつながった。

デフレ価格をブランドの存在価値にしてきた企業が、闇雲に値上げするのは悪手だ。そうではなく、まず顧客満足度をあげるべきだろう。そこからクロスセル**と、アップセル***が検討できる。ファン度合いが進めば購入回数の向上にもつながり、LTVも掛け算で跳ねあがる。マクドナルドの復活を支えた仕組みは参考になるので、第5部・第14章「長期的な価格ポートフォリオ戦略で価格支配力を実現したマクドナルドの事例」（P473）を参考にしてほしい。

**クロスセル：他の商品と併せて購入してもらうこと　例：マクドナルドのハンバーガーを軸としたポテトとドリンクの購買
***アップセル：上位商品への販売移行　例：ハンバーガーではなく月見バーガー

価格支配力を支える組織、仕組み、システム。そして企業風土

価格支配力を持つ企業ではマーケティングやブランディング活動の全責任を負う組織体制が確立されている。一般的に責任者は社長であり、外資企業ではCMOが担当することが多い。また、担当する個々のブランドの収益責任を負わされているブランドマネージャー制度が確立されていることが成功のカギだ。いくつかの外資系企業のマネジメントにヒアリングしたが、下記事例のネスレと本質は同じであった。

ネスレの場合、値上げは基本的に社長がイニシアチブを執る。「利益があがらなくても頑張りましょう」という文化が日本にはありがちだが、グローバル企業の企業文化では許されない。コストが上がったら価格に転嫁する考え方があたり前だ。そして値上げができるだけのブランドを構築することに注力する。ゆえに、それが実現できない、儲からない、改善が見込めないものは「ビジネスをやめる」という判断をする健全さとスピード感がある。国の成熟度によって本社と合意している目標利益率は異なるが、限界利益率で40％以下は許されない基準がある。

ブランドマネージャーは売上や利益だけでなく、資本回転率の目標を設定し、その達成状況に応じて賞与等の報酬・処遇に反映する仕組みができている。ここにおいてＰ＆Ｌ責

任を持つということは、生産、物流、営業など他のバリューチェーン機能にもプロジェクトマネージャーとして、主体的に関与する意味を持つ。営業の対トレード拡販費もマーケティング予算から拠出する。予算、つまり金を握ることは主体性を持つことと同義だ。たとえば工場の設備投資や最適な物流体制などにも関与する。事業上、どう投資して、ペイバックは3年以内にどうなるか、内部収益率／IRRはどうか、などをコントローラー／財務が計算し、それをベースに年に1回の予算会議で翌年の予算を取りにいく。必要であれば本国スイスに交渉して、承認されたらプロジェクトが開始できる。

この権限と責任の付与によって、若年であってもブランドマネージャーは経営者目線での判断ができるように成長する。また、事業部毎にコントローラーという財務担当が配置されており、カテゴリー毎の収益を全面的に管理する。コントローラーは兼務で財務本部にも所属しており、他のコントローラーとの情報交換もしている。

従来からSKU／最小管理単位で商品の損益管理ができているので、ブランドマネージャー、コントローラー、事業部長、営業本部も同じデータの指標で経営判断ができるようになっており、データはスイス本社とつながって見える化できている。ここでのDX化は価格戦略において重要な意味を持つ。

グローバル視点の数値管理には、世界共通のポートフォリオ分析ツール「アトラス」を使用して「成長」「利益幅」「資本効率ROIC」「事業規模」などの項目で事業を数値化し、「過去の経済的採算性（縦軸）×将来の経済的採算性（横軸）」でプロットする。その全世界の事業を地域とカテゴリーの組みあわせによる4象限から約2500セルに分類して分析し、投資または事業撤退の判断がなされる。右上の「高×高」であるグリーンゾーンは重点投資だが、左下「低×低」で魅力の少ないレッドゾーンは事業の修正を迫られ、成果がなければ撤退である。各地域のトップ～事業部長は、OG／オーガニックグロース：買収、為替変動などを除いた真の事業成長と資本効率の向上を常に求められる*。

P&Gではかつてフォーキャスター（価格シミュレーションを通じて製品売上、利益の予測をする財務担当者）が存在した。現在この機能は、精度を向上させるために専門企業に外注されている。マクドナルドにはバリューフォーマネー（値ごろにあった価値提案）の設計をするマーケターがいて、セット価格の考え方を決めている。「お昼のセットとして満足できるものはどういうものか？」などをひたすら考える。たとえば朝マック、昼マック、夜マックなどがこれに該当する。

これとは別に、通常品の価格を設定する担当が存在する。つまり値決めと予算のプロがマーケティング・チームに入っていたり、事業部付きで支えたりする仕組みなのだ。

*『凄いネスレ　世界を牛耳る食の帝国』週刊ダイヤモンド：2016年10月1日号

長期的な利益を追う企業には、仕組みがある。ネスレの企業文化の醸成手法は重要なトピックなので、第6部・第18章「ネスレ日本の中核にある『全社員マーケター』の思想」（P558）で、数社と比較しながら解説しよう。

HOW 自社の「価格〝無〟支配力企業」チェックポイント

- 顧客インサイトから、顧客のペインを解消する価値を創造しているか。またはゲインを達成しているか？
- 価格の策定は、①自社コスト ②競合対比 ③顧客の言いなりではなく、顧客価値創造を念頭におこなっているか？
- プライシングを科学的に分析するノウハウと、必要に応じて価格決定に有益な調査（コンジョイント分析、PSM分析、ポケットプライス分析など**）を有効に活用しているか？
- コミュニケーションとコンビニエンス戦略を統合してビジネスモデルの具体的な変革に挑戦しているか？
- 価格支配力を支える自社特有の文化・仕組みがあるか？
- 価格決定の責任者を個人名で指摘できるか？
- 特に商品単品レベルでの収益管理システムが存在し、関係者が同じ数値を共有して高い収益目標に挑戦する土壌があるか？

**コンジョイント分析、PSM分析、ポケットプライス分析：第5部・第12章P405で詳述

第4章
成功の鍵は「マーケティング・イノベーション・マトリクス」

菅野誠二

ここまで、価格支配力を持つための戦略パターンを解説してきた。すべきこと・すべきではないこと／Do's and Don'tsを確認するところからはじめ、WHY－WHO－WHAT－HOWの一連のヒント、そしてこれらを踏まえた自社の課題をご確認いただけただろうか。

ここからは、価格支配力を創造するためにすべきことを整理してまとめてあるが、まず、本書でもっとも重要な思考法の一つである「マーケティング・イノベーション・マトリクス」を紹介する（図4－1）。

まずは自社ターゲット市場の特徴を確認してほしい。

図4－1では市場を4象限で整理してある。相対的ではあるが、縦軸では顧客ニーズの分散・集約度合いを取っており、分散化市場ほど顧客クラスターの数は多い。つまり、市場が細分化していることを意味する。横軸は売り手と買い手の力関係を表しており、販売

**図4-1 ブランド力構築と、顧客インサイトに基づく
マーケティング・イノベーションが価格支配力創造の成功の鍵**

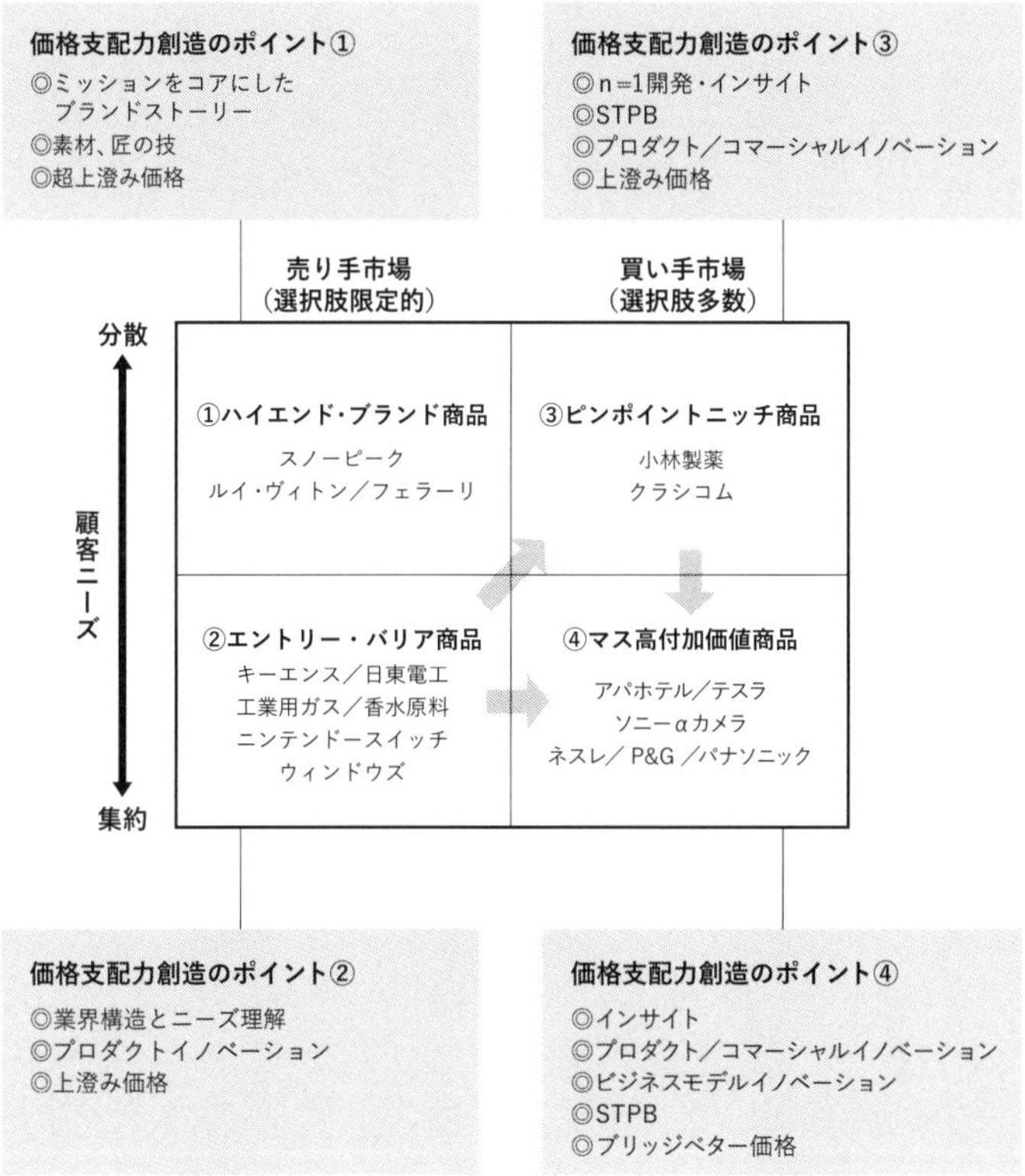

される商品が不足して、売り手側が価格や条件の決定権を持っている市場を「売り手市場」という。反対に商品やサービスの供給が需要を上回っていて、買い手が価格や条件を決める力を持っている場合を「買い手市場」という。よい商品があれば放っておいても売れた時代は「売り手市場」であったが、競合と商品が溢れている現在では、多くが「買い手市場」に移行している…と、需給関係は一般論で考えられている場合が多い。

ここで打ち勝つためのポイントは、経済学者が語る「需給バランスの静的均衡」を打破することにある。現実の市場はシュンペーターが説くように「動的」で、その動きは企業家精神を持つ企業人の「行動」で変えることができる。市場の状況を読んで従うのではなく、未来に向けて創造的な破壊を志向するアイデアの実行がイノベーションを生み出す。これがドラッカーのいう企業家精神だ。

図4−1の象限を一つひとつ見ていこう。

左上の「①分散化・売り手市場」では、「ハイエンド・ブランド商品の希少性」を演出することで価格支配力を発揮できる。

左下の「②集約化・売り手市場」においては、「エントリーバリア商品」の戦略で、規制や許認可、差別化技術、特許、ネットワーク効果、資源の独占、高いスイッチングコストなどよる参入障壁の構築によって寡占できる商品を指す。こうした代替の利かない提供物が自社にあれば、②の市場で売り手優位の価格支配力を創造できる。

右上の「③ 分散化・買い手市場」では、「ピンポイントニッチ商品」の戦略が参考になる。

右下の「④ 集約化・買い手市場」では、「マス高付加価値商品」で、買い手市場の常識に従順な価格〝無〟支配力の競合が多ければ多いほど、ビジネスチャンスがある。買い手市場では競合商品が多いので、STPB（セグメンテーション、ターゲティング、ポジショニング、ブランディング）が効いてくる。


たとえば、「② 集約化・売り手市場」におけるエントリーバリア商品で独占的なシェアを持っていた企業が、規制緩和や特許切れなどによって参入障壁が下がった時は③のピンポイントニッチ商品の戦略を導入せざるを得なくなる。これは電力自由化によって、地域独占がなくなった電気事業者がカーボンフリー電力を提供したケースがわかりやすい事例だ。

時には④でマス高価値商品を狙わざるを得ない事態もあるだろう。たとえば、特許切れした医療用薬品は医師向けの情報サービスを付加してライフサイクルマネジメントを試みたり、市販薬にスイッチしてドラッグストアで販売したりすることで、患者に対して直接ブランディングすることもある。

あるいは、「③ 分散化・買い手市場」で戦っていたピンポイントニッチ商品戦略よりも、もっと大きな市場で戦いたいと考えるなら「④ 集約化・買い手市場」を意識して、すべてのマーケティング・イノベーションの力を発揮したマス高付加価値商品を創出しなければ勝ち抜くことはできない。

このように、価格支配力の創造には、変化を乗り越えるための各象限にあわせたイノベーションが求められる。しかし、ブランディングによる顧客のファン化はマーケティング・イノベーション・マトリクスの全象限で必須である、ということは重要なポイントとして押さえておこう。

では、それぞれの象限ごとの、典型的なプレイヤーの戦略を紹介していこう。

第一象限　分散化・売り手市場「ハイエンド・ブランド商品」

P131図4−1マーケティング・イノベーション・マトリクスの左上「①分散化・売り手市場」における、「ハイエンド・ブランド商品の希少性」においては、ミッションから生まれるブランド・ストーリーとそれを裏打ちする素材や技、象徴的な人物・歴史などがあって、そのブランドのよさを信じるに足る根拠／RTB：Reason To Believe のスジがよいかどうかが勝敗をわける。ファッションのハイブランドや2輪車ハーレー、フェラーリのように、RTBだけでなく顧客体験からのファン化が効果的な場合も多く、「超」上澄み価格を選択することが可能である。

需給バランスは、商品カテゴリー全体では供給が上回っていても、特殊なニッチ市場ではユーザーに渇望感が演出できるかどうかが重要だ。ヴィトン好きとシャネル好きは多少重なってはいるが、完全なる代替は効かない。つまりは顧客を選ぶ必要があるため、売上重視の数量狙いでバーゲンセールをはじめたら、要注意である。

潜在力はあるものの、ここに該当する日本の成功事例は残念ながら少ないのが実情だが、優れた事例として、ここではスノーピークを解説しよう。

スノーピークの事例

スノーピークはアウトドア用品の製造業を中核としながら、急成長を遂げている高収益企業*だ。海外でもスノーピークファンは多い。

山井太氏が父親の会社に入社した際には社員15人、年商5億円、総利益1・3億円だったが、全社員の「自分にとってのミッション」を書いてもらうことからはじめ、それをまとめて「スノーピークウェイ」というミッションステートメントを定めた。現在では事業分野が小売店舗経営、キャンプ場の運営、地方創生コンサルティングにまで広がっている。

*2021年12月期決算：売上257億円。10年前の売上が32億円なので年間CAGR:23・2%、経常利益率15・7%

WHY－WHO　理念、風土を起点としたユーザーイン志向とLTV

フォーブスのインタビュー*で、スノーピーク会長　山井太氏が語った言葉がスノーピークのビジネスを端的に表現している。

僕は新卒で入った会社がハイブランドの輸入商社だったこともあり、26歳でスノーピークに入社したとき、地元（新潟県）三条の他の会社を見渡すと、なぜこんなにいいものを安く売っているのかと驚いた。やりかたが間違っていると直感したんです。だから、自分が会社を継いだときには、「世界でいちばん高くていいキャンプ用品をつくって、稼げる会社にする」と宣言した。

理念は「人間性の回復」「人生に野遊びを」「ユーザーの笑顔」を目指すこと。企業風土は「スノーピークウェイ」で定義した「自らもユーザーであるという立場で考え、お互いが感動できるモノやサービスを提供」するユーザーイン志向である。顧客は都市部在住、30～40代が中心のファミリー層。「子供がイキイキした表情になるのが嬉しい」というハイエンドユーザーだ。子供がアウトドアを卒業したら夫婦のみ、それも片方が卒業してしまったらソロキャンパーになる。

*『スノーピーク山井太が語る「世界で勝てるマニア資本主義」』Forbes JAPAN：2023年4月号

WHAT-HOW プロダクト・イノベーションとファン化。そして超上澄み価格設定

山井氏が入社間もない1980年代の市場では、テントは大きく2種類あり、9800円か1万9800円が通常価格だった。そこへ自身が納得する最良の素材とテクノロジーをつぎ込んだ商品を16万8000円で発売した。当初、社内にあった疑念は、発売開始からほどなくして100張り売れた頃に晴れたという。日本のアウトドア市場の歴史ではじめて、超上澄み価格のハイエンドキャンプ用品市場を創出したのだ。

1988年以来、フィールドテストを繰り返して「快適基準寸法」という社内基準を設定することで、商品は永久保証付きにした。地元の燕三条の本社工場か、協力工場で生産するので、世界的にも有名なこの地域が誇る金属加工の伝統の技が商品の基盤になっている。商品は企画・デザイン・協力工場と連携した製造に至るまで、一人の担当が一貫してプロダクトマネージャーとして責任を負うため、ミッションを貫徹しやすい。

価格は「正当性」をもって設定し、値引きなしの正価販売をしている。たとえばペグ／テントの杭は他社アルミ製が平均50円だが、同社の「ソリッドステーク」は400円**でベスト&ロングセラーである。商品価格は他社比較で、総じて2〜5倍が多い。

** 山井氏書籍出版時の2014年当時

1998年からユーザーをキャンプイベントに招待したイベントを開始。その後、「スノーピーカー」と呼ばれる熱烈なファンが集う「スノーピークウェイ」として定着したが、商品開発者だけでなくスノーピークの社長もファンと焚火を囲み、盃を交わし、製品へのフィードバックをもらうことが趣旨である。業績が悪化した時にはじめて開催したキャンプで、ヘビーユーザーから受けた商品のフィードバックと苦情がその後のスノーピークのすべてのミッション・戦略に示唆を与えたという。

この取り組みは現在では年に6回、全国で開催するまでに拡大している。キャンプ場を6か所経営することで、顧客の地域コミュニティの拠点もつくりあげた。ファン化のためにポイント制度も活用していて、ヘビーユーザーほど売上の貢献度が高い。

新規ファンの購買決定要因の多くは、他社製品を使用してキャンプで苦い経験をしたあとに、スノーピーカーからスノーピーク商品を勧められたことがきっかけだという。

山井氏は自社の特長を問われ、次のように答えている*。

> ファンとの距離が近い。ヘビーユーザーの顔や名前をたいてい憶えているし、ユーザーも私や社員のことをよく知っている。
>
> 実際に製品を使ってもらった結果として顧客が感動し、ファンになる。「他社の製品と質感が違う」と思ってもらったり、「使い勝手が段違いに素晴らしい」と気づいてもらうケ

*『スノーピーク「好きなことだけ！」を仕事にする経営』山井太／日経BP（2014年）

ースもある。「感動」の根底にあるのは製品とサービスであり、それに尽きる。

2000年に流通経路を問屋流通から正規特約店制度に変換し、販売は直接取引のみにして、2003年から自社拠点を出店しはじめた。アウトドア専門店内でのインストアも直営店と同様に、店長は社員にする。その理由は製品知識とブランドミッションの理解が重要だからこそ、だ。販売員には「キャンプ研修」で製品を使わせながらプロに育てていく。これもブランドの意義を直接、顧客に伝えるためである。

マーケットの状況から判断するのではなく、自社のミッション・ステートメントから考えていき、それを具体的な戦略に落とし込む形でビジネスを展開している。「世の中にない製品」を作るタイプの会社であるため、「今ある製品」には全く興味がない。

こうしたモノ作りとサービスのレベルを達成するために、社員全員はアウトドアの熱心なユーザーのみである。山井氏自ら、これまで出会ったどのアウトドア用品企業のトップマネジメントと比較しても、自分は一番キャンプ泊数が多いと豪語する。

そして次のような思想から、地方創生に関わり、中堅企業の育成に力を入れだしている。

*さらに海外展開していこうとするなら、まずは自分たちがどんな会社であり、どんなミッションに基づいたものなのか、そして商品は他社と何が違うのかをより明確にするべきでしょう。

自分たちが大事にする「コア」を伝える言葉をもつことです。スノーピークも「人間性の回復」「人生に野遊びを」など、ミッションや事業を端的に表す言葉を多く言語化してきました。これによって社内カルチャーも大きく変わりました。

（中略）

これまであたり前とされてきた「損得軸」にもとづく経営よりも、その商売や製品が好きだという「好き嫌い軸」での経営のほうが、結果的に成功しやすいし、これからは絶対に強いはずです。

私はこれを「マニア資本主義」と呼んでいるのですが、例えば虫のスペシャリストを採用している環境機器のように、虫が好きな人じゃないと気づけないこと、つくれない商品がある。極言すれば、損得軸のマーケティングならＡＩでもできます。

高度な資本主義経済に生きる生活者は、サプライされた製品への要求が高いので、「好き」に共感してくれる可能性も高い。中小企業の皆さんは後継ぎも多いと思いますが、自分が好きなことで勝負するのがいいと思う。

家業と違う好きなことを突き詰めるか、家業を好きになってそのなかでイノベーション

*『スノーピーク山井太が語る「世界で勝てるマニア資本主義」』Forbes JAPAN：2023年4月号

を起こすか、どちらかだと思う。そう考えると、スモール・ジャイアンツ*は、日本の可能性そのものだと思います。

（図4－2）

そのほかの事例

「① 分散化・売り手市場：ハイエンド・ブランド商品の希少性」の象限の成功事例は海外では枚挙に暇がない。

　極端な事例ではあるが、2021年11月、世界のスーパーカー愛好家から垂涎のフェラーリ、デイトナSP3は世界限定599台、200万ユーロ／約2億5800万円で初公開された。故エンツォ・フェラーリのマーケティング戦略を忠実に守り、「需要に対して1台だけ足りない」供給量だ。

　2021年5月5日発売の「812 コン

図4-2 ①ハイエンド・ブランド商品
「スノーピーク」のプロダクトイノベーション
「永久保証」を燕三条の技とファンで支える超・上澄み価格

WHY－WHO

理念
「人間性の回復」
「人生に野遊びを」
「ユーザーの笑顔」

企業風土
「スノーピークウェイ」
「自らもユーザーであるという立場で考え、お互いが感動できるモノやサービスを提供」

顧客
都市部、30～40代中心のファミリー
子供がイキイキした表情になるのが嬉しいというハイエンドユーザー

WHAT－HOW

戦略
新しいキャンプの楽しみに合致した商品を「世界で初めて」「どこにもない」にこだわりながら市場を切り拓く

打ち手
◎自分たちが本当に欲しい商品だけをつくる
◎永久保証
◎正当性と超上澄み価格
◎熱烈ファンユーザー「スノーピーカー」
◎1998年からファンイベント「スノーピークウェイ」開催。年6回。
◎6つのキャンプ場を経営。ファンコミュニティ活性化
◎社員イベントで社会的意義のある事業である意識づけ
◎ユーザーカードでポイント発行し、1年の購入金額で5ランク
⇒プラチナは年間30万円、ブラックは累計100万円以上
⇒プラチナ以上は7%以下だが、売上の25%貢献

成果

2021年12月期決算
売上257億円
※2011年：売り上げ32億円
過去10年間のCAGR23.2%

◎経営利益率 15.7%
◎当期純利益率 8.1%
◎ROE 18.1%
◎自己資本比率 69.4%

*スモール・ジャイアンツ：世界中の小・中規模企業の経営者やリーダーのための異業種連盟団体。定義は「企業の偉大さの証は規模（業績）ではなく、むしろ以下の三つの要素である。1）地域社会への貢献　2）素晴らしい顧客サービスの提供　3）卓越した企業文化の育成と維持へのたゆまない努力」：https://forbesjapan.com/small_giants

ペティツィオーネA」の新車価格は約7898万円。もっとも廉価な2020年4月1日発売「ローマ」の新車価格は約2756万円で、ここにはさらにオプション価格がつく。

フェラーリの財務的な成功は続いている。

ラグジュアリーブランドに対するコンサルティング会社の役員にインタビューすると、彼の顧客が言うには「競合はプロモーションでセレブリティと組んでパーティに行っているけど、うちはそんなことはやらない。ブランドを守るための矜持がある。売ろうと思えば売れるけど、そんなことのためにはやってないんだ」とのこと。トップも含めて、これがハイプライスでやっている人たちの感覚で、「やったらできるけど、やらない。」という判断を最初からしている。そういう明確な差がある、という。

日本では今後、調理好きには垂涎の的、バーミキュラの鍋をブランド化して「世界一『愛される』調理器ブランドへ」というビジョンを掲げる愛知ドビーのようなハイエンド・ブランドのプレイヤーが生まれる素地もある。家電のバルミューダも潜在力が高い。

こうしたブランドにとっては円安が追い風になるだろうが、ここで安易な妥協価格をつけてはならない。日本企業は卓越したモノづくりとブランド・ストーリー、そして価格支配力を創造するマーケティングで、世界的なブランド商品を創りにいくべきだ。

第二象限　集約化・売り手市場「エントリー・バリア商品」

P131図4－1マーケティング・イノベーション・マトリクスの左下、「② 集約化・売り手市場：エントリーバリア商品」は、例としてニンテンドー・スイッチやウィンドウズが挙げられる。これらのようにプロダクト・イノベーションと顧客価値が利用者数に依存するネットワーク外部性で寡占化し、参入障壁を構築できればそれに越したことはない。電気、ガス、放送、電波も元々は規制業種で、国の指針にもとづいて価格支配力を保っていたが、規制緩和で新しい戦い方を余儀なくされている。現在でも多くの規制業種は付加価値の高い事業を営んでいるが、新規参入は困難だ。

では、規制以外で自ら参入障壁を構築して、今後のマーケットにおいて価格支配力を創出するのはどうしたらよいだろうか。

ここで業界構造上のエアポケットを見つけ、他社に代替されない戦い方をしているB2Bビジネスでの成功事例を解説したい。この象限は、特にB2Bのブランドにふさわしい戦い方だろう。この第二象限では「この商品がなければ事業が回らないレベル」になるからこそ価格支配力を創造できるし、業界での横展開や海外展開も想定しやすい。

キーエンスの事例

キーエンスは日本屈指の高収益企業*だ。成長率もさることながら、特筆すべきは高収益体質で、売上高営業利益率55・3％は驚嘆に値する。経済産業省の2021年企業活動基本調査速報によると統計上の「業務用機械器具製造業」396社平均営業利益率は2・1％である。近年、社員の高額な給与が話題になり、時価総額も急上昇している。かつてはマスコミでの露出が極端に少なかったが、「キーエンス解剖」（西岡杏／日経BP）がベストセラーになったので、興味のある方はそちらを参照してほしい。

筆者の顧客がキーエンスによって大きくシェアを奪われていたことがあり、興味を抱いて数名の方にインタビューしたので、それも含めて強みの解説をしていこう。

WHY－WHO　キーエンスのプロダクト・イノベーション

同社の理念は「付加価値の創造により、社会に貢献する」である。顧客の潜在的な需要を掘り起こすことに注力しているが、それは顧客が商品スペックを決め、その要求に応える形で対応していたら遅すぎてしまい、付加価値が高まらないという思想がある。

顧客は、工場や物流の現場において、「どうしたら商品品質、コスト、デリバリータイミ

*2022年3月期売上（連結）7552億円（過去10年CAGR14.2％）。海外売上が特に伸長しており、売上貢献度は59％。営業利益3034億円（過去10年CAGR 16.5％、売上高営業利益率55.3％）、当期利益3037億円　ROE14.8％　自己資本比率94.1％。

ング、エコ調達のバランスを決められるだろう」といった悩みを抱えて困っている。操業効率に敏感で、このKPIに心を砕いている現場の長だ。同社はB2B営業の常識である企業本社の購買担当者ではなく、工場・倉庫などの現場を重視して営業している。それは、ここに潜在需要があるからだ。「顧客が欲しいというものはつくらない」とまで言い、顧客の裏の裏にあるニーズ、つまり顧客インサイトをつかみ、世界初、業界初のプロダクト・イノベーションを狙っている。

WHAT－HOW　業界・世界初商品で粗利80%。顧客理解からの価値創出

戦略の中核は、「①現場主義に徹して顧客インサイトから世界初製品の創造を狙う商品企画力」と、「②ほぼファブレスで商品即納を可能にするSCM」、そして「③技術知識と顧客ソリューションを念頭にコンサルティングセールスをおこなうマーケティング・営業部隊の販売力」の3つだ。これらが同社の強力な価格支配力の源泉である。

一騎当千の開発部隊は、営業からあがってくる「ニーズカード」という顧客の声を活用するが、主にマニアックなリクエストをする顧客（後述の変態さん）をあぶりだし、ヒアリングに赴く仕組みであるという。また、自分がつながっている顧客の現場と緊密にやり取りして徹底的に顧客理解に努める。ここからインサイトを得て業界初、世界初狙いの商品開

発を狙うが、実際に商品の7割近くは業界初、または世界初である。ゆえに、業界初にして顧客価値が創出できるものであれば、任意にプライシングできるために価格支配力を有する。また、顧客が現場でその商品をいかに活用できるかに重きを置いた「意味的価値」を「機能的価値」よりも重視する。

製造は基本的にファブレスで、その納入価格は自社粗利80％必達で設定し、商品をデザインする。顧客からの特注品はニーズがあっても決して受注しない。顕在化したニーズに応えるだけでは付加価値が取れないし、他社への横展開ができないからだ。カタログ製品のすべてを「即納」とする体制は、この業種の他社に類を見ないだろう。センサーや計測器が急に故障して工場ラインを止めたくないような顧客がターゲットだ。ラインを遊ばせたり止めたりしておけば損失が大きく、対応のための即納が必要になった顧客は価格交渉しないことを同社は見越している。つまり、ここに「価格支配力がビルトイン」されているのだ。

マーケティングではWEBのコンテンツマーケティングをおこなうだけでなく、コールセンターを活用したMA／Marketing Automation：マーケティングの自動化が発達している。WEBでのタッチポイントだけでなく商談会で集約した顧客名簿データベースが整備されているので、顧客がキーエンスのWEBサイトで商品資料をダウンロードすると、それがトリガーになってすぐにその顧客に電話し、用途を確認し、コンサルティング営業につなげる仕組みがある。

営業は直販体制で、値引きなし。SFA／Sales Force Automation：営業支援システムの活用で、引き合い→見込み顧客→案件化までをデータ収集し、AIを活用した顧客情報管理と実行管理を実施する。営業のKPIは累積取引社数、取引に関わった人数、商談数、商談に関わった人数、訪問社数、はじめてアプローチした社数、電話の発信回数、電話の受信数、純粋な接触者数、キーマン施策とその影響変数、工場、現場への入場回数など実に細かく、「行動」ベースで設定され、SFAで管理される。

このプロセス重視のKPI化と評価手法によって営業は横並びで比較され、透明化されているので、切磋琢磨させて営業を育てる仕組みがある。特筆すべきは、このように比較されるにもかかわらず、上記の商談と顧客情報の共有があたり前の企業文化があることだ。これは他社で簡単に真似できない仕組みだろう。

粗利目標必達のチーム員制度によるチーム内教育の強化もすさまじい。たとえば新製品の売り込みの会話を、台本をもとに徹底的にロールプレイングする。特に客先へ行く前に、その商品説明、質疑を上司の前でロールプレイングし、ダメ出しされると顧客訪問もキャンセルされる。他社でも営業ロープレはおこなうが、ここまでのしつこさ、回数で実施している事例は稀だ。

営業は顧客が表面的に口にするニーズの、その裏のニーズ、つまりインサイトを聞き取りする訓練を受けて、一人毎、月に1つ以上「ニーズカード」にまとめ、SFAを通じて提出する。その内容は技術に対する知見を持った営業が、インサイトや顧客からの顕在ニーズでさえ現行商品では叶えられないことに対する課題意識を反映して作成するため、キレがある。商談終了後5分以内にSFAの営業報告書を記入し、それをもとに上司報告をする。現場での勝ちパターンのナレッジシェアを徹底し、事業部を超えて案件紹介をしても、自分に報酬が返ってくるID制度がある。

最近ではAIを駆使したデータ解析によるインサイドセールス*も強固である。インサイドセールスで培った虎の子のノウハウをAIシステム化して「KI」をというシステムとして外部販売し、全体の仕組みをブラッシュアップし続けている。

ここまで解説した、世界初を狙う開発にはじまり、マーケティングの自動化／MA、営業支援システム／SFA、顧客情報共有化、顧客ID制度、AIを駆使したインサイドセールス、営業からの提案制度などの打ち手を表明だけとらえると、マーケティング優良企

*インサイドセールス：内勤営業。マーケティング・営業プロセスの一貫で見込み客／リード顧客に対して非対面でおこなう営業手法。電話やメールなどで顧客関係性を維持・強化をおこないながら、すぐに受注につながりそうな見込みの高いリードを外勤営業／フィールドセールスに渡し、案件化機会を創出する

業が実行している策と何ら違わず、凡庸に聞こえるかもしれない。

しかし私のクライアント企業の役員にキーエンスの事例を紹介して、「これら1つの施策でも実行を検討しないか？」と問うと、多くは導入が困難であると仰る。たとえば、多くの企業ではＳＦＡ、顧客情報共有化、顧客ＩＤ制度を導入しても、営業数字とボーナスを考えると、営業同士は顧客情報の共有化ができない。

営業の立場からすると、ノルマぎりぎりで活動しているにもかかわらず期中に売上を上乗せされる可能性がある場合、案件を隠していたほうがうまく立ち回れる。その上に、追加ボーナスを獲得できる可能性まで高まる。よって、上司にさえ本当の案件進捗の情報を共有化しないこともある。営業で言うところの「隠し玉」だ。多くの企業は前述の打ち手を一度は試験導入したが、失敗して苦い経験をしたことがあるようだ。

つまり、キーエンスの凄みは単に最新経営手法を使っていることではなく、自社にあった手法の「凡事徹底」なのだ。「やり切る力」が企業文化になっていることが成功の鍵なのである。

ここから、この戦略を支える企業文化について述べる。キーエンスは付加価値を生むことそのものが企業文化なので、徹底的な合理化志向がある。営業はすべての活動が時間チャージで、「1時間あたりで、どれだけの粗利＝付加価値をもたらしたか？」という平均が提示される。コンサルティング営業をするのだから、アポなしの無駄な飛び込み営業は禁止。自腹ではありえるようだが、接待も奨励されない。内部監査の仕組みがあり、ＳＦＡに嘘のデータ入力がしづらい仕組みもある。上司は商談、納品後の顧客満足度を確認するために通称「ハッピーコール」をするので、実際の評価がチェックされる。これらから、正直であることが評価され、顧客情報や売り方のベストプラクティスを共有することがカッコいいと賞賛される企業文化になっている。

この企業文化を醸成する、さまざまな「仕事のお作法」の浸透が最大の強みなのだ。「キーエンス解剖」によれば、平均２１８３万円（２０２２年度）で国内メーカー最高レベルの給与体系である。これも「付加価値をあげたら、あげた分だけ社員に分配する」というキーエンスの特長だが、最高の給与を払える企業にしたいというマネジメントの意思の表れだ。これもまた、真似るのはマネジメントの覚悟がいる（図４－３）。

そのほかの「エントリーバリア商品」を持つ3社の事例

○スイッチングコストでバリアを張る香料素材メーカー

そのほか、社名は伏すが他社の事例では香料素材メーカーが興味深い。少量ではあるが、香水やトイレタリー商品、食品などに使用する希少部材になることが多く、全体の原材料コストからすると大きなものではない。こうなると、その香料のスイッチングコストはとても大きい。コストダウンで他社製品にスイッチすると、香水や食品という嗜好性が強い商品のファンに計り知れないネガティブ反応を引き起こす可能性がある。そのリスクと比較すればコストダウンの見返りは小さい。それゆえに価格支配力を保ちやすいのだ。

○代わりのきかない人的資産でバリアを張る工業用ガスメーカー

また、私のクライアントが販売する、高利益商品のとある工業用ガスの事例を紹介する。同商品は、販売先が大手の飲料企業にもかかわらず、なぜ6割ほどのベンダーシェアを保持しているのか、社員が誰もきちんと説明できなかった。強みを自覚していない高シェアは危険な状況ともいえる。

そこで、30年以上前にその初受注を取った、

図4-3 ②エントリー・バリア商品
「キーエンス」のプロダクト・コマーシャルイノベーション
業界・世界初で粗利80%の超・上澄み価格戦略

WHY－WHO	WHAT－HOW	成果
理念 付加価値の創造により、社会に貢献する **顧客** 潜在需要狙い ⇒顧客が欲しいというものはつくらない	**戦略** **顧客理解から高付加価値ソリューションへ** **ファブレスで粗利80%必達の商品デザイン** **打ち手** ◎一騎当千の開発部隊は、業界初、世界初狙いの商品開発 ◎値引きなしの直販体制 ◎資料ダウンロード⇒担当営業が即時コンサルティング営業に繋げるマーケティングオートメーション ◎SFAでデータ収集、顧客情報管理と実行管理でAI活用 ◎プロセス重視のKPI化と評価 ◎商品は原則、即日納品 ◎粗利目標必達のチーム員制度で教育強化。 ◎徹底した場面ロープレと上司のハッピーコール ◎商談5分以内の外報記入と上司報告 ◎勝ちパターンのナレッジシェア ◎ニーズの裏ニーズ聞き取りとニーズカード毎月1つ提出 ◎AIシステム「KI」の外販で、システムと売る仕組み ◎国内メーカー最高レベルの給与体系	◎2022年3月期 連結売上7,552億円 ※過去10年**CAGA14.2%** ◎営業利益3,034億円 ※過去10年CAGR16.5% **※売上営業利益率55.3%** ◎当期利益3,037億円 ◎ROE 14.8% ◎自己資本比率 94.1%

引退した営業の方を1か月あまりかけて探しあて、やっと理解できたこの企業の強みは、ガスそのものでも、価格でもなく、「人」であった。同社は、ガスを提供した前・後の製品を味見する官能検査を引き受けていて、長年に渡って育成された専門家が自社にいるから発注が継続している、というのだ。

ニッチなニーズであるがゆえに、顧客も競合もこうした検査員を持たず、それゆえになんと競合までもが、この検査メカニズムを利用していた。飲料メーカーからすれば、そのベンダーを変えることは完成品に与えるガスの変化をチェックする機能に綻びが出るリスクがある。原料に占めるコスト割合を鑑みたとしても、飲料の味を損なう可能性のあるベンダー変更は購買部が許さない、ということだった。「リターンが小さいのに、私はそんなリスクは負えない」。これがB2B企業の購買担当者が持つインサイトだと考える。

このことを普遍化すると、その業界で、1度に大きなビジネス機会がなくても、インダストリー・バリューチェーン*上のニッチを探し、そこでスイッチングが困難なポジションを構築することが重要だと言えよう。

○三新活動で顧客属性をずらしてマーケットを開拓する日東電工

日東電工は売上（2022年3月）8534億円、営業利益1322億円（利益率15・5%）という高収益企業だ。高付加価値の素材を数多く提供しているが、その戦略は「三新活動

*インダストリー・バリューチェーン：原材料の調達から製造、顧客の購買につながる一連の流れを「価値の連鎖」と捉えること。業界での企業間の連鎖

とニッチトップ戦略」である。HP*によると、下記のように述べられている。

新用途開拓と新製品開発に取り組むことで、新しい需要を創造するNitto独自のマーケティング活動「三新活動」

既存製品の「新」しい用途を開拓して、そこに新たな技術を加える。もしくは新しい技術を用いて「新」製品を開発したうえでその用途を広げる。こうして「新」しい需要を創出する。

3つの「新」を重ねて進化し続けることが、50年以上にわたって繰り返されてきたNitto独自のマーケティング活動「三新活動」の原理です。

電気絶縁の用途に使われていたビニルテープという既存製品から、さまざまな新技術・新機能の開発と、新用途の開拓を繰り返し、電線メーカーから住宅、自動車といった新たな顧客・業界における需要を創造してきました。このように、顧客に密着し、技・製・販が一体となって三新活動を推進することが、Nittoの「イノベーションのDNA」であり、成長エンジンのひとつです。

自社に優位性があるニッチ市場で独自の技術を活かし、トップシェアを目指す

成長（変化）するマーケットのなかでも、先行者のいない「ニッチ分野」において、Nitto独自の技術を活かすことによりシェアNo.1を狙う戦略。Nitto固有の集

*Nitto独自のビジネスモデル「三新活動」「ニッチトップ戦略」：https://www.nitto.com/jp/ja/about_us/concepts/businessmodel/

中・差別化戦略です。グローバルシェアNo・1を目指すのがグローバルニッチトップ™戦略、各国・エリアの市場において、特有のニーズに応じた製品を投入してトップシェアを狙うのがエリアニッチトップ™戦略です。

日東電工の独自戦略である「三新活動」の考え方は「アンゾフの成長マトリクス」に、その原型を見ることができる。米国経営学者で戦略的経営の父と称されるイゴール・アンゾフ（1918〜2002）が提唱したフレームワークだ。「製品」と「市場」、加えてそれぞれに「既存」と「新規」でわけて4象限を定義して、それぞれの象限の成長戦略として「市場浸透戦略」「新市場開拓戦略」「新製品開発戦略」「多角化戦略」を論じた。

なお、日東電工は独自に、製品の代わりに「技術」を置いている。

同社は「表面保護フィルム（家庭用流し台シンク表面加工用）」という汎用品で付加価値が低下しつつある商品を用いて、将来的に成長が見込める半導体分野への参入を狙う。1つ目の「新」活動で「ウェハ保護固定用テープ（半導体製造プロセス）」に向けて、営業が顧客属性ずらしを仕掛ける。同時に、2つ目の「新」活動では、開発部隊が「シート化技術」を「新」技術開発しつづける。ついには最後の「新」＝イノベーションとして、熱を加えるとシートからチップが剥離することで精度高くコストを下げる「熱剥離シート（チップ製品製造プロセス)」を用いてチップを装着させるマーケットを生み出す。

同社の他の事例では、この三新活動で「粘着テープ」という汎用品を「薬剤技術経皮吸収型医薬品」にして、たとえば喘息治療テープに発展させた。これは喘息治療のための薬剤を徐放性、つまり皮膚吸収で徐々に薬理活性を発揮させる商品で、圧倒的な付加価値を創出した。

この経皮吸収の技術を、今後いかにして三新活動していくのかについての戦略をインタビューしたことがある。日東電工の成功の鍵は、社員全員がこの打率の高いイノベーションの仕組みを企業文化として日々の業務に「ビルトイン」していることにある。

同社の強みは研究開発と研修、そして営業

図4-4 日東電工は1960年代からアンゾフ・マトリクスの「ずらし」を行うことでイノベーションを起こし続ける

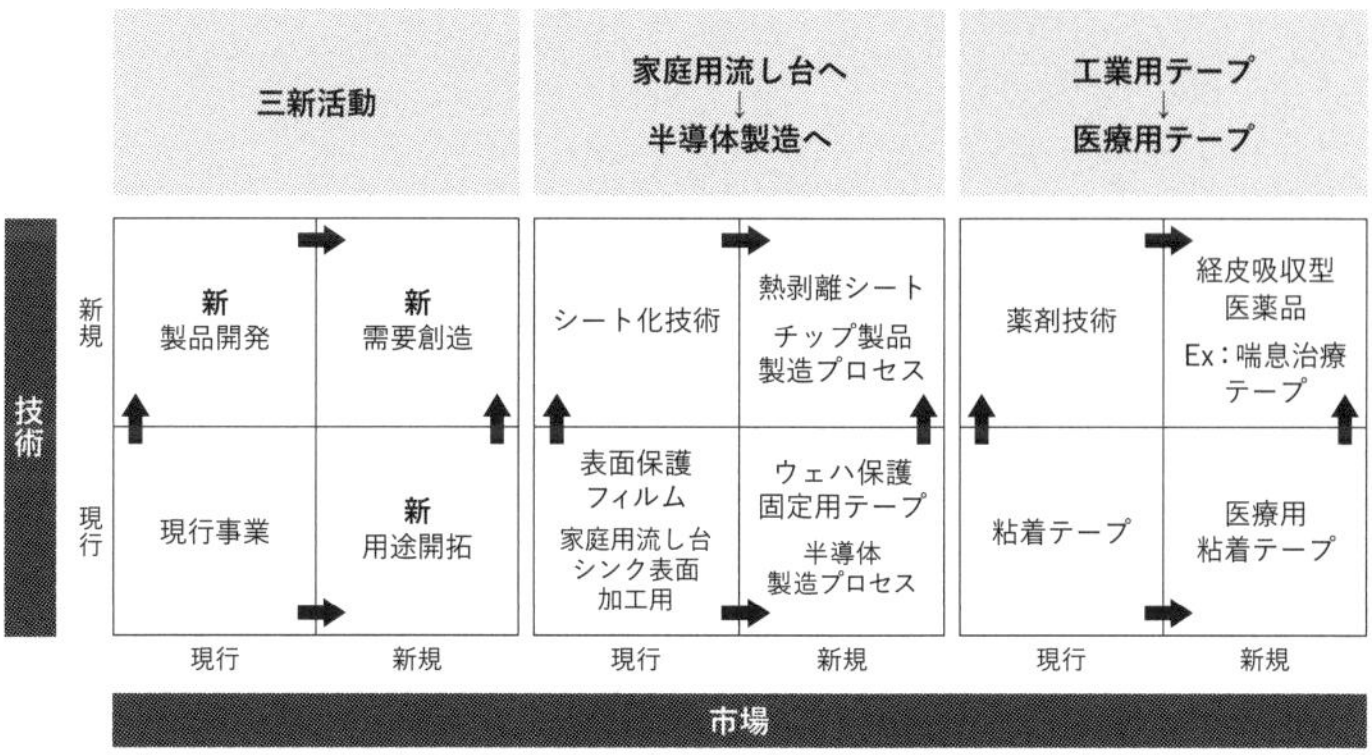

のコンサルティング活動の中心地である「イノベーションセンター：inovas」を訪問すると理解できる。オープンイノベーションの拠点となっていて、顧客の課題をとらえた営業と先端技術を熟知した研究員が一体になって顧客を招待し、実演と討議をおこなう「三新活動」をまさに実体験できる（図4－4）。

○中小企業が価格支配力を持つには

ハーマン・サイモン教授*には数々の価格戦略の著作があるが、中小企業でありながら高収益なドイツ企業の研究を中心にした成果として、2009年に「隠れたチャンピオン企業」という概念を発表した。これが世界中の経営学者へ大きな反響を生んだ。言葉の定義は①売上40億ドル以下でありながら、②世界市場のシェア3位以内か、その大陸で1位の企業だ。そして③世間からの注目度が低い、という3点である。

多くの事例の特徴は「1、ニッチ市場への集中」と、「2、グローバルでのナンバーワン」である。これを可能にするのは、業界のバリューチェーンの「後背地」で活動し、最終商品では識別できない機械、構成要素、あるいはプロセス的な製品やサービスを提供していること。いわば産業の黒子に徹していることである。そこで自分の市場を狭く定義し、集中して市場で圧倒的なナンバーワンを目指す。成功後、そのニッチ分野でグローバル展開す

＊ハーマン・サイモンはドイツの経営思想家、実業家。世界でプライシングにおける高い専門性で評価されるコンサルティング会社、サイモン・クチャーアンドパートナーズの創設者。　著作は2015年に「新装版　グローバルビジネスの隠れたチャンピオン企業　あの中堅企業はなぜ成功しているのか／中央経済社」があり、世界中で高い評価を得ている

る。決してマスコミに出ず、目立たないよう工夫して、それによって自社事業に専念する。無駄に市場に他社を呼び入れることを避ける意図もあろう。世間では無名だが、その特定分野ユーザー間でのブランドへの認知度や信頼は極めて高い。

また、技術、製造プロセスに秀でていることが多いが、顧客密着度が高く、特定業界と顧客課題を深く理解しているので、顧客対応の専門性・スキルの高いことが強みである。

そして、企業サイズからは想定しにくいが、海外子会社を平均で24社保有している。これは販売代理店や間接販売を避け、直販で強いグローバルブランドを構築するという強い意志があるからだ。ニッチ市場でグローバルブランドを構築するコストと時間は一般消費者市場と比して効率がよい。また、余剰人員が存在せず、生産性を高くして「高業績を生む文化」であることが共通点である。

著作で紹介されている事例では、ドイツのバーダー社は魚の処理システムの世界的サプライヤーで80％の世界市場シェアだという。スリービー・サイエンティフィック社は解剖学の補助教材で世界市場リーダーだ。テトラ社は観賞用魚餌の定番テトラミンだけでなく水槽や養殖池用品のサプライヤーとして世界のリーダーで、シェアは2番手の競合の3・6倍である。水槽高圧洗浄機のケルヒャーは世界でニッチな市場においてシェア首位に立つ。消費者向け商品でも、料理好きには垂涎の的であるミーレは知る人ぞ知る高級家電のトップブランドで、例えば電子レンジ機能付きオーブンの価格は約50万円である。ケルヒャーとミーレは民生品も作るので一般にも知られているが、このような隠れたチャンピオン企業がドイツでは1200社以上もある。優良な中堅企業がドイツ経済の安定と対外貿易収支の黒字化、そして高い一人当たりGDPに大きく寄与している。

それに比べて彼らの調査によれば、日本の「隠れたチャンピオン企業」は200社に過ぎない。その潜在力を鑑みると、まったくパフォーマンス不足だ。素地がありながらも生かせていない日本企業に対して、要約すると次のような、耳の痛い指摘をされている。

・ビジョンに長期的観点や戦略性が少なく、オペレーション的で効率優先
・グローバル化において、より高いクリティカルマス（閾値を超え一気に変化するポイント）が必要
・グローバル化は企業が発展したあとに行なわれるが、国内シェアが高く、海外シェアはひどく小さい、というギャップが目立つ。（つまり海外市場へのチャレンジができていない）
・企業文化、リーダーシップ・スタイル、言語はまだ相当、日本中心。英語が共通語なのは稀。経営陣の中に外国人と女性の役割が小さい

これらを乗り越えてニッチとグローバル展開が両立できるかどうか、である。

第三象限　分散化・買い手市場「ピンポイントニッチ商品」

小林製薬の事例

P131図4－1マーケティング・イノベーション・マトリクスの右上「③分散化・買い手市場：ピンポイントニッチ商品」では、n＝1で顧客インサイトを掴み、ピンポイントで「あなたのため！」と、プロダクト／コマーシャル・イノベーションを狙う。

第1部・第3章P108で述べたが、小林製薬のニッチ戦略が、これだ。汎用的な顧客へのソリューションではなく、ピンポイントのペインにフォーカスし、特定顧客のマインドシェアを深いところまで獲得して、高付加価値を提供する。小林製薬は「インサイト発見」からユニークなコンセプトを開発し、「ニッチトップを狙うこと」が戦略の中核にある。

WHY－WHO　n＝1インサイトを見つけ出す

同社の理念は「我々は、絶えざる創造と革新によって新しいものを求め続け、人と社会に素晴らしい「快」を提供する」ことにあり、企業スローガンはＴＶ広告でもお馴染みの「あったらいいなをカタチにする」ことだ。

ブレスケアは口臭ケア商品で、１９９７年発売当初の市場はガム、マウススプレーなどがあるだけだった。開発担当者の発見は「口臭は年齢、男女問わず多くの人が気にしている。しかし、対処法は口中のみ。そして、「私の場合、おなかから出る悪臭から断たないと、ごまかせない。どうにかしたい！」というインサイトから「お腹の中から息リフレッシュブレスケア」が生まれ、売上50億円を超える商品にまで成長した。

ナイシトールは全社員からのアイデア「提案制度」から発案されたｎ＝１で、「おなかの脂肪を取る」というコンセプトだった。中身は防風通聖散（ぼうふうつうしょうさん）という漢方薬で、医薬品である。これは既存処方で、昔からこの名の他社商品は存在したが、漢方医や漢方薬局の薬剤師に説明を受けない限り「防風通聖散」のパッケージを手に取る人は少ないだろう。それを「ナイシトール」というネーミングの妙と「ポッコリお腹が恥ずかしいと思う中年男性」をターゲットに、このコンセプトにしたことでヒットして、１００億円を超える売上を記録した。

WHAT－HOW　プロダクト／コマーシャル・イノベーション

同社の商品群はパッケージ、ＴＶ広告、店頭コミュニケーションまでわかりやすさを大切にして大ヒットしている。同社はアイデアを市場に出すスピードを重視しているので、最初はOEMで作るスピード開発を実践することが多く、マーケットボリュームが出てから自社製造に切り替える。

特徴は、「アイデアを形にしてくれる技術力を伴ったパートナーが、世の中にいるんだ」ということを社員が信じていることにある。そして、「自社でやるよりも、その方が早い」と実践しているのだ。需要分析を経て、その結果を信じて売るわけだが、結果が思惑通りになるかわからない。リスク分散のOEM体制と協力社管理の複雑性はあるが、そうした体制のバランスのとり方に長けている点が小林製薬の強みである。

新製品を出す上ではシンプルなゲート管理をおこなっており、ある程度、簡易なテストで勝算がありそうならスピード感をもって市場に出してしまう。そこから、多少の売上不振があってもすぐには諦めず、コンセプトをどう伝えるかを考えながら、製品自体ではなくコミュニケーション、販促物、広告を改良するPDCAを回していく。

小林製薬のような企業規模ではにわかには信じがたい動きで、その様はまるでベンチャー企業のようであり、ブランドマネージャーはそのような動きが要求される。商品コンセプト作成にはじまり、わかりやすいTV広告のクリエイティブの撮影、編集に至るまで、すべて責任をもって現場で判断する。こうした環境下で、数年間でコンセプトメイキング、CF制作、コミュニケーションのプロになっていくキャリア・人材育成の仕組みがある。

さらには商品コンセプトで勝負していることへの理解から、営業は安易に安売りしない。システム上、1SKUあたりの利益率、営業の得意先ごとに利益コントロールできるようになっている。「儲からない得意先の中で、ブランドごとにどう利益貢献しているか?」まで可視化されている。そのため、利益ベースで重点顧客を選んだり、条件変更をお願いできる体制だ。営業は小林製薬のプレゼンスを市場全体で高める意思も持ち合わせている。

ナイシトールは成功後、競合他社から模倣商品が数多く出現した。そこで新たにインサイトを深堀りして「内臓脂肪」という言葉を創造した。コンセプト開発後、内臓脂肪という言葉のマインドシェアを上げようという長期的な視野をもとに、研究開発部門と一緒に

図4-5 ③ピンポイントニッチ商品
「小林製薬」のプロダクト・イノベーション
インサイトからのコンセプトでニッチ市場トップを狙う
上澄み価格戦略

WHY−WHO

理念
我々は、絶えざる創造と革新によって新しいものを求め続け、人と社会に素晴らしい「快」を提供する

企業スローガン
あったらいいなを形にする

顧客
ブランドによって異なるが、ニッチなペインを解決する商品がなくて困っている人

WHAT−HOW

戦略
「小さな池の大きな魚」
ニッチトップ高付加価値

打ち手
◎N=1開発　ユーザーイン型商品開発の徹底
◎議論を尽くす文化
◎全社員提案制度　年間5万以上のアイデア
◎わかりやすさのコミュニケーション重視
◎スピード開発：OEM生産から小さくスタート
◎特定地域、特定量販店でテストマーケティング
◎社内のブランド道場、社内大学などの教育
◎社長稟議のプレゼンに社員が集まる学び舎

成果

◎2022年12月期
連結売上1,662億円
◎営業利益266億円
◎純利益220億円
（24期連続増益）
◎売上高営業利益率 16.0%
◎当期利益率 12.0%

※事例：「熱さまシート」（冷感シート）、「ボーコレン」（膀胱炎治療薬）、「のどヌール」（のど殺菌・消毒）「オシリア軟膏」（肛門のかゆみ止め）

エビデンスを取り、厚生労働省を説得して成立させ、大きなヒットに結びつけた。「内臓脂肪」という表現と「脂肪を燃やす！×余分な脂肪を便と一緒に出す！」というTV広告の直截な表現で、現在でもシェア1位を保持している。価格は業界一の高単価だ。小さく生んでテストマーケティングにつなげ、しっかり育てるサイクルがここにある。

第6部第18章 P580 で詳述するが、企業文化の醸成には1982年に導入した「全社員提案制度」が「絶えざる創造と革新」を生み続ける象徴である。また、P&L管理に厳しいブランド・マネジメント制度が定着しているので、粗利率は極めて高い（図4-5）。

クラシコムの事例

他のユニークな事例を紹介しよう。2022年8月に東証グロース市場で上場を果たした「北欧、暮らしの道具店」というECサイトを運営する株式会社クラシコムだ。

クラシコムは創業から1年後の2007年に北欧ライフスタイルのエッセンスを日常に取り入れるというコンセプトで、D2Cで成長してきた*。2021年には独自性のある優れた戦略を実行している日本企業・事業を対象にしたポーター賞**を受賞した。

代表取締役社長　青木耕平氏の説明によると、コロナ、原材料や物流コストの高騰にもかかわらず、他のECと比べて高収益を得られている理由は、「ターゲット・インサイトの

*2023年3月15日の第2四半期決算説明では、2023年7月期業績予想が売上58〜60億円、営業利益8.7〜9.0億円と、売上成長を＋13%、営業利益15%と報告した。

**ポーター賞：一橋ビジネススクール国際企業戦略専攻が主催。マイケル・ポーターに由来する。

捉え方」にあるという。

WHY—WHO　自分にフィットした暮らしに共感する顧客と社員

MISSION　フィットする暮らし、つくろう。
私たちは"Well-being"に欠かせない要件の一つが、「自分の生き方を自分らしいと感じ、満足できること」=「フィットする暮らし」だと考えています。クラシコムは事業活動を通じて、私たちが提案する世界観（ライフカルチャー）に共感する人たちの「フィットする暮らし」づくりに貢献し、Well-beingな人が大勢いる「心地よい社会」の実現の一助になることを目指しています。*

ターゲットは年代、性などで顧客セグメントを想定せず、「いつまでも世界観を共有してくれる顧客」であり、エイジレスブランドになることを目指している。
クラシコムの商品調達、商品企画、編集などの価値を生み出す部門の求人は自社のウェブサイト上で展開する。それはクラシコムのコアファンで「自分にフィットした暮らし」という価値観に賛同してくれる人からリクルートし、自分が本当に欲しいもの、自分が納得するクラシコム製品との生活に一家言持っている人を仲間にしたいからである。そして顧客の代表のような社員になり、「きゃっきゃと現場が盛り上がった開発」をして、使用法

*クラシコムHP：https://kurashi.com/

のこだわりを情報発信すれば、「お客さんの期待値を超えた商品・サービス」なので、必ずターゲットに刺さると信じている。

WHAT-HOW　世界観に魅了される顧客、「徹底した顧客視点」という企業文化

一般ECでは媒体社に有料で広告、クーポンなど販売促進活動を通じて集客し、時には値下げもする。一方で青木社長によれば、外部メディアを使った広告費を極力抑え、自らコンテンツパブリッシャーとなる活動を通じて、WEB記事、ドキュメンタリー動画、ドラマ、映画、ポッドキャスト、音楽などのコンテンツパッケージを制作して集客する。

人気の連載企画「スタッフの愛用品」はスタッフが本当に愛する逸品を、友人に紹介するようなトーンで描かれ、熱烈な読者を生む。加えて「青葉家のテーブル」というWEBドラマや「日曜ラジオ チャポンと行こう!」というWEBラジオ、YouTubeでの「ひとりごとエプロン」シリーズなど、オリジナルコンテンツが熱烈なファンを形成してきた。

ファンの支持を受けて2021年に「青葉家のテーブル」は長編映画化され、TOHOシネマズを中心に全国公開されるまでになった。そして「文化的資産」とも言うべき、顧客にとって魅力的な世界観を共有することで、顧客の生涯価値をあげている。近年、力を入れているスマホアプリは200万ダウンロードを超え、顧客情報の分析から適切な提案を発信する能力が増強されている。

「ニッチ＝無競争」が競争優位の源泉なので、基本は定価販売で、かつ全国一律で配送費も課金するが、定価消化率95％超と、この手の事業では驚異的な価格支配力である。

通常、他のＥＣにも同じ商品がある場合は、どうしても割高感が出る。しかしＷＥＢサイトのコンテンツを体験してみれば理解できると思うが、華美ではなく等身大の主人公と、暮らし、その小道具である商品の描き方は、好きなドラマを視聴しているかのようで共感が湧く。そのため、この「北欧、暮らしの道具店」の世界観に魅了された顧客は、そのまま購入する。実際、我が家にもここから購入した雑貨が並んでいる。

企業文化の涵養に効いているのは「徹底した顧客視点」であり、これは一般的な戦略の逆張りだ。

①予算に縛られない

「予算達成のために、お客さんに本当は必要でないものを売る」ということが起こらないように、一部の社員以外は予算の達成目標がない。一方、経費予算も売上予測から逆算した、「経費精算制」である。たとえば仕入れの限度額を決めたら、その限度内であればほぼ自由に資金を使える。分析してファクトを示し、上司に許可を求めて行動するという「縛り」がない。これによって「顧客と同じセグメントに属する人材が、自分で考えて決定する」というプロセスを何回も経験することになり、人材の成長に大きな成果をあげている。

②コンバージョンレートに縛られない

認知から購買に至るコンバージョン率を、成果指標にしない。これは通常のＥＣマーケティングからは非常識極まりない。その考え方は、「コンバージョンはお客さんが楽しんだ結果、ついてくる」という信念によるものだ。

コンバージョンをあげるために業務をおこなうのではなく、常に自分と同じセグメントの顧客を楽しませることだけを意識する。そうすればいつかファンになって購買に繋がるという思想だ。

徹底した顧客視点をつらぬく戦略は、教科書では存在する。しかし顧客を従業員にし、ここまで「管理」にこだわらない姿勢は「逆張り」とは言え、実行が難しい。だからこそ、それらが同社のポーター賞受賞につながった「クリティカル・コア」*なのである。

第四象限　集約化・買い手市場「マス高付加価値商品」

Ｐ１３１図４－１マーケティング・イノベーション・マトリクスの右下「④集約化・買い手市場：マス高付加価値商品」においては、マーケティング・イノベーションを十二分に活用し、一定規模の市場を狙っていくことを前提とする。

*クリティカル・コア：一見非合理であるがゆえに他社が真似したいと思わない要素であり、それがゆえに長期的な競争優位へとつながる要素のこと。第2部5章で詳細に解説する。

その上で、価格にダイナミック・プライシングや、サブスクリプション制など、顧客にペインを感じさせない仕組みを導入し、マス向けの浸透価格設定とハイエンド向け上澄み価格設定の中間にある、最適なプライシング「ブリッジ・ベター価格設定」で高利益を獲得する。高度化したITシステムとデータサイエンスのノウハウは必須である。GAFAMをはじめとした多くのプラットフォーマーは、ブリッジベター価格でプライスポイントを常に最適化するためにビジネスモデル・イノベーションまで進んでいる。

さて、ここではテスラ、ネスレ、パナソニックの事例に続き、アパホテルの事例を紹介したい。繰り返しになるが、ブリッジ・ベター価格設定は需給バランスが変化しやすく、グレーゾーンの価格戦略だ。顧客価値創造をしながら価格支配力を持つという、バランスの妙が成功の鍵となる。

アパホテルの事例

アパホテルは、コロナの逆風を経ても圧倒的な業績を示し続けている*。

WHY－WHO　出張族のインサイトから自社の強みを創造する

目標、理念として同社は「利益の最大化ではなく、あくまで日本の住まい文化に貢献するという大義にある」としている。アパグループはホテル事業だけでなくリゾート事業、住宅事業、マンション・ビル管理事業も傘下に持つ。

ターゲットは主に、企業の上位5％層のビジネスパーソンだ。このターゲットは急な出張の機会が多く、その際の価格弾力性が低い。会社が費用負担してくれるからである。同社の最大の強みは、「他のビジネスホテルと異なるビジネスマンの顧客インサイトの捉え方」にある。

同社がまず特定したビジネスパーソンのインサイトは「会社の出張費でポイントを貯め、それをプライベートの割引に活用することが出張族の密かな楽しみ」である。この価格弾力性が低く、同社クラスのホテル代なら、企業が支払える価格帯に設定する。さらに、会社の経理に言えない、もう少し深いインサイトは「急な出張を強いるのは会社都合なのだから、ホテル料金は高くなる。多めにポイントをもらえるくらいの余禄があってもよいよね」だと考えれば、同社の勝利の打ち手はダイナミック・プライシングにあると私は理解している。

このビジネスモデル・イノベーションは、もともとは航空業界の手法である。そのため、同社のダイナミック・プライシングは世界初の取り組みではないが、日本のビジネスホテル業界に本格的に持ち込んだ企業がアパホテルなのだ。

*2022年11月末の連結決算で売上1,382億（過去5年CAGR 3.6%）、営業利益358億円（売上利益率25.9%）、経常利益353億円と、業界内で圧倒的な利益率を誇る。ホテルネットワークとして全国最大の719ホテル110 395室（建築・設計中、海外、FC、アパ直参画ホテルを含む）を展開している（図4－5）。

「ダイナミック・プライシング」については第5部第14章P475で詳細に解説するが、こうしたビジネスモデル・イノベーションを生む思考法を「アナロジー思考」と呼ぶ。

アナロジー／Analogy：類推思考とは、他の業界の事例を自らのアイデアの発想のもとにすることだ。単なる真似ではなく、新たなアイデアの追加が必要で、世の新規ビジネスモデルのうち80％は他業種にある業態の真似である、といわれる*。シュンペーターの新結合の思想に同じく、新しいアイデアは既にあるアイデアの組みあわせが多いのだ。

WHAT－HOW

戦略は、「直販＋ダイナミック・プライシング」だ。価格は市場ニーズに応じて一物多価で常に変化させ、価格支配力を維持する。他社は予約サイトとの力関係上、どうしても値下げに応じて予約サイトへの割り当てを提供しがちだ。しかしアパホテルはTV広告やデジタルマーケティングで顧客が直接予約サイトを訪れ、決済するまでをうまく誘導している。

また、今回のコロナ禍で窮地に陥った多くのホテル事業者を底値で買収しており、これを「逆張りの投資」と呼んでいる。これまでにも幾多のホテル・観光・不動産不況時に、強靭な財務力と元谷外志雄会長の逆張り発想で、業績が低迷したホテルを底値で買収して事業規模を拡大してきた。

*『カール教授のビジネス集中講義 ビジネスモデル』平野敦士カール／朝日新聞出版（2015年）

マーケティング・ミックスとそれを支えるシステムとしては、宿泊当日の予約が一番高価格で売れることから、キャンセル料は無料で、ギリギリまで最高値で販売できるようにAIシステムを導入している。最終判断はAIを参考にして各ホテルの支配人がそれぞれ全権を握り、効率的に稼働率を向上させつつ、平均単価をあげる仕組みがある。ITのシステム上、ホテル比較サイトで近隣の空き部屋状況をリアルタイムで把握しながら空室在庫を分析し、1000円程度、価格をあげてプレミアムを取る。部屋は豪華ではないが、コンパクトな部屋に大きなTVと広く上等なベッドがあり、その上でも仕事ができるという仕様だ。徹底的にビジネスパーソンの出張に焦点を当てている。

アパホテルのホームページではロイヤルティプログラムが解説されており、ここで狙うのはファン化である。会員制度1900万人に対して平均で10%程度キャッシュバックしながら、ホテル予約サイトの宿泊料金設定は「アパ直」が最安値となるようにアパホテルが一括設定している。これによって直販サイトからの顧客流入を増やしてマージンを確保する。

このロイヤルティプログラムでは、「年間利用実績（泊数等）に応じて5つの会員ステータスを用意している。「レギュラー」会員は最大9%だが最高位の「プレジデント」になると最大還元率が15%となる。これらは独自予約サイト「アパ直」経由の宿泊予約でアパポイントがたまるという仕組みだ。

また、「アパ　トリプルワンシステム」は、ホテル利用時スマホでアプリを使用すると「1ステップ予約」「1秒チェックイン」「1秒チェックアウト」ができる。

こと細かに顧客の使用シーンからペインを取り除いているのだ。AIを含むITの活用とターゲット顧客に焦点を当てたビジネスモデル・イノベーションが成功の鍵である（図4－6）。

図4-6 ④マス高付加価値商品
「アパホテル」のビジネスモデル・イノベーション
顧客インサイトに集中してダイナミック・プライシングで直接販売

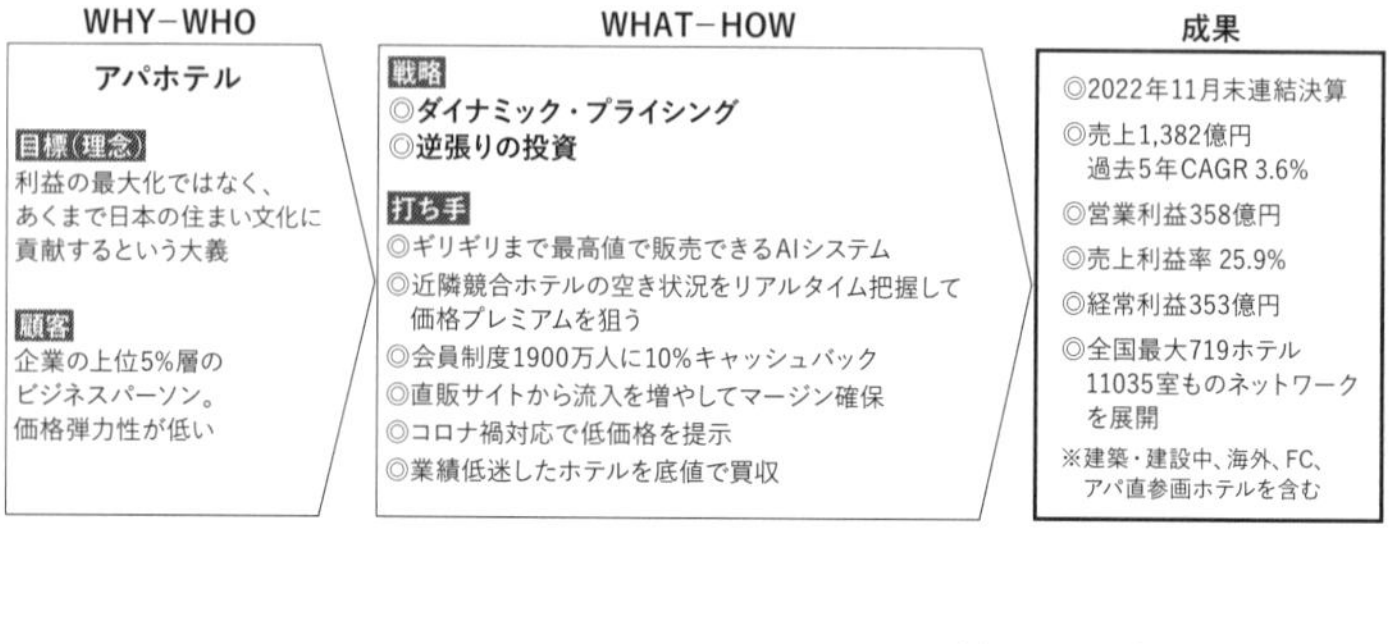

WHY－WHO
アパホテル
目標（理念）
利益の最大化ではなく、
あくまで日本の住まい文化に
貢献するという大義
顧客
企業の上位5%層の
ビジネスパーソン。
価格弾力性が低い
WHAT－HOW
戦略
◎ダイナミック・プライシング
◎逆張りの投資
打ち手
◎ギリギリまで最高値で販売できるAIシステム
◎近隣競合ホテルの空き状況をリアルタイム把握して
価格プレミアムを狙う
◎会員制度1900万人に10%キャッシュバック
◎直販サイトから流入を増やしてマージン確保
◎コロナ禍対応で低価格を提示
◎業績低迷したホテルを底値で買収
成果
◎2022年11月末連結決算
◎売上1,382億円
過去5年CAGR 3.6%
◎営業利益358億円
◎売上利益率 25.9%
◎経常利益353億円
◎全国最大719ホテル
11035室ものネットワーク
を展開
※建築・建設中、海外、FC、
アパ直参画ホテルを含む

出典：アパグループIR資料2023年2月28日

第2部
WHY

未来のシナリオを逆算で描く

第5章 バックキャストで実現する「First-to-Market」

松岡泰之

第1部では、本書のキーコンセプトである「価格支配力」について、さまざまな角度からその重要性や実践事例について紹介してきた。特に前章では、価格支配力を獲得するためのターゲット市場の特徴を踏まえた4つの戦略類型「マーケティング・イノベーション・マトリクス」を俯瞰しながら、価格支配力を創造した好事例と、支配力がない企業の兆候を紹介した。では、具体的にどのような分析ステップを経れば、自らの事業に価格支配力を具備できるのだろうか。

第2部以降では、これまで紹介した「WHY－WHO－WHAT－HOW」に沿って、順番に具体的手法を述べていく。かなりの長編にはなるが、世の中に存在するさまざまな理論や分析手法、実践事例、示唆を体系的にまとめてある。

全体を流れで整理したい読者や新規事業を構想したい諸氏は章立てに沿って、あるいは既存事業についてブラッシュアップを図りたい場合は、課題となる部分を集中的に読んでいただければと思う。

第2部・第5章、第6章では「WHY」を探索する。そして次章以降へつながる「WHO」「WHAT」の初期仮説も導き出す分析手法を解説する。

主題は「未来」だ。これまで、WHYとは「事業のミッションやビジョン、バリュー」であると述べてきた。ここで特に注目したいのは、「ビジョン」だ。ビジョンとは、「未来のある一時点において、組織あるいは事業が実現／達成している状態を言語化したもの」である。ミッションは至上命題として常に掲げておくもの、バリューは行動指針として日々遵守すべきものである一方、ビジョンは、「達成してナンボ」の、いわば事業や組織の中長期的目標設定だと言える。経営陣は戦略意思決定の礎とし、現場は迷ったときの判断の拠り所とする。組織や事業への帰属意識や高揚感が生まれ、ビジョンの実現方法である事業戦略へのハラオチ感も増す。

1961年、第35代大統領ジョン・F・ケネディは、「1960年代中に人類を月へ送る」というビジョンを示し、これを起点に様々なチャレンジやイノベーションが生まれた。そして1969年7月16日、史上初の有人月面着陸成功、世界中を熱狂させた。もし、ジョン・F・ケネディの演説が、「しかるべき時期に、月面探査において重要な成果を残す」であったならば、はたして実現できていただろうか。

ビジョンに必要なのは「達成した姿がありありと目に浮かぶ（Visionary）、年限を設定した具体的な未来像」である。そこで、第5章では未来起点でビジョンおよび戦略仮説を構想するバックキャスト思考について述べ、第6章では具体的な未来分析手法、および戦略的示唆の導出方法について見ていく。

天の時、地の利

本書のここまでのメッセージを概観すると、「顧客を中心とした市場環境を徹底的に洞察・分析し、提供価値の創造・伝達・提供の各プロセスを自社が強い意思と明確な戦略を持って構築・維持することで、顧客に支持される力強いイノベーションを実現する必要がある」という論旨であった。自分たちが戦う事業の「地」盤である市場において、自社および顧客の双方を「利」するよう価値を最大化する、という意味で、「地の利」をいかに得るべきか、とも言い換えられるだろう。

中国の戦略家である孟子の言葉に、「天の時」「地の利」というものがある。「地の利」とは、自身が身を置く環境を徹底的に知り、有効活用することを指し、「天の時」とは、事物の大きな流れや節目、未来を紡ぐ変化動向を知り利用することを指す。事業戦略、マーケティング戦略においては、「地の利」が重要であることは先に述べたとおりである。孟子の言葉も、正しくは「天の時は地の利に如かず」、つまり「天の時」よりも「地の利」をとるべきだ、という主旨である。

しかし、周知の通り、現代は「VUCAワールド」といわれて久しい。変動性が激しく(Volatility)、不確実が高く(Uncertainty)、複雑で(Complexity)かつ曖昧(Ambiguity)な時代はその変化速度を増している。そのような環境において、「地の利」ばかりを考えていると、思わぬ時代の変化に足元を掬われることもある。「天の時」、つまり時代の流れを的確に洞察し、怒涛の環境変化が行き着く先の近未来を読み取り、描き出した未来像を先取りして新たな市場機会をみずからつくり出すマーケティング活動が求められる時代に、現代はすでに突入しているのである。

本章では、事業活動における「天の時」、つまりは事業環境における未来への変化動向を起点にして、自社戦略への示唆を導き出す「バックキャスト」手法、およびその主要なツールである「シナリオプランニング」、そして「未来からの示唆の導出手法」について論じていく。

天の時で価格支配力を得る「First-to-Market」

他章でも述べている通り、価格決定においては、事業活動にかかるコスト積算、競合に対する優位性確保、チャネル構造を勘案したマージン比率、顧客の知覚価値など、さまざまな検討項目を横断的に分析・統合する必要がある。

そこには、数多くのステークホルダーが関連しており、さまざまな変数が入りまじった連立方程式を解かねばならない。変数が多いと、人間の脳には現状維持バイアスが生じる。過去の業界慣例や、直近数回の意思決定の結果に根拠を求めてしまいがちだ。

また、既存市場においては、顧客がすでに「相場感」を知っており、その相場付近で競合と熾烈な争いになっていることが多い。自社よりも顧客の方が意思決定上優位な「買い手市場」の要素を多分に含んでいるのが既存市場である。

その状況下で競合に勝ち、業績を積みあげなければならないプレッシャーが現場にはあるため、強気のプライシング戦略を遂行することは物理的なハードルも心理的なハードルも高い。

さて、ここで誰しもが夢想する、簡単に価格支配力を確保するための方策の一つはこうだろう。「市場自体を自社が新たに創造し、その商材やサービス領域における最初の値付け者になること＝First-to-Market」だ。顧客が相場感を知らず、競合も存在しないFirst-to-Marketを実現できれば、先駆者として顧客価値にもとづいた正当なプライシングができる。

もちろん、魅力的な新市場であれば、すぐに競合が追随してくることは想像に難くないが、競合に対しては自社の最初のプライシングの水準がアンカリング（先に提示された数値がその後の判断のベースになる心理現象）を起こすため、未来に向けた参入障壁さえある程度確保しておけば、価格支配力を優位に発揮することができる。

では、いったいどうすれば、First-to-Marketを実現できるのだろうか。

突然だが、1985年のアメリカのSF映画「バック・トゥ・ザ・フューチャー」を見た方は多いだろう。Part1は過去へタイムマシンで遡る話だが、Part2は未来がテーマである。Part2の大枠のストーリーはこうだ。

悪役のビフという青年のもとへ、老いて落ちぶれた未来のビフがタイムマシンを悪用して訪問してくる。老人ビフは青年ビフへ未来の情報を事細かに教え、その情報をもとにギャンブルを繰り返して莫大な財産を得た青年ビフが未来を大きく変化させてしまう。変わり果てた世界をもとに戻せるか!? というのがPart2のストーリーなのだが、誰しも、一度は考えたことがあるだろう。「未来が分かっていれば大儲けするのに」と。

バックキャスト、およびシナリオプランニングは、擬似的にこの状況をつくりだす。市場の未来を、いくつものエビデンスをもとに分析的に導き出し、その未来を前提として市場機会を創出・発見し、準備を着々と進めながら時代が追いついてくるのを待つ、そしてFirst-to-Marketを実現する、というプロセスである。

「最初の値付け者になる」ために、まずは未来を旅してみよう。

従来の戦略思考「フォーキャスト」の限界

未来を洞察するためには、2つの手法がある。これまで触れてきた「バックキャスト」と、対になる概念である「フォーキャスト」だ。この2つはセットで考えるとわかりやすい。

まず、フォーキャストとは、「過去から現在」の事業環境を徹底的に分析することで、「現在〜近未来」に向けた戦略を構想するプランニング手法である。現在の延長上で事業環境を考える上では精緻な分析が可能だ。そのため、安定した、あるいは変化が限定的な時代環境においては最適な戦略立案手法である。

フォーキャストをより効率的にやろうとすると、リサーチに特化した部隊、たとえば経営企画やマーケティング部隊などが、まずは「環境把握」をおこなう。その分析を参考に事業部が「戦略策定」をおこない、それを経営幹部が「承認」し、事業部の現場が「実行」する、という役割分化が生まれる。役割分化は戦略遂行のスピードや効率を高めるメリットがあるが、大きな弊害がある。行きすぎると部分最適に陥り、互いの連携を鑑みずにそれぞれの業務に邁進するため、変化スピードの早い時代においては対応が遅れてしまうということだ。

役割分化の弊害が極まると、環境把握に特化した部隊は、ややもすれば目的を失ったフレームワークの穴埋めに陥り、環境分析結果を受け渡すべき戦略策定者のニーズと乖離する。戦略策定を担う事業部は直近数年の自部門の業績をもとに「拡大戦略」「挽回戦略」に選択的にリソースを配置する。経営陣は自身が感じる時代の不確実性や早すぎる変化を「リスク」と認識し、ＲＯＩ／投資対効果の高い短期戦略にリソースを傾斜配分する。現場は与えられた今期の目標達成に躍起になる。

こうしてフォーキャストは、そもそも「現在~近未来」を考えるプランニング手法だったはずが、短くスライスされた「現在」をいかに戦うか、という視点に落ち込んでしまう。

この状況で、組織一丸となって未来に向けた新たな取組みをおこなうのには無理がある。

自社が置かれた事業環境に対する認識が社内ですりあわず、新規事業開発部隊が社内で浮いたり、事業部間でリソース配分の対立構造が生まれたり、高い業績を出してきた事業部と経営メンバーに意思決定力が偏ったりする。一方で、事業環境は刻一刻と変化し、業績がジリ貧になっていく。トップは「もっと頑張れるはずだ」と現場を鼓舞し、現場は「これ以上は無理だ」と嘆く。優秀な若手の離職率が高い企業は、このパターンに陥っていることが多い。

「現在」の延長線上の考え方で未来を切り拓ける場合には、フォーキャストが適しているが、繰り返し述べているとおり、現代のビジネス環境は「VUCAワールド」である。よく知られた富士フィルムとコダックの明暗を引き合いに出すまでもなく、「現在」への固執が事業の命取りになることが圧倒的に増えている。そもそも、「時代そのものが次にどこへ向かっていくのか」「未来で生き残るために必要な変革は何なのか」のヒントは、フォーキャストからは得にくい。

変革ロードマップを策定する「バックキャスト」

さて、ここでバックキャストの出番だ。バックキャストは、徹底的かつ客観的な未来洞察をおこない、その未来から現在を振り返ったときに自社がすべきことは何かを考えるプランニング手法だ。10年後の未来を粒度高く描き切ることで、現在から10年間、いつ、どのように自社は変わっていくべきなのか、何をはじめ、何を切り捨て、何を強化すべきなのか、変革ロードマップを構想することができる。

未来に向けた変革プランを仕込むためには、現在のようなＶＵＣＡな経営環境では必須のビジネスリテラシーであり、グローバルでは２０００年〜２００１年のＩＴ革命およびＩＴバブル崩壊、そしてニューヨーク同時多発テロを契機として一気に広がった（図５－１）。

しかし残念ながら、日本においては先述のフォーキャスト的役割分化から脱することができず、バックキャスト導入の機運は高まらなかった。そしてトランプ大統領誕生、ＢＲＥＸＩＴの年である２０１６年頃から、いよいよ激しくなってきた時代の不確実性を前に、日本でもバックキャストに取り組む企業が少しずつ増えた。現在、コロナ禍を経てようやく戦略策定ツールとして市民権を得つつある。

ご記憶の方も多いだろうが、2020年〜2021年、多くの企業があまりの経営環境の激変を前に、中期経営計画を発表できなくなった。その間、多くの企業が「ポストコロナの事業環境」を洞察し、変化耐性のある戦略を構築しようと、この手法を導入したのである。

ここまで、バックキャストとフォーキャストについて、それぞれの特徴を述べてきた。そして、VUCAな時代においては、First-to-Marketの実現、あるいはそれ以前に、既存事業の生き残りのためにも、バックキャスト思考がより重要であることも見てきた。

ひとつだけ申し添えておくとすれば、そのバランス感覚についてだ。

図5-1 フォーキャストとバックキャスト

安定した時代の考え方：フォーキャスト

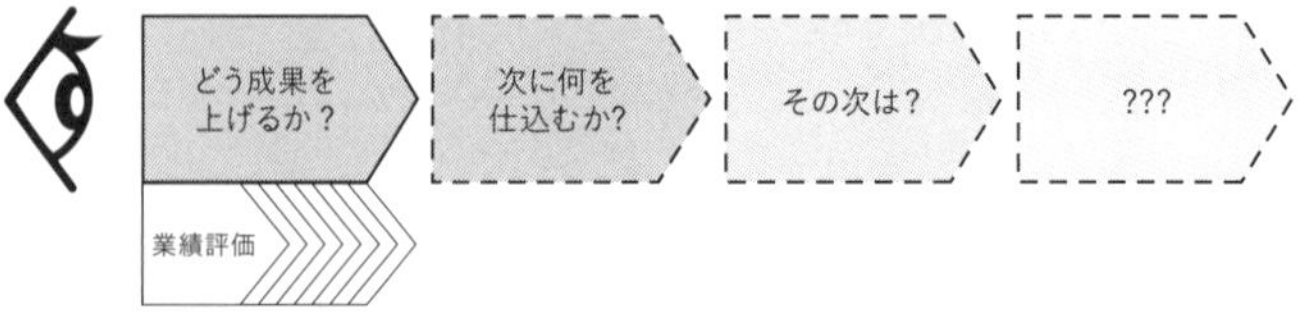

不確実な時代の考え方：バックキャスト

基本的に、現在進行中の既存事業で、「今期の業績目標を達成しよう」「来期の成果の仕込みをしよう」とするときの思考は、必然的にフォーキャストになる。ここを否定するものではない。足元のキャッシュが回らなければ、最悪、自社に未来が来ないことだってありえる。しかし、だ。足元ばかり見ていては、時代の大きな変化を先取りした構想を仕込むことができない。時代の波に足元を掬われることだってある。結果、ますます成果を出しにくくなっていく市場を前に付け焼き刃の改善を繰り返しながら、毎期の業績目標達成に盲目的に追われ続けることになる。いわゆる「自転車操業」というやつだ。足元の成果はしっかりとフォーキャストであげながら、常にバックキャストで来るべき未来を捉え、虎視眈々と準備を進めていくことが重要だ。

未来洞察を狂わせる「3系統8種の認知バイアス」

ここまで述べると、「なぜ、多くの企業/当社は、ずいぶん前から変化のまったただ中にいるにもかかわらず、バックキャストで戦略構築をしてこなかったのだろう」と怪訝に思う方もいるかもしれない。あるいは、バックキャストと謳ってはいるが、戦略の中身がフォーキャストであることも少なくない。そこで、戦略的な観点ではなく、組織・人材の側面から考えたい。

我々人間の脳は、例外なく「認知バイアス」に囚われている。認知バイアスには楽観主義バイアスと呼ばれるものがある。自分、あるいは自社にとってよくない事象が起きる確率を過小評価してしまう傾向のことである。細かく分けると、このバイアスにはいくつかの系統がある。

まず、はまってしまうと「情報不足」に陥る、一つ目の系統のバイアスを紹介する。

①アベイラビリティバイアス／Availability Bias：自身の得意分野、直近の経験に関連する情報のみが選択的にインプットされてしまう（例：最先端技術には詳しいが世の中のマーケットトレンドを知らない技術者は多い）

②確証バイアス：自社戦略を支持する情報に重きを置いてしまう（例：顧客インタビューの結果として、ネガティブなコメントよりもポジティブなコメントばかりを掲載している資料をよく見る）

③同化性バイアス：自業界内の情報のみを重んじて異業界の情報は読み流してしまう（例：異業界の情報はただの「ニュース」と軽んじてしまう）

次に、VUCAな環境を適切に「知った」としても、それを「解釈できない」という第二の系統も存在する。

④オオカミ少年効果：「以前にも似たことがあったが、結局は何もなかった」という経験則で変化を過小評価する

⑤正常性バイアス：想定の範囲内の変動であり、異常事態ではないと思いたい（例：トランプ前大統領の2020年1月〜3月のツイートは、このバイアスに満ちたものであった。「我が国の感染者は5人。快方に向かっている。ハッピーエンドだ。」「すべてはコントロール下にある。」「コロナウィルスは春の暖かい気候とともに消滅する。」など）

そして、最後の系統がもっとも厄介である。「実行に移せない」という系統のバイアスである。

⑥授かり効果：自社の資産／歴史、業績、ブランド、人材……は資産以上の価値があると思ってしまう（例：自社の寿命を予測してもらったリサーチでは、ほとんどの従業員が過大評価をしたという結果がある）

⑦同調性バイアス：まだ誰も本格的に動いていないから当面は大丈夫だろうと判断する（例：今はリカレント教育の世の中。部署の仲間も同期社員もまだ本格的に学び直しをしていないからまだ自分も大丈夫、と思ってはいないだろうか）

⑧近視眼バイアス：長期的な取り組みだから、いまは急がなくてもよいと思いたい

特に、最後の近視眼バイアスには要注意である。日本企業の社長の多くは外国企業の社長と比べて、事業部生え抜きであることが多いため、先達から受け継いだ経営の舵取りにおいて、自分の代で未来への禍根を残すわけにはいかない状況にあることが多い。そのため、リスクをともなう抜本的な変革は「継続検討」とされつつも、次の社長交代とともに「継続」されず、闇に葬られることがままあるのだ。これは筆者が関わってきたプロジェクトで何度も目にした光景である。さらに、企業ではなく国家レベルでも、このバイアスに陥ることがある。

2001年、時の森喜朗首相が示した「e－Japan戦略」をご記憶だろうか。2000年時点ですでに世界に立ち遅れていた日本のITを立て直し、「2006年までに世界最先端のIT国家になる」という構想である。世界最高水準のインターネット網整備、電子商取引の拡大、電子政府・電子自治体の実現、それに伴うデジタル人材育成の促進が主な骨子であった。あらためて現在読んでみても、素晴らしい構想であったと思う。しかし、それからかなりの年数が経った。どれだけのことが実現できただろうか。

コロナ禍を経て日本は「デジタル敗戦国」と呼ばれ、多くの国民が時代遅れの日本の行政手続きにうんざりしたはずだ。そして、e－Japan戦略からちょうど20年経った

2021年、ようやく「デジタル庁」が発足したのである。「いずれは確実にすべきだと分かっていること」を後回しにすべきではない。「今すぐではなく、徐々に取り組もう」と囁きかける近視眼バイアスが経営に与える損害は、計り知れない（図5－2）。

ここまで、多くのバイアスを見てきたが、紹介しただけでも「3系統8種の認知バイアス」が我々の脳の中に存在する。これが組織風土の中で起こってしまえば、日々の業務・現場から見る景色は「昨日と変わらない今日」であり、「今期の延長上の来期」である。そのバイアスにかかった状態で戦略的思考をいくら働かせても、「いつもの戦略を精緻化したもの」がアウトプットされる。こうして、「とりあえずフォーキャスト」が企業を蝕み

図5-2 回避すべき3系統8種の「認知バイアス」

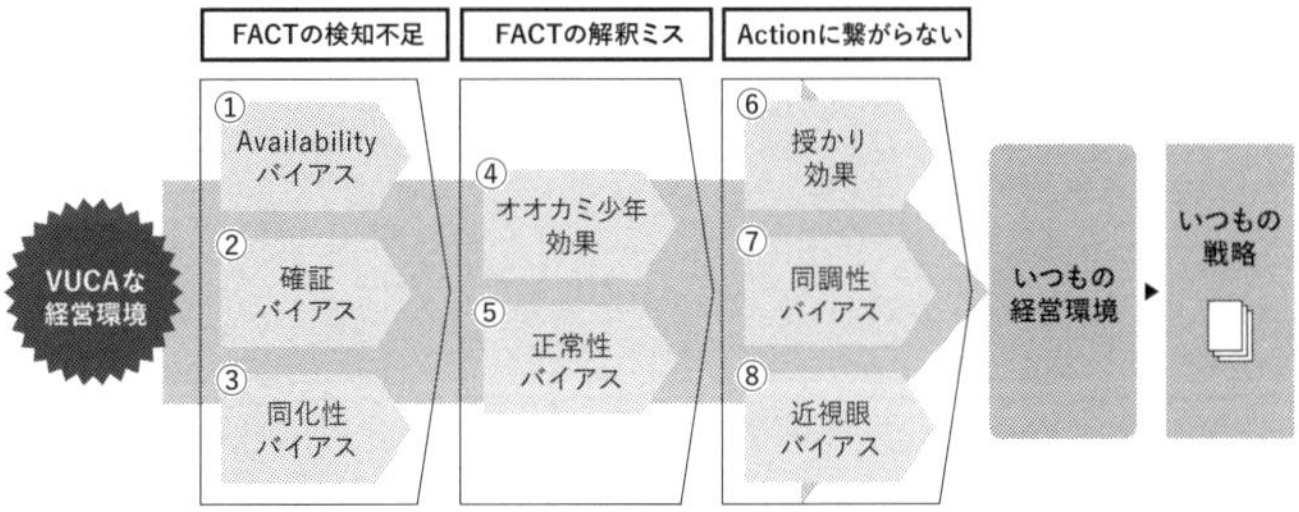

出所：Tali Sharot「The optimism bias」（TED Talk）を参考に作成

ながらも居座ってしまう。

外部環境を戦略の主語にする「アウトサイド・イン」

こうしたバイアスを回避するための重要な概念「アウトサイド・イン」を紹介したい（図5―3）。自社のことはいったん忘れて、外部環境／アウトサイドのみを徹底的に分析する。それが終わってから自社／インサイドへの示唆を引っ張り出す、という順番を死守する考え方だ。この順番を疎かにして、自社戦略を考えながら外部環境分析を参考情報として付加したり、自社への戦略導出を念頭に置きながら外部環境分析を進めたりすると、楽観主義バイアスが頭をもたげてくる。

この「アウトサイド・イン」は、バックキャ

図5-3 戦う前に、「アウトサイド・イン」で戦いの場を洞察する

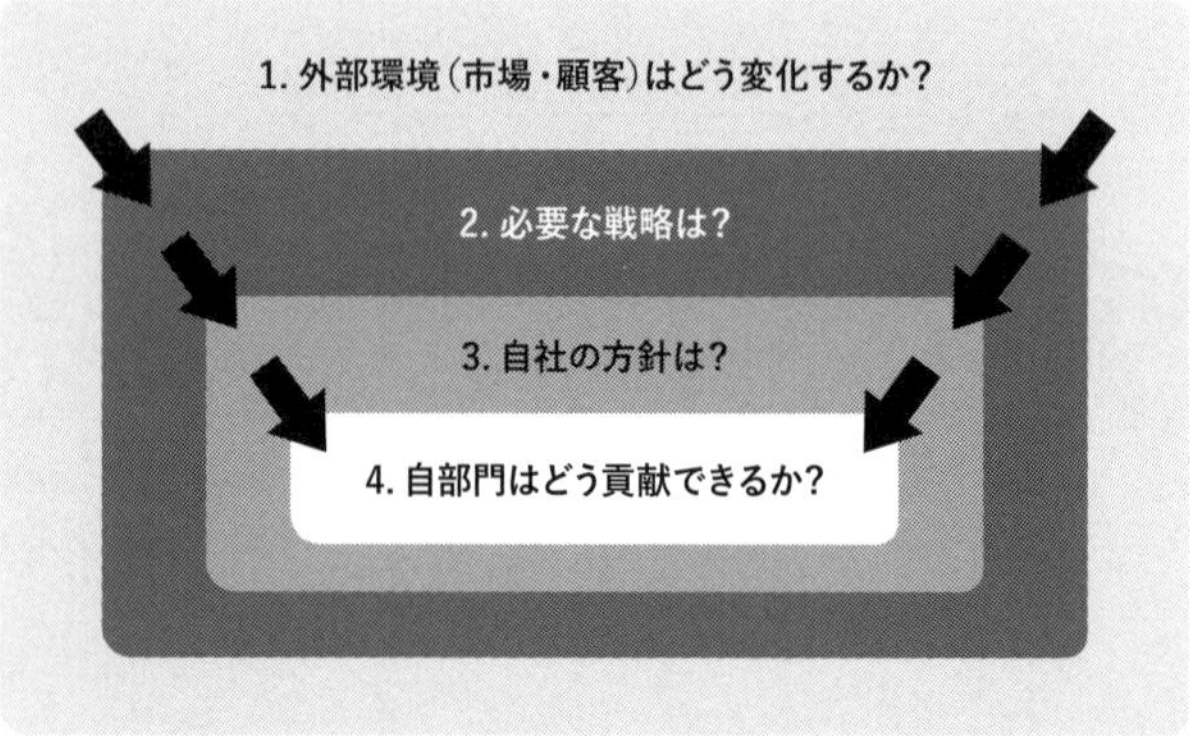

1. 外部環境（市場・顧客）はどう変化するか？
2. 必要な戦略は？
3. 自社の方針は？
4. 自部門はどう貢献できるか？

ストで物事を考えるために必須の概念である。その具体的なやり方については、次章でさまざまな分析ツールとともに紹介する。

持続可能な独自の競争優位性を生み出す「クリティカル・コア」

ここまで、「天の時」「地の時」から論を興し、バックキャストの必要性、認知バイアスとフォーキャストの罠、アウトサイド・インと様々なキーワードを概観してきた。そこから導き出される、VUCAワールドにおける教訓は、下記のようなものではないだろうか。
『VUCAワールドにおいては、今の自分たちが見ている景色は常に近視眼的であると思うべきだ。より広く外部環境を把握し、時代の行きつく先を客観的に見据える必要がある。そして、未来を先取りしたFirst-to-Marketを実現することで、価格支配力を獲得すべきである。』

業界の未来を「知っている」状況をつくりだすことができれば、競合にはできない大胆な未来への布石を打てるようになる。ここで、「競争優位性」と「未来」との関係を整理しておこう。そのために「クリティカル・コア」という概念を導入したい。

「クリティカル・コア」は、2010年にベストセラーになった「ストーリーとしての競争戦略／東洋経済新報社」の中で、著者の楠木建氏が提唱した概念である。「一見すると非合理だが全体最適を生む、独自の競争優位性」という定義だ。同書では、全店舗が直営店で運営されているスターバックスを例に取り、フランチャイズ経営と直営店の対比でこの概念を解説している。

一店舗あたりの合理性＝部分合理性で考えればフランチャイズに分がある。しかし全店舗＝全体合理性を俯瞰して考えたときに、すべての店舗が直営店で揃っているからこそ、ブランディングやマーケティングの一貫性、人材の質の高さが圧倒的な競争優位を生む。フランチャイズで展開してきた競合はあとから気づいても、もう追いかけようがない。このような競争優位性をクリティカル・コアという。

「部分合理性〇　全体合理性〇」の領域がもっとも魅力的に見えるが、ここは他社が容易に模倣をしかけてくるため、実は「部分合理性×　全体合理性〇」の領域こそが勝機につながる。部分合理性だけを見ていると、一見非合理であるがゆえに他社が参入を躊躇する。ここにこそ持続的な競争優位性、つまりは「クリティカル・コア」が隠されているという考え方だ。「賢者の盲点」「キラーパス」とも記述されているこの領域は、よほどの先見性や戦略性を持つ競合がいない限りは荒らされることがない。

さて、ここで、この「部分合理性」を「現在における合理性（現在合理性）」に読み替えて、現在の業界の常識や顧客ニーズ、短期的な収益性を判断基準としよう。もう一方の「全体合理性」は、「未来における合理性（未来合理性）」に読み替えて、来るべき未来の出現を前提とし、未来において出現する顧客ニーズに対する長期的な収益性を判断基準に据える。すると、先述の内容とまったく同じ考察ができる。

まず、「現在合理性×、未来合理性×」の領域には事業活動は存在しえないだろう。

次に、「現在合理性○、未来合理性×」の領域は、「まだ沈んでいないタイタニック号」とでもいうべき領域だ。まだ沈んでいないので、音楽の演奏もパーティも続いている。その先に待ち受ける悲劇は、言わずもがな、だ。明らかに顧客ニーズや業界構造が変わってきているのに、それまでの事業活動の根本を変えずに高い業績目標を掲げて営業活動にテコ入れしようとしている企業があるなら、要注意だ。

次に「現在合理性○、未来合理性○」の領域は、先述同様、すでに他社も乗り出しているレッドオーシャンであり、あたり前に取り組むべき未来準備だ。デジタルを活用した事業変革やＳＤＧｓの系統はここにあたる。

そして最後の「現在合理性×、未来合理性○」の領域こそが、未来におけるクリティカル・コアである。まだ描いた未来は到来しておらず、顧客ニーズは顕在化していないため、現在においてはそこまで性急にリソースを割いて準備を進めることは一見非合理に見える。ただ、時代が後から追いつき、新たな顧客ニーズが出現したときに、我々は競合のはるか先を走り、追随を許さない独自のソリューションを先進的な顧客とともに展開している。

そういう領域が「未来におけるクリティカル・コア」だ。他社が不確実性はリスクだと考えている間に、我が社は不確実性こそがチャンスだと捉えて未来に先行投資をしておく。この考え方で変化を先取りしたビジネスを構築できれば、First-to-Marketを実現することが可能になる。粒度の高い未来洞察とバックキャストによってたどりつける境地だ(図5－4)。

さて、概念論はこのあたりにして、次章からはいよいよ、First-to-Marketを実現するためのバックキャストの具体的な分析手法とアウトプットについて見ていく。

分析のステップは3段階だ。

1. 「シナリオプランニング」で未来を見る
2. 「未来SWOT」でWHY－WHO－WHATの初期仮説を導き出す
3. 戦略ロードマップを構想する

それぞれに主要な分析を紐解いていこう。

図5-4 バックキャストで「クリティカル・コア」を創出せよ

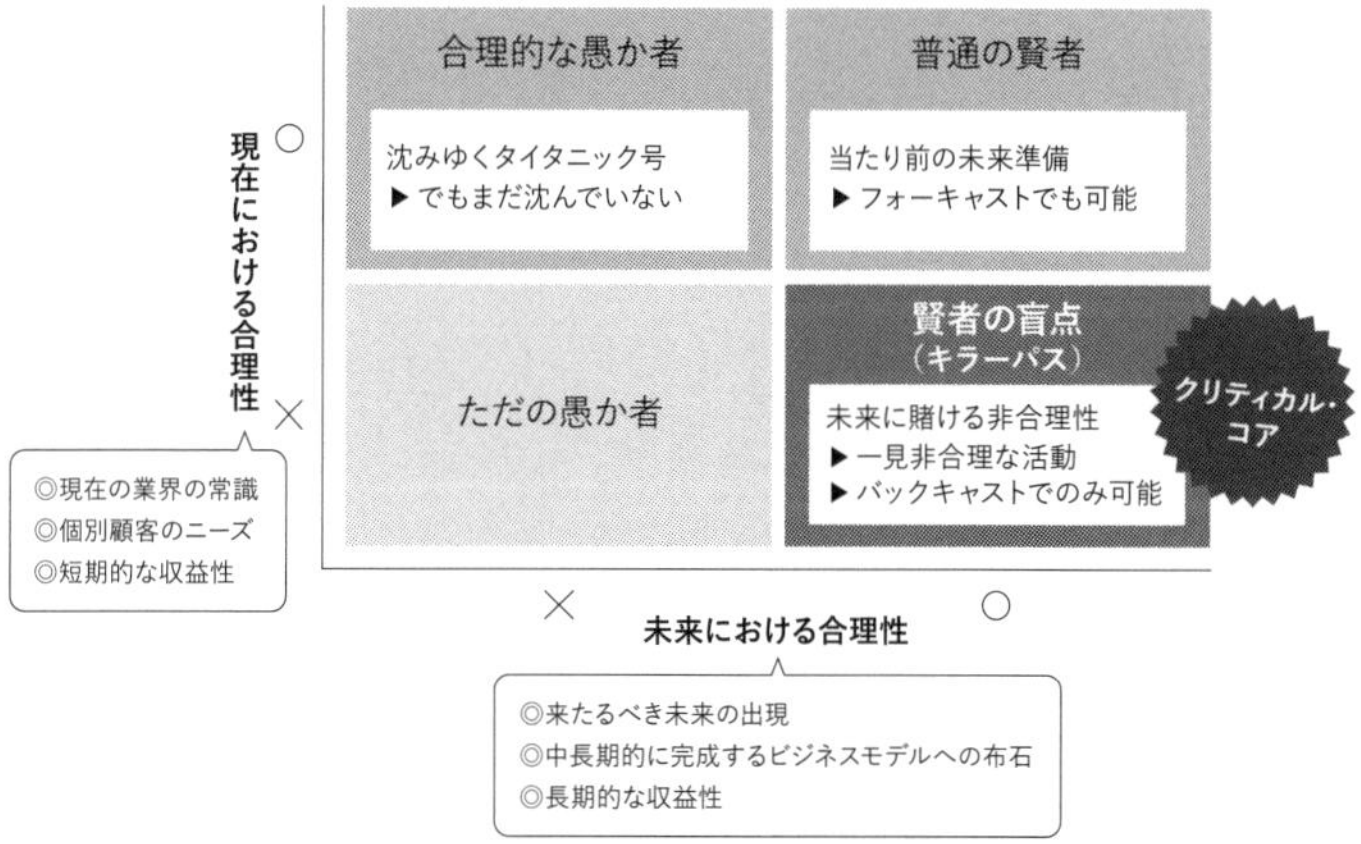

第6章　未来SWOT分析で抽出する「未来の戦略課題」

松岡泰之

1. 未来を見る「シナリオプランニング」

バックキャストの起点となるのは、未来洞察の手法である「シナリオプランニング」だ。もともとは軍事戦略であった戦況予測手法を1970年代にロイヤル・ダッチ・シェルが企業戦略に導入し、オイルショックを事前に予期・対策していたことで一躍有名になった。

ここで、最初に肝に銘じておきたいことがある。一見、逆説的だが、「未来予測を当てにいってはいけない」ということだ。世界はVUCAであり、本質的に「不確実」である。従って、「確実な未来予測」は存在しない。「未来はきっとこうなるだろう」という予測は、期待や不安という名のバイアスに陥っている可能性が高い。ネット記事、ビジネスニュース、シンクタンクのレポートなどが、様々に未来を描き出している。それらの未来像がもし仮にＶＵＣＡな状況に反して「確実にこうなる」という論調を内包しているとすれば、なんらかの「意図」が働いている可能性を一度は疑ってかかるべきである。

では、どうすればよいのか。答えは簡単である。単一の未来予測にすべての考察を詰め込もうとするから、バイアスに陥るのだ。時代の変化を網羅的かつ構造的に分析した上で、「何パターンの未来シナリオを考えておけば想定外がないのか」を考えればよい。

ロイヤル・ダッチ・シェルも、構築した６つの未来シナリオの１つが「オイルショックシナリオ」であった。同社は、６つの未来シナリオに対応する６つの戦略オプションを準備した上で、時代をモニタリングしていた（図６−１）。考えうる未来パターンを事前に把

図6-1 ロイヤル・ダッチ・シェルによる未来シナリオ（1972年版）

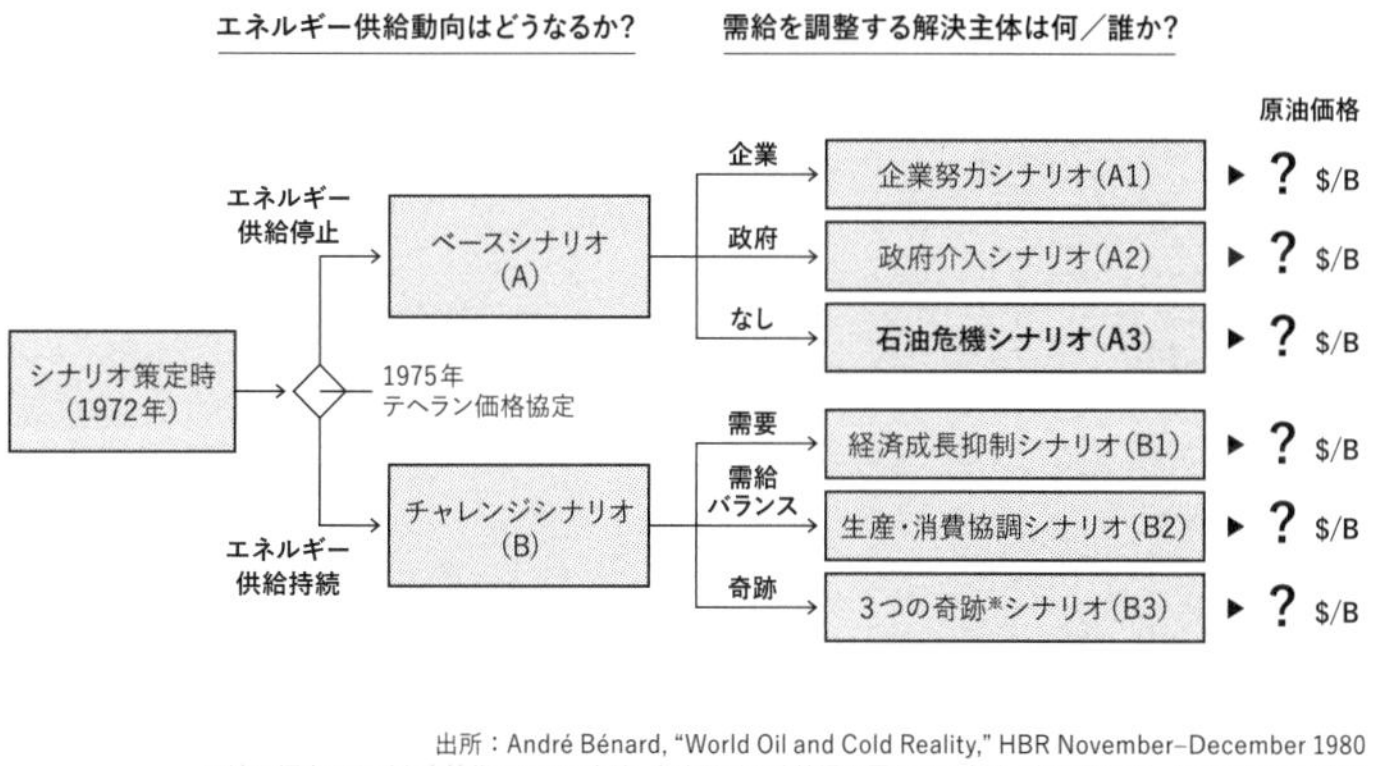

出所：André Bénard, “World Oil and Cold Reality,” HBR November–December 1980
※油田探索および生産技術における奇跡、産油国が石油枯渇を厭わない奇跡、突発需要が一切発生しない奇跡

握し、変化をリアルタイムで観察しながら未来の行く末を見定め、柔軟かつ着実に準備を進めるマインドセットとロジックこそが、VUCA時代における未来の読み方である。

ではここから、5つのステップから成るシナリオプランニングの分析手法を順番に見ていこう。

ステップ① 未来シナリオの「スコープ設定」

最初にすべきは、「シナリオスコープの設定」である。スコープを設定する際に決めるべき変数は3つ、(A)ターゲット年代、(B)ターゲットエリア、(C)ターゲット市場、である。

(A)ターゲット年代

まずは、何年後の未来を見に行きたいか、だ。通常、5〜15年後あたりに設定する。5年以内では、多くの企業がすでに戦略を持っており、既存戦略を否定、あるいは抜本的に書き換えるような変革は狙いづらい。現・経営陣の承認を得た上で自社内外のステークホルダーを巻き込んで戦略を策定・遂行しているため、現状を否認する議論と捉えられて抵抗勢力を必要以上に生み出すリスクを背負いがちだ。また、このような内向的な理由だけではなく、5年で激変して様変わりする業界もそう多くない。こういった事情から、実用的には5年より先を設定することが多い。

逆に15年後以降では、未来トレンド情報が極端に少なくなるため、分析が難しい。2050年や2100年といった長期的未来を洞察したい場合もなくはない。超長期のビジョン構想、あるいは具体性や実現性を求めない方向性レベルの議論であれば問題はない。しかし、事業戦略においてはあまりに遠い未来を洞察しても具体的な戦略は出てこない。従って、未来シナリオを導出して戦略への示唆を得るためには、5年〜15年後あたりがスイートスポットだということになる。

ただし、ターゲット年代設定でもっとも重要なのは、「対象業界が直面する変化のスピードで決める」という観点だ。5〜15年後というのはあくまで目安であり、たとえばネット広告ビジネスやWEB3・0関連ビジネスといった変化の激しい業界・領域では2〜3年後の未来を洞察する意義が十分にある。

2020年〜2021年、筆者が経団連で実施したポストコロナを洞察するシナリオプロジェクトでは、2023年をターゲット年代に設定し、ポストコロナの社会の姿を洞察しようとする企業が多かった。逆に、資源系ビジネスや一部の不動産開発など、10年ほど先の未来に向けてすでに動きはじめている業界や、途上国の社会インフラなど長期スパンでの発展を見越して先手を打ちたい場合は、あえて15年後より先にターゲット年代を設定することも多い。業界の変化スピードを織り込んで、意思を持って決めることが重要である。

ここで念のために述べておきたいことがある。「実用的には5年より先を設定することが多い」と先述した。「では直近に取り組むべき課題は導き出せないのか」と思われた方もいるかもしれないが、そんなことはない。ここで設定する「ターゲット年代」は、あくまで「いつ時点の未来を見にいくのか」という年代設定である。詳細は本章後半の「戦略ロードマップ」に譲るが、「設定したターゲット年代においてはFirst-to-Marketを実現して事業が大きくなっている」という状況をつくりだすための分析がこれからはじまるのであり、当然、今期や来期から仕込みをはじめるべきだ、という示唆が出てくる。安心して分析にとりかかってほしい。

(B)ターゲットエリア

仮に自社が完全にドメスティック企業であり、ターゲット年代までにはグローバル展開をしない方針でステークホルダーの納得を得ている場合は、グローバルの未来を語っても国内戦略への示唆は薄い。この場合は「日本市場の未来」を描くべきだ。

逆も然りで、すでにグローバル展開している企業、あるいはグローバル展開可能性が十分にある企業の場合は「グローバル市場の未来」を描かなければ戦略ドメインとしては不十分だ。可能性も含めて、自社が戦略方針上、展開する「地理的範囲」を最大限まで含めてターゲットエリアを設定すべきである。

こうして、「グローバル」「日本」「先進国都市部」「新興国都市部」「首都圏郊外」など、地理的スコープを設定していくが、罠が2つある。

ひとつ目は、可能性を考え過ぎてエリアを必要以上に広く取る罠だ。メインが国内マーケットだが、「いずれは海外を大きくしたい、だからグローバルで分析する」という企業は多い。ただし、ターゲット年代におけるグローバルにおける海外事業比率の最大想定はどれくらいだろうか。また、ターゲット年代までにグローバルの主要地域に軒並み進出できるだろうか。設定した年代までに戦略展開が可能な範囲を設定しなければ、世界中の膨大な情報を前に分析が頓挫してしまう。あるいは上辺をなぞった「あたり前の分析結果」しか出てこない。

ふたつ目は、反対に「まずは日本で」と安易に考えがちな罠だ。当然、その方が情報収集は日本語でできるし、粒度の高い分析が期待できるだろう。ただし、分析したい市場そのものは、本当に日本に閉じた独立市場だろうか。たとえば自社がエネルギー関連企業である場合、戦略エリアが国内であっても、グローバルのエネルギー動向を分析しておかなければ国内市場を把握できないのは明白だ。グローバル市場から大きな影響を受ける市場は、当然ながらグローバルの分析をしておく必要がある。

英語での情報収集が若干のハードルにはなるが、やるしかない。グローバルの情報ソースに触れずに分析を進めるのは危険である。

(C)ターゲット市場

最後にターゲット市場を設定する。この設定がもっとも重要かつ難しい。

以前、とある自動車の内装品メーカーからシナリオプランニングプロジェクトの依頼をいただいたことがある。そのときのリクエストは「2035年、国内における自家用車の内装品市場がどうなっているかを洞察したい」というものだった。

しかし、自動車業界はCASEといわれる通り、常時ネット接続／Connected、自動運転／Autonomous、所有から利用へ／Shared、電動化／Electricが今後ますます進んでいく。未来社会において「自家用車」という概念そのものがどう変貌していくか、未来の自動車のいわゆる「ユースケース」そのものが不確実なのである。公共交通機関がスマート化し、MaaSが標準的な移動サービスとなった社会が到来したとしたら、「自家用車」どころか「自動車」だけを切り出すことさえ視野狭窄の可能性がある。

その場合、「未来の人々はどう移動しているか」を洞察する必要がある。自家用車向け内装品事業の本質的価値は、内装品製造販売ではなく「人々の快適な移動空間演出」であり、現在の「自家用車向け内装品市場」をそのままターゲット市場に設定するのは狭すぎると考えるべきだ。

ターゲット市場の設定においては、我々が社会に与えている本質的な価値は何かを徹底的に考え、現在の事業領域を包含した「一歩、外」の領域を設定するのがよい。どこまでを「外」として設定するかは、（A）のターゲット年代の到来までに残された年数を鑑み、決定していく。

ステップ②　3つの分析手法による「情報収集と整理」

次は情報収集だ。これから未来に関する分析を繰り広げるわけだが、そのベースとなる「知識基盤」が揃っていないと分析ができない。設定したシナリオスコープに関連して、どのような変化動向が世の中や業界にはあるのか、徹底的にリサーチをする。

ここでのポイントは、「主要な情報に抜け漏れや偏りがないこと」だ。仮に、「設定したスコープに関連する未来トレンド情報を自由に集めてください」と言われたら、どのように情報収集を進めるだろうか。ここで思い出してほしいのが、先の「アベイラビリティバイアス」だ。情報収集は基本的に、自身の得意分野、よく見る情報ソース、興味・関心領域に偏ってしまう。

そこで、情報収集に入る前にしておくべきことがある。「どんなジャンルの情報を集めれば網羅的なのか」を先に考えることだ。

ここで、外部環境分析のフレームワークが登場する。

○マクロ環境の情報収集フレームワーク：PEST分析

PEST分析とは、「Politics／政治動向」、Eは2つの意味で「Economy／経済動向」と「Environment／地球環境に関する動向」、「Society／社会動向」、「Technology／技術動向」の5つの頭文字を取ったものだ。世の中の大きなトレンドについては、この5ジャンルで情報収集をしておけばある程度網羅的になる。

○ミクロ環境の情報収集フレームワーク：5フォース分析

PEST分析だけでも十分な価値があるが、「世の中」を分析するマクロなフレームワークであるがゆえに、そのままでは大局的すぎて、未来洞察の粒度が粗くなってしまう。ミクロ環境、つまりは市場や業界内部の具体的な変化動向を加味する必要がある。

そこで、5フォース分析を使う。5フォース分析とは、市場（あるいは業界）を構成する5つの力（フォース）を指すフレームワークである。自動車業界を例に挙げて考えてみよう。

1つ目のフォースは業界の中心的プレイヤー、つまり、「世界中の主要なカーメーカーの動向」である。各社が様々に推進する事業戦略の動向、経営方針変化、業績動向、マーケットシェアの動向、財務状況、研究開発動向、販路の動向、ブランド力推移、パートナーシップ戦略、地域戦略の動向などの情報がここに入る。

2つ目のフォースは「サプライヤー、売り手」である。業界に必要な原材料、素材、情報、インフラなどを提供する、上流のプレーヤー群だ。先述した自動車内装品メーカーはここにあたる。これまではいわゆる「ケイレツ」とも呼ばれるカーメーカーを中心とした垂直統合システムに組み込まれたサプライヤーが重要だったが、CASE化していく未来においてはバッテリー、センシングデバイス、自動運転AI、高精細3D地図、充電設備などがサプライヤーとして業界に与える影響力を増していく。

3つ目のフォースは「買い手、顧客」であり、カーメーカーの下流に位置する。

未来にどんな移動手段を求めるか、という個人客・法人客のニーズ変化が自動車業界に与えるインパクトは非常に大きい。

ここまで、上流、中流、下流、と3つのフォースを見てきた。これら3つは、価値が流れとして連鎖する様子から「バリューチェーン／Value Chain」という。このバリューチェーンに殴り込みをかけてくるのが、4つ目と5つ目のフォースだ。

4つ目のフォースは「新規参入者」であり、新たにカーメーカーとして名乗りを挙げるプレーヤーを指す。テスラやヒョンデは後発ではあるが、最近では石油元売企業や建設企業までがさまざまなモビリティの自社開発に乗り出している。中国で安価かつ小型なEV車を武器に、急速な勢いで台頭しつつある三大新興メーカーNIO、Xpeng、LiAutoはいずれも2014〜2015年創業だ。

最後、5つ目のフォースは「代替品」だ。代替品は、その市場自体を不要にしてしまう商品やサービスを指す。自家用車に対する代替品は、カーシェアサービスや高度化した公共交通機関、ヨーロッパを中心に流行している電動キックボードなどだ。コロナのステイホームで伸長したWEB会議やリモートワークも、出勤用、営業用の自動車の利用頻度を圧倒的に下げてしまうと考えれば、代替品である。古くはマッチを代替して駆逐したライター、万年筆に対するボールペン、CDに対する音楽ストリーミングサービスなど、代替品は市場の様相を一変させる可能性を秘めており、その兆候はしっかりと情報を集めておく必要がある。

ここで、大切なのは「シナリオスコープを分析するにあたって網羅的なジャンル集になっているか確認すること」だ。5フォース分析は基本的な情報収集フレームワークであるが、実際には5フォース分析できれいに表せる業界はあまりなく、シナリオスコープに応じて独自に改変して使用する。5フォース分析のまま使用することの方が稀と言ってもよい。

たとえばバリューチェーンをより細かく分割してみる際には、サプライヤーを階層構造にわけたり、複数のチャネルを入れ込んだり、顧客のセグメントを分割したり、といったように手を加える。また、そもそもバリューチェーンに適さないテーマであるスマートシティや社会インフラなど、さまざまなステークホルダーが並列的に存在する市場では5フォース分析を使わず、ゼロベースで「ジャンル集」をブレストしてつくることもある。

PESTと5フォース分析(あるいはその変形のフレームワーク)でジャンル集を作ったら、いよいよ情報収集のスタートだ。政府系の白書、シンクタンクのレポート、ビジネス系の雑誌やネット記事、関連企業の統合報告書など、さまざまな資料に目を通していく。そして「設定したシナリオスコープの未来を洞察するにあたって必要と思われる変化動向」を片っぱしから収集していく。ここでは、あまり立ち止まらず「質より量」の気持ちでザクザクと集めていく。

フレームワークにある程度主要なトレンド情報が揃ったら、全体を俯瞰して、情報ソース、粒度に偏りがないかを見てみる。特に前章で述べたアベイラビリティバイアス、確証バイアス、同化性バイアスに陥っていないか、ここでチェックしておかないと、バイアスがかかったまま分析を進めることになる。要注意だ。

通常のプロジェクトでは、この情報収集に1～2ヶ月をかける。かなり労力を費やすプロセスだが、しっかり取り組めば自分たちでも驚くほど膨大な情報が集まってくる。余談だが、こうして収集した未来トレンド情報集は、シナリオ構築の礎としてのみならず、企業にとってかけがえのない共有財産となる。ぜひ、シナリオプランニングのための事前準備に留めず、集まってきた情報を社内で横断的に展開・活用しよう（図6－2）。

○事業環境のつながりからビジネスドライバーを可視化する6C分析

ここで、前著で提唱した「6C」分析について触れておきたい。PEST＋5フォース分析で情報収集を進めると、「どの情報をどのフレームワークに入れるべきなのか」を迷うことがしばしばある。

図6-2 PEST分析、5フォース分析を用いた日本のエネルギー市場（電力市場）に関する未来トレンド情報一覧

マクロ環境の未来トレンド（PEST分析）

政治・政策・規制
- ◎炭素排出産業への働きかけ
- ◎再エネ主力電源化、FIPなどのCNに関する政治動向
- ◎核燃料サイクル、廃炉推進
- ◎経済合理性優先の政治家の出現動向と各国政策
- ◎脱炭素先行地域（ポジティブゾーニング）創出動向
- ◎カーボンプライシングや国境炭素税に関する動向
- ◎パーソナルデータ利活用に関する規制緩和動向
- ◎ウクライナ戦争後の地政学

経済・税制
- ◎インフレの進行
- ◎経済成長率の低迷
- ◎巨額の財政赤字
- ◎実質賃金の低下動向と格差拡大
- ◎各国の金利政策の動向
- ◎エネルギー安定供給に向けた調達先の多様化
- ◎グローバル物流網の安定化動向
- ◎米中の覇権争いの行方と世界のブロック化動向
- ◎半導体の需給動向

社会・消費者
- ◎少子高齢化の進展
- ◎労働人口の激減
- ◎単身世帯の増加
- ◎都市化 vs. 地方分散
- ◎ニューノーマルの定着動向
- ◎原発に対する世論動向
- ◎Z世代、α世代の台頭
- ◎インバウンド観光者数動向
- ◎世界のエネルギー消費量増大
- ◎エネルギー消費量におけるOECDシェア低下
- ◎ポストコロナの社会活性化

技術進展
- ◎蓄電池の技術革新動向（LIB、NaS、全固体…）
- ◎Web3.0によるスマートコントラクト進展
- ◎AI/IoTによる省人化・自動化進展
- ◎スマート分電盤とスマートメーターの普及拡大
- ◎ペロブスカイト太陽電池の低コスト化
- ◎DAC技術開発動向
- ◎無線給電技術の進展
- ◎CCUSの実用化動向
- ◎核融合炉の研究開発動向
- ◎SAFや合成燃料のエネルギー効率向上
- ◎非在来型天然ガスの採掘技術の高まり

地球環境問題
- ◎気候変動枠組条約の動向と世界的な環境意識の高まり
- ◎海洋汚染の進展
- ◎水不足の深刻化
- ◎感染症リスクの高まり
- ◎DAC技術開発動向
- ◎災害の激甚化
- ◎猛暑による電力逼迫
- ◎風力環境アセス制度改訂
- ◎太陽光パネルの廃棄問題

ミクロ環境の未来トレンド（5フォース分析＋バリューチェーン）

新規参入
- ◎電力自由化された国への外資企業の参入動向
- ◎配電や蓄電サービスへの異業種プレイヤー参入

エネルギー供給
- ◎シェールオイル、オイルサンドの開発進展
- ◎天然資源の埋蔵量状況
- ◎原油価格の動向
- ◎資源獲得競争と為替動向
- ◎サハリン1、2からの天然ガス供給動
- ◎メタンハイドレート開発動向
- ◎各社の化石燃料開発戦略の今後

エネルギー転換（発電含む）
- ◎国内電力会社の再編可能性
- ◎高効率石炭発電の更なる進化
- ◎火力発電のメタネーションの行方
- ◎水素・NH3バリューチェーンの整備動向
- ◎老朽化原発の再稼働・次世代革新炉・小型炉の開発動向
- ◎デジタル技術による高効率水力発電動向
- ◎発電総量の低下動向

送電・配電・蓄電
- ◎VPP、DR（容量市場・需給調整市場）の動向
- ◎高圧直流送電網の整備動向
- ◎エリア制廃止による競争激化
- ◎電力小売企業の淘汰と統廃合
- ◎異業種連携によるセット販売増
- ◎蓄電池の普及拡大
- ◎配電ライセンスによる地域限定送配電事業者増加
- ◎P2P取引市場の拡大

代替品（再生可能エネルギー）
- ◎太陽光発電設備費用低下
- ◎地熱発電開発動向
- ◎国内風力プロジェクトへの海外大手需要家の参画動向
- ◎バイオマス発電の動向
- ◎浮体式洋上風力発電の動向
- ◎再生可能エネルギーの発電コスト低下
- ◎マイクログリッドによる系統電源ニーズ変化

Value Chain

需要家

産業・業務部門
- ◎ESG投資拡大
- ◎グリーン電力需要拡大
- ◎カーボン・オフセットへの取り組み拡大
- ◎サプライチェーン全体のCN達成への取り組み拡大
- ◎グリーン製品市場の活性化
- ◎災害リスクへの備え拡大
- ◎EMSの導入拡大
- ◎RE100に次いでEV100、EP100宣言企業の増加
- ◎BCP市場の拡大

家庭
- ◎環境配慮型消費の拡大
- ◎コスパ・タイパ重視の消費行動拡大
- ◎モノ消費からコト消費、トキ消費へ
- ◎V2Hの拡大動向
- ◎仮想現実空間でのライフスタイル定着動向
- ◎リモートワークによる在宅時間の増加
- ◎災害リスクへ備え拡大
- ◎安定供給へのニーズ大
- ◎電気代高騰への世論

産業・業務部門
- ◎CASE化の進展と産業構造の変化
- ◎BEV、HEV、PHEV、FCEVの覇権争いの行方
- ◎ITプレイヤー・中国EVメーカーの存在感拡大
- ◎急速充電器の整備動向（特に集合住宅への敷設動向）
- ◎MaaSの動向
- ◎ゼロエミッション船の市場投入動向
- ◎航空機燃料のSAF化進展動向

利便性が高いカーシェアサービスを求めるニーズの高まりは、PESTの「S（社会・消費者）」に関する動向なのか、あるいは5フォース分析の「買い手・顧客」に関する動向なのか。また、既存の自動車市場のように垂直統合が進んでいる業界にとっては、「サプライヤー、売り手」や「チャネル」は自社がエコシステムの中に取り込んでいる「協力者、身内」である。しかし5フォース分析では独立した別プレーヤーがバリューチェーン上に存在するかのように分断して捉えなければならない。これは、世の中は分析フレームワークほど明確には分類されておらず、さまざまな要素が有機的につながっているから、当然の迷いだ。そして、この有機的なつながりは、時代とともに一層複雑に絡まりあうようになりつつある。

そこで、この「事業環境の有機的なつながり」に注目し、PEST、5フォース分析、そしてそこに含まれる3C分析を内包して俯瞰的に事業環境を記述した上で、どのようなビジネスドライバーが「顧客」に作用するのかを可視化するツールが「6C分析」である。

・Controller：統制者

世の中をマクロ的にコントロール／統制する要素。PEST分析がここに相当する。景気や物価、規制や税制、世論の動き、技術や社会インフラの変化、カーボンニュートラルの流れなど。２０１９年からの新型コロナウィルス、２０２２年に勃発したウクライナ戦争や、そこに端を発した資源価格の高騰や景気の不透明化、地政学の不安定化、金融的な信用不安の高まりやリモートを織り込んだワークスタイルシフトなど、日々のビジネスニュースはこのカテゴリーに入ることが多い。

・Customer／Consumer：顧客／消費者、Company：自社、Competitor：競合

顧客セグメントのニーズ変化（Customer／カスタマー）、競合（Competitor／コンペティター）、自社（Company／カンパニー）分析を指す、通常の３Ｃ分析が、６Ｃ分析の中に３つのＣとして内包されている。Ｂ２Ｂビジネスでエンドユーザー（Consumer）がバリューチェーンのさらに先にいる場合は、顧客企業（Customer）を含めて何段階かにわけて記述する必要があることに留意しよう。

・Channel：チャネル

自社業界（Company, Competitor）と顧客（Customer／Consumer）をつなぐプレーヤー、あるいは要素を指す（筆者が5フォース分析に決定的に欠けていると感じる要素がここで、このチャネルを入れて6フォースをデフォルトにした方がよいとさえ思う）。自社業界における「チャネル」をどう構成して影響力を発揮するかが、成功を大きく左右する。

アマゾンは、あらゆる商品カテゴリーのまさにチャネルを支配することで「帝国」となった。人々が情報を入手するためには、まずはグーグルやSNSの検索窓を叩く。パーソナルIoTデバイスとなったスマートフォンからは検索履歴のみならず、WEBの閲覧データ、アプリの使用状況、位置情報、購買関連データなどさまざまなデータが吸いあげられ、リアルタイムで分析されている。デジタル化する世界では、直接的な顧客チャネルを維持・支配し、顧客データから得たインサイトをいかに自社のマーケティングに還元するかがKSFになっているといっても過言ではない。ネットフリックスを代表格とするデジタルサブスクリプションサービスや、いわゆるD2Cのビジネスはこの系統のビジネス戦略である。第3部・第8章P283「顧客を自社ブランドの強力なファンにする」で述べるマーケティングオートメーションも、顧客チャネルからの直接的な情報入手を出発点にしなければ成立しえない。

・Collaborator：協業者

取引コストや生産リードタイムの削減、あるいは付加価値創造を目的として、自社で事業の主要機能をすべて賄わずに協業したり、商品のアイデア創出でさえ他社とアウトソースをしたり、戦略的な提携をすることもありえる。コンサルティングやベンチャーキャピタル、金融機関など、事業推進に必要な援助を提供してくれる事業者も戦略上、重要である。これら事業パートナーを協業者（Collaborator／コラボレーター）と呼ぶ。

また、オープンイノベーションが叫ばれて久しい現代においては、サプライヤーから物流、チャネルに至るバリューチェーン上の協業（エコシステム）のみならず、ミッションを同じくした異業種企業連携も増えている。

次世代モビリティによる社会変革を目的とした「MONET」はソフトバンクとトヨタ自動車の共同出資会社だ。このような企業間連携からクラウドソーシングによるフリーランス活用まで、さまざまな側面でコラボレーションを推進力／ビジネス・ドライバーとしていくような戦い方が重要性を増している。

外部環境分析においては、ＰＥＳＴ＋５フォース分析を使っても、６Ｃ分析を使っても構わない。６Ｃ分析は、業界を大きく変化させるビジネス・ドライバーを俯瞰的に見極める場合に有効だし、６Ｃ分析では業界構造がつぶさに描きされない場合は、ＰＥＳＴ＋５フォース分析を改変して使う方がよい。いずれにしても、「設定したシナリオスコープの未来を洞察するにあたって必要と思われる主要な変化動向を網羅的にリサーチする」という分析目的に変わりはない（図６－３）。

ステップ③ 変数を減らす2つのフィルターによる「情報処理」

次は、集めた未来トレンドに対して情報処理を施す。目的は、「変数を減らすこと」だ。集めてきた情報は、数十～数百になることもあるため、そのままでは、どれが未来を決定する重要な情報なのか皆目検討がつかない。そして「調べた結果、VUCAである」という情けない結論しか出てこない。

そこで、集めた情報に対して2枚のフィルターをかけて、より重要な情報を抽出していく。「インパクトフィルター」と「不確実度フィルター」だ。1枚目のフィルターである「インパクト」とは、集めてきた情報の一つひとつが、設定したシナリオスコープ（「20XX年のXXにおけるXX市場」）に対して、どれくらい直接的な影響を与えるうか、だ。

大規模な新市場の出現、既存市場の急激な拡大あるいは縮小、破壊的ベンチャーの台頭とプレーヤーの入れ替わり、業界の境界変化、市場のルールやKSF／Key Success Factorの変化、顧客セグメントやニーズの変化などを引き起こす可能性があるトレンドかどうか。それらが設定したターゲット年代までに起こりうる可能性があるのであれば「インパクト大」だ。

一方で、そこまで大きく未来を変えない要素や、大きく変える可能性はあるがターゲット年代までには変化が限定的である場合は、「インパクト小」と判断する。

図6-3 6C分析で「ビジネスドライバー／推進力」を特定する

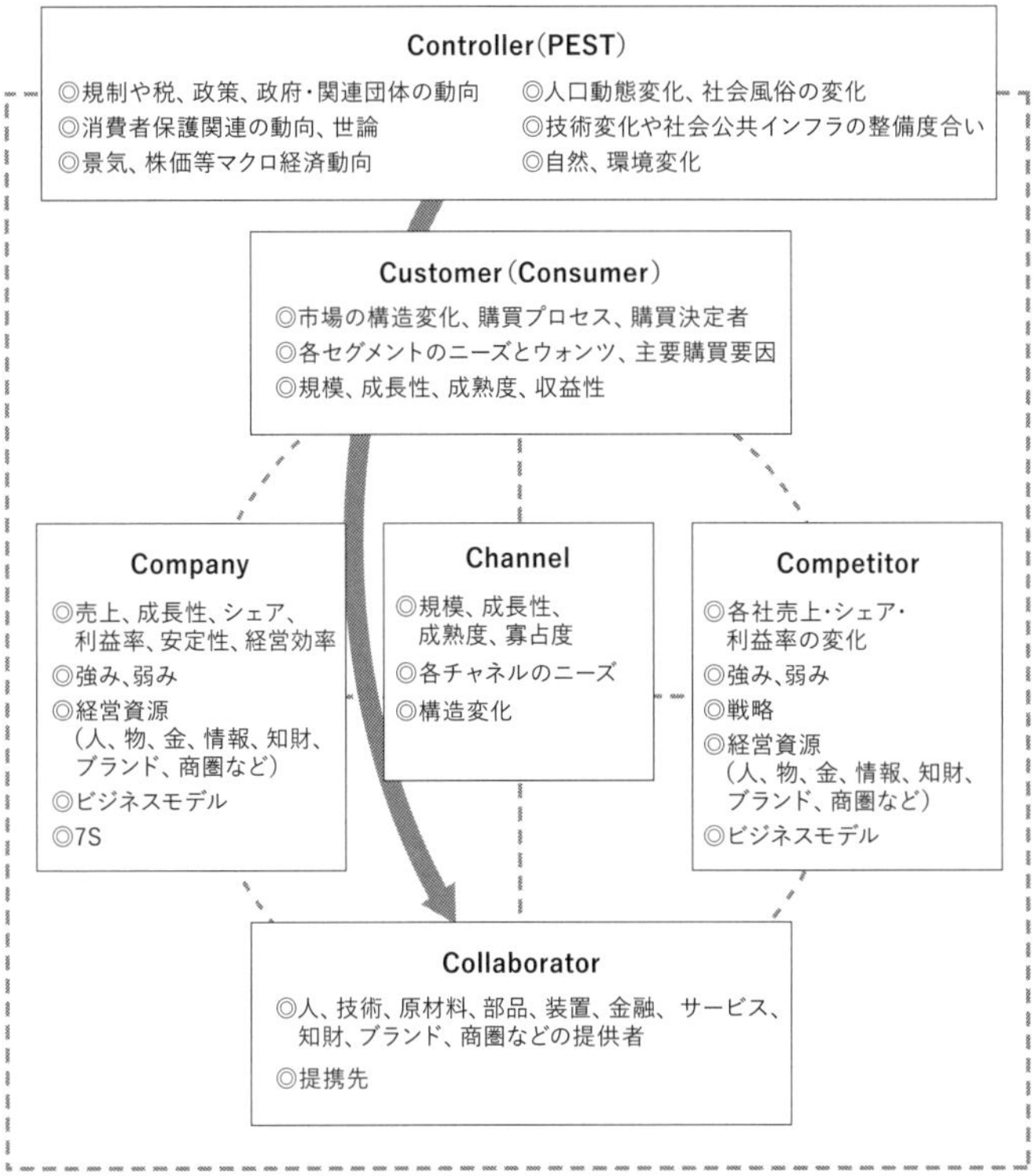
Controller(PEST)
◎規制や税、政策、政府・関連団体の動向
◎消費者保護関連の動向、世論
◎景気、株価等マクロ経済動向
◎人口動態変化、社会風俗の変化
◎技術変化や社会公共インフラの整備度合い
◎自然、環境変化
Customer(Consumer)
◎市場の構造変化、購買プロセス、購買決定者
◎各セグメントのニーズとウォンツ、主要購買要因
◎規模、成長性、成熟度、収益性
Company
◎売上、成長性、シェア、利益率、安定性、経営効率
◎強み、弱み
◎経営資源（人、物、金、情報、知財、ブランド、商圏など）
◎ビジネスモデル
◎7S
Channel
◎規模、成長性、成熟度、寡占度
◎各チャネルのニーズ
◎構造変化
Competitor
◎各社売上・シェア・利益率の変化
◎強み、弱み
◎戦略
◎経営資源（人、物、金、情報、知財、ブランド、商圏など）
◎ビジネスモデル
Collaborator
◎人、技術、原材料、部品、装置、金融、サービス、知財、ブランド、商圏などの提供者
◎提携先

2枚目のフィルターである「不確実度」とは、読んで字の如く、一つひとつの情報がどれくらいの不確実性＝振れ幅を含むのか、だ。通常、不確実性の度合いの大小で「確定的要素」と「不確実性」の2つに峻別する。

○確定的要素

たとえば、日本の少子高齢化のように、今後の変化動向でありつつも、不確実度が低い＝確定的にほぼ決まっている未来もある。人口の推移は、その時点での人口ピラミッド、出生率の推移、死亡率の推移がわかれば、ある程度先までは確定的に予測ができる。

だから、少子高齢化、「超高齢社会」への突入、労働人口の圧倒的不足、社会保障費の止まらぬ増加、社会システムの超高齢社会対応への要請、GDP成長の構造的停滞、果ては火葬場の逼迫まで、これらは確実にやってくる（そして、こうなることは数十年前から分かっていたことでもある！）。人口減少がはじまって20年経って、ようやく「異次元の少子化対策」が高らかに宣言されたのは、どこの国の話だったろうか。また、食糧の需要、エネルギー消費量などの人口動態に近似的に比例するものも、ほぼ確定的に読める要素、といってよい。

因果関係が明らかな要素も確定的要素に入れる。生産量の増大とともに生産コストは下がる。規制緩和によって自由競争が促進される。労務費が上がれば物流費はあがる。天然資源産出国で紛争が勃発すれば資源価格は高騰する。技術開発が進めば技術コストは下がる、など。限界説が叫ばれて久しいムーアの法則（さまざまな定義があるが、「ＬＳＩ／Large Scale Integration：大規模集積回路は、同一コスト、同一サイズのもとで1年~2年でスペックが倍になるといった、半導体産業の成長予測のもととなっている経験則）も、こちらに属する確定的要素と見てよいだろう。

もう一つ、特に新興国の未来洞察をおこなう場合に特筆すべき確定的要素がある。一人あたりＧＤＰと社会発展との相関だ。一人あたりＧＤＰが増えていけば、徒歩→自転車→単車→自動車へ、というモータリゼーションが起こったり、現金→プリペイド→クレジットという金融媒体の変化が起きたりする。ショッピングモールの出現、高速道路の整備なども、一人あたりＧＤＰの関数である程度予測できる。新興国での投資育成やコンサルティングなどを手掛けるＡＡＩＣ代表の椿進氏が著書『超加速経済アフリカ／東洋経済新報社』で提唱している「タイムマシンマップ」の考え方がそれだ。興味のある読者はぜひ通読をお勧めする。

ただし、同書の副題にもなっている「Leap Frog」現象には注意が必要だ。デジタルの発達とともに、新興国がこれまでの先進国の発展過程を経ずに一足飛びに最先端の技術を導入してしまう現象は、現代においては頻繁に見られる。電気が通っていないアフリカの村でも一人一台のスマホを持っており、信用保証や担保などの金融インフラが整っていないのに少額融資を受けることができている。

1億人を超える国民が国際貧困ライン（1日1・9ドル以下で生活する水準）での暮らしを余儀なくされているインドでも、14億人の国民ほぼ全員が両手10本の指紋と虹彩などの生体認証や顔写真を組み込んだ国民IDを保持している。さらに、同国ではさまざまなSDK（Software Development Kit）やAPI（Application Programming Interface）公開により本人確認・本人認証にもとづいた公共福祉サービスや民間の医療、通信、金融などの各種サービスを多くの国民が享受している。特に新興国においては、経験則や主観のみをもとに「確定的要素」を判断するのは危険である。

○不確実性

不確実性には2種類ある。

まず1つ目は、そのトレンドが起こるか起こらないか、拡大か縮小かといった「どちらに転ぶかわからない」もの。次の米国大統領選挙は共和党が勝つのか、民主党が勝つのか。2040年までに首都圏直下型地震が起きるのか。これらは直感的にわかりやすい「不確実性」だろう。

もう1つの種類が、厄介だが非常に重要だ。「変化の方向性は決まっているが、どれくらい変化するかが不確実」なもの、つまりは「程度問題」に類する不確実性だ。日本のエネルギーミックスにおける再生可能エネルギーの比率は、おそらく今より下がることはないだろう。ただ、第6次エネルギー基本計画において掲げられた再エネ比率目標である36～38％まで増えるかは、「野心的目標」だけに不確実であろう。自動運転の進展や、ＡＩの社会浸透、ＨＭＤ／ヘッドマウントディスプレイの普及拡大、銀行のリアルチャネルの縮小も同様に、方向性は決まっているが、どのレベルまで変化が起こるかは不確実である。

こうした情報を「確実に起こる＝確定的要素」と断定してしまえば時代のリアリティを見誤り、いつしかターゲット年代を忘れて超長期的な未来世界が描き出されてしまう。複数の情報ソースを確認し、本当に確実なのか、変動幅はないのか、ファクトをもとにチェックすることだ。2種類の不確実性のどちらも、「変化の落ち着く先に、可能性の幅がある」と覚えておけば、判断に迷うことはないだろう。

ここまでの情報分類で、「不確実性マトリクス」と呼ばれる情報整理表ができあがる（図6－4）。この表にはシナリオのスコープである「20XX年、XXのXX市場」を着々と形作っていく「確定的要素」と、未来の市場の様相を一変させる可能性がある「不確実性」が浮かびあがってきているはずだ。次は、この不確実性マトリクスを使って、いよいよ未来のパターン認識をおこなってみよう。

ステップ④　3つのプロセスによる「未来シナリオ構築」

「未来予測を当てにいってはいけない。」これは、本章の冒頭で述べた。世界はＶＵＣＡだからこそ、時代の変化を網羅的・構造的に分析して未来の変化パターンを読み取り、複数の未来シナリオを考えておくことが重要だった。では、ここまで準備した不確実性マトリクスから、どのように未来パターンを見つけていけばよいのだろうか。

答えは簡単。「複数の未来を考える」には、未来が複数の可能性に割れるほどインパクトの大きな「わかれ道（不確実性）」を先に探せばよい。不確実性マトリクスの右上（インパクト大の不確実性）にある要素から、未来の分水嶺を探していこう。

○分水嶺をもとにして「シナリオマトリクス」をつくる

分水嶺が２つなら、かけあわせて未来パターンは４つ。分水嶺が３つなら未来パターンは８つだ。通常、２つの分水嶺を縦×横にかけあわせて４つの未来を洞察することが多いため、こうして創出した未来パターンを「シナリオマトリクス」と呼ぶ。これが、シナリオプランニングの中核となるプロセスだ。

留意点は、「軸の両端の定義をできる限りクリアにしておくこと」にある。我々はターゲット年代を設定しているため、ターゲット年代で起こりうる「幅」をできる限り具体的に定

図6-4 不確実性マトリクス「2035年、日本のエネルギー市場（電力市場）はどうなっているか？」

インパクト	確定的要素	不確実性
大	◎気候変動枠組条約の動向と世界的な環境意識の高まり ◎サプライチェーン全体のCN達成への取り組み拡大 ◎蓄電池の普及拡大 ◎資源獲得競争と為替動向 ◎世界のエネルギー消費量増大 ◎環境配慮型消費の拡大 ◎ESG投資拡大、グリーン電力需要拡大 ◎EMSの導入拡大 ◎CNへの政治的推進 ◎電気代高騰への世論動向 ◎労働人口の激減、AI／IoTによる省人化・自動化 ◎仮想現実空間でのライフスタイル定着動向 ◎災害の激甚化、猛暑による電力逼迫 ◎電力小売企業の淘汰と統廃合 ◎配電や蓄電サービスへの異業種プレイヤー参入	◎インフレの進行 ◎カーボンプライシングや国境炭素税に関する動向 ◎水素・NH3バリューチェーンの整備動向 ◎再生可能エネルギーの発電コスト低下 ◎老朽化原発の再稼働・次世代革新炉・小型炉の開発動向 ◎VPP、DR（容量市場・需給調整市場）の動向 ◎CASE 化の進展と産業構造の変化 ◎マイクログリッドによる系統電源ニーズ変化 ◎都市化 vs. 地方分散 ◎原油価格の動向 ◎ウクライナ戦争後の地政学 ◎米中の覇権争いの行方と世界のブロック化動向 ◎蓄電池の技術革新動向（LIB、NaS、全固体…） ◎国内電力会社の再編可能性 ◎経済合理性優先の政治家の出現動向と各国政策
小	◎エネルギー安定供給に向けた調達先の多様化 ◎インバウンド観光者数動向 ◎グローバル物流網の安定化動向 ◎半導体の需給動向 ◎航空機燃料のSAF化進展動向 ◎パーソナルデータ利活用の規制緩和 ◎Web3.0によるスマートコントラクト進展 ◎DAC技術開発動向	◎核融合炉の研究開発動向 ◎ゼロエミッション船の市場投入動向 ◎異業種連携によるセット販売増 ◎MaaSの動向 etc...

小　　不確実性　　大

義しておきたい。ターゲット年代では起こり得ない幅にしてしまえば、描きだされる未来のうち、少なくとも1つは夢想世界になってしまう。実際の企業のプロジェクトでも「この未来は……本当に来るのか？」と議論が停滞する多くの場合、軸の両端の言語化が曖昧な場合が多い。

○確定的要素を「未来の前提条件」として反映する

次は確定的要素を処理する。確定的要素は、「ほぼ確実に起こると思って間違いない」と判断した要素であることを踏まえれば、未来パターンのすべてにおいて共通に起こる「未来の前提条件」だとみなすことができる。

こうして、不確実性マトリクスからシナリオマトリクスへの変換が完了する。「20XX年、XXのXX市場」の未来を4つのパターンに分類できた。縦軸、横軸はインパクト大の不確実性を処理したものだから「未来は4つのいずれかの方向に向かうはずだ」という結論を得られる（図6－5）。

※ここで解説した2軸の発見手法は簡易型と呼ばれるものだ。より精緻に軸を見つけ出すためには「因果関係分析」と呼ばれる統合的なトレンド分析が必要になるが、字数の関係上、割愛している。ただ、簡易型でも未来シナリオの概観を分析することは十分に可能だ。

図6-5 不確実性マトリクスから「未来をパターン分け」する

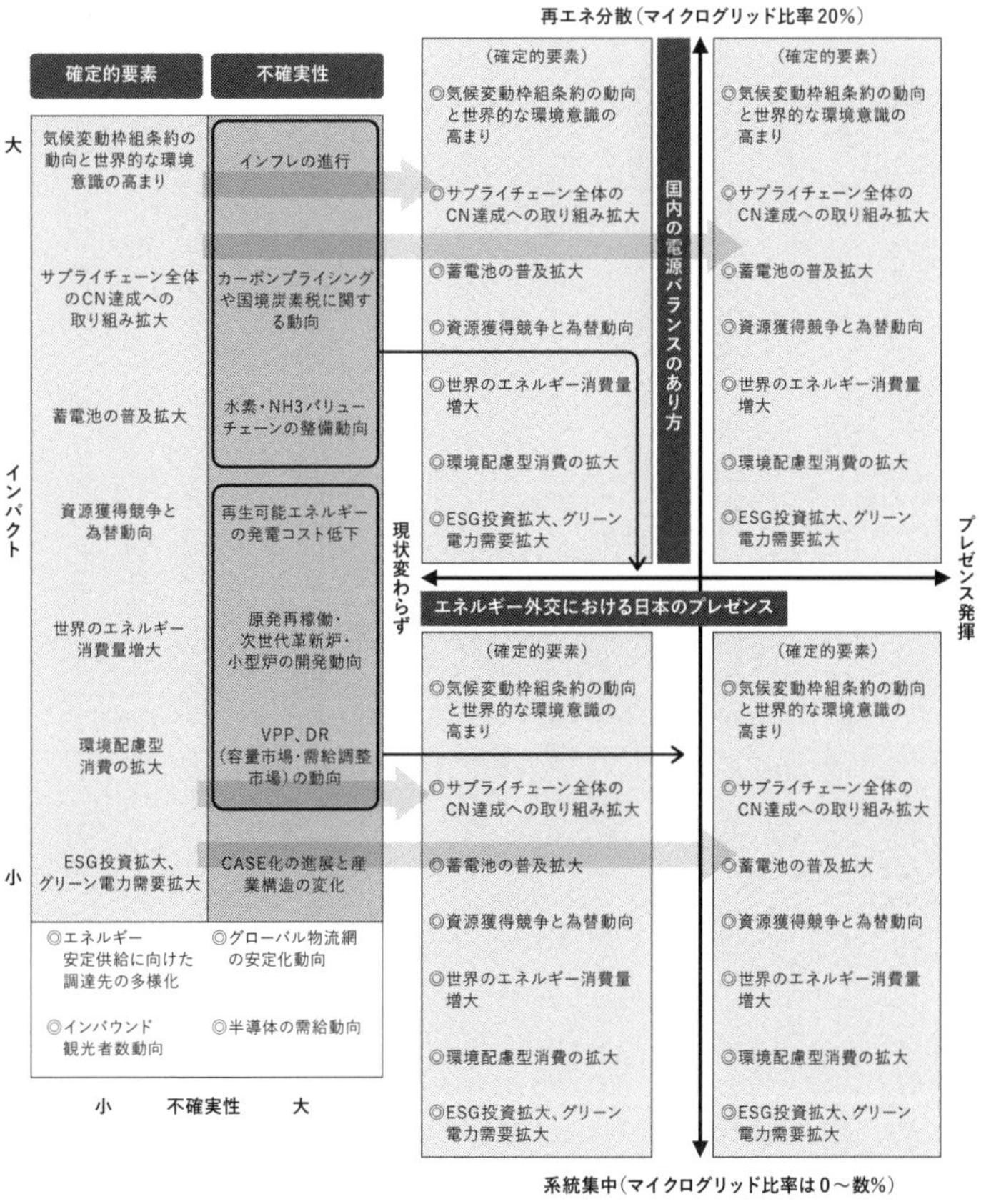

©Buona Vita 2023

○未来を深掘り、シナリオにタイトルをつける

次は4つの未来の「深掘り」である。現時点ではまだ、分析したトレンド情報をそれぞれの未来パターンに分配したに過ぎず、具体的な未来のイメージは湧いてこない。ここからは「各パターンに分配されたトレンド情報が揃えば、どんな社会が出現するのか」を徹底的に細かく洞察していく。

社会、経済、技術、産業界の状況、消費者の生活…。できる限り細かく具体的に考えると、未来世界の様子が見えてくるようになる。この「洞察の粒度」が非常に重要だ。

そもそもシナリオプランニングをなぜやっているのか。

その目的は、「First-to-Market」を実現することであった。今はまだ出現していない、顕在化・拡大していない市場機会を誰よりも早く見つけだすことで、価格支配力のある事業を構想することが目的のはずだ。市場機会とは「誰かの」「未充足ニーズ」であり、それが漠然としていては事業を構想できない。描いた未来シナリオに暮らす消費者や企業の様子を「つぶさに見てきたように語ること」ができてはじめて質の良い市場機会を発見できる。

そこで、収集したトレンド情報にいま一度目を通し、できる限り多くのステークホルダーに思いを馳せる。米国のプログラマーであるポール・グレアムは、2005年にハーバードコンピュータ協会でおこなった講演「スタートアップのアイデアを得る方法*」でこ

う述べた。

未来に生きてみて、そこに足りないものをつくれ。
Live in the Future, then Build what's Missing.

まさにバックキャストの本質を突いた金言だ。「See the Future」でもなく、「Analyze the Future」でもない。「Live in the Future」なのだ。タイムスリップして見てきたかのように未来をリアルに語ることができて、はじめてよい市場機会に辿りつくことができるのである。

そして最後に、見えてきた未来世界のキーワードをそれぞれの未来シナリオのタイトルにつけたら、シナリオプランニングは完了だ。

シナリオタイトルをつけるときは、それぞれの未来の風景やキーポイントが手にとるようにわかるキャッチーなタイトルをつけよう。チームの戦略議論の中で「我々はどの未来のことを話しているのか?」という認識を揃えるためにも、タイトルは重要である(図6−6)。

ステップ⑤　すべての戦略構想の起点となる「ベースシナリオの選定」

*How to Get Startup Ideas：http://paulgraham.com/startupideas.html

次は、描いた未来から「自社戦略への示唆」を得るステップに移る。
いよいよ最終フェーズだ。

まず、自社の戦略構築上、前提とする未来シナリオ＝ベースシナリオを1つ選んでほしい。選択基準は様々だ。自社の強みを活かして大きなリターンが見込めるバラ色のシナリオを選ぶこともある。実現すれば自社の強みが無効化されてしまうリスクシナリオを選んだ方がよい場合もあるかもしれない。もっとも変化の激しいシナリオを選ぶことも有意義だろう。

当然ながら4つすべての未来に事業を構想する余裕があれば抜け漏れがなくてよいのだが、通常、そこまでの社内リソースはないことが多い。そこで便宜上、1つに絞って未来観を確定させて戦略を構築する。VUCAな環境だからこそ、関係者全員が見据える未来観を1つ明確に定める。ここをすべての戦略構想の起点とすることが重要だ。

ただし、時代がベースシナリオに向かわなかった場合は方針転換が必要となる。そのため、後述するEWS／Early Warning Signを設定して、縦軸系、横軸系それぞれの時代の動きを定期的にモニタリングして「想定外が起きていないこと」を随時確認する必要がある。

図6-6 各象限が描き出す未来像をブレストし、世界観を完成させる

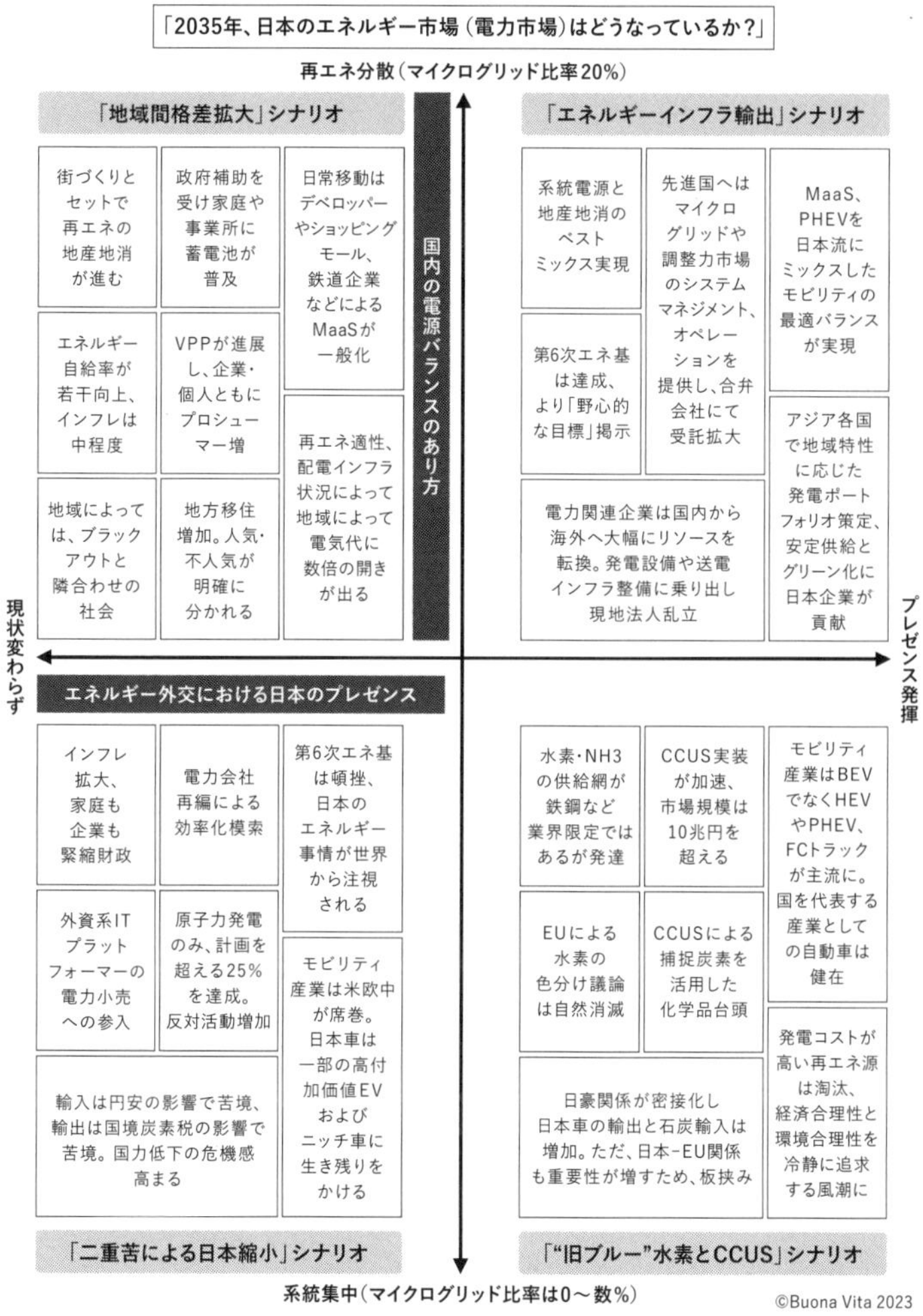
「2035年、日本のエネルギー市場（電力市場）はどうなっているか？」
再エネ分散（マイクログリッド比率20%）
「地域間格差拡大」シナリオ
街づくりとセットで再エネの地産地消が進む
政府補助を受け家庭や事業所に蓄電池が普及
日常移動はデベロッパーやショッピングモール、鉄道企業などによるMaaSが一般化
エネルギー自給率が若干向上、インフレは中程度
VPPが進展し、企業・個人ともにプロシューマー増
再エネ適性、配電インフラ状況によって地域によって電気代に数倍の開きが出る
地域によっては、ブラックアウトと隣合わせの社会
地方移住増加。人気・不人気が明確に分かれる
国内の電源バランスのあり方
「エネルギーインフラ輸出」シナリオ
系統電源と地産地消のベストミックス実現
先進国へはマイクログリッドや調整力市場のシステムマネジメント、オペレーションを提供し、合弁会社にて受託拡大
MaaS、PHEVを日本流にミックスしたモビリティの最適バランスが実現
第6次エネ基は達成、より「野心的な目標」掲示
アジア各国で地域特性に応じた発電ポートフォリオ策定、安定供給とグリーン化に日本企業が貢献
電力関連企業は国内から海外へ大幅にリソースを転換。発電設備や送電インフラ整備に乗り出し現地法人乱立
現状変わらず
プレゼンス発揮
エネルギー外交における日本のプレゼンス
インフレ拡大、家庭も企業も緊縮財政
電力会社再編による効率化模索
第6次エネ基は頓挫、日本のエネルギー事情が世界から注視される
外資系ITプラットフォーマーの電力小売への参入
原子力発電のみ、計画を超える25%を達成。反対活動増加
モビリティ産業は米欧中が席巻。日本車は一部の高付加価値EVおよびニッチ車に生き残りをかける
輸入は円安の影響で苦境、輸出は国境炭素税の影響で苦境。国力低下の危機感高まる
水素・NH3の供給網が鉄鋼など業界限定ではあるが発達
CCUS実装が加速、市場規模は10兆円を超える
モビリティ産業はBEVでなくHEVやPHEV、FCトラックが主流に。国を代表する産業としての自動車は健在
EUによる水素の色分け議論は自然消滅
CCUSによる捕捉炭素を活用した化学品台頭
発電コストが高い再エネ源は淘汰、経済合理性と環境合理性を冷静に追求する風潮に
日豪関係が密接化し日本車の輸出と石炭輸入は増加。ただ、日本-EU関係も重要性が増すため、板挟み
「二重苦による日本縮小」シナリオ
「“旧ブルー”水素とCCUS」シナリオ
系統集中（マイクログリッド比率は0〜数%）
©Buona Vita 2023

2.「未来SWOT」で導き出されるWHY−WHO−WHATの初期仮説

市場機会リストの作成

ここで、第2部 第3章で述べたネスレの会議体「ニューリアリティ」を思い出してほしい。ネスレでは、様々な未来の変化を先取りして抽出した、「これから出現する新しい現実」を戦略導出の基盤としていた。第6部 第18章で詳説するが、同社には「イノベーションアワード」と呼ばれる社内制度がある。全従業員が、顧客や社内外関係者を取り巻く「新しい現実／ニューリアリティ」を誰よりも早く見て、「新しい現実」がもたらす「新しい問題／顧客や関係者がこれから抱えるであろう課題」を考え、先んじて解決策を企画・実行する、というイノベーション創出のためのスキームである。

ここまで、我々は世の中に溢れるトレンド情報から、シナリオプランニングの手法を用いて、5年後〜15年後に訪れる「新しい現実」を徹底的に描き出してきた。次のステップは、「新しい問題」を探すことだ。

ポール・グレアムの言葉を思い出してほしい。

「未来に生きること／Live in the Future」ができたら、次は、「足りないものをつくる／then Build What's Missing」のだ。バック・トゥ・ザ・フューチャーⅡのビフになったつもりで「未来を知っている我々だからこそ事業化できそうな市場機会」をかき集めよう。

シナリオプランニングを精緻におこなうことができていれば、そこで紡ぎだされた未来と現在とのギャップが手に取るようにわかるはずだ。ベースシナリオが確実に来るという前提に立って「いつ頃」「誰の」「どんなニーズが」「どうなるか」をできる限りたくさんリストアップしよう。これが「市場機会リスト」と呼ばれるもので、First-to-Marketのチャンスの一覧になる（図6－7）。

自社の強みをリストアップする

よい市場機会を抽出できたとしても、自社の強みがまったく活かせなければ競争優位性を持った事業創造は困難だ。そこで、「市場」機会を「事業」機会に変えるための武器として、自社の強みをリストアップしておく必要がある。

しかし、「自社の強み」を明文化して共通認識を持っている企業は極めて稀だ。クライアント先で「御社の強みはなんですか」と聞くと、参加メンバーの数だけ、多種多様な答えが返ってくる。技術開発メンバーは「研究開発力」「生産技術」「知財」を強調したかと思えば、営業メンバーは「顧客との親密度」「幅広い顧客ネットワーク」「盤石な営業基盤」を強調する。それぞれ真実が多分に含まれているだろうが、自社としての共通認識がほしいところだ。さらに、顧客は自社の商品・サービスを競合や代替手段と比べながら手に取るため、競合との明確な優劣を分析しなければならないのに、強みの比較対象が明確になっていないことが多く、情緒的かつ一方的な言明に終始していることもある。ここにも、またバイアスが登場するわけである。

そこで「ビジネスシステム分析」の出番である(図6－8)。

ビジネスシステム分析は、まず自社が持つ機能を抜け漏れなく書き出す。事業系機能は、たとえばメーカーであればR&Dから製造・物流、販売までをバリューチェーンで列記し、間接系機能や組織インフラも忘れずに書き出す。また、自社以外にも、協業者／コラボレーターやチャネルを含めたインダストリー・バリューチェーンまで活用可能であれば、それも記載しておく。次に、比較に値する1つ、あるいは複数の競合を選択する。その後に、自社・競合の状況をリサーチしていく。機能ごとに個別に比べれば「どこに対して我々の何が、どの程度強い／弱い」を抽出できる。

ビジネスシステム分析の考え方はさほど難しいものではないが、実際にリサーチするのは非常に骨が折れる。自社の情報を隅々まで知っている人はなかなかいない。社内の幅広

図6-7 ベースシナリオの到来を前提として、「未来の市場機会リスト」を作成する

「地域間格差」シナリオが到来する場合の市場機会

誰の	どんなニーズが	いつごろ	どうなる
企業	自社の拠点地域の電気代が高く、別地方に拠点を構える競合の電気代は半分。それだけで利益率に差がついてしまう。拠点を動かずに他地域の安い電気を仕入れることはできないか？	2024年	発生
先進的な地方自治体の首長	自身の地域のエネルギーのベストミックスを知りたい。地域の需要予測を踏まえて、近隣地域や送電網で繋がったどんな地域とどんな協定を結べばどれくらいの価格で供給ができるのか知りたい。でも不安定化はさせたくない。困った	2028年	発生
政令指定都市	うちは高層マンションが多くて太陽光は当てにならない。系統電源をベースにしつつ、超大型の蓄電設備を作ってマネジメントすれば、街のレジリエンス強化、流入人口獲得、周辺都市に対するモデルケースになりえるのでは？ ただ莫大な初期費用をどうにかしないと…	2033年	発生
政府	エネルギー政策が「ユニバーサルサービス」ではなくなってきた。地域によって泣き笑いしている現状に対して、国としてできること／すべきことはなにか…	2032年	発生
地方企業	物価がいよいよ高くなってきた。光熱費、人件費、移動経費…すべて最適化して圧縮したい。エネルギーマネジメント、社用車のあり方、RPAまでを含めたトータルコストコンサルティングでどれくらい利益率が上がるものか？	2025年	拡大
一般消費者	災害対策が整っていて、かつ電気代も安く住みやすい街へ引っ越したいが、どこへ行けばいいだろうか？	2025年	発生
一般消費者	蓄電池が古くなった。かなり大切にバッテリーを傷めないよう使ってきたから高値で下取りしてほしいが、どこに持っていけばいいんだろう?、、、	2026年	発生
自動車メーカー	系列の街のディーラーの売上が立たなくなってきた。次の飯の種を準備してあげないといけないが、どんなサポートができるだろうか…。いい立地にあるんだけどなぁ	2030年	発生
デベロッパー	旅客、貨物含めたMaaSサービスありきで街づくりを考えてみることはできないか。そのモビリティ、オペレーションやシステム設計だけでなく地域開発も包めて青写真を考えたいが、誰か相談に乗ってくれる人はいないだろうか…	2031年	発生
電力小売	うちの地域の電力は、他地域より数倍高い。中古バッテリーをうまく活用してマッチングサービスができないか…	2031年	発生
…	…	…	…

い関係者へ徹底的にリサーチする必要がある。さらに競合の情報リサーチは困難を極める。しかし、市場創出にはこのプロセスが必須である。しっかり腰を据えて取り組みたい。

最後に、抜け漏れをチェックしよう。ビジネスシステム分析をしていると、「自社の弱み」「競合の強み」が色濃く見え、暗澹とした気持ちになることがよくある。しかし「本当に自社の強みはそんなに少ないのだろうか?」と自問してほしい。強み・弱みを決めるのは「顧客」である。「既存顧客が自社を選ぶ理由は何か?」という問いから出発すれば、見過ごしていた「強み」が見つかることもある。また、多くの企業において、実は使える強みにもかかわらず気づいていない資産(Hidden Asset)も存在する。自社が使っていない、活用できていない装置、設備、施設、土地、人材、システム、空間、データ、技術、流通網、アライアンスなどはないだろうか。

有名な事例だが、地図会社のゼンリンと東京電力グループが推進するドローンハイウェイ構想は、東京電力の電柱の上空をドローンが安全に飛行できる高速空中ルートとして活用する取り組みである。これはHidden Assetを活用した好事例だ。

なお、さらに精緻にビジネスシステム分析をおこなう場合、それぞれの機能を下記4つの側面から対競合で比較することもある。これを「VRIO分析」という。VRIOとは、

図6-8 強みと弱みを導出する「ビジネスシステム分析」

強み・弱み 経営課題	自社	競合	
S / (W) / ? ◎研究開発予算増額必須 ◎アカデミックマーケティング強化	◎研究開発センター1箇所 ◎R&D予算が売上6% ◎論文引用数	◎研究開発拠点○箇所 ◎R&D予算が売上10% ◎学会のプレゼンス	R&D
S / W / ?			調達
S / W / ?			製造
S / W / ?			マーケティング
(S) / W / ? チャネル網の継続強化を図りつつ、労働者減を見越してコンテンツマーケティングをはじめるべき	◎代理店営業網が発達しており、人材育成も充実 ◎WEBは弱い	◎直販の高コスト体制 ◎販売網に抜け漏れあり ◎WEBコンテンツ充実	セールス・チャネル
S / W / (?) ◎? ◎競合の物流戦略の調査が必要	◎自社物流拠点を整備 ◎スマートSCMの先進的取り組み	?	ロジスティクス
S / W / ?			サービス
S / W / ?			人材・組織
S / W / ?			知財・ブランド
S / W / ?			その他

以下の単語の頭文字をとったものである。

- Value／経済価値：その企業の保有する経営資源やケイパビリティは、その企業が外部環境における脅威や機会に適応することを可能にするか？
- Rarity／希少性：その経営資源を現在コントロールしているのは、ごく少数の競合企業のみだろうか？
- Inimitability／模倣困難性：その経営資源を保有していない企業は、獲得・開発する際に多大なコストをかける必要があるだろうか？
- Organization／組織：企業が保有する、希少で価値があり、模倣コストの大きい経営資源を活用するために、組織的な方針や手続きが整っているだろうか？

なお、我々は「First-to-Market」の実現を目指しているため、本章では「強み」にフォーカスしている。ただし、既存事業のマーケティング課題を明らかにする目的であれば、「弱み」をしっかりと分析して抽出しておくことも重要である。

未来SWOT分析で戦略課題を抽出する

お気づきの読者もいらっしゃるかと思うが、「市場機会リスト／Opportunities」と「自社の強み／Strengths」は、SWOT分析の一角を形成する2つの要素だ。そう、次のステップは「クロスSWOT分析」である。ここまでの分析をあえて「予備的な分析」と位置づけたとき、「本番の分析」に相当する最終地点、それがこのクロスSWOTであり、ここまでの分析・洞察から得た事実や示唆を「核心的に取り組むべき戦略課題」に昇華させる最重要ステップである。外部環境分析／バックキャストから得られた要素を横軸に、内部環境分析／ビジネスシステム分析の結果を縦軸に入れる。

それぞれの要素をクロスさせて、自社の事業チャンスをあぶりだす。通常であれば、左記のようになる。

S × O 積極的攻勢
W × O 弱点補強、段階的施策
S × T 逆発想、差別化
W × T 防衛、同盟、買収または撤退

まず、S×Oでビジネスチャンスをつかむ積極攻勢をまず徹底的に考察する。チャンスをモノにするために、W×Oで自助努力あるいは提携などで弱点補強する方策も考える。

Tの脅威に関しては、致命傷にならないならばS×O、W×Oを優先する。これはビジネスチャンスに対応するほうがFirst-to-Marketにつながりやすいからだ。S×Tを検討する場合は強みを活用して脅威を打ち消す発想が必要になる。W×Tの場合は、同盟や提携も模索すべきであるが、最悪の場合は傷を浅くしつつ撤退を選択する場合もある（図6－9）。

実は、ここまで述べてきた「市場機会リスト」および「自社の強みのリストアップ」は、クロスSWOTのS×O＝「積極的攻勢」の準備をしていたのである。さらに、市場機会リストがバックキャストから得られた示唆集

図6-9「未来SWOT分析」で戦略課題を抽出する

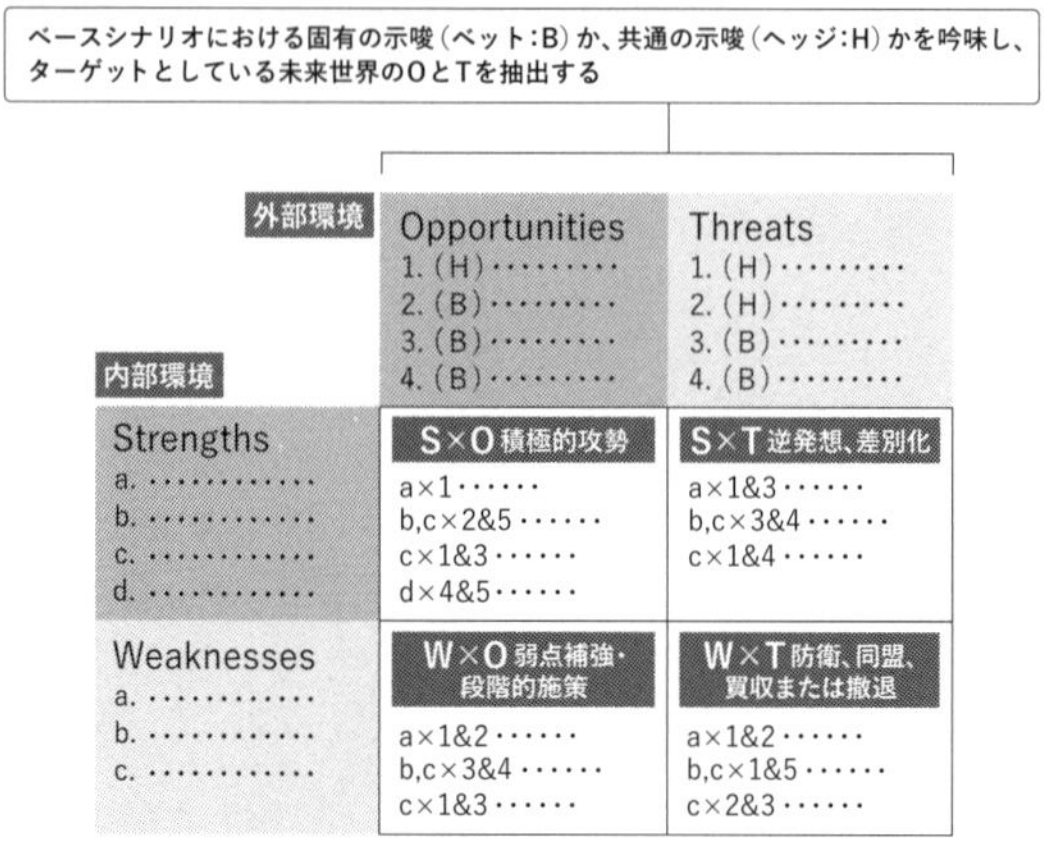

になっているため、ここまでのプロセスを経ていれば自然と「未来クロスＳＷＯＴ」をおこなっていることになる。市場機会リストおよび自社の強みが徹底的な分析と洞察にもとづいた豊かなアウトプットになっていれば、Ｓ×Ｏの領域には「来たるべき未来で勝つための市場創造の元ネタ」が大量に出てきているはずだ。

このように、ＳＷＯＴ分析とはそもそも非常に重要かつ意義深い分析なのだが、筆者が企業の現場で現実の事業戦略やマーケティングプランを見せていただくと、およそ８割のＳＷＯＴ分析は体をなしていない。すでに答えが念頭にあり、それを「分析的・構造的に見える化する」という文脈で使われていることが多い。戦略論の基礎に相当するＳＷＯＴ分析だが、本章の順序に則り、しっかり使いこなして魅力的な戦略仮説を発掘しよう。

ここで、First-to-Marketを実現しうる戦略課題を「未来クロスＳＷＯＴ」から抽出するために重要なポイントを４つほど解説しておこう。

○市場機会リスト：粒度と具体性、そして数が何よりも重要

せっかく粒度高く未来洞察をしてきたのに、ＳＷＯＴのＯに入れるタイミングになって突然、「自治体の環境・防災意識の向上」などの漠然とした言葉に市場機会を丸めてしまうミスを多く見る。抽象的な市場機会を強みと組みあわせたところであいまいな戦略課題しか出てこない。そこから新たにゼロベースでアイデアラッシュを繰り広げ、事業課題を探

しに行くしかなく、二度手間だ。粒度の高い未来洞察をそのまま市場機会に活かすべきだ。「マイクログリッド化していくエネルギーインフラをうまく導入できず、防災時のエネルギー供給にも不安が残る、再エネ適地の少ない地方部自治体の不安解消ニーズは、2028年頃に顕在化するはずだ」

こういった細かい描写ができていれば、それに強みをかけあわせることで新しいソリューションの概形が見えてくる。SWOT分析をキレイに行おうとして市場機会リストを集約・抽象化して数を減らし、Opportunitiesに入れても、そのあとに苦労するだけである。作った市場機会リストは、何十個あろうとも、そのままOpportunitiesに入れ込むのがよい。

○ヘッジ／Hedgeとベット／Bet。そしてクリティカル・コア

バックキャストから発見できる市場機会は2種類ある。

1つ目は、4つの未来パターンすべてに共通して発現する市場機会だ。未来がどう変化しても発現する市場機会なので、取り組まなければ競合の後塵を拝し、企業の価値を毀損する。その意味で、リスクヘッジの意味を込めて筆者は「ヘッジ系／Hedge」と呼んでいる。多くの場合、これらは「わかっちゃいるけど、あと回し」になっていることが多い。先述した、日本の電子政府の実現は20年前からヘッジ系の示唆なのだ。前章で述べたクリティカル・コアを思い出してほしい。ヘッジ系の市場機会は、「現在合理性○、未来合理性

○」の「普通の賢者*」領域に相当する。乗り遅れぬよう、早急に取り組むべきだ。

そして市場機会のもう1つの種類は、選定したベースシナリオにおいてのみ特異的に発現あるいは拡大する市場機会だ。こちらは「特定の未来シナリオに賭ける」という意味において、「ベット系／Bet」と筆者は呼んでいる。ベット系は、粒度高く未来を洞察し、ベースシナリオの到来に賭ける圧倒的な当事者意識と気概がなければ発見できない。その意味で、まさにここがクリティカル・コア＝賢者の盲点になる領域だ。

ベースシナリオが到来する可能性は1／4。他社から見ればこうした未来を前提にした戦略課題への取り組みは不確実性が高く、リスクでしかない。しかし我々は、この未来が到来することを知っている、あるいは、EWSで変化をモニタリングしているために、不確実性をチャンスと捉えた思いきったリソース配分が可能だ。

クロスSWOT分析の結果、「もともとわかっていたような当たり前の戦略課題」しか出てこない場合、市場機会リストがほとんどヘッジ系の市場機会で占められていることが多い。ベースシナリオの世界に再びタイムスリップし、ベット系の示唆を徹底的に粒度高く抽出してから、クロスSWOT分析に戻ってきてほしい。

*普通の賢者：部分合理性かつ全体合理性のストーリーをロジカルに語る賢者のこと。みんなが「正しい」と思う要素で組み立てたストーリーは競争優位があっても、いずれは模倣されることを示唆する言葉。『ストーリーとしての競争戦略』楠木健／東洋経済新報社（2010年）より

○できる限り多くの戦略課題を強制発想で抽出する

仮に、市場機会リストが2つ、強みが2つであれば、S×Oでの組みあわせは最低4つある。ではこれが、20個ずつあったらどうするか。その場合はぜひ、400通りの組みあわせを試してみてほしい。

扱う変数の数が増えると、全体を俯瞰しながら「いいネタはないか」と沈思黙考してしまう。そうではなく、すべてのSとOを強制発想的に組みあわせた事業構想を、徹底的にやってほしい。ここでも重要なのは、質より量である。その中に、思いもよらないキラリと光るアイデアが見つかることも多い。

○バックキャストとイノベーション

第1部・第2章で5つのイノベーションの類型について触れ、それらをミックスしたビジネスモデル・イノベーションについて言及した。バックキャストで戦略課題を粒度高く網羅的に抽出できれば、さまざまなイノベーションが自然と視野に入ってくる。未来世界の「技術進展」や「ユーザー」にフォーカスすればプロダクト・イノベーションが生まれ、未来世界の「カスタマージャーニー」や「顧客インサイト」にフォーカスすればコマーシャル・イノベーションにつながる。未来の「PEST」「バリューチェーン」「顧客ニーズ」に焦点をあわせればプロセス・イノベーションやサプライチェーン・イノベーションが、そして「5フォース分析の力学関係を加味した業界内のKSF変化」にフォーカスすれば組織イノベーションにつながる。

それぞれのイノベーションをどう実現するかを個別に考えることももちろん有用だが、バックキャストによる社会・市場全体を俯瞰する未来洞察によって、演繹的にさまざまなイノベーションが自然なストーリーとして導き出されるのである。

「事前の判断基準」と「戦略課題の優先順位付け」

ここまで何度も、「質より量」と述べてきた。その理由は、人間の脳は「発散」と「収束」を同時に処理できないからだ。ここまでは「宝探し」に似たマインドで、幅広く発散を繰り返すべきプロセスだったので、「質より量」だと重ねて伝えてきた。ここまで十分に広げきったら、いよいよ「我々が貴重なリソースを割いてでもどうしても解きたい、本質的な戦略課題」に収束させていこう。順調に「数」を出せていれば、手元には数十個の戦略課題候補が揃っているはずだ。

ここでやってはいけないのは、候補を一つひとつ吟味しながら優劣を判断することだ。数が多ければ何を基準に判断していたのか、途中でわからなくなる。議論の前半と後半で判断基準が変わってしまい、「前半で捨てた戦略課題を、なぜ捨てたのか?」ということすらわからなくなり、最初からやり直すハメになる。

弊害はほかにもある。「誰が発案したものか？」という余計なバイアスが入るのである。立場や、声の大きさで発案が通りやすくなるのはこのためだ。

本来は、「何を基準に戦略課題を選び出すべきか？」を事前に決めておくことが重要だ。市場規模、成長性、実現性、社会貢献性、資源合致性、リスク寛容性、理念合致性など、自社あるいはチームとして大切にしたい基軸を先に合意させておくのだ。その基準のもとで判断をして、戦略課題を1つに絞っていく（図6－10）。

図6-10「事前の判断基準」と「戦略課題の優先順位付け」

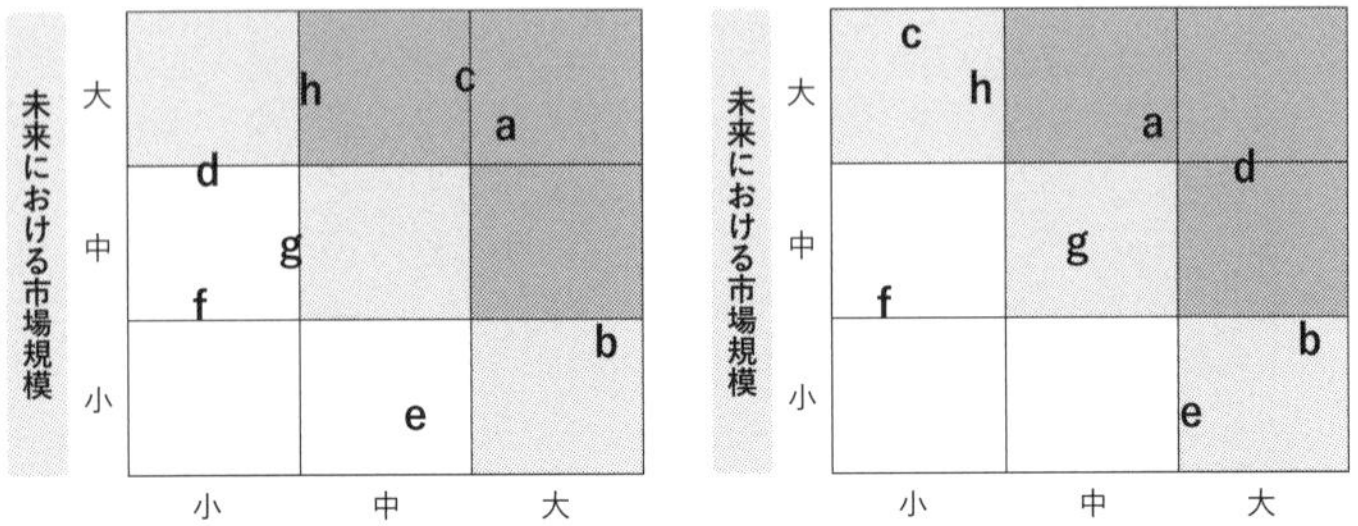

導き出されるWHY－WHO－WHATの初期仮説

ここまで分析できれば、たった1つ、選び出された戦略課題はこんな言明になるはずだ。

「我々は20XX年の未来を見てきた。その未来を前提にしたとき、20XX年頃、こんな人や企業に顕在化するこういったニーズに対して、我々のこんな強みを活用して、このようなソリューションが提供可能なのではないか。」

本書の骨子は「WHY－WHO－WHAT－HOW」だ。

我々は、どのような時代背景を前提として、どのように未来を先読みし、どう市場を創造していきたいのか。その大義名分は何か。未来、市場創造を達成した自社の理想像や、顧客課題・社会課題が解決された姿はどのようなものか。どんなビジョンを掲げて、社会にどう貢献したいのか。これが「WHY」である。そこで幸せにしたいと思う、未来の顧客は誰か。それが次の「WHO」であり、未来の顧客に対する提供価値が「WHAT」だ。

しかしここではまだ、WHOとWHATは初期仮説に過ぎない。それをさらに、次章以降で述べる顧客・競合分析＝STP分析、ニーズ・インサイト分析／ビジネスモデル分析などを通して確固たるWHO、WHATを確立し、HOWとつなげていく。First-to-Marketを具現化するためのWHYを構想し、WHO、WHATの初期仮説まで辿り着くのがバックキャストの本懐だ。

3.「戦略ロードマップ」を構想する

未来年表・EWS・戦略ロードマップで「未来をマネジメント」する

ここで少し立ち止まって、いくつかの疑問に向き合ってみよう。

○未来洞察にもバイアスがかかる? 「情報収集フレームワーク」を再活用する

どれだけ未来をアウトサイドインで洞察しても、さまざまな認知バイアスはここでも出てしまう可能性がある。ここでバイアスを除去するために、作成した「情報収集フレームワーク」をもう一度活用する。

それぞれの未来シナリオにおいて、社会的/経済的/技術的/政治的動向を洞察したかどうかはPEST分析。産業の上流から下流まで各プレーヤーがどうなっているか、新規参入企業や代替品を洞察したかどうかについては5フォース分析をチェックする。4つの未来それぞれで、マクロ環境、ミクロ環境をくまなく議論すれば、未来の精度は格段に上がる。情報収集フレームワークの隅から隅まで議論が及べば、市場全体を偏りなく視野に収めたといってよいだろう。

○本当にそんな未来が来るのか？「未来年表」で時系列をチェックする

描き出した未来の到来に現実味が持てない場合、おそらく「ターゲット年代」と「シナリオマトリクス」の整合性が怪しい。そうした場合は、「未来年表」をつくろう。

現在を起点とし、ターゲット年代を終点としたとき、いつ何が起これはベースシナリオに辿り着くのか、未来の年表をつくるのだ。

現実味のないシナリオの場合は、ベースシナリオ実現までに起こるべき出来事が、その期間に収まらないことが多い。その際はターゲット年代をさらに先に設定し直す。あるいは、先述のシナリオマトリクスの軸の両端の定義を見直すことで、ターゲット年代にほぼ均等に起こりうる4つの未来シナリオが描き出されるよう、修正する必要がある。

○「EWS」で変化をモニタリングする

ベースシナリオが来る、という読みが外れたらどうするか？　これは限られたリソースで最大の成果を出さねばならない企業にとっては非常に本質的な問いだ。未来予測を外さないために、ベースシナリオに至るまでの未来年表を作成した後、ベースシナリオ出現の前提条件となる主要な出来事を事前にリストアップしておき、実際に起こるのかをチェックする。これらのキーイベントをEWS／Early Warning Signと呼ぶ（図6－11）。

このEWSを定期的にモニタリングし、設定したベースシナリオに時代が向かっていないと判断した時点で、ベースシナリオの変更あるいはシナリオそのものに修正をかける。シナリオプランニングはゴールではなく、そのあとの組織的な「未来の監視」のスタート地点なのである。

これまでの示唆を集大成し、未来への「戦略ロードマップ」にまとめる

これですべてのパーツが揃った。

図6-11 未来予測を外さないための「未来年表」と「EWS」

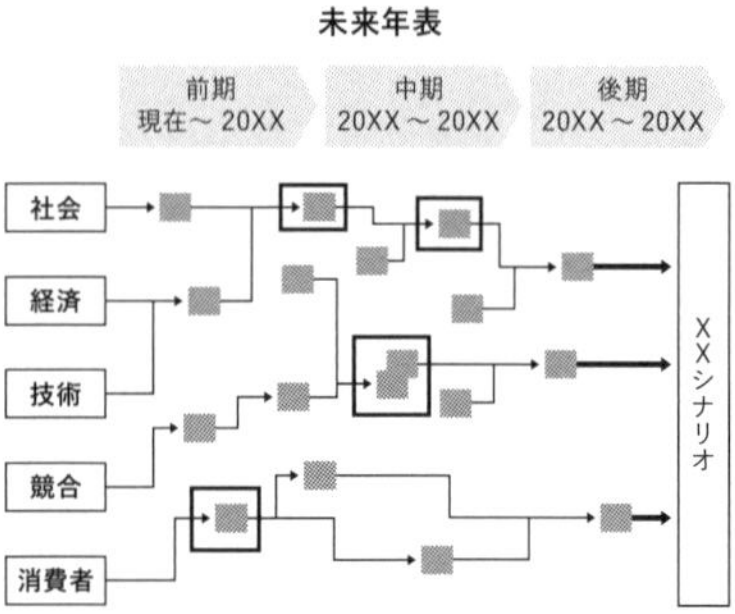

EWS

EWSウォッチリスト

想定年	EWS	現状	情報ソース※	
20XX年	XX率 XX%	XX率 XX%	20XX年X月に発行される○○リサーチ	☐
20XX年	X社 シェア↑	X社 未参入	参入動向は○○○にてチェック。参入後は外部リサーチ	☑
20XX年	XX コスト↓	開発 段階	R&D○○氏に定期ヒアリング、○○展示会へ参加	☐
20XX年	意識 調査A	意識 調査B	年1度の顧客ヒアリングにより推定	☑

※Early Warning Signにおける情報源のことをEarly Warning Sourceということもある。EWSが"Sign"を指すのか"Source"を指すのか要注意

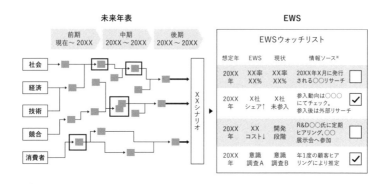

ターゲット年代に至る時代の変化／未来年表。行きつく業界や市場の未来絵図／シナリオマトリクスとベースシナリオ。その未来へ行きつくための条件／EWS。そこで武器となる自社の強みや資産／Strength。First-to-Marketを実現するための市場機会／Opportunity。基本となる戦略仮説／未来SWOT。そしてこれらの分析がもたらした「WHY」「WHO」「WHAT」の初期仮説がいま、手元にある。

その集大成として「戦略ロードマップ」にまとめていこう（図6－12）。我々がターゲット年代とした未来の外部環境はどうなっており、自社がその未来においてFirst-to-Marketを実現した姿＝事業ビジョンはどのようなものなのか。ターゲット年代に至るまで、世の中（PEST分析）や業界（5フォース分析）はどのような段階的変化を重ねていくのか。ターゲット年代における事業ビジョン達成のために、外部環境の段階的変化にあわせて、自社はいつまでに・どのように変化していくべきなのか。

そして、自社の変化の過程にEWSのモニタリングを織り込むことで、不確実な未来をマネジメント可能にする。こうしてできあがった戦略ロードマップに沿って、大胆に未来を切り拓いていくのだ。

図6-12 すべてをまとめて「戦略ロードマップ」を完成させる

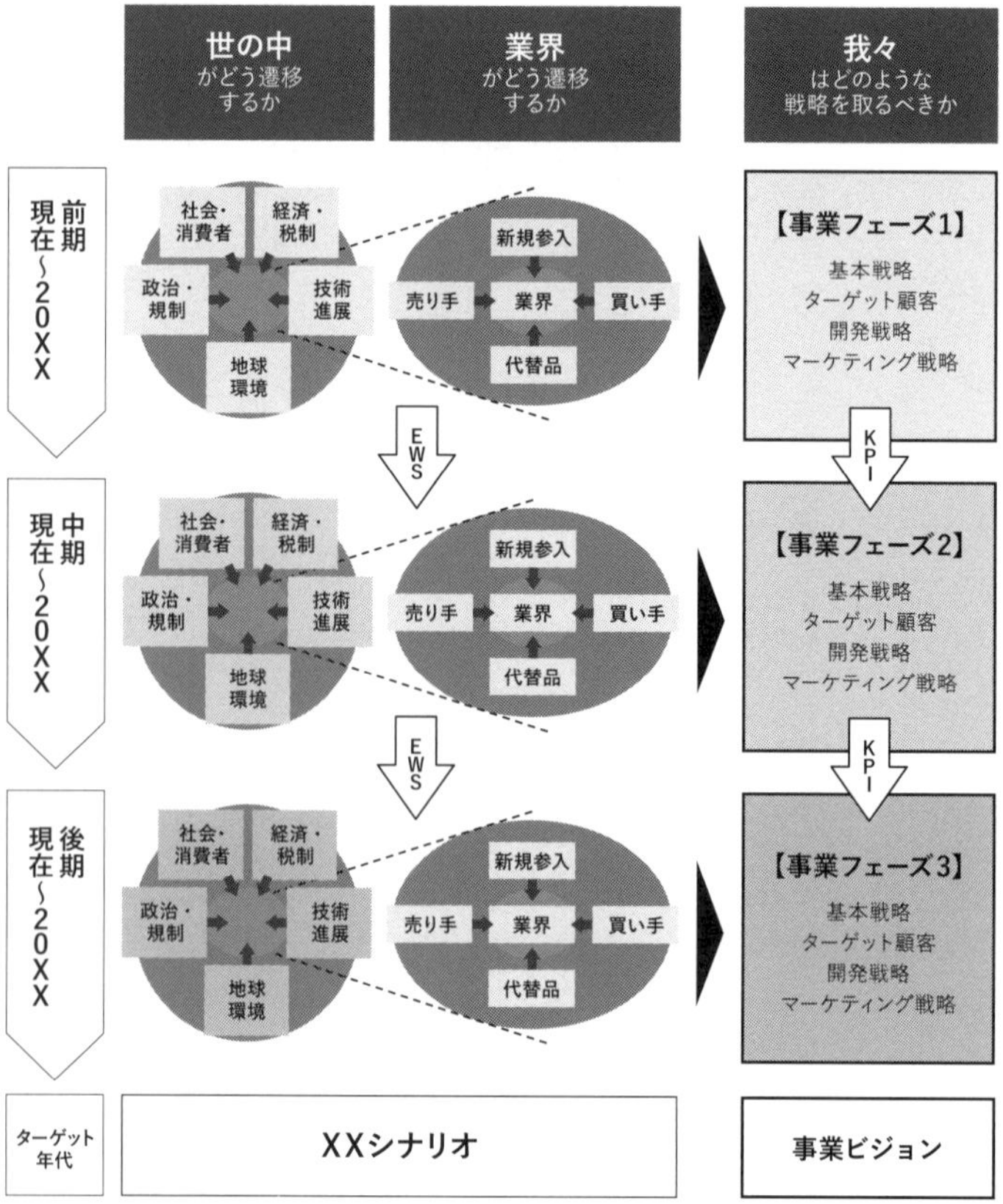

4．総括：バックキャストを実装する「人・組織・文化」

最後に、これまで述べてきた未来洞察、およびバックキャストによる戦略課題抽出の考え方を「どうやって組織に根づかせるか」を考えよう。これまで、多くのクライアント企業でバックキャストによる戦略構想を実践してきた中で、成功する企業には、事業トップか上級幹部を中心に「バックキャストを文化として定着させようとする共通点」がある。

戦略の起案者がどれだけバックキャストで分析を進めても、意思決定者である上層部がフォーキャストの価値観であれば起案が意味をなさない。起案者は不確実性をチャンスだと思う一方、上層部はリスクだと感じるためだ。中長期的な視野でのリソース配分を提言する起案者に対して、上層部は近未来の投資対効果を問う。これでは戦略議論が噛み合わない。起案者の情熱はいつか潰え、フォーキャストに呑まれていく。

このような事態をどう避けるか。理想的には経営陣直轄の部隊がバックキャストを軸として、戦略構想から具体的な実行プラン策定まで強力に推し進めることだ。

しかし、次に重要なのは現場管理職の役割である。上層部はボトムアップがないと嘆き、現場はトップダウンがないと嘆く会社は多い。しかし重要なのはミドルアップとミドルダウンではないだろうか。現場管理職が自身の事業や業務をバックキャストで捉え、自身の部署のビジョンを描き、現場を未来に向けて改革する。それと同時に、経営に対してしっかりとした戦略的分析と変革プランを進言し続ける。数年はかかるが、確実に会社は変わっていく。

外部環境を主語にしたアウトサイド・インの分析であれば、経営者はNOとは言いにくい。環境変化と、そのエビデンス、そして起きる可能性を否定することはできないからである。経営陣に対して、VUCAな時代における中興の祖としてのリーダーシップに訴えかけられるのは、ミドルマネジメントしかいないと筆者は思っている。

また、VUCAな時代環境においては、外部環境変化に即応した戦略を遂行するための組織人材マネジメントを、リアルタイムでおこなうことが肝要になる。それを担えるのはミドルマネジメントしかいないのだ。

シナリオプランニングを実施する際、あえて若手を起用することも有用である。筆者がかつて経験したプロジェクトで、新入社員教育としてバックキャストから新規事業提案まで実施し、最終発表に経営陣が揃って出席して経営への示唆を持って帰る、というプログラムがあった。

若手は良い意味で、まだ企業に染まっておらず、多くの新入社員は就活時に「業界分析」をおこない、他業界・同業他社と自社を比べている。つまり、アウトサイド・インが自然とできている状態なのだ。この感覚を最大限利用しない手はない。こうした若手の感覚の活用も現場管理職の一つの特権だろう。

自身の未来・業界の未来を真っ向から見据えていた若手時代から、数年〜十数年を経て管理職にあがるタイミングは、今期・来期の成果に主眼を置くがあまり、ややもするとフォーキャストの価値観が固定化していくタイミングのようにも思う。ミドルに相当する読者諸氏はぜひ、諦めずに未来に向けた視野を開き続け、変革の旗頭になってほしいと、切に願う。

第2部・第5章の冒頭で述べた孟子の言葉「天の時は地の利に如かず」には、実は、続きがある。

「天の時は地の利に如かず、地の利は人の和に如かず」

天の時を利用するにしても、地の利を活用するにしても、そこに携わる人の心が一体となっていなければ、First-to-Marketはおぼつかない。

本来、VUCAな世界はチャレンジに満ちた楽しい世界のはずだ（図6－13）。組織力を結集し、VUCAな世界に対して明確な未来への指針を示し（V：Vision）、不確実性を適切に分析・理解し（U：Understanding）、市場機会を明晰に描き出し（C：Clarity）、組織をあげて、柔軟かつ俊敏に動く（A：Agility）、新「VUCA」の世界へ漕ぎ出してほしい。その核となるのは、やはり「バックキャスト志向のリーダー」の存在である。

組織を船に例えると、一昔前のリーダーは、船の舳先に立ち、乗組員を鼓舞し、荒波をスゴ技で超えていくタイプがもてはやされた。しかし今は違う。ここはどこなのか、この荒波をどう読み解くべきなのか、今後の見通しはどうなのか、危険を犯してまでたどり着き

図6-13 希望とチャレンジに満ちた「新・VUCA」

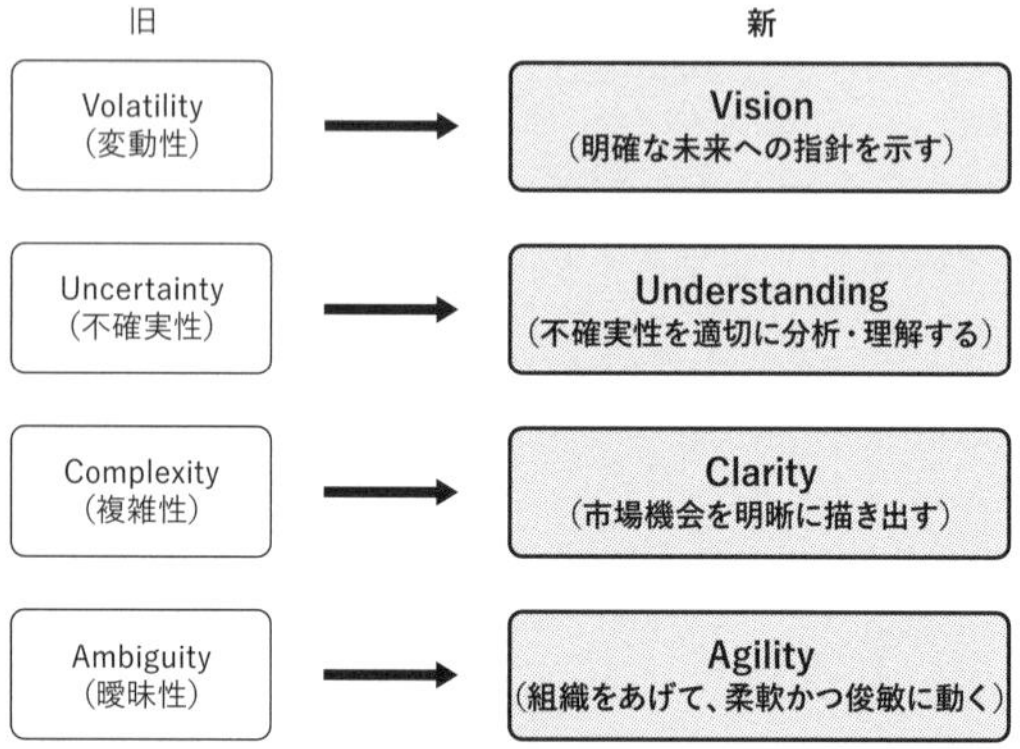

たい目的地はどこなのか、そこには「どんな素敵なことが待っている」のか。だから今、何を全力で実行しなければならないのか。

力強い未来へのストーリーを示しながら、徹底的な洞察と対話によって、変化耐性のある柔軟な組織をいかに創りあげるか。

これがＶＵＣＡな時代のリーダーシップの本質なのだろうと思う。

第3部

WHO

幸せにしたい顧客をファンにする

第7章 「ポジショニング・ステートメント」をインサイトから創造する

菅野誠二

セグメンテーションによる「市場細分化」と「ニーズの理解」

第2部「WHY」で進むべき未来シナリオを特定した次にすることは、第3部「WHO 幸せにしたい顧客は誰か？」を考えることだ。

世の中にはさまざまな嗜好の顧客が存在する。その中で、同一のニーズを持ち、企業からのコミュニケーションによって刺激を受けた時、同じような反応をするであろう塊に切り分ける。その塊ごとに、顧客をいくつかのグループに分類することを「セグメンテーション／市場細分化」という（図7－1）。

テレビや新聞などのマス広告を媒体として、すべての顧客に向けてアプローチするマス・マーケティングと呼ばれる手法は、効果と効率が悪化している。これは顧客ニーズの多様化とデジタル革命によるものだ。

マス・マーケティング全盛の時代から、デジタル技術とSNSなどの普及によって、その重点はより1to1でパーソナルな区分に移行している。そして、次の①、②よりも、③、④が重視されるようになった。

①住んでいる地理的特性：都道府県、大都市から中小都市、都会と田舎、山の手と下町などで顧客を細分化

②人口、統計的特性：性別、年齢、職業、所得、学歴、ライフサイクル、世帯規模、世代、人種など。B2Bでは企業特性／

図7-1 重層的な切り口で「セグメンテーション」を行う

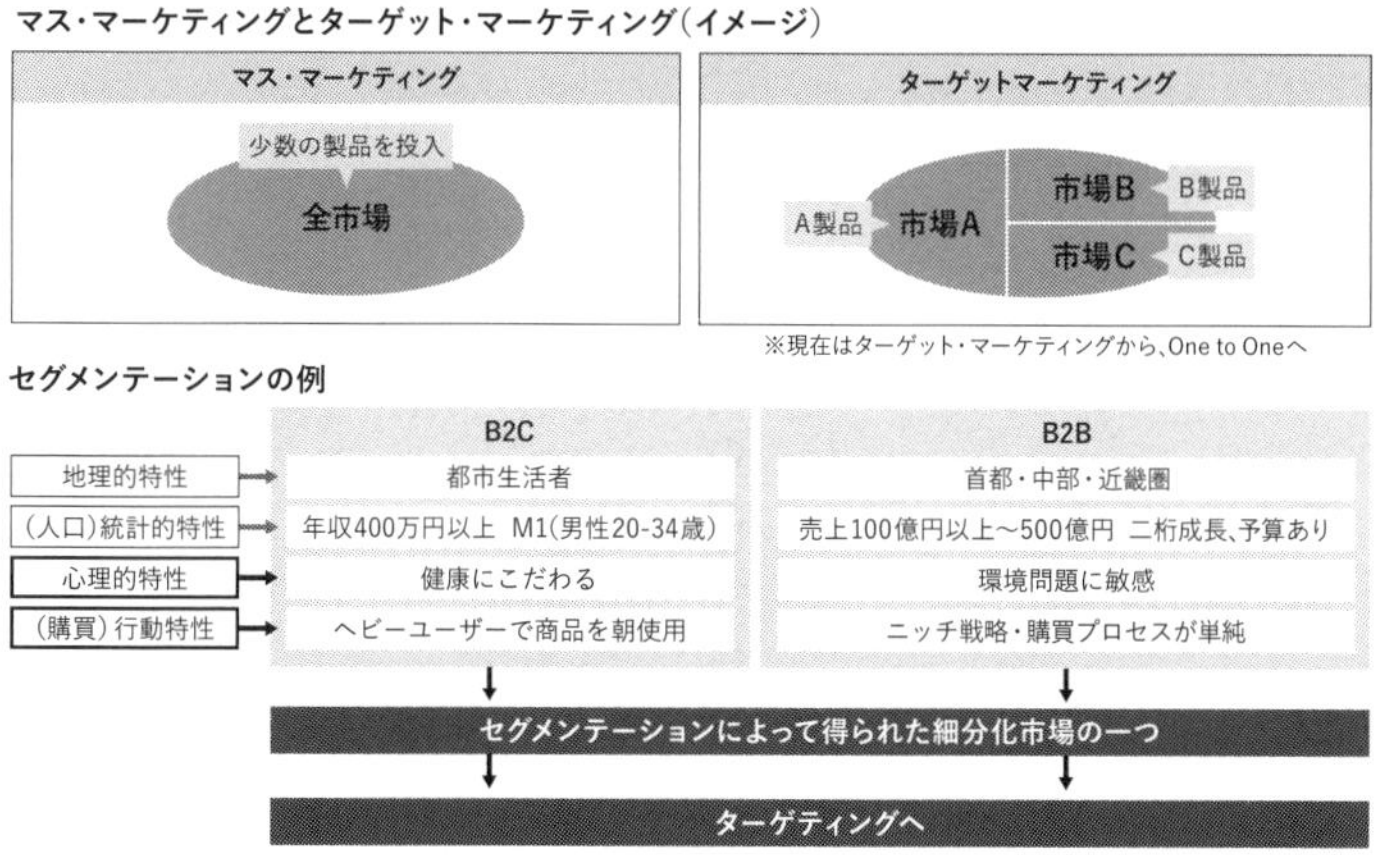

firmographicとしての沿革、業種、規模、成長率などのプロフィールで細分化

③心理的特性：ライフスタイル、好み、価値観、信念、宗教、社会階層、パーソナリティなどで細分化

④購買、行動特性：購買契機、追求ベネフィット、使用量・頻度、使用状態、ロイヤルティ、購買準備段階、製品に対する態度などで細分化

それでは、顧客ニーズをうまく探り出すには何をすべきだろうか。

イノベーション普及理論から顧客に合わせて価格戦略を考える

図7－2の「イノベーションの普及理論」は見たことがあるかもしれない。図7－3のプロダクトライフサイクル／PLC理論と同時に確認して使用法を理解してほしい。まずは自社が参入している、または参入予定の市場は、現在のプロダクトライフサイクルにおいてはどこのフェーズにいるだろうか。

図7-2 イノベーション普及理論*による5つの区分

◎普及率16%を超え、早期採用者の中で商品評価が確立すると、前期多数採用者の購入が促進されて普及する
※ハイテク商品はこの間に深い溝（キャズム）があるとの論理もあり
◎生産財であってもオピニオンリーダーに認められると、他社の購入が促進される

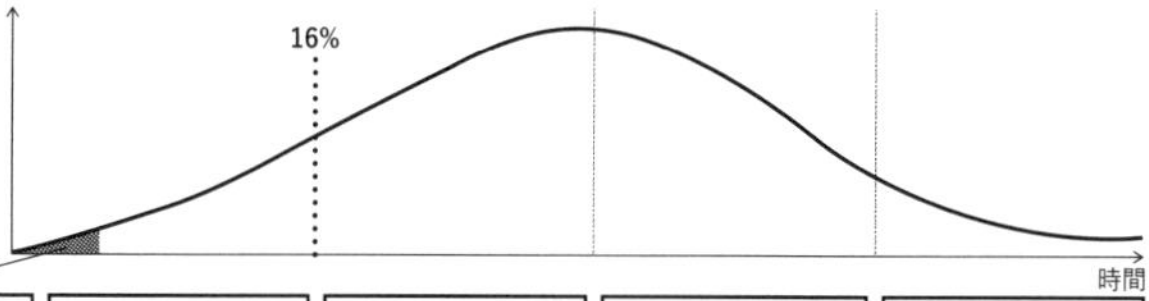

革新者 Innovator	早期採用者 Early Adopter	前期多数採用者 Early Majority	後期多数採用者 Late Majority	採用遅滞者 Laggard
2.5%	13.5%	34%	34%	16%
新しいもの好き。冒険者。多少のリスクを背負ってでも新しいものを試す。若年層。比較的教育水準や収入が高い	新しいベネフィット。そのものに着目。オピニオンリーダー。周囲から尊敬を得られるかが行動基準。新しいものを早期かつ慎重に選択	慎重。比較的新しいものを受け入れる	新しいものに懐疑的。大多数が試した後で手を出す	保守的で昔からの物に執着する。バーゲンなどの選好度が強い

＊出典：1962年、スタンフォード大学のエベレット・M・ロジャース教授が著書“Diffusion of Innovations”（邦題『イノベーション普及学』）で提唱した、イノベーションの普及に関する理論

図7-3「プロダクト・ライフ・サイクル」を考慮した打ち手が必要

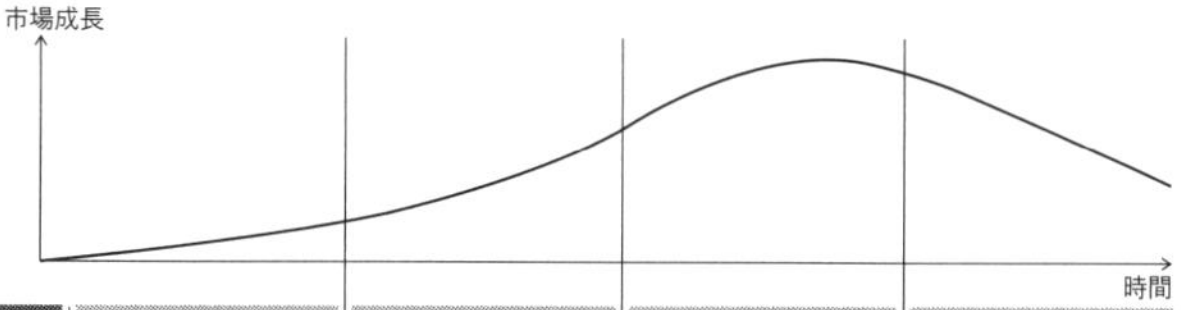

各段階の特徴	導入期	成長期	成熟期	衰退期
売上高	低い	急成長	低成長	低い
利益	マイナス	極大化	低下傾向	低いあるいは0
競合企業	ほとんどなし	増加傾向	多い	減少傾向
キャッシュ・フロー	マイナス	プラス	大きくプラス	マイナス
マーケティング戦略				
基本目標	拡大	浸透	シェア維持	生産性確保
重点	認知	ブランド	ロイヤルティ	選択的
主要顧客層	イノベーター	前期多数採用者	マス顧客	保守的顧客
製品戦略	基礎開発	ライン拡大	差別化	ライン縮小
流通戦略	未調整	拡大	重点化	選択／限定
価格戦略	高め	やや低め	低い	高め
支出	多い	多い	少なめ	少ない

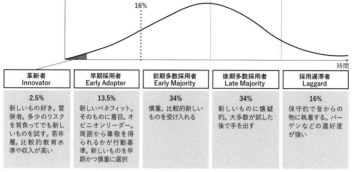

○導入期

導入期であれば新規に成立した市場なので、その業界で2・5%程度しかいないといわれる「イノベーター／革新者」がターゲットだ。新しもの好きで、失敗を恐れずになんでも試してみる冒険者のことだ。市場に価格の相場観が成立していないし、需給バランスでは供給が少なく、売り手市場の場合が非常に多い。First-to-Market が狙えるフェーズである。

また、一番乗りでなくても一番手商品の顧客不満を解消して迅速に市場拡大する能力があれば、一番手をひっくり返せる可能性がある。売り手側のキャッシュフローはマイナス状態なのに対して、イノベーターは価格感度が低い傾向にあるため、この状態を早期に脱出するためにも上澄み価格戦略を採用したい。マーケティングミックスでブランド認知の向上に重きを置き、成功すれば価格支配力を創造しやすい状態にあるといえる。

○成長期

成長期には「アーリーアダプター／早期採用者」まで市場が拡大する。彼らは周囲からの賞賛を好物とする傾向にあるので社会的なニーズにも目を向ける必要がある。アーリーアダプターはオピニオンリーダーになりえるため、自身の魅力を誇示する使い方をしてもらえれば、「顧客層を拡大する推奨者」になってくれる。ここでアーリーマジョリティ／前期多数採用者に影響を与えて欲しいのだ。特にハイテク商品ではアーリーアダプターとアーリーマジョリティの間には大きなキャズム／溝があるといわれるため、「ここを超えさせることができるかどうか？」で、大きな市場形成の成否が決まる。オタク商品で終わってしまわないように、アーリーマジョリティにも理解できるような商品ベネフィットを伝えるコマーシャル・イノベーションが重要だ。

需給のバランスにおいては、いよいよ需要過多になってくる場合が多いため、価格戦争をしかけてくる競合は多くなる。ブランドによる差別化を図り、一定の価格を維持すべきである。

○成熟期

成熟期ではアーリーマジョリティに加え、レイトマジョリティ／後期多数採用者が市場の比重を大きく占める。この層に対しては価格が低くなる傾向があるため、ここでブランドロイヤルティ構築を重視して顧客をファン化できるかどうかで価格支配力が決まる。

○衰退期

衰退期にはラガード／採用遅滞者と呼ばれる保守的な顧客が増える。昔ながらの商品を好みバーゲン選好度が高い。マーケットリーダーなら市場の再活性化を狙うか、ゆっくりと衰退を受け入れて利益を搾り取る方に舵を切るかを投資収益性で判断する。保守的なコアファンに対しては、価格戦略もあえて高めに設定して、ファンだけの特典を提供することで、顧客維持に努める。

たとえば3M社は、新製品の売上貢献度を高く保つことで、導入期~成長期までは高価格を維持する。そして成熟期に価格勝負をしかけてくる競合が増加すると、市場撤退の決断を下すことをためらわない。市場のライフサイクルと顧客のコスト感覚・傾向を鑑みて、自社利益が守るべき基準を明確に持っている。キーエンスも価格勝負には消極的で、新製品で対応するか、市場撤退を厭わないようである。

一方、1602年から続く養命酒製造株式会社*の老舗ブランド「養命酒」のようにPLC理論からすれば衰退期にあるものの、この市場自体の寿命が長く、圧倒的なブランドシェアを誇っている。そのため、さほど大きなマーケティング投資をせずとも利益を維持できている。残存者利益を狙うのだ。

エクストリーム・ユーザー「変態さん」を探せ!

「エクストリームユーザー/極端な顧客」という顧客の定義がある。筆者は密かに「変態さん」と呼んでいて、インサイトを創造する上で重要な顧客ターゲットだ。

*2022年3月期の売上は105億円、営業利益は9.9億円(利益率9.4%)

変態さんはイノベーション普及理論でいう一般マス区分ではなく、イノベーターとラガードの両方を指す。企業側が想定してないような使い方をするイノベーターや、当該商品にネガティブなユーザー＝ラガードである。変態さんは必ずしも商品のヘビーユーザーでなくともよい。しかし、そのカテゴリーの商品知識が高く、独自のこだわりを持っているために一般人と異なる使用法・目的・シーンを持つ。まずはイノベーターに着目しよう。

なお、その商品に興味がないなら無視してよいが、ラガードはネガティブな理由にこそ着目したい。例をあげると、知人のコンサルタントは食品添加物を一切認めず、国産、しかも自身の出身地である関西の野菜が舌に合い、健康に寄与すると信じている。ドイツ産の白アスパラガスは海外ものでも本物なので大歓迎。その季節になると一回の食事で前菜として、一気に12本くらいは食べるという。変態さんである。通常の商品には飽き足らず、常に不満がある。彼にインタビューし、ブレインストーミングすると食品サプリメントの新製品アイデアが湧く。

さて、変態さんにインタビューする効用は2つある。

①低欲望社会の日本で尖った意見に「新たな気づき」を得る

平均的な消費者にアンケートやヒアリングを実施しても「とくに困っていない」といっ

た回答が多い。特に景気後退下で欲望を押さえつけることが日常的になり、身の丈にあった暮らしをする低欲望社会の日本では、なおさらのことだ。ここで新たな気づきを得るには、「尖った意見を述べてくれるユーザーの声」が貴重なのである。

②イノベーションのきっかけは「変態さん」から

平均的ユーザーのニーズを追ってしまえば、他社も同じような調査をおこなうために差別化がしにくくなる。変態さんインタビューはイノベーションに結びつく可能性を常に秘めている。

予算と時間があればエスノグラフィーのアプローチで参与観察をする。参与観察とは、社会学や文化人類学の定性的社会調査法のことだ。一定期間、対象グループと生活をともにして一体化し、対象社会を観察、記録、調査する。こうして記録した記述をエスノグラフィー／民族誌といい、近年マーケティング調査に活用されている。この簡略版に家庭訪問調査があり、無添加にこだわる変態さんの家を訪問し、キッチンを拝見して調味料棚の写真を撮らせていただき、できればこだわりの料理をつくってもらう。そこで対象者を観察しながらメモや動画をとり、気になった行動に対して理由を聞く。

そうは言っても、そんな対象者が見つからないというマーケターもいるだろう。変態さんを探す手順はこうだ。
①定量調査で商品の使用実態と、その理由を自由回答で書いてもらう。特に使用理由が重要だ。定量データからの「異常値」や、自由回答の中から「通常と異なるユーザー」を特定する。
②①で抽出した方にデプス・インタビューを依頼する。アンケートでの異常値のポイントに対して、その理由を深堀りしよう。
こうした定量調査の手順が踏めない場合は、知りあいやSNSなどを通じて、まずは一人の変態さんを探す。SNSにはその分野のエクストリーム・ユーザーの巣窟が見つかる場合がある。そして通常ならば、一人見つかるとその友人も変態さんである可能性が高い。

彼、彼女たちのインサイトを創造してみた際、それが「時間がかかっても広がりを持つかもしれない」と感じたなら、次のステップにつながる。

インサイトは「創造」するもの

ラダリング法で心理の裏側を解き明かす「デプス・インタビュー」

インサイトを見つけるための調査と分析のステップを紹介しよう。第1部第3章「インサイトは『購買行動を起こす心のスイッチ』と定義する」で使用した図3－3（P81）をもう一度見てほしい。

近年、生活者の行動実態・深層心理・意識構造を探るために、デプス・インタビュー／深層面接法（別名：1on1）が重要視されるようになってきた。インタビュアーが1対1で話すことで、表層的な情報にとどまらない対象者の生活や行動の実態を深く掘り下げて聴取できる。また、質問への答えや反応行動に応じて、その裏側にある理由・動機・願望・不満・価値観など、その深層や背景まで入り込んで質問して、明らかにしていく。

なお、こうしたインタビューを経て、変態さんも含めたターゲットごとの差分を知りたい場合には、いくつかのセグメントにわけて対象者を絞り込もう。

次に、デプス・インタビューには対象者の潜在意識を探る「投射法」があるが、ここでは理解しやすい「ラダリング法」を紹介する（図7－4）。ラダリングとは梯子をのぼったりくだったりするように、「何故？」という問いを中心に、提唱者が答えた意味・理由の裏側を探索する手法である。

ここではコトラーが使用している欲求5段階に「自己超越」を加えた6段階の簡易版で3段階＋属性に縦軸をまとめている。時折、対象者が言葉に詰まってまったく応えられなくなった場合は「ラダーダウン」として「その気分はどこから生じますか？」「〇〇のためには、何が、どうなっていることが必要ですか？」と、一段下げて、新たな登り口を探す。

対象商品カテゴリーを「飲料」のテーマに

図7-4 顧客ニーズを深掘りする基本的手法「ラダリング法」

生活者の認知構造を「商品選好」の視点で明らかにする手法*。評価グリッド法とほぼ同義。コンセプト開発、評価、潜在ニーズの発見、コミュニケーションにおけるメッセージ開発などに有効。他商品と比較させて行なうと、差が明確になる。

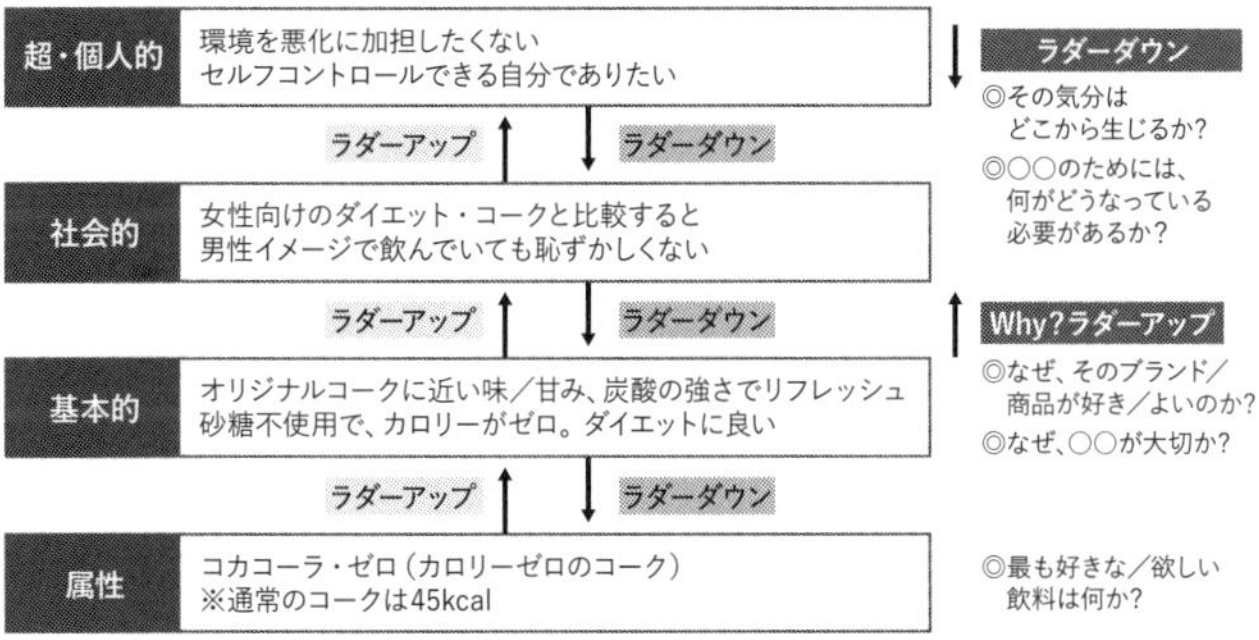

＊習慣化された商品選好や、消費者の認知構造が成立していない全くの新規分野には有効性が低い。
人の認知をツリー状の構造と想定している前提そのものの限界が指摘されている

して、特定のポイントを重視したインタビューを実施する事例を紹介する。図7－4では、6W3Hのうち、まずは「What」を聞く。この場合は「飲料で好きなものは？　よく飲むのは？」などである。その後、飲料にまつわる生活習慣についても聞いていく。「誰が、誰と／Who with、Whom」「どんな時／When」「どこで／Where」「どうやって、どんなふうに、どの程度／How、How Much」といったように、それぞれの切り口において、何をどう使用したかを聞いていく。加えてそのブランドに対する不満や要望として「何が、どうなっていてほしい？」を聞いてもよい。

その中で何か興味を引く返答に出会った時、一番重要なのは「どうして／Why」である。コカ・コーラ ゼロが好きだといわれたら、ラダリングでインタビューする。

ちなみに、コカ・コーラ ゼロのインサイトは、これまで何度もダイエットに挑戦しようとしてきたが、太め仲間に「お前、まさかダイエットかよ！？」と言われるのが恥ずかしかった若年男性が、「(ダイエット・コークと比較して男性イメージの商品という点を踏まえて)ダイエットではなくてゼロだと言い訳できて、飲んでいても恥ずかしくない。」である。

話を戻そう。聞き出したインタビューの結果を図7－5の「インタビュー観察メモ」の左側の箱にまとめる。そしてインタビュー後に顧客の課題「ペイン／ゲイン」に分類する。そうして気になった、引っかかりのある生声や態度を抽出する。ここまでは各人の作業で完結させることが多い。

インサイトは裏の裏まで考え、発想の飛躍とチームの納得感に「金脈」が眠る

インタビュー後、ここからのフローは、チームで進めていく。コンシューマー・インサイトのまとめ、図7－6の上の箱はデプス・インタビューなどで得られた被験者の「①顧客が抱える課題：ペイン／ゲイン」の発言内容、態度を入れる。この①の中から「②顕在化された未充足のニーズ」と思われるものを選択し、下段左端の箱に複写しよう。

第1部・第3章「インサイトは『購買行動を起こす心のスイッチ』と定義する」（P77）でも述べたように、この「②顕在化された未充足のニーズ」がもし、他社がまだ実現していない場合、それは市場が小さすぎる／規制が

図7-5 インタビュー・観察メモワークシート

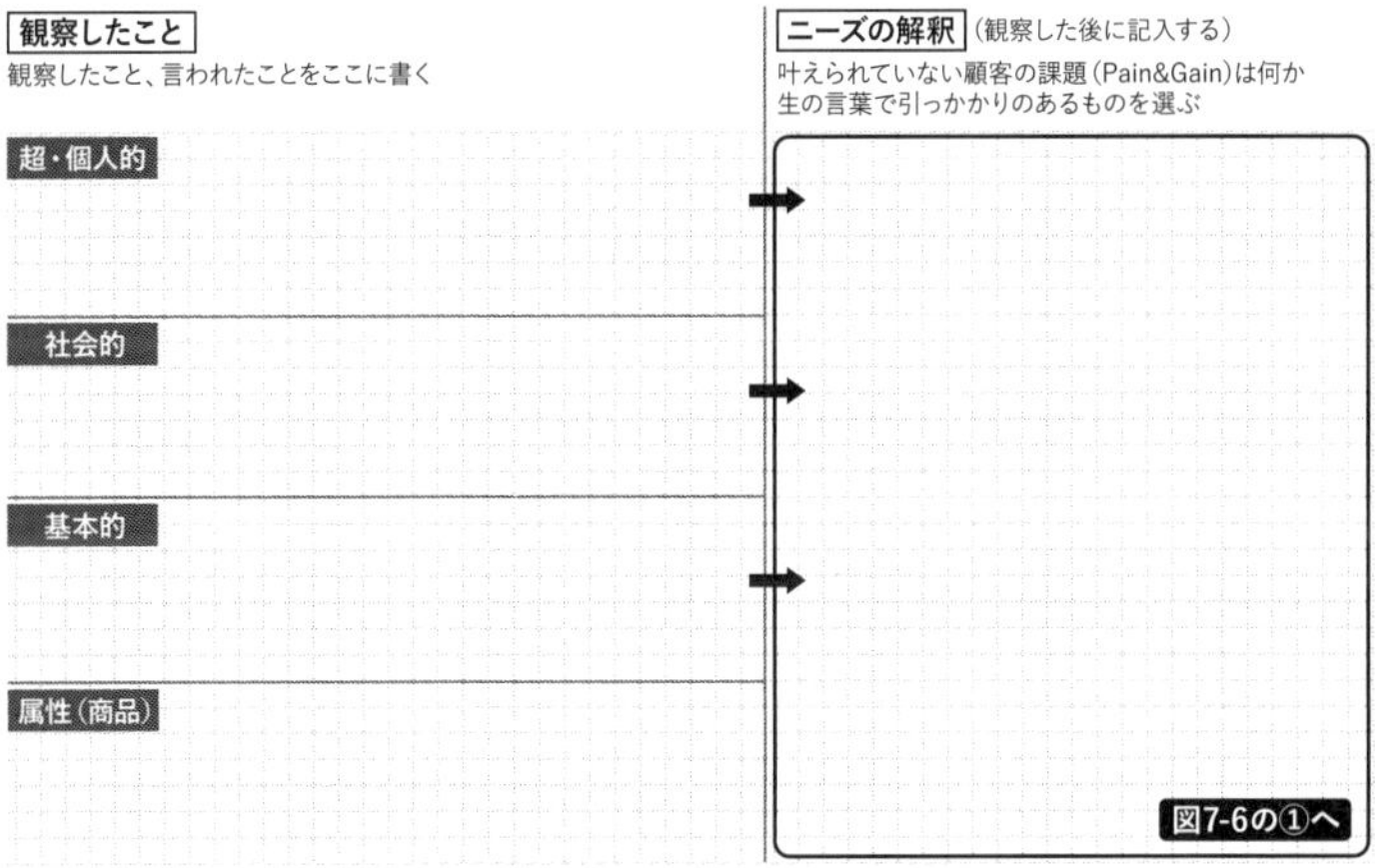

ある／コスト、または技術的に成立しないといった制約条件が存在する。そこでこれらを外す、技術、プロセス、サプライチェーンなどにおけるイノベーションを起こす必要がある。極めてまれだが、どの競合も気づいていなかったニーズで上記の制約条件が見つからず、成立することがあるなら素晴らしい幸運である。やるしかない。

そして現在時点で解決策が存在しておらず、新たな「マーケティング・イノベーション」を望むなら、もっとインサイトを探る必要がある。②の顕在ニーズから「③顕在ニーズの裏／ニーズの理由と意味」について、チームでブレストするのだ。この③は被験者も、インタビュー中に言語化できる場合、できない場合があるので、そこをマーケターがちょっとした態度から、読み解く。たとえばヒアリングなら「うなずきや戸惑い」であり、家庭訪問なら「行動やしぐさ」が洞察の切り口だ。

最後に、「④インサイトと思われるもの」について、チームでブレストしながら右側の箱に入れていく。③で見つけた「理由、意味＝裏」の、そのまた「裏」を推論することになる。顧客の潜在的な「不安」や「ジレンマ」を想定してみるとよい。インサイトはこちらで導き出すものだ。「あの人の発言って、要するにこういうことなんじゃない？」といった言葉や行動の裏側を、この4つの箱の流れから強制発想して導き出すのである。

前述の通り、インサイトは意識と無意識のキワキワのところにある。だから、隠れた真実を見つけ出す必要があるのだ。これが見つかってこそ、インサイトの卵から仮説検証をはじめることができる。

ただし、この時点では「マーケターが勝手に推定していること」に過ぎない。そのため、正解／不正解は検証してみなければわからない。ただ、「絶対にこういうインサイト、あるでしょ⁉」というものがチームで見つかった時は、「もしこれが正解だとすれば、こんなベネフィット、コンセプトがあったらうまくいくんじゃないか」と発想を飛躍させてみよう。ここでブランドの状況をよく理解しているチーム内で盛りあがったら、金脈の可能性がある。

なお、調査で出た①や②レベルの被験者の発言をもとに、すぐに、安直に「インサイト

図7-6 コンシューマー・インサイトまとめ

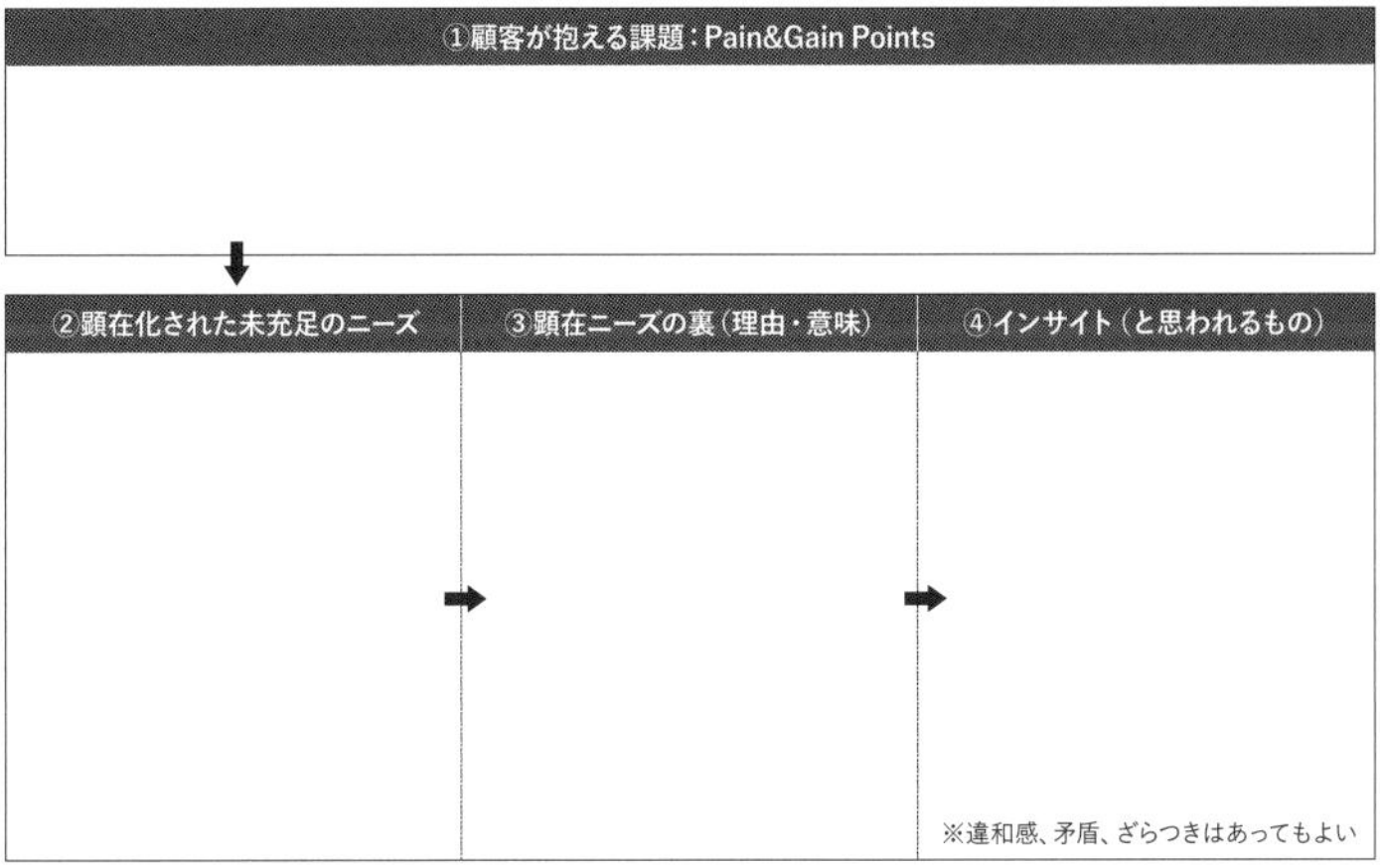

が…」という人がいるが、大概、浅い。運よく変態さんで自らの深い欲望を言語化できる人に遭遇できれば幸いである。

『裏の裏側を強制発想で見つける』

ここを忘れてはならない。

インサイトには4つのレベルがある

私が尊敬してやまない、大手外資系コンサルティング会社で役員を務めるマーケターは、「インサイトには4つのレベルがある」と仰る。

①ヒューマンインサイト

「人間であれば、嫌なものは嫌だよね」といった、誰にでも共通する物事。推定にあたっては「デザインシンキング」で抽出する。デザインシンキングとは情報処理推進機構「DX白書2021」の定義を借りると「製品やサービスのユーザーが抱える真の問題と最適な解決方法を探索し創出する思考方法」である。

ビジネス上の課題解決のために、秀でたデザイナーがユーザー視点でデザインを考案する際に使うプロセスを用いる。

② カテゴリーインサイト

「そのカテゴリー特有のベネフィットとは何か?」という種のインサイトを指す。推定にあたっては「Jobs To Be Done／片づけたい用事、成し遂げたい目的、進歩」を見つける。Jobs To Be Doneはクレイトン・M・クリステンセンがイノベーションを発生させるために考案した『ジョブ理論　イノベーションを予測可能にする消費のメカニズム』(ハーパーコリンズ・ジャパン)による考え方だ。

顧客単位ではなく、ある特定の状況において顧客が成し遂げたい「ジョブ」に焦点をあてて考える。その種類には「機能的」「感情的」「社会的」ジョブの3つがあるが、機能より感情的／社会的ジョブが重要な場合が多い。参考までに食事の例を示すと、下記のようになる。

機能的ジョブ：カロリーが低く、小腹を満たせる
感情的ジョブ：ちょっとだけ贅沢な気分を味わえる
社会的ジョブ：インスタ映えして友人に自慢できる

③ターゲットインサイト

対象ターゲットの「個人的なインサイト」のこと。推定にあたっては「ペルソナ」を作成する。「イノベーターとアーリーアダプターのインサイトは、何がどう異なるのか？」「ヘビーユーザーとライトユーザーとの差は？」といったセグメントの差分を見つけると際立ってくる。このインサイトは、特に重要である。

④レセプティビティ（受容性）インサイト

同じ個人であっても、カスタマージャーニーマップにおけるMoment／モーメント*ごとに刺激に対する受容性、つまり「反応のインサイト」が異なる。そのため、その差分を見つける。新しいイノベーションが生まれるというよりも、マーケティングミックスの改善に効果を出すインサイトだ。推定にあたっては「ZMOT／ジーモット：Zero Moment of Truth」「FMOT／エフモット：First Moment of Truth」「SMOT／エスモット：Second Moment of Truth」といった、瞬間ごとのインサイトを行動データやインタビューから導出する。Moment of Truthとは「真実の瞬間」を意味し、消費者が商品購入を決心する瞬間のタイミングのことを指す。

ZMOTは2011年にGoogleが提唱した言葉で「消費者は、来店する前の情報収集段階で購入商品を決めている」という理論。FMOTへのアンチテーゼ。

*Moment／モーメント：消費者が商品やサービスを求める瞬間が、もっとも興味・関心が高まることを指す。この瞬間を「モーメント」と呼ぶ。

ＦＭＯＴは顧客と商品の「ファーストコンタクトの3〜5秒の瞬間」に購入意思が確定されるという理論。Ｐ＆Ｇが２００５年にパッケージ、ＰＯＰ広告、店頭プロモーションなどのコンタクトを重視して、躍進した。

ＳＭＯＴは「第2の真実の瞬間」であり、消費者が商品を購入したあと、「使い心地やアフターサービスを実際に確かめる段階」を指す言葉。顧客満足度を高めることでリピートやファン化に至るプロセスが重要とする理論。

前項で抽出した「インサイトと思われるもの」に対して、上記の考え方をもってレベル感が推定できたら、次は、「その考え方は、他のセグメントにも当てはまるのか？」を考えてキーインサイトを創造していく。このプロセスを経ることで、ニッチすぎるインサイトの枠を出ることを目指す。イノベーターはニーズが尖っているものの、その10倍希釈くらいの感覚は一般人も何かしら当てはまる要素を持っている。

つまりここでは、アーリーアダプターとアーリーマジョリティが、3年後についてくるような匂いをかぎ取れるかどうかが問われる。

キーインサイトから「ポジショニング・ステートメント」を創出する

インサイトを創造できたら、今度はポジショニング・ステートメントの創造へ移ろう。

ここで、前項の①ヒューマンインサイト、②カテゴリーインサイトと、③ターゲットインサイトの事例を説明する。

私がディズニーのビデオ会社、ブエナ・ビスタでマーケティングの責任者をしていた時に、大ヒットした映画「美女と野獣」の続編が出た。この際、いくつかのグループインタビューを経て、小学生の女児を持つ母親の①ヒューマンインサイト、②カテゴリーインサイトは「クレヨンしんちゃんは子供が好きだけど、タダで見るものだ。買うビデオは何度も見るもので、買って持っておく意味がないとダメ。もったいない」というものだった（図7－7）。

これはカテゴリー全般の価値観としてはさほど新しいものではなかった。しかし、ターゲットインサイトとしては、こうした恋愛もののタイトルに対するユニークなインサイトが抽出できた。「ちょっと今の（旦那との）関係にがっかりしているから、少しでも恋に憧れがあったあの頃の気持ちに浸りたい。女同士、娘ともいつか恋バナするのかなあ」というものだった。「娘と恋バナ」。我々はここにインサイトを感じた。キーインサイトはあくまで顧客の深層の声なので、売り手の言葉にならないように「私」を主体にして書くとよい。

映画は、ヒロインのベルが野獣とはじめてのクリスマスを迎え、プレゼントのことを巡ってやきもきさせられるが、最終的には2人の心が近づくという内容だった。そこでキーインサイトから「売り手」に視点を変えてTVキャンペーンは「母から娘への贈り物」として、サブメッセージで「何度も一緒に見返せる」ことを謳った。

このキーインサイトをポジショニングの文書にしたものが、図7−8だ。キーインサイトはターゲットの言葉にして、その提案のみならず「なぜ、その提案が信じられるか」とい

図7-7 インサイト／潜在ニーズのキーワード群から キーインサイト*を導入する

インサイトの候補群からキーインサイトへ（子供向けディズニー映画の事例）

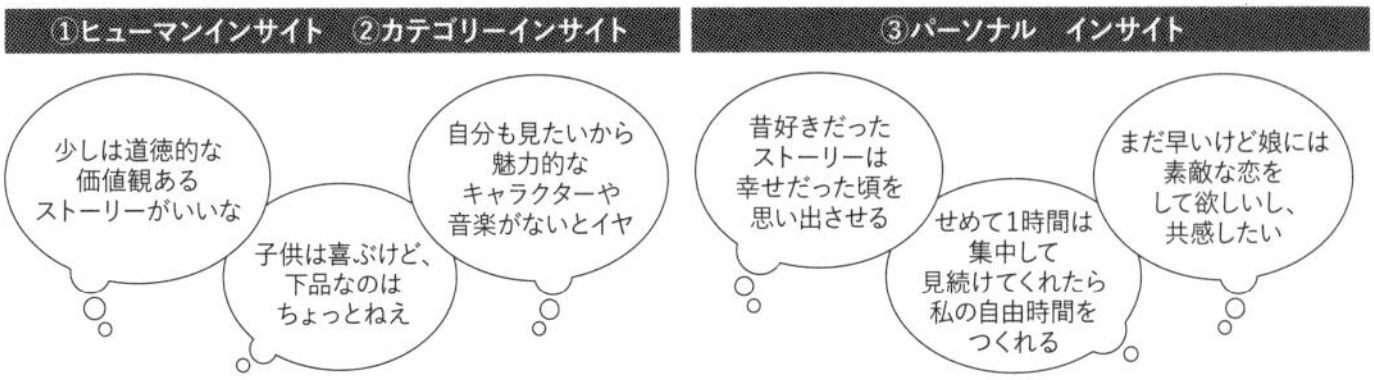

①ヒューマンインサイト　②カテゴリーインサイト
③パーソナル　インサイト
少しは道徳的な価値観あるストーリーがいいな
子供は喜ぶけど、下品なのはちょっとねえ
自分も見たいから魅力的なキャラクターや音楽がないとイヤ
昔好きだったストーリーは幸せだった頃を思い出させる
せめて1時間は集中して見続けてくれたら私の自由時間をつくれる
まだ早いけど娘には素敵な恋をして欲しいし、共感したい

キーインサイト? 私は……
◎クレヨンしんちゃんは子供が好きだけど、タダで見るものだ
◎買うビデオは何度も見るもので、買って持っておく意味がないとダメ。もったいない

キーインサイト? 私は……
◎ホンネは、ベビーシッター替わりが欲しい
◎ちょっと今の生活にがっかりしているから、少しだけでも娘に戻ってあの頃の気持ちに浸りたい。女同士、娘ともいつか恋バナするのかなあ

▼

キーインサイト：私は……
◎あの頃の自分に戻って、純粋な恋愛ストーリーを一緒に楽しみたい。娘に贈りたい。
◎持ち続ける価値があるものしか、買いたくない。

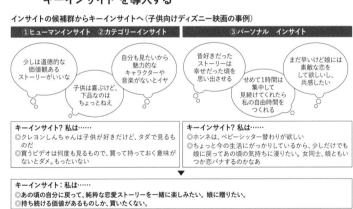

う根拠／RTB：Reason To Believeまで展開するのである。このポジショニング・ステートメントが、ここからのマーケティング・プランの骨子になる。

図7-8 キーインサイトからポジショニング・ステートメント*へ すべて「消費者・ユーザー」起点。企業の提案を言語化する

事例：ディズニービデオ「美女と野獣 ベルの素敵なプレゼント」

定義	**キーインサイト（私は……に続ける）** インサイトの中でも自社ブランドの購買につながる主なもの。インサイトはいくつかあっても良いが、自社の強みが活かせないと、意味がない。	事例	**キーインサイト** ◎あの頃の自分に戻って、純粋な恋愛ストーリーを一緒に楽しみたい。娘に贈りたい。 ◎持ち続ける価値があるものしか、買いたくない

▼

ポジショニング・ステートメント

ターゲット
⇒ブランドが狙うべき顧客

ブランドからの提案
⇒企業/ブランドから提案する**ニーズの解決策**
⇒対競合優位性の高い、売り文句

RTB：Reason To Believe
⇒消費者・ユーザーにとって、そのポジショニングを信じてよいと思える**根拠**
⇒ブランドの特徴や対競合ブランドへの強み。複数あってもよいが、主なものを選択

▼

ポジショニング・ステートメント

ターゲット
⇒あの頃の自分に戻って、純粋な恋愛ストーリーを一緒に楽しみたい。娘に贈りたい。
⇒持ち続ける価値があるものしか買いたくない、と感じている、女児をもつ母親

ブランドからの提案
⇒ディズニー「美女と野獣 ベルの素敵なプレゼント」は、「**母から娘へのプレゼント**」にぴったりの物語。何度も一緒に見返せる

RTB：Reason To Believe
⇒大ヒット「美女と野獣」の続編で、2人の仲が急速に近づいてゆくエピソード。チップ以外はオリジナル編の出演者と新テーマ曲で本編を彷彿とさせる格落ちではない作り。

*ブランドからターゲットに対して行なう、自ブランドの優位性を説得して購買に誘う**提案：Proposition**。

ベネフィット市場で、ユニークでないと意味がない。シンプルで短く体言止めにすることで強いメッセージに

第8章　ファン化するための「ターゲティング」

菅野誠二

ターゲティングは「市場の魅力×勝てる根拠」で解を出す

市場の魅力とは、「収益性（規模×業界構造で算出される利益率）」と、その「成長率」だ。そこで、次に考えるべきは、その市場で「勝てる根拠」である。市場に対する自社の経営資源、つまり、「強みを活かして差別化できるかどうか？」だ。これらの問いに対して、狙うべき市場の優先順位に解を出すことを「ターゲティング／標的化」という。

ここで、米国物理学者エンリコ・フェルミの思考法「フェルミ推定」を使用しよう。まず仮説を置き、重点要素のみ考え、計算式を単純化する。あたかも余り紙に概算で算出するように推算してから、精度をあげていく。

セグメント毎の市場の魅力を「収益性（顧客生涯価値を換算した市場規模×収益構造）」×「市場の成長性」×「その市場で自社ブランドが勝てそうかどうか？」という3つの観点から有望な市場を選択することがターゲティングの本懐である（図8－1）。顧客のニーズは環境によって変化するので、条件変化が激しい場合には他社を出し抜ける可能性が増し、ビジネスチャンスを生みやすい。この「顧客」の定義次第で、その後のマーケティングミックスの方針が決定される。プランの投資対効果に直接つながるフェーズのため、極めて重要なプロセスだということは肝に銘じておきたい。

第1部・第3章P82のセグメンテーションの事例を借りれば、「ペルソナ：浅井隆太朗」をまずはコアターゲットと設定し、次に「ペルソナ：青木勝」を第2のターゲットとするといった具合だ。

顧客の生涯価値を念頭にターゲットを選択する

市場の魅力を検討するために必要な一要素である「顧客の生涯価値＝LTV」とは、継続利用を前提にした事業において、当該企業が取引を通じて一人の顧客から得られる利益の総額を指す。ただし、事業の成功要因は業界の性質によって異なるため、重要業績評価指

図8-1 市場の魅力度が高く、自社の強みが活かせるセグメントをターゲティングする

マス・マーケティングとターゲット・マーケティング（イメージ）

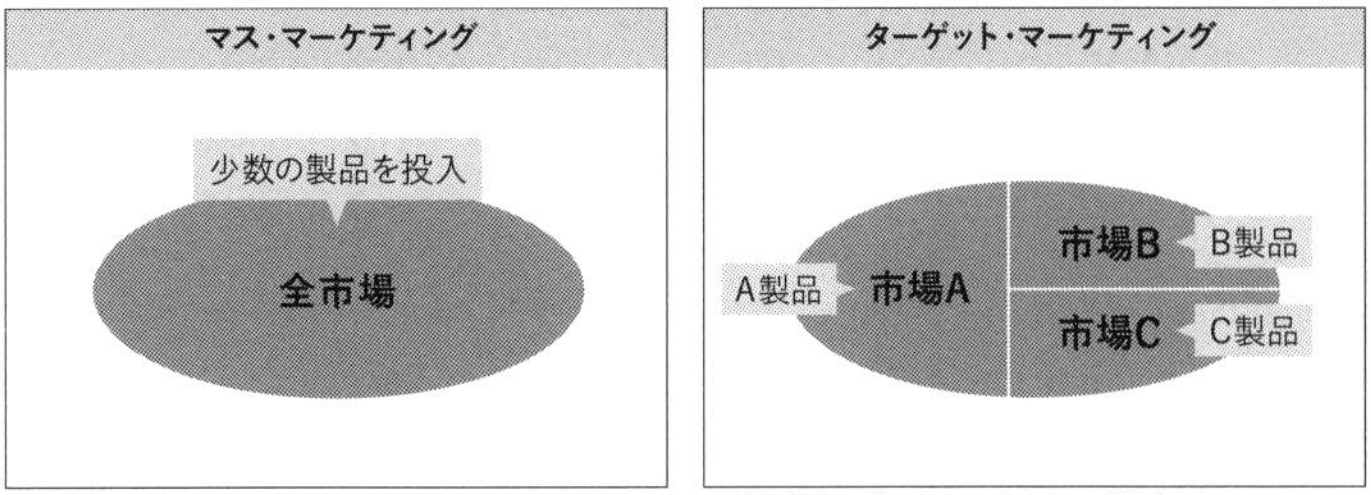

※現在はターゲット・マーケティングから、One to Oneへ

ターゲティングの例（イメージ）

セグメンテーション

↓

ターゲティング

	市場A	市場B	市場C	市場D
収益性（規模×構造）	●	●	△	×
市場成長率	●	△	●	△
経営資源との合致	●	×	△	●

↓

市場A	市場B・C・D
ターゲット市場の第一候補	ターゲット市場の候補からはずれる

↓

ポジショニングへ

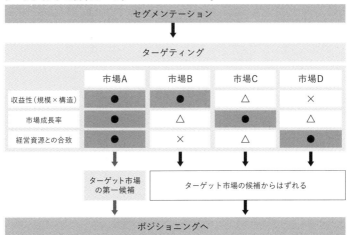

標／ＫＰＩ：Key Performance Indicatorも変わってくる。
そこで、いくつかの計算モデルが存在する。

・ＬＴＶ＝平均購買単価×収益率×購買頻度×継続購買期間
・ＬＴＶ＝平均購買単価×収益率×購買頻度×継続購買期間－（新規顧客一人あたりの獲得コスト＋既存顧客一人あたりの維持コスト）
・ＬＴＶ＝顧客の平均単価×粗利÷解約率
※企業によっては初期の新規顧客獲得コストを投資として捉え、ターゲットセグメントごとに大まかな購買平均利益と頻度を計算して、そこから発生するキャッシュフローを割り引いて現在価値を求めることもある

価格支配力の考え方をもとにした「顧客価値創造プライシング」とは、売上至上主義ではなく、顧客のベネフィットと企業利益のバランスがＷｉｎ－Ｗｉｎを生み出し、継続的な関係を構築することを目指すものだ。

かつては、この生涯価値の計算は手間がかかりすぎて実行が困難であった。しかし現在ではウェブを用いた調査でコストが低減され、かつＳＮＳや会員カードによるＦＳＰ*データの入手によって、キャンペーン投資による新規ユーザーの顧客獲得情報を管理しやす

*FSP／Frequent Shoppers Program：ポイントやサービスを提供する顧客カードを発行して、顧客ごとの購買データを分析し、購入金額や来店頻度によってターゲティングするプログラム。セグメント別に特典を変えることによって効率的な販売戦略を展開して、優良固定客の維持・拡大を図るマーケティング手法。

くなってきた。筆者のクライアントでも、会員がテレビコマーシャルや他メディアと接触したことにより、競合から自社へのブランドスイッチした効果を、FSPデータをもとに定量的に計算してキャンペーンのROIを算出している。

このブランドスイッチを調査・モニターして報告してくれる調査ベンダーも存在する。これにWEB調査をかけあわせれば、以前よりも容易に生涯価値が推定できるようになっている。

顧客を自社ブランドの強力なファンにする

顧客の生涯価値を計算してターゲットを選択し、そうやって獲得した顧客を維持したあとには、さらにその関係を「深化」していくことが大切だ。

コトラーによれば、ゼネラルモーターズでは新規の顧客開拓には既存顧客維持の5倍以上の経費がかかることを発見したそうである。また、B2Bビジネスの場合、経費は概算で20倍から50倍にもなる。

では、顧客を自社ブランドの強力なファンにするにはどうすればよいのか。

まず、「見込み客」を対象にして、最初の購買をしていただく「顧客」を創造する。その際には「返報性の原理」を活用することがひとつのアイデアだ。人は、他人から何か嬉しいことをしてもらうと、何かお返しをしなければいけない心理が働く。無料でサンプルをもらう、あるいは価値を感じられる無料メルマガを配信してくれるサービスを受けると、「ここで買わないと悪い気がする」という心理が働く。

小売店では、相手の好みをカウンセリングしてくれ、「これでもか」というくらい商品をテーブルいっぱいに広げて説明してくれるので、元に戻す手間を想像すると返報性が働くのがよい例だ。そのあとには足繁く通う「得意客」になっていただきたい。

しかし、それで顧客深化の道は終わったわけではない。次には「ファン＝支持者」として積極的に自社の商品を周囲に勧めてくれるようなレベルから、事業によっては一緒に商品の販売促進のPRに出演してくれるパートナーにまで深化していただく、という理想の到達点まで想定すべきだ。

彼・彼女はそのブランドの伝道師となって周囲に口コミしてくれるだけに終わらず、時には協業や共同開発／Co-Creationして、商品企画を手伝ってくれる可能性もある。数的にはトップ20％程度の伝道師が80％の売上貢献をするという例はよくある話だ。ネットでのアフィリエイト*を狙って口コミを広げてくれる宣伝者／アドボケーターになることもある。

*アフィリエイト：成果報酬型広告

周囲にハーレーダビッドソンのオーナーがいたら「ハーレーって、乗っていて、どう?」と聞いてみるとよい。きっと彼、彼女の「ワオ!」体験を飽きるほど聞かせてくれるはずである。

彼らの多くは「ハーレー・オーナーズ・グループ/HOG」**というファン組織に入会している。HOGは世界131ヶ国、100万人以上のハーレーオーナーをつなぐ世界最大のライダーズグループである。日本のメンバーは3万人を超え、全国のハーレーダビッドソン・ジャパンの正規販売網115店舗(2020年時点)の地域会員組織を運営している。統一された店舗デザインはファンの集合拠点、かつシンボルであり、定期的なツーリングやイベントを開催する。これはハーレー体験を共有する、最大のマーケティング施策だ。

近年「ファン・マーケティング」「コミュニティ・マーケティング」という概念が広がっている。オンライン+オフラインでコミュニティを生成し、強いファンである既存顧客がブランドを支持し、さらに代弁/アドボカシーすることで、ユーザーがユーザーを呼ぶという考えだが、ハーレーダビッドソンはこの発想の先駆者と言える。

ハーレーは1980年代に、一時期、日本車の攻勢を受けて消滅しかかったことがある。

**ハーレーオーナーズグループ:https://www.harley-davidson.com/jp/ja/content/hog.html

しかしその際、性能では日本車に勝てないことを悟った。そこで徹底的にユーザーペルソナを分析したところ、ハーレーの購入目的、および提供価値の本質は実用性や性能そのものではないことがわかった。それはどこまでも「趣味」であり、「アメリカを強く感じるデザイン」＋「力強いエンジン音」＋「エンジンの振動」を「楽しむこと」だと見極めた。この瞬間、日本車と戦わないことを決めたのだ。

このユーザー体験を広める仕組みづくりを1983年に開始して、現在ではホンダ、ヤマハ、カワサキ、スズキというオートバイの主要4大メーカーを擁するバイク王国の日本で、エンジン751CC以上の大型バイクカテゴリーでシェア1位になってしまった。ハーレーの平均価格は日本で200万円以上、最高価格は600万円を超える業界屈指のプレミアム・ブランドである。

また、別の事例ではセレクトショップのユナイテッドアローズを取りあげよう*。著名なIT批評家の尾原和啓氏のインタビューによれば、2022年にECサイトと機関システムをリニューアルし、ECサイトへの「集客」、「接客」、その後の「CRM顧客情報管理」の効果を高めてファンを形成し、LTVの増進に向かっているそうである。

デジタルのお膳立てとして、店舗でのアプリ利用者は50％程度を超えている。来店者が

*尾原和啓「デジタルの未来を求めて」 第30回ユナイテッドアローズがUXで解明 LTVが高い顧客の共通点とは？ 2023年01月17日

ブルートゥースやＷｉ－Ｆｉをオンにしている場合には、ビーコン／電波発信機を活用して購入者の25％程度の来店を検知できる体制がある。

加えて、ＭＡ／マーケティング・オートメーション・ツールを活用して来店から購買データを参照し、購買後のアンケートを送ってもらっている。これらのデータから、仮説として立てた店舗でのカスタマージャーニーが正しかったかを検証している。

「初回購入でスラックスやデニムのようなパンツを選んだお客様は、ＬＴＶが高くなることがわかった」という分析結果が出たとする。「パンツのフィッティングにおいてよい接客ができた顧客は、次につながりやすくなるという洋服店としてのあるべき基礎力がしっかり評価されていると考えられる」という発見があった。ここを踏まえて、次回には何をお勧めすればヒット率が向上するかを、データから導き出す。デジタルデータの解析と、リアルの融合だ。

筆者はユナイテッドアローズに20年以上通っているが、それは懇意にしている販売員の佐藤さんがいるからだ。私の好みのみならず、持っている洋服をほぼ把握してくれている。暑い日にはそっとペットボトルで冷たい水を出してくれる気遣いが嬉しい。佐藤さんは現在、店長に昇進していて、会員の先行特別割引セールの案内が届く。さらに筆者が好きそうな商品を取り置きしておいてくれる。これまで相当数の友人も紹介した。自分自身をフアンと表現してよいだろう。

加えて、佐藤氏だけが特別というわけではなく、他の従業員のサービスレベルも高い。この企業は数あるセレクトショップの中で顧客接客の上位にランクインするが、その接客指導とビジョン教育の仕組みに定評がある。事業ビジョンに共感を持っている従業員が顧客の共感を呼ぶのだ。

昨今、ベースアイテムの価格もあがりつつあり、なによりバーゲンセールの値引き率が低くなっている。アパレル小売店としての生き残りをかけて値上げは必須条件だろう。最近ではネットでも見せ方を工夫して、値下げせずに売れるようシフトしてきた。

価格支配力を持つには、ファンの育成がコアになる好事例だ。

CREATE THE PRICING POWER
THROUGH MARKETING INNOVATION

第4部

WHAT

ビジネスモデルとブランドで競争優位を創造する

第9章 イノベーションを生み出す「ビジネスモデル」

松岡泰之

ターゲット顧客のインサイトに刺さる提供価値「WHAT」を設計する

第7章では、顧客の多様性を適切に切り出して(セグメンテーション／Segmentation：市場細分化)、個別に深くニーズやインサイトを深掘りする方策を述べた。そして第8章では、細分化した顧客群のうち、「誰を幸せにしたいのか」を「市場の魅力度」と「自社経営資源のフィット」を頼りに特定する「ターゲティング／Targeting：標的化」について解説した。S、Tと来て、「次は？」と聞かれたら、「P」と答える読者諸氏はきっとマーケティング既習者だろう。通常は第10章で述べる「ポジショニング：Positioning／顧客が認知・信頼してくれる自社の優位性」とセットで「STP分析」と呼ぶことが多い。マーケティング入門編に属するSTPだが、かつて違和感を感じた方はいないだろうか。

セグメンテーション、ターゲティングは「第3部 WHO」の話である。しかしポジショニングになると、「すでに『提供価値:WHAT』が存在する前提での話」に飛んでいることも多い。S、T(WHO)が終わったら、我々は特定したターゲット顧客のインサイトに対してどのような事業活動で価値を届けるべきなのか、「WHAT」の仮説を徹底的に議論する必要がある。ここからはじまる第4部のテーマは、「WHAT」だ。第9章ではビジネスモデル、第10章ではポジショニングについて述べる。

ビジネスモデルの可視化で事業のブラッシュアップを図る

価値提供の「構造」であるビジネスモデル

ビジネスモデルとは、ターゲット顧客が抱えるニーズに対してソリューション/解決策を届け、収益を上げるための構造図を指す。いわば、バリューチェーンも一つの線形なビジネスモデルである。製品を生産し、流通を通して消費者に届ける、という典型的な商流も、れっきとしたビジネスモデルだ。ビジネスモデルを持たない企業は存在しない。

ただ、既存のビジネスモデルには、多くのステークホルダーの利害関係が複雑に絡みあっているがゆえに、積極的に構築していくものだという認識が薄く、「慣例＝変えようがない、変えてはいけないもの」と考えてしまう結果、変革の手が及ばないことも多い。だから、既成概念を取り払って「顧客の課題に最大効率で我が社が解決策を届けるにはどうすればよいか」を考え抜く試みに、イノベーションのチャンスがあるはずだ。ビジネスモデルを再構築することで、顧客価値を増したり、収益性を高めたり、事業の継続性を増したり、参入障壁を築くことだってできる。

ビジネスモデルを「可視化」する

まずは原理原則から考えてみる。ビジネスモデルに必要な要素は4つだ。

①顧客セグメント／Customer Segments

本書で述べてきたＷＨＯに相当する。誰に価値を届けたいのか、どのようなニーズを持ったどのような顧客セグメントが我々のターゲットなのか、第3部第7、8章で述べた、セグメンテーション／ターゲティング、ペルソナ、ニーズ／インサイト分析を経て顧客および顧客の課題を特定しておく。

②提供価値／Value Propositions

顧客セグメントが抱える課題に対して、自社はどのような解決策提供が可能なのか。どんなプロダクトやサービスがあれば顧客は認知・信頼・購買してくれるのかを徹底的に考える。顧客が感じる機能的価値や情緒的価値、価格感や利便性、体験価値（デザイン、音、触感、匂い）なども勘案した、顧客が知覚する「喜び・充足感」が「提供価値／Value Propositions」である。

ここで留意すべきは競合の存在である。世の中には多くのビジネスモデル論が存在するが、商流の構造化に主眼が置かれる余り、競合への認識が薄くなることが多い。顧客から見れば、「競合あるいは代替手段が解決してくれない課題」を解決できる提案なのだとしたら、自社の提供価値の「競合優位性」も、提供価値／Value Propositionsとして明確に記述すべきだ。第10～12章で述べるポジショニング／ブランディングもここに相当する。

③チャネル／Channels

どのような経路で提供価値を顧客セグメントに届けるのか、その流通経路を指す。チャネルについては、本書の至るところに出てくるので詳説は不要だろう。顧客セグメントに具体的にリーチ可能な最適経路を考え抜いて記述する。チャネルのあり方によって、顧客に利便性や信頼感、円滑なコミュニケーションから来る心理的コスト低減といったベネフィットを提供することももちろん可能だから、提供価値／Value Propositionsとチャネルは一貫性を持って設計すべきだ。カスタマージャーニーに沿った顧客の購買行動をできる限りスムーズに再現できるようチャネル設計を吟味しよう。

④収益源／Revenue Streams

どんな新規事業でも確実に大きな壁として立ちはだかる「マネタイズ」がここだ。顧客セグメントから直接、あるいはチャネルを通して価値を提供するたびに収益を得るのが通常の流れだが、ここに様々なビジネスモデルの類型が存在する。手数料収入、リースやレンタル、ライセンス、広告など、収益源をすべて列挙しておく。顧客を2種類に分け、一方から確実に収益を得ながら、他方には無料で提供する「無料経済」あるいはフリーミアムモデル、都度課金ではなく一定期間ごとの定期課金とするサブスクリプションモデルなどもある。

第1部 第3章 P68で述べたパナソニックの「メーカー指定価格」は、商流をほとんど変えずに、在庫責任の在り処を変えたことにより売価UPに成功した。ネスレはバリスタマシンの本体価格を抑え、コーヒーカプセルの継続利用でマネタイズを盤石なものにしている。いわゆるジレットモデルだ。収益モデルを工夫することで、ビジネスモデル・イノベーションを生み出した事例には枚挙にいとまがない。

ビジネスモデル・キャンバス

ビジネスモデルは「事業の設計図」である。本書で述べてきた様々な分析の集大成として構築していく、ビジネスの「屋台骨」だ。だからこそ、戦略構築や戦略実行に携わるメンバーに、明確な共通言語が必要である。

そこで、ローザンヌ経営大学のアレックス・オスターワルダー教授とイヴ・ピニュール教授によって提唱された「ビジネスモデル・キャンバス」が有効だ。

これまで述べてきた①顧客セグメント／Customer Segments、②提供価値／Value Propositions、③チャネル／Channels、④収益源／Revenue Streamsに加え、それらを支える以下5つの要素を加えて記述する。

⑤顧客との関係／Customer Relationships…事業の存続と成功を確実にするために必要な、顧客セグメントとの関係性を構築する必要がある。新規顧客獲得、既存顧客の維持およびロイヤリティ向上を目指す施策を特定しておく。カスタマージャーニー分析で見出した顧客とのコンタクトポイントおよびそこでのコミュニケーション最適化を図ろう。あるいは、「認知」「知覚刺激」に主眼を置いたジャーニーであるパーセプションフローモデルを活用することも最近は多い。

⑥事業に必要な資産／Key Resources…事業運営に必要な物資、人材、資金、知財、情報

など

⑦企業がおこなう主な活動／Key Activities…事業運営側から見れば、最重要項目である。調達、製造、マーケティング、ロジスティクス、営業、販売など、事業活動としておこなう内容を列記する。

⑧主な事業パートナー、サプライヤー／Key Partners…Key Activitiesに集中できるように、スムーズなサプライチェーンを構築しておく必要がある。リスク軽減も図っておくことで、全面的に顧客価値最大化に向けた事業活動に注力すべき。

⑨事業を運営するためのコスト構造／Cost Structures…事業運営において自社が投下すべきコストの種類と金額を明示する。規模の経済や、自社の他事業とのコスト按分なども考慮すべき。

ビジネスモデル・キャンバスを用いる際には、留意点がある。一つは前述した、「競合の存在」を意識することだ。Value Propositionsに自社だからこそ提供可能な価値を記述することが重要だし、ビジネスモデル・キャンバスを完成させたあとに、競合のキャンバスも作ってみて、自社事業の改善点や差別化ポイントをあぶり出してみることも有意義だ。

そして、ビジネスモデル・キャンバスはあくまで静的な「スナップショット」だということも忘れてはならない。新規事業を構想する場合、事業創造から安定化まで、単一のビジネスモデルで押し通すことはあまりない。第3部・第7章P258で説明した「プロダクトライフサイクル」で述べたとおり、事業のフェーズによってターゲット顧客は変化していく。それに合わせて、Value PropositionsやPositioningを変化させていく必要がある。

これらの動的な事業の変革プロセスは、1枚のビジネスモデル・キャンバスには表しにくい。稀に、ビジネスモデル・キャンバスの各欄に「Phase1：XXX／Phase2：XXX／Phase3：XXX」などと詳細に書き込んでいる資料を見ることがある。しかし、ビジネスモデル・キャンバスを作った目的に立ち戻ろう。ビジネスモデル・キャンバスには、戦略構築や戦略実行において、ビジネスの全体像を俯瞰し共通認識を作る役割があった。あまりに細かく書き込まれ、読み解く必要のあるビジネスモデル・キャンバスは、その役割を果たしていない。変革フェーズに合わせて何枚かに書きわけ、各フェーズのビジネスモデルをできる限りシンプルに記述しておいた方がよい。

そして最後の留意点として、複数のステークホルダーが相関するビジネスモデルを描く際にも、ビジネスモデル・キャンバスは不向きだ。

筆者は以前、「川崎ビバレッジ社」という地場の中堅飲料メーカーが、未成年顧客およびビールのトップブランドを巻き込んだ新規事業案を構想する架空のビジネスケースを起案した。大人であれば「仲間とビールで乾杯したい！！」と思うシチュエーションで、未成年が飲む清涼飲料水には王道がない。地場企業である川崎ビバレッジが、このポジションを狙うノンアルコールドリンクを開発して、顧客を「学校の部活」と定める。最後の大会を追えた部活のお疲れ会で学生たちが盛大に「乾杯！」する様子をショート動画にアップロードし公開、それを他校の部活メンバーが見て「いいね！」を送る。ライバル校だって大切な絆で結ばれた仲間であることは、部活経験者ならわかるだろう。この「いいね！」が「ＫＡＮＰＡＩ」ポイントとしてチャージされ、ポイントが一定数を超えれば、メンバーが二十歳になった時に部活の仲間のもとへ本当のビールが届く。そこで同窓会を催し、かつての部活の同志と人生最初のビールで「乾杯！」する。ビールのトップブランドは、若者のビール離れによって苦境が続く国内市場におい

図9-1 Z世代向け新規飲料水「ノンアルコール KANPAI」の事例

The Business Model Canvas

Key Partners
◎若者の酒離れを防いで自社商品の認知度をあげたいビールメーカー
◎Z世代向けのマーケティング企業
◎インフルエンサーマーケティング専門のベンチャー

Key Activities
◎商品開発、生産
◎自社EC拡充
◎広告営業
◎インフルエンサーマーケティング

Key Resources
◎製品開発・製造能力
◎デジタルマーケ
◎アプリ、システム開発のエンジニアリング力

Value Propositions
◎無糖炭酸飲料「KANPAI」
◎乾杯する動画を撮影して共有する一体感と楽しさ
拡大期
◎20歳になったら仲間と集まる約束
◎その際に特別な贈り物を提供。飲酒へのポジティブな情報

Customer Relationships
◎商品売り切りでなく、体験を共有するメディアとなる
◎20歳になるまで継続的に関わる

Channels
◎自社ECでスタートし、一般小売へ進出
◎顧客が顧客を呼ぶネットワーク効果

Customer Segments
◎主要顧客：B2C
・10代後半の高校生～大学生。今のところアルコールへの興味は低い。仲間との「絆」消費に強い関心がある
◎拡大期の顧客：B2B
・酒類メーカー。国内の若者の酒離れ、ビール離れに対して危機感を持ちつつも有効な対策が打ち出せていない

Cost Structure
◎「KANPAI」の製造原価　◎マーケティング費用
◎システム外注費（初期500万円＋年200万円）
◎「KANPAIビール」はアルコール企業から提供を受ける

Revenue Streams
B2C
◎「KANPAI」の商品売上
B2B
◎企業アカウント開設費
◎企業アカウント広告費とサンプリング販売促進費用

※出典：Alex Osterwalder

て、「人生最初のビール」を成年したばかりの若者に直接届けることができるため、この事業にスポンサーとしてはじめから入ってもらう。

この「KANPAI」事業をビジネスモデル・キャンバスに記述したのが図9―1だ。これでも記述できてはいるのだが、B2B、B2Cの双方を視野に入れた事業で関係者も多く、全体像が掴みづらい。ビジネスの登場人物、その間の価値や対価の流れが直観的にはわかりづらいからだ。またオープンイノベーションやエコシステムを事業に組み込む場合、自社だけが主人公ではないことも多く、ビジネスモデル・キャンバスでは全体感が描けない。そこで、図9―2のように、「役務」「対価の流れ」を構造図として記述することも多い。ど

図9-2 ビジネスモデル事例
Z世代向け新規飲料水「ノンアルコール KANPAI」

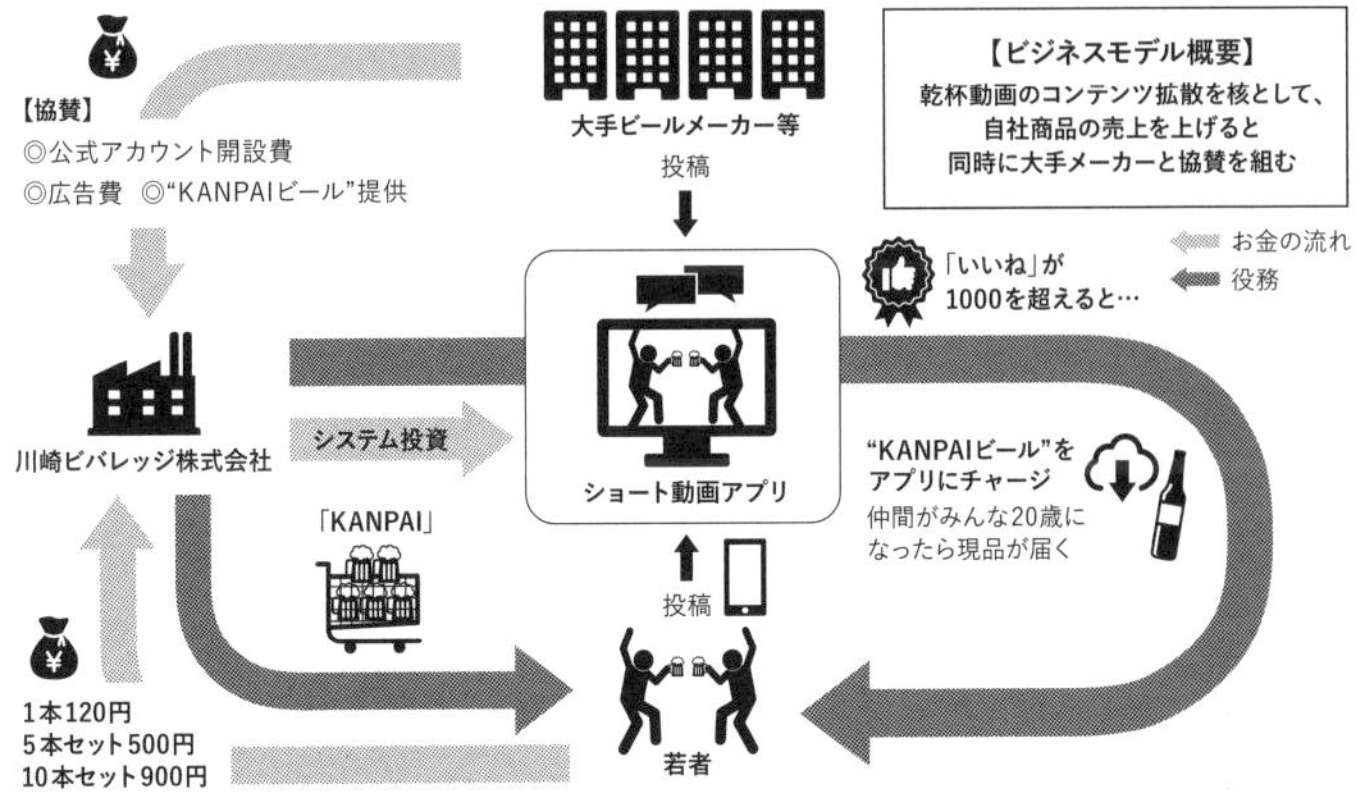

の手法を使って可視化しても構わないが、「ビジネスの全体像を捉え最適化を図り、関係者の理解を促進し、マーケティング戦略構築・推進の設計図となる」目的を考えて最適な可視化手法を選ぼう。

こうしてビジネスモデル・キャンバスや「役務」「対価の流れ」の構造図を試行錯誤しながら作り込んでいく。ポイントは、「はじめから完璧なビジネスを構想しようとしないこと」だ。

まだ「WHAT」の探索ははじまったばかりである。主軸は、「ターゲット顧客が抱える課題が解決されるかどうか」にある。そのための提供価値、およびビジネスモデルを考えられる限り、何通りも列挙してみよう。そこへ、第10章以降で述べるポジショニング／ブランディング、第13章で扱うカスタマーソリューションを加味して、調査・分析を繰り返しながら、唯一無二の価値提供モデルに昇華させていこう。

発想を変えて新しいビジネスモデルを作る

最後に、ビジネスモデルを着想するヒントを述べたい。BBT大前研一学長の提唱する「0→1」の発想がこれである（図9－3）。事例は著名なものを追記したが、多少の説明が必

図9-3 0から1で発想*し、新しいビジネスモデルを創る

	着眼点	ポイント	事例
①	SDF(Strategic Degrees of Freedom) 戦略的自由度	ユーザーの目的から発想して、戦略を立案すべき。方向の数を決め、解を想定	◎家庭用コーヒーメーカー ◎ソニーミラーレス フルサイズカメラα7、9
②	Arbitrage サヤ取り	◎内外価格差、情報の非対称性を活用する ◎業界の常識を疑う。外からモノを見る	◎フィリピンとのWEB英会話事業 ◎インド アポログループのメディカルツーリズム
③	New Combination 新結合	◎既存のものを足す、掛ける ◎それで顧客価値、価格が変化するか？	◎携帯電話+ネットオークション＝モバオク ◎7-11とNブランド＝金シリーズ
④	Contribution to the Fixed cost 固定費へ限界利益貢献最大化	◎固定費分をシェアし有効活用 ◎稼働時間分析から、顧客をシールド化し、ポイントキャスティングで価格上下して集客	アパホテルのダイナミック・プライシング
⑤	Digital Continent デジタル大陸	デジタル機器の繋がりが大陸に(プラットフォーム)。その上での5年後のライフスタイルを想定する	iTunes と iPhone
⑥	Fast Forward 早送り	全ての新しい概念は既にある。小さなヒント(兆し)を捉え、早送りして考える	◎孫正義　タイムマシン経営 ◎デロイト テクノロジー Fast500から
⑦	Idle Economy 空き有効利用	空いているものを探し、それをネットで結びつける	Uber、Airbnb、クラウドワークス
⑧	Interpolation 中間地点の発想	折衷案ではなく、大きな枠の中のスイートスポットを見つける	JR東海 新幹線 品川駅
⑨	RTOCS(Real Time Online Case Study)	現実の誰かに成り代わって発想する。職位を2つ上げて考え、相手に意見をぶつける	XX 会社の社長だったらどうする？
⑩	What does this all mean?	関連事象を調べ、並べる。そこから何が言えるか発想をジャンプさせる(洞察する)	木場で住宅開発(都心からの時間)
⑪	構想	イマジネーション、インスピレーションで見えないものを見る。絵にする	ディズニー　ワールド　フロリダ

*出典：「0から1の発想術」大前研一／小学館（2016）を参照し事例を追加

要なものを解説すると「⑥Fast Forward早送り／デロイト テクノロジー Fast500」は、デロイトによる成長著しいテクノロジー企業のランキング*で、これらのベンチャーに注目しておくと未来の成功事業のヒントが得られるという意味である。これらの企業のランキングで、自分の新規ビジネスモデルのアンテナ感度をチェックしてみることをおすすめする。

「⑨ＲＴＯＣＳ（Real Time Online Case Study）」とはＢＢＴ大学の名物講座で、「いま現在、自分がその企業の社長だったら、どうすべきか？」という「What If」発想を鍛えるものだ。一般的なビジネススクールでのケース討議は、同じケースを何年も使用するので時代遅れになりがちだが、ケースはリアルであるべきという大前学長の主張から来ている。ＢＢＴの学生は毎週、学長から指定されるテーマ企業の業績やビジネスモデルを調査・分析し、経営トップとして今後の事業の方向性を考え抜く体験をする。その上でクラスメートと自らのアイデアを討議し、大前学長のアイデアと照らし合わせることで、集団知として新しいビジネスモデルを発想し続けている。

*テクノロジー企業成長率ランキング『デロイト 2020年アジア太平洋地域テクノロジー Fast 500』発表――Deloitte Japan

第10章 独自のポジショニング「ホワイトスペース」

菅野誠二

孫子は「兵法」の「謀攻篇」で実際の戦闘に拠らずして、勝利を収める方法を評価して「百戦百勝は善の善なるものに非ず。戦わずして人の兵を屈するは善の善なるものなり」と述べている。価格戦争による消耗戦を経験したことがあるなら、戦わずして勝つことに共感するマーケターは多いだろう。ここから価格支配力を創造するために欠かせない要素として、差別性のあるポジショニングについて説明していきたい。

戦わないポジショニングを決める

選択したターゲット市場に競合がいる場合、製品が同等のものであれば後発企業が取ることのできる競争戦略は「値下げ」が多い。それが引き金になって泥沼の価格戦争に陥る可能性も十分にある。

消費者は便益を受けることができるが、業界全体の利益が流出することになる。これを避けるには、「新たなポジショニング」を設定して差別化することが得策だ。ポジショニングは「ターゲット顧客の心象において、企業の提供物やイメージが自社独自、かつ、競争優位性を確立する活動」ということができる。よいポジショニングはターゲット顧客に対して、「その商品を買うべきだ」と説得する強い理由になる。ポジショニングの主な要素は、

・誰が：どのような価値を持ったブランドが
・誰に敵対して：どの競合ブランドの特徴に対抗して
・何を：どのような利用機会のユニークな消費者ベネフィットを提供するか

である。まずは他社ブランドと比較して差別化を図る場合、顧客の判断基準となる「軸」を考えよう。第3部・第7章のP276「キーインサイトから『ポジショニング・ステートメント』を創出する」の中でディズニービデオ「美女と野獣　ベルの素敵なプレゼント」を事例としたポジショニング・ステートメントを解説した。このポジショニング・ステートメントを、文章からもっと関係者にわかりやすく表現したものが、「ポジショニング・マップ」だ。これは図にして表現するものである。既出のソニーのαカメラの事例では、対キヤノンで「軽量コンパクト」「瞳オートフォーカスが早い」という2軸を選択し、4象限に

マップ化したことになる。

顧客の認知を容易にして刷り込みがしやすくなる可能性を考えると、ポジショニングの軸設定はユニークで、少ないほどよい。

このポジショニングで伝えたいことの総称をBrand Value Proposition／ブランド提供価値：あるブランドのポジショニングの根拠となるベネフィットすべてをあわせたものと呼ぶが、次のチェックポイントを念頭に置いて設定してほしい。

① 顧客にとって重要なベネフィットがあるか？
② 競争優位性のある差別化か？
③ 模倣困難性はあるか？
④ 顧客はそれを認識し、信頼してくれるか？
⑤ 収益性は確保できるか？ ※価格を主な軸とする場合に重要

長期的に勝ち続けるには①、②だけでなく、「③ 模倣困難性」があることは重要だ。また、⑤は「低価格」なのに「高性能」という、一見矛盾するポジションが優位性を生み出すこともありうる。他社が真似できないローコストの製造プロセス・イノベーションがあるなら、それでよいだろう。しかし、それによって収益性を損なうならば、そのポジショニングは長期維持が困難である。また、いいとこ取りのポジショニングは「④ 信頼性」にもかかわってくる。つまり、2軸・4象限で優位性を表現する場合、2軸ができるだけ独立した変数で、直交してデータをプロットできることが望ましい。

「価格が高い×低い」軸と「性能が高い×低い」軸は見せかけ上は直交させられるが、実質は2軸に強い因果関係があるので直交していない。市場にあるいくつもの商品を4象限にプロットすると、ほぼ一直線に並ぶだけだ。図のネスカフェの事例のように、他の2軸目を考案すべきである（図10－1）。

自動車メーカーのボルボは新規市場にステーションワゴンで参入する際、競合Xに対抗して「安全性」をポジショニングの軸に据えた。唯一の対競合の強みを「この点で我々がNo・1である」と繰り返し主張していくと、顧客の脳裏にブランドの特長が残りやすい。

他社が同様の主張をして対抗してきた場合、

図10-1 品質・価格の軸に味わいを追加した「ポジショニング・マップ」

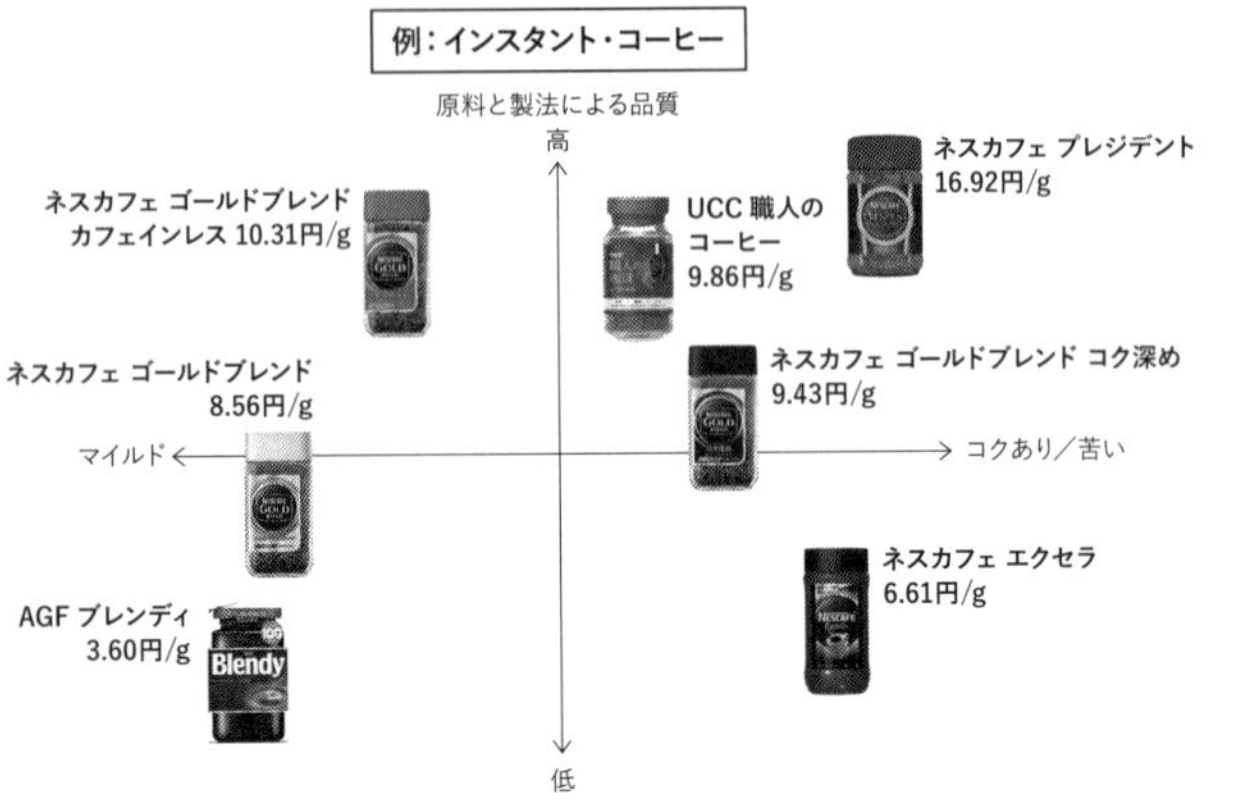

出典：2023年5月 Amazon売価のグラム単価　※菅野が作成したもので、瑕疵があれば菅野の責に帰する

模倣困難性を向上させるために「安全な上に、耐久性が高い」というポジショニングに軸を加えることもある。同様に3軸まで加えて「収容能力が高い＝ファミリーのお出かけに最適」であることを差別化の要素に加えることもある。

しかしそれ以降に4つ、5つと利点を積み重ねていくと、とたんに顧客は競合ブランドとの差別性がぼんやりしてきてエッジを失い、まったく記憶に残らなくなる。

一般人には4次元空間が想像し難いのだから、競合との相対距離や位置も知覚できないのだ。ポジショニングは1か2軸にすべきで、3軸まではよいとしても4軸以上はお勧めできない。

ホワイトスペースを見つける

ちなみに2007年にスティーブ・ジョブスがiPhoneを発表した時に使用したポジショニングは図10－2である。競合商品のノキアE62やその他の製品と比べて圧倒的に多機能で賢く、Smartはおしゃれなという意もあり、それなのに簡単に使えるというものだ。

2軸の象限上、一般の携帯電話とはまったくレベルが異なる。当時は右上の象限の確定が絶妙でホワイトスペースだったのだ。このポジショニングを忠実に表現したTVコマーシャルは「こんなことも、あんなこともできるのに、へえ。カンタン。指でなぞるだけ。ああ、これ電話だったっけ」と、誰にでも理解できる表現で爆発的なヒット製品となった。

基本は変えない。しかし環境変化には対応する

日本の事例では、牛丼の吉野家のポジショニング（彼らの定義ではブランド・コンセプト）の変化が興味深い*。

・1959年　「早い、うまい」

東京都中央区日本橋にあった魚市場が築地に移転した創業時のもの。主に魚市場の労働者をターゲットとして、ファーストフードで

図10-2「差別化ポイント」が明快なポジショニングマップを描く

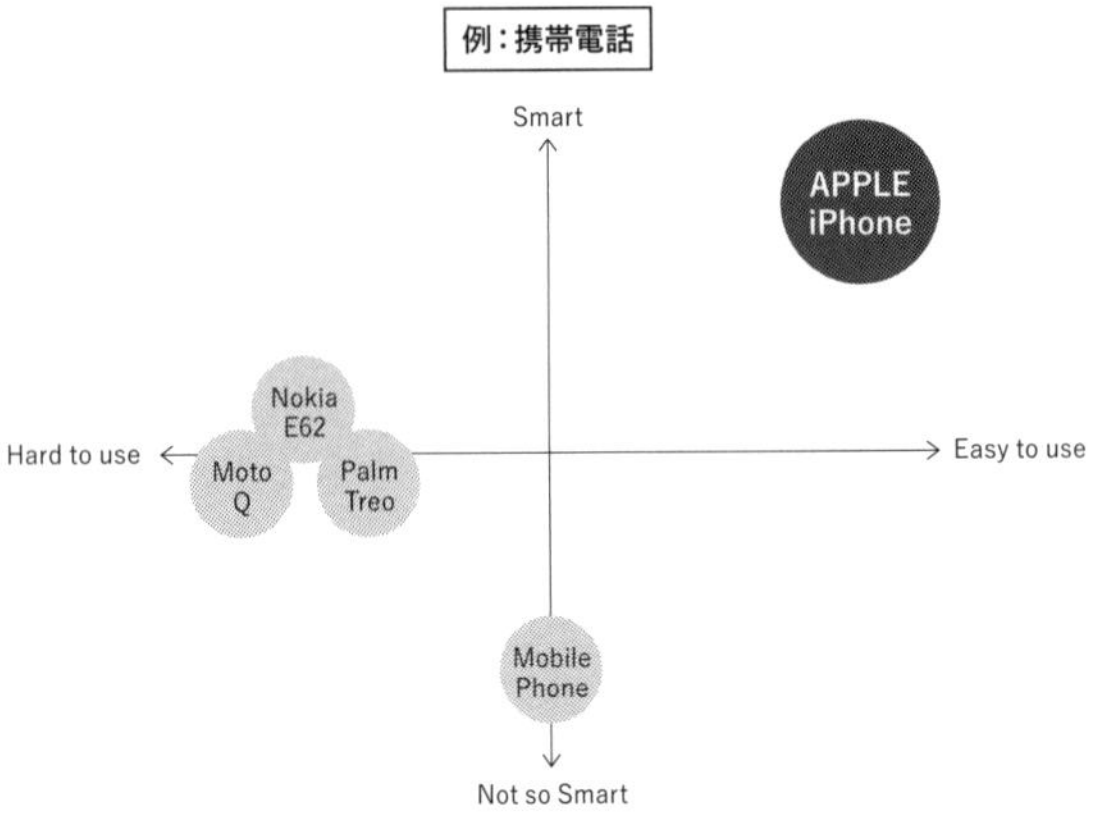

*吉野家HP「吉野家の歴史」より：https://www.yoshinoya.com/history/

あることがもっとも重要な差別化ポイントだった。

・1968年　「早い、うまい、安い」
チェーン化した際に変更。「安い」多店舗展開に際して価格の軸を加えた。

・1980年　会社更生法適用。
その後、復活する際のポジショニングが「はやい、うまい、やすい」

全国展開して出店過剰になったことで牛肉の調達が滞った。そこでフリーズドライ肉へ変えて、物流効率を重視してタレを液体から粉末に変更した。結果として「味が落ちた」という消費者の反応から経営不振となった。復活の際には本来のコアコンセプトに原点回帰するため、フリーズドライ肉などの使用を止めて牛肉の品質に敏感になり、味の追求を前面に出した。

・1994年　「うまい、はやい、やすい」
日本産のコメを提供できるようになり「うまい」を重視。

・2001年　「うまい、やすい、はやい」

変更は「はやい」の概念が変化したことから、うまいとやすいを両立させることを重視した。

これらは吉野家のHPでその意図を説明しているものだ。しかしながら筆者の見立てでは、デフレ圧力と競合「すき家」「松屋」との低価格競争に対抗するための変更であろう。コアとしての「うまい」を軸にして、他2つのポジションを交代させた。現在のHPでもこれが踏襲されている。倒産の教訓から「うまい」は譲れない。そこで勝ち続けるには、ことほどに顧客や競合の変化に対応し続ける必要があるのだ。

吉野家の顧客インタビューをしてみると、その人が吉野家に足繁く通っていた時期によって、このキャッチフレーズの記憶順序が異なるようだ。

シンプルに保つ！　選び取る勇気を持つ！

ポジショニングは製品特長を長々とつづるような対競合の性能比較表ではない。ポジショニングをもとに具体的な戦略を実行するための経営資源は限定的なので、強みを強調するポジショニングにはトレードオフが生じやすい。だから、「シンプルであることに意義がある」。

しかるに、競合がやっていることを指摘して「あれも、これもできないと困る」といったような、カタログスペックのちょっとだけ優位が好きな非マーケターが口を出してポジショニングを決めてしまえば、そもそも営業が製品を売り込むキーワードがブレ出す上に、広告表現もぼやける。

価格〝無〟支配力企業は、捨てることが苦手かもしれない。しかし、それができなければ、結果として商品が敗退するという皮肉な結果が待っているだろう。

第11章 ブランディングが生み出す「価値連鎖」

千葉尚志

ブランドとは何か？

ビジネスの世界でブランド、ブランドと言われるようになって久しい。
だが、ブランドとは何であろうか。

企業や企業グループ全体の経営を担うＣＥＯや、ブランディング全般を司るＣＢＯ／Chief Branding Officer、商品・サービスのブランド管理を担当するブランド・マネージャーはさておき、一般のビジネスパーソンはどう答えるのだろうか。

英和辞典で「Brand」を引いてみると、名詞で「銘柄」「品種」などと表されている。また、項目を分けて、「(家畜などに押した) 焼き印」とも書かれており、動詞の項には、「(人が)(家畜）に焼き印を押す」と載っている（ジーニアス英和辞典：大修館書店）。

そもそもは牧畜で、自分の牛を区別するために、わき腹に押した焼き印が語源である、という。つまり、焼き印という目印によって、区別のつきにくい牛（集合物としてのモノ）の中から、自分の牛（ある特定の付加価値を持ったモノ）を区別するための印が「brand」の起源であった、ということになる。

一般にブランドとは、往々にしてソニーやホンダといった企業名、「植物物語」などの商品群名のロゴを指す場合、あるいは天使をモチーフにした「エンゼルマーク」と呼ばれる森永製菓のマーク、三菱系企業で使用される「スリーダイヤモンド」と呼ばれているマークをはじめ、各種象徴的なシンボル・マークのことを指す。

ブランド論では、これらのマークのことを「シンボルデザイン」と呼ぶ。ロゴやシンボルデザインは、まさに牛につけた焼印が進化した「印」である。すなわち、ある会社・ある事業・商品を、他者・他社のものと区別するためにつける印＝焼印の進化形なのである。

近代的なブランドのはじまりには諸説あるが、その一つに、19世紀末に米国のP&G社の創始者ハリー・プロクターが、石鹸を小型に成型して包装し、「アイボリー」という商標をつけて販売をはじめたものが挙げられる*。日本では80年代にＣＩ／Corporate Identityブームとも呼べる現象があった。いわゆる企業の商号を変える、あるいはシンボルデザインやロゴを変えるものである。日本ではブランドというと、いまだに「ああ、ＣＩの事ね」

*『ブランドマーケティング』（株）博報堂ブランドコンサルティング／日本能率協会マネジメントセンター

と仰る方々が多い。確かに商号やシンボルデザインやロゴもブランドの一部であるが、すべてではない。それが特定の企業／事業／商品・サービスを他のものから区別するものであれば、それはすべてブランドを構成する一部なのである。

米国マーケティング協会の定義によれば、ブランドとは、「ある売り手の財やサービスを他の売り手のそれとは異なるものとして識別するための名前、用語、デザイン、シンボル、およびその他の特徴」となる。つまり「ブランド」とは、ある企業／事業／商品・サービスを、他のものと区別するためのあらゆる特徴のことなのである。それは時として名前であり、焼き印が進化・発展したシンボルデザイン・ロゴであり、また製品の機能的特徴であったり、あるいは経営者そのものであったりもする。

製品の機能的特徴がブランドであるとは、たとえばソニーの製品は非常にコンパクトな中に非常に多用な機能を持つ商品が特徴である。その意味で、小さな中に様々な機能を詰めた商品は、ソニーブランドの特徴とも言える。

また企業からの情報発信の公開性／disclosureが問われる昨今、単に投資家に対するIR／Investors Relationあるいは、PR／Public Relationの意味合いだけではなく、経営者が前面に立って、企業の考え方／ビジョンあるいは夢を語る局面も増えつつある。そのような場合は、経営者そのものがブランドを体現する事になる。特に社会的発言力の高い経営者の場合は、ブランド要素としても大きく機能することになる。

まとめると、企業の顧客をはじめとして、なんらかの関係を持つ当事者（ステークホルダー）が、その企業あるいはその企業の事業や商品について想起するあらゆるものが、ブランドの構成要素と言えるのである。

ブランドの本質は「契約」「理念」「シンボル」「無形資産」

ビジネスにおいてブランドという単語を使用する場合、その言葉によって想起される様々な要素がある。以下に代表的な4つの意味合いを見てみよう（図11－1）。

商業行為上の「暗黙の契約」としての捉え方

ブランドとは、企業が顧客に対して結ぶ「約束」という表現がよく使われる。それは企業がある具体的な商品やサービスをユーザーに提供する際に、自社のものを選んで下さった顧客に対し、企業があらかじめ規定しておいたブランドの価値提供を約束するものという意味である。

たとえば、日本の伝統的な家内工業製品のメーカーでは、直営店において「暖簾《のれん》」を大事にする。この場合の暖簾とは、具体的に商店の玄関先に掲げてある実態としての暖簾ではなく、本書で言うところのブランドと同義で使用している。すなわち、「暖簾に傷をつけない」という表現が端的に示しているように、暖簾（＝ブランド）を冠する事で、その商品・サービスの利用に際しては、顧客に約束した価値の提供が十分履行されることを保証するという比喩的な意味である。

つまりブランドとは顧客に対して、「あなたが当社の商品・サービスを利用される場合に、当社はその使用において、〇〇という価値が感知され、享受されるよう全力を尽くしています」という約束、契約書の代わりとなる。よって、シンボルデザインがついていれば、それはその会社が約束していることを示しているし、企業（あるいは事業、商品）ロゴが

図 11-1 ブランドを分解する

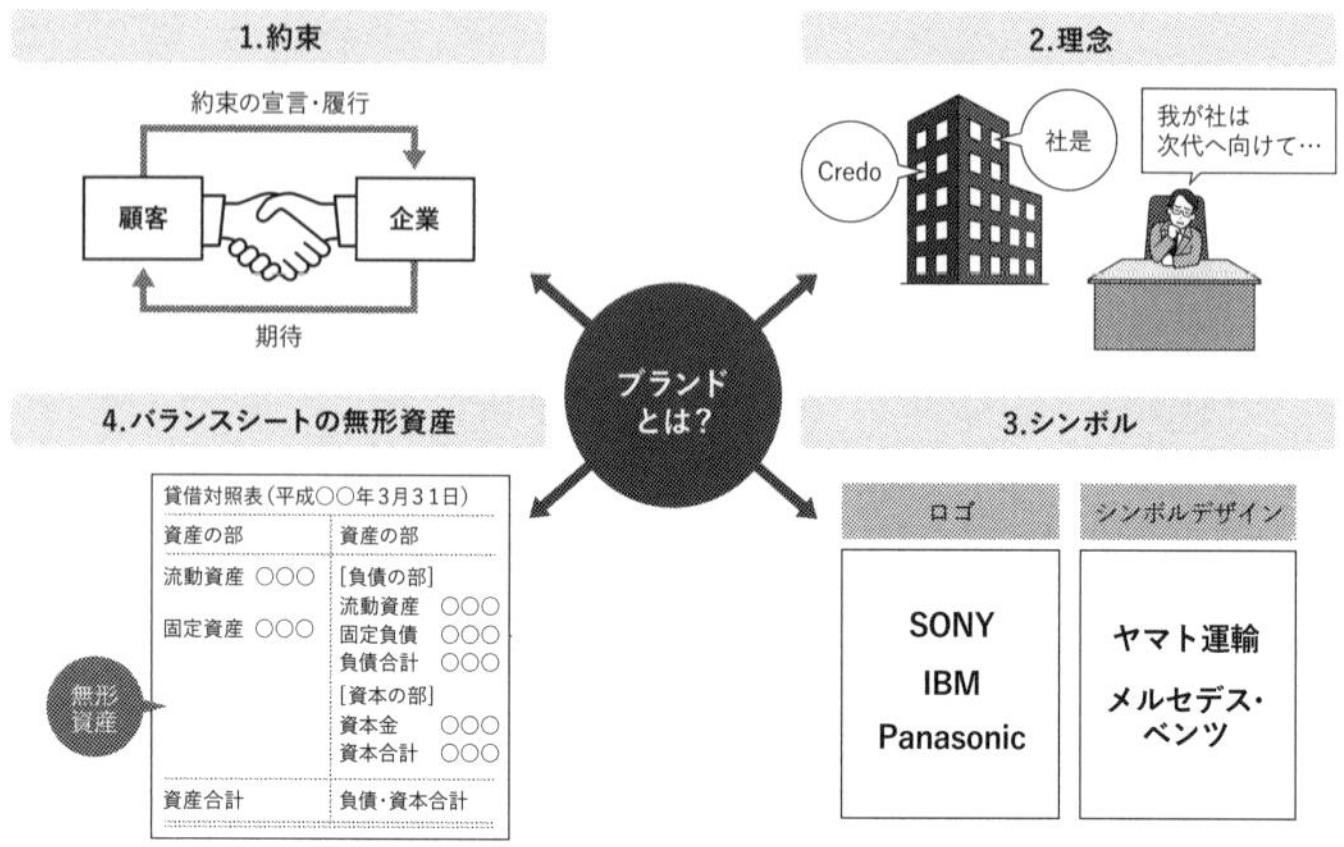

ついていても同様である。

ブランドを通して結んだ約束は、企業から顧客へ通知する類の一方的なものではない。顧客が商品・サービスを何度も利用し、その約束の内容を実感すればするほど、顧客の企業ブランド（事業／商品・サービス）に対する期待は、徐々に高まっていく。そしてやがて履行される事を当然視するほど期待する堅固な約束として顧客側に認知されるようになる。この段階に至って、顧客と企業との間には、精神的な堅い絆が形成される。

理念としての捉え方

ブランドとは企業の理念・ビジョンであるという見方もできる。これはより直截的に、約束で履行しようとしている企業の想定提供価値をあらわにしたものである。わかりやすい例としては、先述した企業経営者が代表して表明する、企業の理念・ビジョン・夢となぞらえてもよい。すなわち、企業ブランドの価値規定に則ったものであり、それらをわかりやすい具体的な話になぞらえて、顧客をはじめとする各ステークホルダーに対して発信したものである。ブランドが、なんらかのブランド要素によってステークホルダーに感知された時、企業の理念やビジョンに思いを至らせるということである。

シンボルとしての捉え方

ブランドをシンボルとして捉えるのは、先述したようなロゴ、あるいはシンボルデザインのことをブランドと見る捉え方である。具体的に市中で企業に接触するのは、広告物を目にする、商品を売り場で見る、商品・サービスを実際に消費する場合などが多い。そして、そのような際に、具体的にブランドを感知／認知するのは、企業ロゴ（事業・商品）やシンボルデザインを通しての場合が多い。

あるいは、ある企業にとって非常に特徴的な商品やサービスそのものが、企業のシンボルとして捉えられる場合もある。たとえばトヨタにおけるカローラ、ハーシーズにおけるチョコレート、ソニーにおけるウォークマンなどである。これらの企業ブランドは、ある消費者層にとっては、それぞれの商品がシンボルとしてブランドを想起させる役割を担っている。

バランスシート上の無形資産としての捉え方

現在の日本の会計制度では、まだブランドを資産としてバランスシート上に計上する仕組みは整備されていない。しかし同じカテゴリの商品・サービスでも、ある会社のものとその競合のものを比べた場合に、自由競争下では一般に市場価格は異なる。この価格差のことを「ブランドプレミアム価値」と呼ぶ。本質的・機能的な価値に差異がないにもかかわらず価格差が生じるのは、まさに価格が高い方の企業／商品・サービスに対して、顧客が価値を感じているからに他ならないという考え方に立脚している。

この個々の商品・サービスレベルでの価格差の総体として、ブランドが持つ実体／tangibleとしての資産価値を、バランスシート上に記載する試みが各所でおこなわれている。この価値の源泉となるものをブランドと捉える。

以上、ブランドの捉え方として代表的なものを挙げてみた。これらはいずれも一義的なものではなく、相補的なものである。すなわち、ブランドを約束として捉える見方も、ステークホルダーがシンボルとして視覚的に捉える場合も、バランスシートの資産と同種のものとして捉える場合、その根源には顧客がブランドを約束、理念やビジョンとして捉えた上で、受容した対価物と見ることができる。

「精神的な絆」を生み出すブランドの様々な構成要素

ブランドを構成する要素は、非常に多岐にわたる。ブランドの名前、企業ロゴ、シンボルマーク、あるいはコーポレートカラーと呼ばれる、企業独自にシンボルマークや企業ロゴ、あるいはその他のコミュニケーションツールで選択的に使われる色（通常は2〜3色程度）もブランドを構成する要素である。さらに、広告表現上のキャッチコピーやＴＶコマーシャルで使われるサウンドロゴ、商品のパッケージ、直営店舗をもつ業態の場合は店舗空間や店員などもブランドを構成する要素と捉える事ができる。さらに、経営者が語る企業の夢やビジョンもブランドの一要素であり、それを表明している経営者すらもブランドの一部と捉えられる場合がある。

これら多岐にわたる様々なブランド要素を整理する方法として、企業・事業・商品・サービスを受け取る「顧客が持つ記憶・イメージ」と、「企業が提供する際の夢やビジョン」という軸で整理してみる。

まず、ブランドを通して「企業が提供する際の夢やビジョン」という軸において、ブランドの要素の中に五感で感知されるものを一つの固まりとして区分けする事ができる。これらを「シンボルフレーム」と呼ぶ。

シンボルフレームはさらに、「基本シンボル」と「表現要素」とに二分される。基本シンボルとは、ブランドの名前やシンボルマーク・ロゴなど、ブランドに対する価値・イメージ評価を貯めていくべき場所・要素のことであり、商品やサービス自体に付加して使用される要素の総称である。

一方、表現要素とはブランドを表現し、魅力を高めていく要素のことであり、広告表現としてのキャッチコピーや、TVコマーシャルのサウンドロゴや商品のパッケージ、店舗や商品棚を持つ企業であれば、それらの空間・デザインであったりもする。また、先述したように経営者自身がブランドの体現者と認知されている場合は、経営者も表現要素として捉える事ができる。

企業のビジョンや夢といったものに立った捉え方で見てみると、ブランドには単に視覚・聴覚などの五感で感知される以上のものが備わっていることがわかる。すなわち、企業ブランドのマークや色、あるいは商品・サービスそのもの、といった実体物／tangibleの背後にあるものである。これは、先述したブランドを商業行為上の暗黙の契約として捉える捉え方に深く関係する部分である。

図11-2 要素還元的観点から見たブランド

ブランドとは、五感に訴求するシンボルフレームと、顧客の価値観に訴求するブランド価値規定の2つに大別される。
いわゆるシンボルマークなどはシンボルフレームの一部分であり、ブランド全体の要素のごく一部に過ぎない。

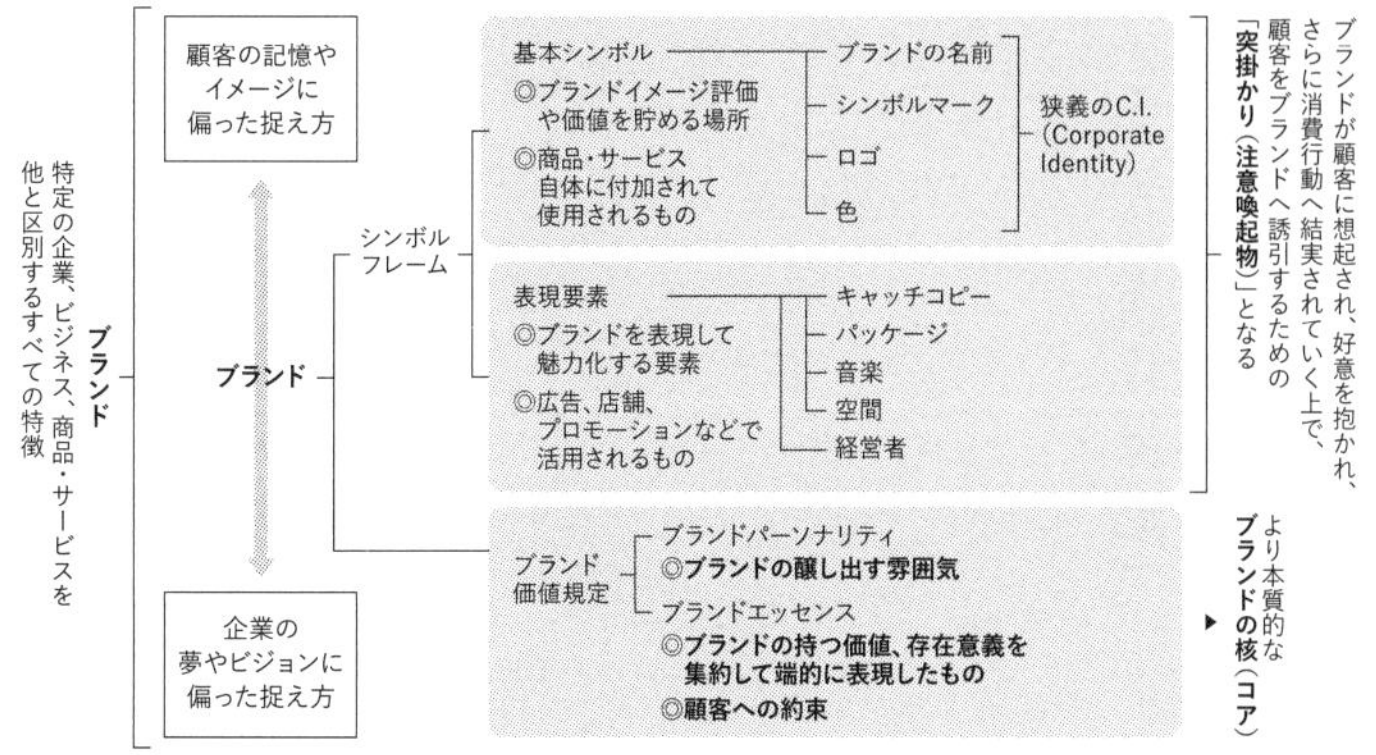

企業は、その商品・サービスの提供を通して、それを消費する者に対して、ある価値の提供を約束している。たとえば、ある自動車メーカーでは、そのメーカーの自動車を運転する人に走る喜びを十分体感してもらえるような商品づくりを目指している。また、ある化粧品メーカーは、自社の化粧品を使っていただく事で、いつもと違う自分を発見してもらう事を意図して商品をつくっている等々。言い換えれば、商品・サービスを消費する時に、単にA地点からB地点まで移動する手段としての自動車という「交通手段を超える価値」、メイクをするという物理的な「行為としての化粧を超える価値」として、様々な価値提供を意図している。そして顧客の側でも、まさにその企業が意図した通りの価値を感知した場合に、非常に強い精神的な絆が生じるのである。

このような、企業側が商品・サービスの提供・消費に込めて提供しようとしている価値のことを「ブランド価値規定」と呼ぶ（図11－2）。

唯一無二のブランドを創造するための「ブランド価値規定」

ブランドが、それを消費する顧客に対して、約束を宣言して履行していけるようになるためにおこなうあらゆる行為を総称して「ブランディング」と呼ぶ。この、ブランドの本質と言える約束の中核の部分が、「ブランド価値規定」と呼んでいる要素である。

ブランドは、それを消費してくれる顧客に対してなんらかの価値を提供している。価値を提供しているからこそ、それを価値と認めてくれる顧客から評価され、受容され、消費される。

ブランドが提供しようと意図している価値そのものは、実際に商品なりサービスなりが消費される際に、消費者側で感知して評価するポイントが千差万別である。人によって評価のポイントが異なり、消費される状況に応じて評価される点が変わる。ブランド側で意図した通りの価値を感知し、評価し、賞賛してくれる顧客もいれば、実際にはブランド側で想像すらしていなかったような価値を感じて評価する顧客もいるはずである。マーケティング上はある商品・サービスが選択され、消費され、一定の評価を得たとすれば、それはブランド側からすれば喜ぶべき事であり、何ら悲嘆するべき事ではないのかもしれない。

しかし、ブランドの観点からは、顧客との継続的かつ拡大的な関係構築を求めるため、ブランド側で設定した価値が正しく顧客に感知され、評価され、その結果として継続的なブランドの選択と消費の関係が続いていくことが求められる。

結果的には、なるべく多くの顧客にブランド商品・サービスが選択され、消費されていく事が最終目的となるにせよ、ブランドには、ブランド側の意図した通りの価値を感知し、それを評価してくれる「ブランド親派」の存在が必要である。ブランド論では、この存在を「ブランド・ターゲットカスタマー」と呼ぶ。

ブランド・ターゲットカスタマーは、量的には必ずしも市場の多数派である必要はない。しかし市場動向を正しく見極めた上で設定した提供価値を正しく感知し、ブランド側が意図した通りに評価し、さらにできれば賞賛までしてくれる人々である必要がある。そしてブランド商品・サービスに対して、量的にもっとも受容、消費してくれる層であり、一定の影響力を行使してくれる顧客層である事が求められる。

では、いよいよ本題である。ブランドが顧客、特に真っ向からそれを感知・評価・賞賛してくれるブランド・ターゲットカスタマーに対して提供する価値の部分を詳しく見ていこう。議論するブランドのカテゴリが企業ブランドであるか、商品ブランドであるかで本質的な違いはないものの、細かいニュアンスの齟齬を避けるために、ここでは「企業ブランド」について論じることとする。

ブランドの価値と存在意義を集約する「ブランド・エッセンス」

ブランドは顧客に対して約束を宣言し、それを継続的に履行することに一意専心していく。顧客との一回一回の接触は、具体的な商品やサービスの消費を通しておこなわれる場合が多いが、その接触を通して企業全体として顧客に約束、訴求することはベネフィットの提供ごとに、その企業が顧客にどのような役に立つかを示している。この企業側からの宣言は明示すると次のようになる。

「我々は、あなたに対して、商品・サービスの消費を通して、機能的には○○の効用を感じていただきたいし、その効用を享受したことで、心理的に○○の恩恵を感じていただきたいし、さらにご自身の持つ価値観の○○の部分と呼応して、今回の本商品・サービスとの邂逅を歓迎していただきたい」

もう少し抽象化して、

「我々は、○○（ブランド・ターゲットカスタマーの規定）に対して、○○していく事（感知し評価していただく価値）で、○○していく会社（社会において果たす役割）である。」

という言い回しがよく使われる。これを「ブランド・ステートメント」と呼ぶ。一般には100～200字程度の比較的簡潔な文章で、ブランド・ターゲットカスタマーと、直接的なブランドの顧客、さらにもう少し薄い関係も含めた中心的なブランドのステークホルダー全体に対して、果たしている役割を含めた提供価値を明言したものである。

「○○していく事（ブランド・ターゲットカスタマーに感知し評価していただく価値）」の部分をブランドの価値連鎖段階ごとに詳述したものを、狭義に「提供価値」と呼ぶ。

「○○していく会社（社会において果たす役割）である」の部分は、広くステークホルダーに対して果たす役割を簡潔に表現した部分である。これら、具体的な消費者に感知・評価していただきたい価値に、広くステークホルダー向けに訴求する価値を加えたものを簡潔に表現したものが「ブランド・エッセンス」である。

つまり、ブランド・エッセンスは、ブランドのすべてのステークホルダーに対する提供価値を簡潔に表現した部分であり、非常に重要な概念である。言い換えれば、ブランド・エッセンスとは、ブランドの持つ価値（顧客が感知する価値）、顧客に対する（企業の）提供価値、顧客にとってのブランドの存在意義を集約し、端的に表現したものである。そして、ブランド・エッセンスの元になる、消費者に対する提供価値は、ブランド・ターゲットカスタマーと強く呼応する。

ブランドが、これまで述べてきたような提供価値の体系をしっかりと組み立てて、商品・サービスへ強く反映するだけではなく、その他のあらゆる企業活動においても、この提供価値にもとづいて活動をおこなっていくとすれば、直接的な顧客だけではなく広くステークホルダー全員に程度の差こそあれ、これらの提供価値は感知されていく。

個人と接しているように感知させる「ブランド・パーソナリティ」

顧客側からは、ブランドの商品・サービスの消費が度重なっていくに従い、これらの価値の提供が約束として捉えられ、継続的に約束が履行されていくことで、ブランドとの結びつきは深まり、やがてそれは「絆」と呼べるものになっていく。ブランドはその人々にとって、次第にかけがえのない存在になり、ブランドが人格を持って感知されるようになってくる。つまり約束を交わし、それを守ってくれる「人」となるのである。

では、その段階で、顧客は、この「人」をどんな人だと感じるのであろうか。このように、ブランドを人格になぞらえて、その雰囲気を記述したものが、ブランド・パーソナリティである。それはたとえば、「親しみやすい」とか「豪華な」とか「力強い」といった形容詞を用いて表現される事が多い。

ブランド・パーソナリティは非常に重要な概念である。そしてこれは上述したように、ブランドにとってのブランド・ターゲットカスタマーの中でも、特に親密になった強い絆を構築した一握りの人々にとってのみ感知されるものではない。もちろん彼らも強く感じるであろうが、彼らが感じるものと同様の方向性にある雰囲気を、ブランドを選好して消費する人々は、程度は弱くなるであろうが、共通して感知するであろう。それこそがブランド・パーソナリティの所以である。

ブランド・パーソナリティとは、ブランドと顧客とのあらゆる接点において感知される、ブランドの醸し出す雰囲気のことである。パーソナリティ(個性・人格)と呼ぶのは、端的にそのブランドの雰囲気を人間にたとえて言えば、どのような性格として捉えられ、表現できるのかを意味する。すなわち、そのブランドは若々しい雰囲気として捉えられるのか、頼もしい感じがするとか、落ち着いた感じがする、等々、あたかも人間を評しているかのように形容するためである。

もう少し詳しく説明しよう。顧客とブランドとの関係が深まって強い絆を築くようになるとき、そのブランドにとって、その顧客はロイヤルユーザーと呼ばれるようになる。ロイヤルユーザーとは、ブランド価値規定と自身の価値連鎖が強く呼応する顧客である。ブランド価値規定の中の提供価値の3つのカテゴリ、つまり物理機能的価値と情緒的価値、社会的価値の順で組みあがっていく価値連鎖を、強い共感を持って受けいれる層のことである。

ロイヤルユーザーは、そのブランドの商品・サービスを愛用するのみならず、ブランドのあらゆる活動に対して興味・共感を持つようになる。フリーク、コアなファンという言い方があるが、そういった振舞いをする。ロイヤルユーザーにとっては、ブランドはもはや単なる企業という存在を超え、親しい友人、あるいは時としてスター的存在となり、ユーザー自らはそのスターを賞賛する一ファンと同じように振舞うようになる。あたかも人格を持った存在として、ロイヤルユーザーと対峙するのである。

ある自動車メーカーは特定の顧客にとって、自分の運転テクニックを最大限引き出してくれるインストラクター的存在と映り、ある電機メーカーは特定の顧客にとって、魔法の箱からおもちゃを取り出すように不可能と思われた事を可能に変えてくれる現代の魔法使い的な存在として映っているかもしれない。

本来、無機質な企業活動の集積が形を成した「ブランド」が、個々人の非常に個人的な体験に入り込んで、精神的に強い影響力を持つようになると、あたかも人格を持って接しているかのごとく感知されるようになる。この時に感知されている人格を「ブランド・パーソナリティ」と呼ぶ。

程度の差こそあれ、特定のブランドに好意的な顧客が直接的な顧客ではなく、単にそのブランドの商品・サービスの購入・消費を考えているだけであっても、ブランドに対する思いがある限り、同様の人格を感じる。これがブランド・パーソナリティである。

一つのブランドを規定していく上では、ブランド・ターゲットカスタマー、ブランド・ステートメント、提供価値、ブランド・エッセンス、ブランド・パーソナリティ等々の概念を明確にしていくことが本質的に重要な事である。

これらの規定を総称して、「ブランド価値規定」と呼ぶ。ここに内包される「ブランド・

エッセンス」「ブランド・パーソナリティ」の2つの概念が重要だ（そのため、狭義にはこれら2つの概念のことを指してブランド価値規定と呼ぶこともある）。

これら2つの概念は、ブランドをつくり育てていく時に核となる概念である。理想的にはすべての企業活動が、この2つの概念にもとづいて展開されること、すなわち企業の活動は程度の差こそあれ、常にブランド・パーソナリティで規定した雰囲気が感知されるものでなければならない。また、どの活動も根源的にはブランド・エッセンスで規定されている価値の片鱗が感じられるものでなければならない。このような状態こそが、整合性を持ったブランド価値規定がもたらすブランドのあるべき姿なのである（図11－3）。

ブランド・パーソナリティがイメージの方向性を規定する

ここで、ブランド・パーソナリティの重要性を例示しておこう。ブランドは顧客をはじめとするステークホルダーと様々な接点を持つ。広告の中で訴えかけられるキャッチコピーも一つの重要な接点だ。それ以外の広告の部分、たとえばよく企画された広告の場合はTVコマーシャルも、新聞広告も、雑誌広告も、一貫した共通の見え方、雰囲気を持っている。

広告業界ではこの漠然とした全体の雰囲気のことを、「トーン&マナー」と言う。広告のトーン&マナーも、ブランドとステークホルダーとの接点といえる。商品のデザイン然り、

図 11-3 ブランド価値規定の諸概念と関連性

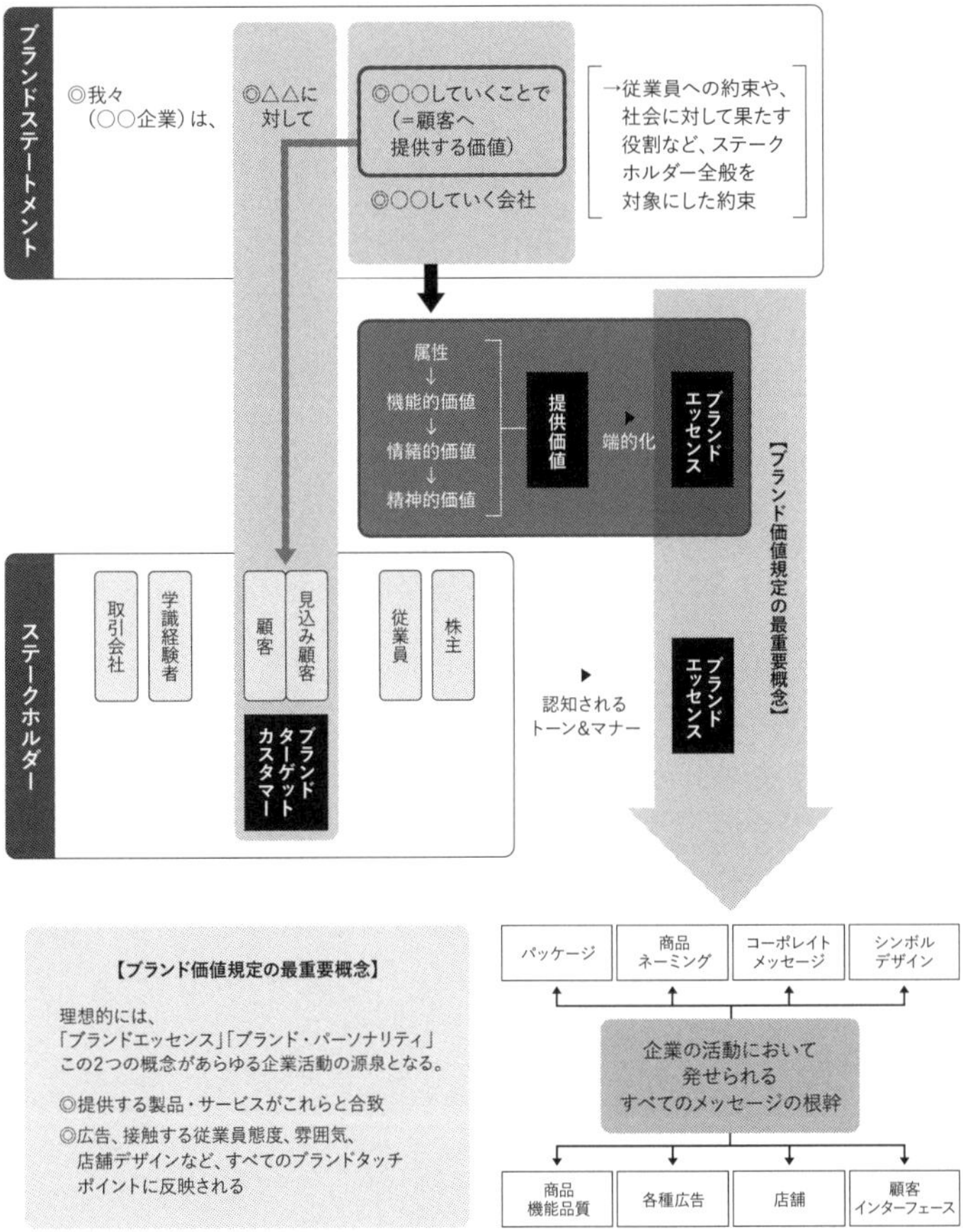

店舗がある場合は店舗デザイン然り、である。WEBのホームページを持っている場合はWEBも接点である。

今、あるメーカーがブランド・エッセンスとして、「高い技術開発力を持つ」と規定したとする。この時、高い技術力を持つブランドが出稿する広告とはどういうものであろうか。広告のキャッチコピーは、「技術で未来を開く」的な表現で表す事ができるだろう。しかし、広告のトーン&マナーを、高い技術力を持つブランドらしく統一する事はなかなか難しい。たとえばサインボードはどうだろうか。会社の受付は、どのようにつくりこめばよいのか。まさか受付の係の方に、常時宇宙服を着せるわけにもいくまい。メーカーで制服を制定している企業の場合はどうだろうか。さらに、社員教育においても、それを示すにはどうすればよいのだろうか。

ブランド・エッセンスだけでは、様々な接点をブランド価値規定にフィットする形で、統一的に展開する上では限界がある。そこで、ここにブランド・パーソナリティの規定を加えてみよう。

仮に、簡易的にブランド・パーソナリティを「自由」で「大胆」なブランドと定義する。すると、高い技術力を持つ「自由で大胆なブランド」として、広告のトーン&マナーのイメージの方向性が急にクリアになるのがわかるだろうか。サインボード、受付の造作や制服、さらには社員教育のプログラムも、「自由で大胆なプログラム」をつくることで、ブランド価値規定に沿った展開が極めて容易になる。このように、ブランド・パーソナリティの規定は、ブランド論では非常に重要なのである。

3つの価値階層から成る「ブランド価値連鎖」

理想的な価値連鎖は「深いレベルまで期待が連なっていること」

ブランドは顧客に対して常に価値を提供している。そして顧客側は状況に応じてブランドが発している価値を知覚・感知して享受している。これを、あるブランドが参入している特定の商品・サービスに関する市場について顧客側の視点から考えてみよう。

独占市場を除いて、通常はどの商品・サービス市場にも複数のブランドが参入して競争を繰り広げている。顧客は複数のブランドの中から、自分のニーズにもっともよく合うブランドを選択して消費するだろう。

「自分のニーズによく合う」とは、具体的にはその商品・サービスを消費する際に望む機能をもっともよく兼ね備えている事、あるいは消費する時に求める感覚的な評価にもっとも近いものと言える。ブランド論は、これら望む機能の合致、評価点の合致という部分を3つの段階価値に区分して議論する事が多い。

顧客の欲求とは満たされるべく求めている価値の連鎖に他ならない。たとえば、比較的交通の便の悪い地域に住む小学生の母親である専業主婦が、コンパクトカーを買おうとする状況を想定してみよう。彼女の子供は水泳を習っている小学生である。しかし、交通の便が悪いために送り迎えをしなければならない。既に家には、アウトドア好きの夫が所有するスポーツユーティリティワゴンがある。しかし子供の水泳教室の送り迎えにわざわざそうしたワゴンを使うのは、運転にあまり自信がない彼女にとっては気が進まない。第一、燃費を考えると、毎日の送り迎えに使うにはコストも馬鹿にならない。

こういった状況下で、彼女はセカンドカーとしてコンパクトカーを買いたいと考えた。なぜコンパクトカーなのか。それは運転歴の浅い自分にも、小回りの効くコンパクトカーは運転しやすそうだからである。子供を毎日送り迎えする目的で使うには、燃費のよさも評価できる。愛する我が子を、接続の悪いバスの乗り換えで水泳教室に通わせるのは不憫だが、自分で送迎する事でそういう辛い目に遭わせる事も避けられる。その意味では、我が子に自分の愛情を示す事もできる。自分は家族を大事にしたいと思っている、家族の幸せこそが自分の幸せなのだから……。

このように、ある商品・サービスを消費しようとする時、顧客側には市場の商品・サービスに求める価値の連鎖がある。もちろん、この価値の連鎖は人によって千差万別である。また、同じ市場においても個々人で感知・期待する価値の連鎖には、上記の例のようにその人の生活信条や人生における価値観まで遡る場合もあれば、そこまで大仰なことを考えない場合もある。あるいは意識してそこまで考えていない場合もあるだろう。

ただし、重要なのは顧客側で意識しているか、していないかではない。

「深いレベルである無意識から期待が生まれる価値の連鎖が起きているか?」

その事実が重要なのである。

3段階の価値「機能」「情緒」「社会/精神」と「ブランド価値連鎖」

ブランドでは、この価値の連鎖を①機能的　②情緒的　③精神的価値の3つの段階にわけて考える(図11-4)。機能的価値、社会的価値については第1部・第2章「価格支配力で創造する『自由なプライシング』」で解説した通りだが、これに加えて精神的価値とは、自分の人生における価値観のうち、商品・サービスの消費により充足できる部分のことである。やはりコンパクトカーの例で言えば、「家族の幸せ」の部分がこれに相当する。コンパクトカーを買って、子供が水泳教室に通いやすくなり、幸せになってくれる事。それは自分にとって喜ぶべき価値である。

しばしば発せられる疑問に、高級ブランドや自動車などの耐久消費財ではいざ知らず、単価の安い消費財に社会的価値を想定する事に意味があるのか、というものがある。しかしながら、どのような商品・サービスであっても、それがブランドを纏い、他社商品・サービスとは異なるアイデンティティを持っている以上、消費者となんらかの精神的な絆を築く事が可能であり、ある消費者との間に社会的価値にまで遡る価値連鎖を築いている例は非常に多い。

ブランド価値連鎖のための調査と価値観クラスター

顧客の価値連鎖は千差万別であるが、よくよく調べてみると、共通した価値連鎖のパターンが何通りか現れることが多い。実際に特定の商品・サービス市場の顧客を対象に定量調査をおこない、統計的な処理を施すと、図のような価値連鎖のパターンが浮かびあがってくる。

さらに、この調査の中で選好ブランドを答えてもらっておくと、多変量解析の手法によって典型的な価値連鎖パターンの集団と選好ブランドとの結びつきの強弱も示す事ができる。顧客と強い絆を築いているブランドは、必ずといっていいほど先述の3つの価値までしっかり組みあがった価値連鎖パターンを持ち、特定の顧客層／クラスターと結びついている事がわかる。逆に言えば、こうした価値連鎖パターンを持つクラスターと結びついて

図 11-4 ブランド価値の連鎖構造

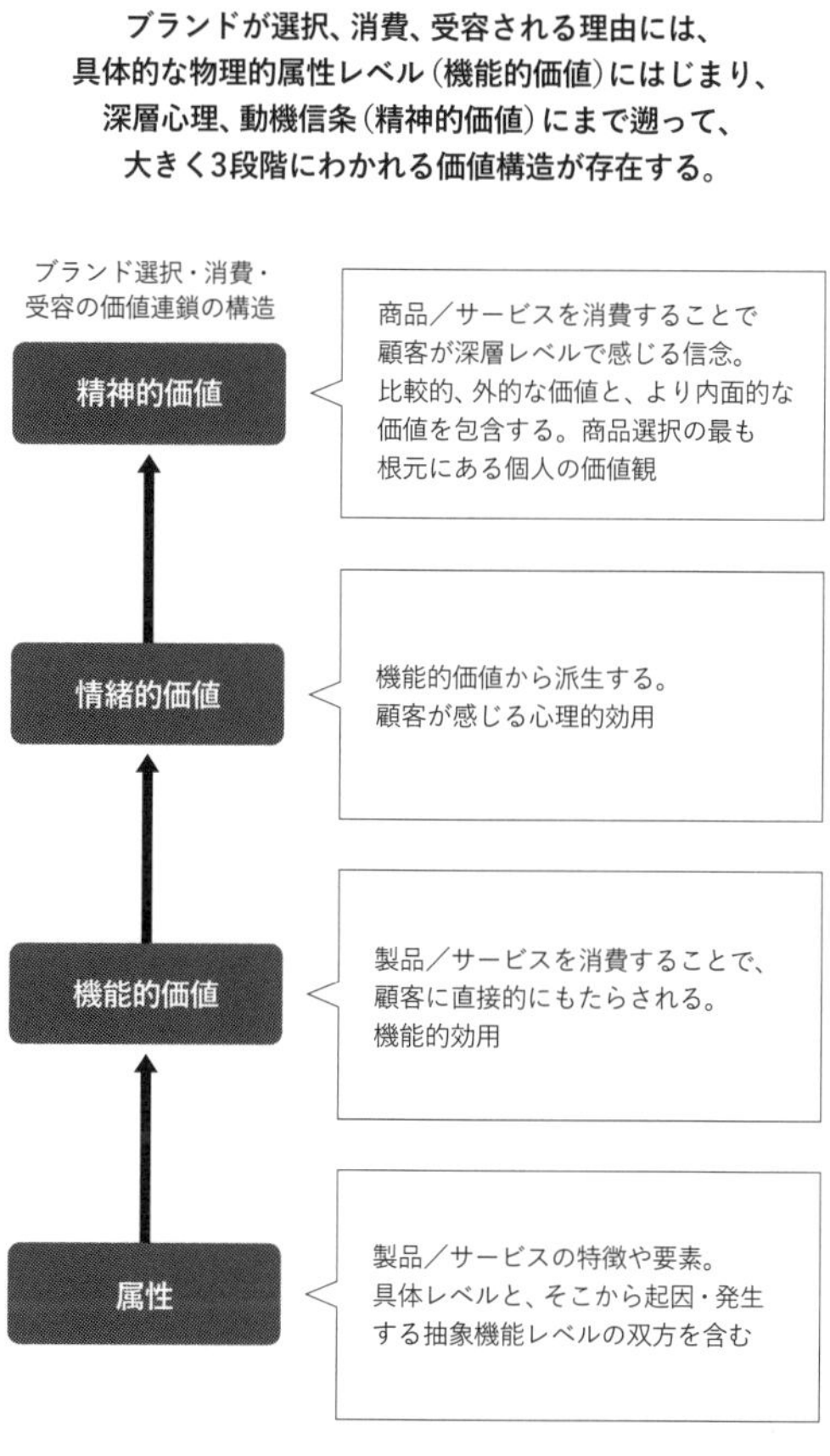

機能的価値から派生する。顧客が感じる心理的効用

製品／サービスを消費することで、顧客に直接的にもたらされる。機能的効用

製品／サービスの特徴や要素。具体レベルと、そこから起因・発生する抽象機能レベルの双方を含む

ブランドが選択、消費、受容される理由には、
具体的な物理的属性レベル（機能的価値）にはじまり、
深層心理、動機信条（精神的価値）にまで遡って、
大きく3段階にわかれる価値構造が存在する。
商品／サービスを消費することで顧客が深層レベルで感じる信念。比較的、外的な価値と、より内面的な価値を包含する。商品選択の最も根元にある個人の価値観

いないブランドは、容易にブランドスイッチを起こされてしまうのである。（図11－5）

こうした調査結果の使い道としては、新規の商品・サービス市場に参入する際に、どのような価値連鎖の顧客層に訴求するブランド像をつくりあげるかを調べる目的で活用する。もしくは、自社・商品・サービスのブランドが競合に比べて相対的に弱いポジションにあると感じている時に、実際にはどのような顧客層に訴求できているのか、また、同じ点で競合はどうかも検証する。そうして訴求すべき顧客層を明確にターゲティングし直して、「リブランディング」によって現在のブランドに手直しを加えていくのである。

新規参入、既存ブランドの建て直しのいずれにせよ、必要なのはターゲットすべき顧客

図 11-5 価値観クラスターの例

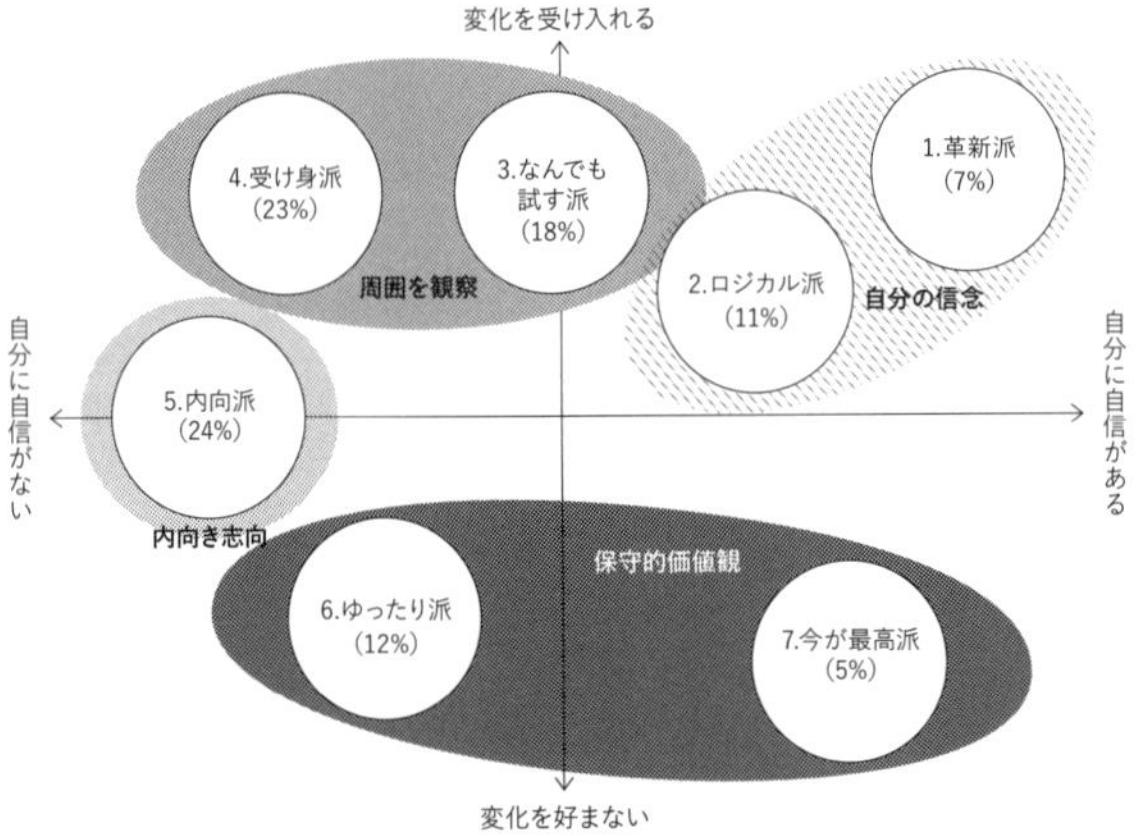

層の特性をしっかり把握することだ。

　仮想的な例として図11－6で説明しよう。市場の競合リーダーA社のaブランドは、市場の最大ボリューム層であるクラスターⅣにうまく訴求している。一方、競合B社のbブランドは小粒であるが、ハイエンド層のⅡにうまく訴求しており、B社全体のブランド構造から見ると果たすべき役割を果たしており、B社のブランド戦略は首尾一貫したものとなっている。しかし、C社のブランドcは、ボリューム層の顧客クラスターのみならず、市場の顧客層のいずれにも的確に訴求できていない（そのため、図示されていない）。

　C社がとるべき戦略は、最低限、顧客層のいずれかに訴求できるように、cブランドのリブランディングをおこなうことである。この時、競合環境も勘案する必要がある。C社

図 11-6 価値観クラスターの例②

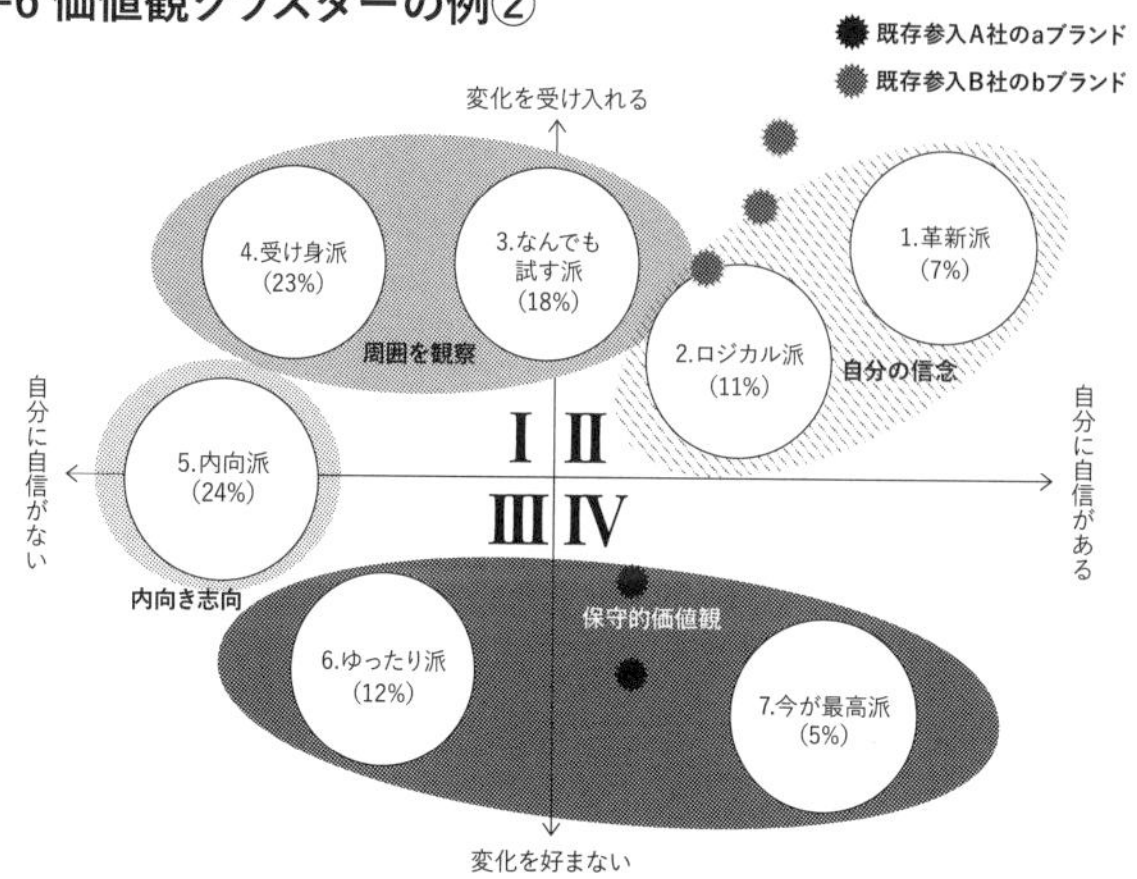

が競合他社に比べて圧倒的にコスト優位にある、あるいは圧倒的に資金がある、市場の成長性が有望でコストをかけてもリーディングポジションをとるべきである、といった状況や判断でもない限り、既に取られてしまっているボリュームゾーンを取り返す事は難しい。

となると、現在どのブランドも訴求できていないⅠやⅢのクラスターを狙うことで、これまでに築いてきたブランド資産も活用しながらリブランディングができればコストを比較的抑えることもできる。顧客層ⅠかⅢを選ぶ際の選定基準としては、市場ブランドがC社の企業ブランド全体に及ぼす影響を考慮し、後述する全体の「ブランド・フォーメーション」の中で市場の中心顧客層としてクラスターⅠを中心に据えるべきか、Ⅲを中心に据えるべきかの判断となる。

なお、各顧客層における人口動態特性やマーケティング上で必要となるデータは、調査設計段階で仮説的に列挙しておこう。事前に調査項目を設定しておく事で、この考察作業が可能になる。

ブランドの保証効果とブランド・エクステンション

ブランドがつく対象は大きく分けて「企業」「事業」「商品・サービス」の3つ

経営上の課題としてブランドを捉える際、重要な効能の一つとして、「ブランドの保証効果」がある。先述のブランドを「企業と顧客との約束」という見方で捉えるとわかりやすいかもしれない。それは、「特定のブランドを持っている商品・サービスが顧客になんらかの価値提供を約束していること」を示している。あるいは「そのブランドが顧客との間に交わした約束がある」という、約束の存在そのものを示す事もあるだろう。

ブランドの名称、ロゴ、シンボルマークを冠するものには、たとえばソニーやホンダのような企業・企業グループが対象になることがある。この時に注意したいのは、企業には登記上、正式な名称があるということだ。たとえばソニーの場合、「ソニー株式会社」という名称が法人としての正式名称である。同様に「雪印」は、企業ブランドの名称だが、「雪印乳業株式会社」が正式な法人名称となる。このような「ソニー株式会社」「雪印乳業株式会社」といった法人の正式名称のことを「商号」という。ここにおいて、商号と企業ブランド名称を区別して考える事が重要である。

かつての松下電機産業のように、白物家電をはじめとする事業に「ナショナル」、AV機器やパソコン事業には「パナソニック」というように、単一／複数の事業ごとか、いくつかの事業にまたがって共通のブランドを使用している場合もある。あるいは商品・サービスであれば、日清食品の「カップヌードル」、ライオンの「植物物語」、などがそうした名称だ。

このように、ブランドがつく対象としては、「企業」「事業」「商品・サービス」という3つのレイヤーに大きく分けられる。

ファミリーブランドによる「ブランド・エクステンション」

ブランドがつく対象の3つ目である「商品・サービス」については便宜上、もう一段階、細分化して考えることができる。それは、「個々の商品・サービス」と、同一カテゴリ内で一括りにした「ファミリー商品・サービス群」の2段階である。

日清食品の「カップヌードル」には、定番として「カップヌードル（醤油味）」の他に「カップヌードル カレー」があり、味・具材の違いによる区別を「カップヌードル＋それを端的に表す一般名称」で分類している。これは一つのインスタントラーメンというカテゴリで展開しているブランドのため、「商品ブランド」という規定で考えられる。

一方、同一カテゴリ内での商品・サービスの中で一括りにした「ファミリー」とは、たとえばライオンが植物物語として販売しているシャンプーや石鹸を含めた「一連のトイレタリー製品群」、トヨタがカローラとして販売している「一連のクルマ」が挙げられる。これらは、同じ共通のブランド名称を冠していることで、細かいスペックは違えども、それらがある共通の価値を消費者に提供していることを示している。

通常、新ブランドや新商品・サービスの開発フェーズにおいては、訴求するブランド・ターゲットカスタマーや提供する価値が既存の競合とは明確に異なるような基準で開発するだろう。この基準に則って商品・サービスを開発し、単一、もしくはファミリーブランドを冠して販売する。

重要なのは、いずれの場合でも、そのようにして開発した商品・サービスの評判がよければ、そのブランドの庇護のもと、別のカテゴリに進出できる新商品を開発することである。このようにして同じブランド名を冠して商品・サービスを広く展開することを、「ブランド・エクステンション」と呼ぶ。

たとえば、ライオンは当初、植物物語というブランド名で、シャンプー単体の商品として開発・販売をはじめた。その後、好評だったことから同一ブランド名のボディソープや石鹸を展開したのである。

ブランド拡張の勘所は「提供価値」と「ブランド・ターゲットカスタマー」の一貫性

ここで企業経営者やブランド・マネージャーが頭を悩ませるのは、「ブランド・エクステンションをどこまでおこなうべきか?」ということだ。植物物語のように商品を拡張していくことは、「同一カテゴリ」という意味合いから消費者側も違和感なく受けいれられるだろう。しかし、消費者側から見れば、それが同一カテゴリかどうかは明確に感知できるわけではない。消費者が違和感なく受けいれるかどうかは、あくまで感覚的なものである。

ポイントとしては、拡張カテゴリと旧来のカテゴリが、「提供価値」と「ブランド・ターゲットカスタマー」の観点において「ズレていないか?」ということが極めて重要である。ズレがなければ、消費者はこのブランド拡張を受けいれる可能性が高い。しかし、なんらかのズレがある場合は違和感を覚えて、新商品・サービスが売れないだけではなく、もともとあったファミリーブランドを冠する商品・サービスまでもが売れなくなる危険性を孕んでいる。

4つのブランド階層構造と保証効果

ここまで述べてきたように、ブランドには大きく4つの階層がある。そのため、厳密に区別して使用する必要がある。

① 企業・企業グループ

② 事業

③ 商品・サービスのファミリー

④ 個別の商品・サービス

通常、一つのブランドは一つ、あるいは複数の階層にまたがって使用される。ソニーは企業と企業グループに冠することもあれば、ウォークマンという携帯型カセットプレーヤーにも、「ソニーのウォークマン」という形でブランドを冠している。その「ウォークマン」も、かつての携帯型MDプレーヤーや携帯型CDプレーヤーに「MDウォークマン」「CDウォークマン」のように、ファミリーブランドとして使用されている。

現在では、「ソニー」も「ウォークマン」も、非常によく知られたブランドである。しかしウォークマンが世に出た頃は、製品のコンセプト、機能自体は非常に優れたものであったが、そもそも携帯型のカセットプレーヤーというカテゴリ自身が新規のものだった。つまり、それまでには世の中になかったものだったため、多くの人々への認知・購買のためには、できるだけ、その出所を開示して消費者の購入に対する心理的障壁・圧力を減じる必要があった。そのため「ウォークマン」として売り出すのではなく、「ソニー」が製造・販売している携帯型カセットプレーヤーであることを明示する意味から、「ソニーのウォークマン」として売り出したのである。

このように、特に新規参入や新商品・サービス投下の場合には、その商品・サービスのコミュニケーション・マーケティングコストに相応のモノが要求される。その時、市場にとってまったくの初物となる、その商品・サービス単体のブランドだけでコミュニケーション・マーケティングする必要はない。既に世に出て一定の評価を得たブランドの助けを借りることで、コミュニケーション・マーケティングコストを下げながら、新規の単一ブランドで上市する場合と同様か、あるいはそれ以上の効果を出せるのである。

このように既に市場にブランドとして認知され、顧客との絆ができているブランドを、他の階層にも広げて使用することで、その階層の対象物の認知、顧客との絆構築の助力を得ることを、「ブランドの保証」と呼ぶ。先述したブランド・エクステンションは、既に確立されたファミリーブランドを用いた個別商品・サービスに対する保証効果に他ならない。

○アンブレラブランド

グループを含む企業全体において、全階層の中でもっとも保証力を発揮しているブランドを、「アンブレラブランド」という。これは、階層ブランドがあたかも傘のように他階層のブランドを庇護する様子を形容したものである。

ブランディング関連の調査

ほとんどすべてのブランディングの実践においては、先述のブランド価値規定の制定と連動して調査がおこなわれる。ブランドの提供価値を機能的価値から社会的価値に至るまでのブランド価値連鎖として捉えるために実査をおこなう調査である。

ここでは、ブランド・エッセンスとブランド・パーソナリティから創出するブランド価値規定、価値連鎖構造を考案・規定するための調査について概説しよう。

ブランド・マーケティング調査における「定性調査」と「定量調査」

一般的にブランディング、マーケティングにおいて、定性調査と定量調査をどのように活用するか、また特に、インサイトの創造から深いブランド・マーケティング・プランニングを施すために重要な「調査」の実施については数多くの議論がある。相手が人間であり、心理を掴んでアクションを起こすためのファクト／facts、エビデンス／evidenceを求める上で、金科玉条の定番的な手法は存在しない。常に是々非々で、状況を深く読み解き、顧客心理を感得しながら進めなければならない。

とはいえ、手がかりもなく手探りで進めることも非効率ではある。一般的には新規ビジネスの創成や、既存市場での後発組として新たに参入する場合においては、まずは定性調査をおこなうことが多い。ここで必要となる顧客の深層心理から市場ニーズを炙り出す定性調査、インサイト創造の方法論については第3部・第7章、顧客のターゲティングについては第3部・第8章で述べた通りだ。

この描出をある程度具体的にし、機能面での選択肢を思い描けるところまでプランニングを進めて、定量調査にかける。この定量調査を通じて主要機能の大きな方向性を絞り込める程度には判断できるように設計を進める。こうして、定性調査、定量調査と進んでいくと、ある程度は商品・サービスのプロトタイプの設計が可能になる。

予算と時間が許すのであれば、王道としてはここからもう1サイクルの定性調査、定量調査を実施したい。1巡目の内容を踏まえて実施することで、数方向のプロトタイピング仮説を1~2方向に絞り込み、主要機能も含めて、より具体的かつ精度の高い答えを出すことができる。

しかし、予算がない、時間が限られていることも多々あるだろう。その場合は先述の定性調査、定量調査の1サイクルに、マーケターが持つ知恵・直感・経験を交差させてブランド・マーケティングを実施することになる。

*パイロットテスト：商品・サービスをテスト開発し、特定の地域や流通チャネルで先行発売することで、本格投入に先駆けて、顧客反応をもとに主要機能やプロモーションプランの精度を高めるためのマーケティングプロセス。

ここでIT業界におけるシステム開発手法を紹介する。「①ウォーターフォール型」と「②アジャイル型」という2種類の手法である。①のウォーターフォール型は、まず要件定義をおこない、設計、実装、テスト、導入というステップを一つずつ順に進行して、厳格な計画とスケジューリングで進める。②のアジャイル型はシステムのβ版を早期に作り、テスト稼働を繰り返しながら完成形に近づけていく手法である。プロジェクトの途中で軌道修正に対応できるプロセスのため、たとえば顧客の要件・要望が変わった、あるいは答えがない、存在しないプロジェクトを進める際にフレキシブルかつ迅速に対応できる特徴がある。DXでビジネスを創出することが求められる昨今、要件定義でゴールを決める従来型のシステム開発では対応しきれなくなった背景から徐々に主流となりつつある。

話を戻そう。予算や時間が限られるブランド・マーケティングにおいては、この「アジャイル型」で進めることができる。たとえば、パイロットテスト*／PoC（Proof of Concept）**を実施して、本格ローンチへ向けた機能・スペック固めをおこなう方法がそれである。

1巡目の定性調査、定量調査を経て導出された仮説が数方向の大まかな段階で、数パターンのスペックによるバリエーションごとの売れ行き、使用感の聴取などを実施する。このフィードバックを受けて、従来よりも短く早いサイクルでスペックを改良し、方向性を絞り込み、ローンチまで進める「アジャイル・マーケティング」の考え方である。

**PoC／Proof of Concept：プロトタイプの前段階として、デモンストレーションによって、ある概念や理論の実用化が可能であることを示すこと。システムローンチになぞらえたパイロットテストの別称。

「ブランド価値規定」のための調査・実査

先述のブランド価値規定とは、いわば「ブランディングの憲法」に相当する。このブランド戦略の提供価値／Value proposition の中核を成すブランド・エッセンスとブランド・パーソナリティの規定に際しては、顧客を中心とする調査の実施が重要となる。

このブランド・パーソナリティは本章での説明をかみ砕けば、ブランドを人になぞらえて人格的に構築した印象集・接触プロトコルと言えるものである。これによく似た概念がペルソナである。ペルソナはマーケティング上、もっとも中心となる顧客像に相当するために、そのデモグラフィック特性や商品・サービスを消費・受容する上でのニーズ、使用への具体的なシーンの規定、そのための心理的な描像までも精細に描き出す必要がある。

図11-7 ブランドタッチポイント

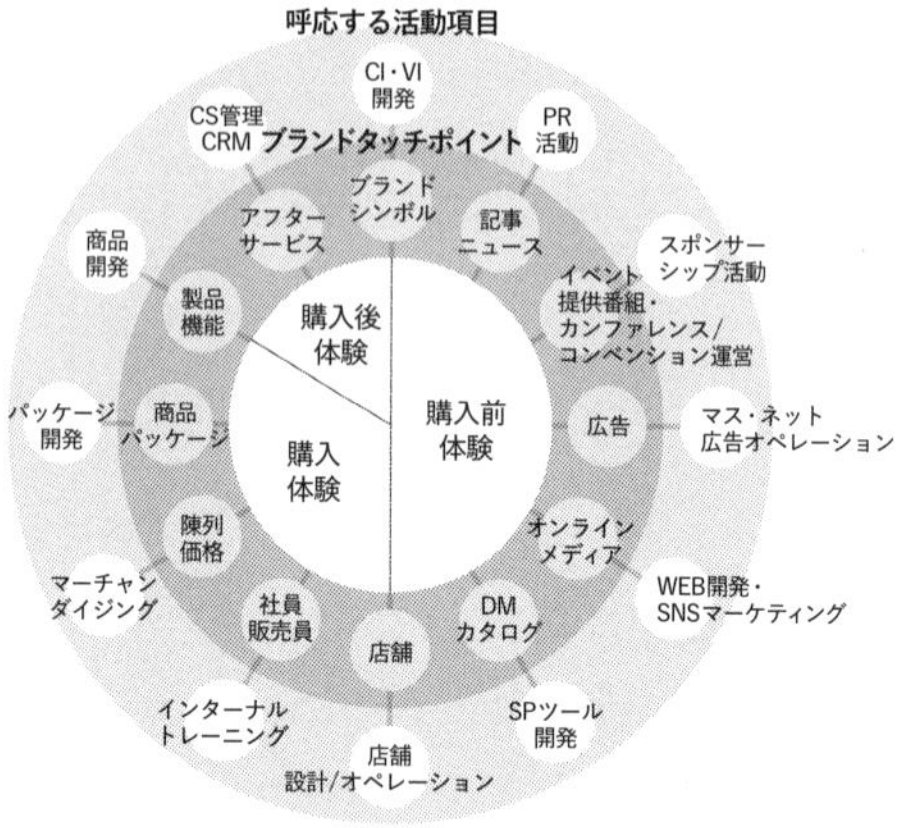

これに対して、ブランド・パーソナリティはそこまで精細な商品・サービスの使用シーンの規定が求められるものではない。商品・サービスを統括するレイヤーにおいて、あたかも全体のブランド・タッチポイント・マネジメント（図11－7）を実施する役割を果たす人格、いわばアバターのような存在である。それゆえ、ペルソナと比べて若干、規定の詰めが緩い部分と厳格な部分における強弱が異なる。

以下に、いくつかの調査手法を実施してブランド・パーソナリティ規定に役立つ調査の概要を示す。

1．市場調査レポート

業界・市場に関するデータや調査結果をまとめたレポートを利用して、顧客の傾向やニーズを理解する。これらのレポートは、専門機関やコンサルティング企業が作成することが一般的で、別の趣旨で実施した複数の調査結果を、このブランド価値規定の要素抽出のためのファクトに用いる意図で再分析する。医学領域で一般的な「メタ・アナリシス」という分析を施す場合もある。

2．定性・定量調査（デプス・インタビュー、フォーカスグループインタビュー等）

前述の1巡目の定性・定量調査に該当する。既述の通り、定性→定量の場合もあれば、欲しいファクトによってどちらかだけを実施する場合もある。製品・サービスの評価や新しいアイデアの聴取、顧客の感情・動機の理解など、商品・サービス市場周りにおける顧客心理の深掘りをおこなう。

3．オンラインデータ分析

ソーシャルメディアやレビューサイトなどのオンラインデータを分析し、顧客の意見や嗜好を把握する。この方法は、大量のデータを迅速に収集・分析できる利点がある。さらに従来の調査が「ask」による調査バイアスの呪縛から逃れられないのに対して、「listen」によって顧客の生の声、バイアスのない使用感想を聴取できるメリットがある（12章で詳述）。

4．行動観察

顧客の購買行動やサービスの利用状況を観察し、そのデータを分析することで、顧客のニーズ・動機を理解する。店舗内観察などを詳細におこなう定性調査としてのエスノグラフィー調査等、かなり高度で複雑な調査・実査をおこなうものや、WEBサイトのユーザーデータ分析など、データ解析的な手立てを講ずるものとに大きく二分される。

ペルソナ同様、この調査結果をもとに、想定する商品・サービスの市場における、顧客のブランド価値連鎖構造と緊密に合致する心理的ニーズを詳細に分析する。その素材をもとに、本章前半で詳述した方法でブランド・パーソナリティを規定する。

またブランド・エッセンスは、これら市場での心理的ニーズの階層構造の解明とあわせて、ブランド側での意思を明示的に織り込んでいくことが求められる。その理論的構成は既述した通り、市場側のニーズを分析して創造したインサイトを要素として織り込み、構築する。

「ブランド価値連鎖構造」を実践的に導出する

ブランドの価値連鎖構造は、機能的価値が顧客の日々の使用や、深い生活信条と結びついた要求にまで至る心的なニーズを構造化したものであった。調査結果から誘導し、具体的に規定することが調査に求められるが、方法論的、機械的に実施することで結果が出せる類のものではない。

実際的、かつ数学的にブランド価値連鎖構造を解析するためには、多変量統計解析の手法がある程度必要で、大量のデータを効率的に分析し、関連性やパターンを明らかにすることに適している（12章で詳述）。

さて、ブランドの価値連鎖構造として、先述した4つのブランド階層（企業、事業、ファミリー、個別）におけるステークホルダーの価値は次の3つである。

・機能的価値：「信頼できる」「革新的だ」「高品質である」
・情緒的価値：「自分を社会的に引き立てる」「自分の生活意識を体現している」
・精神的価値：「地球環境保全の意識を高める」「世界の安定に寄与している」

こうした様々な価値を、調査を通じたファクトとして抽出し、どのような顧客セグメントに強く感知・受容されているのか、どのような価値の連鎖構造なのか、その結びつきの強度と繋がる順序が調査から特定できると望ましい。そのためには、次の手法の適用が考えられる。

○因子分析

多数の変数から共通の潜在的な要素（因子）を見つけ出す手法。たとえば、顧客がブランドに見出す価値を理解するための様々なアンケート項目のデータを因子分析する。これによって価値連鎖構造の階層に散らばる様々な価値要素を抽出できる。

○ クラスター分析／Cluster Analysis

類似性にもとづいてデータをグループ化する手法。たとえば先述の因子分析で価値要素を抽出した際、ブランドへの感情・評価にもとづく感情因子に顧客をセグメント化するために用いる。具体的には、「品質」「イノベーション」など、その顧客が期待する方向性に即してグルーピングすることで、どのブランド価値要素が、どの顧客セグメントにとって重要なのかが明確になる。

○ 共分散構造分析／Covariance Structure Analysis

（または構造方程式モデリング／Structural Equation Modeling）

先述の2つの分析に加える形で複数の変数間の因果関係をモデル化し、テストする手法。特定のブランド要素が顧客の評価や購買行動にどう影響するのかを理解する。ただし、一般的にはこの調査は多数の回答項目が必要な定量調査であることから回答負担が大きい。さらには解析自体も大変複雑で、これらをコストとして得る対価としての調査結果を天秤にかけた場合、あまり有益ではない可能性が高い。

むしろ、後述する企業ブランド内部のステークホルダーの意思を勘案して、仮説の価値連鎖構造を調査対象とし他方が効果的な可能性がある。ブランドの機能・情緒・社会的価値が、どの程度ブランドロイヤルティや購買意図に影響を与えるのかを解明することに共分散構造分析を活用するのだ。その際、これら要素間の相互作用も評価することができるだろう。

本項の議論は12章で述べるエビデンス・ベース・マーケティングの考え方とは一見、整合しないように見えるかもしれない。しかしブランディングの価値構造体系は、戦略レイヤーでいうと上位層の企業戦略に近い（昨今では企業戦略の一部という考え方が主流）。そのため、経営レイヤーの意思を強く反映する本質を持つため、単純なエビデンスベースのみでは成立しない。

筆者は過去、高度に数理的な手法を駆使して、この価値連鎖構造を数理的に炙り出す仕組みを共同研究してきた。しかしかなり複雑な調査に加えて対象者が１００人を越え、その解析の稼働負担は現実的ではなかった。さらには複数の分析手法を組み合わせる中で、誤差の蓄積を評価するといったことが理論的にあまりクリアにできないことなどに起因して、汎用化して実施することが難しいと感じていた。

この意味において、ブランド価値連鎖構造の解明には、デプス・インタビューなどの定性調査から創造できる顧客インサイトを整理し、連鎖構造に組み上げていく方法が現実的な手段だとお伝えしたい。先述したように、ブランディングには経営者等のインナーステークホルダーの意思が強く働くことから、定性的手法の帰結を人的に構造化する正当性が担保できるだろう。

第5部

HOW

価格支配力を実装する

第12章

「ファクト・ベースの調査」と「ブランドの全戦略見取り図」

千葉尚志

11章のブランド論を企業の戦略として策定して実施していくには、具体的な「ブランド・マーケティング」のレベルまで落とし込んで実行していく必要がある。その際に必要なことは、「そのブランドを通して、どのような顧客層に対して、どんな価値を創出し、いかに提供していくのか」という課題解決を実行していくことである。

これをWHO－WHAT－HOWに分解すると、次のように述べることができる。

WHO：自社のブランドが描出する価値構造に対して、ブランディングが成功するには具体的にどのような顧客層を、どういう手段で選定していくのかを特定することが求められる。

WHAT：顧客にどのような価値を提供すべきかについては、第11章に詳述した通りである。ラダリングとして、物理機能的価値・情緒的価値・社会的価値という大きく3つに区分される価値の体系をつくりあげ、ターゲティングした顧客層に焦点を当てて効果的に提起できるマーケティングの実行が求められる。

HOW：WHATの価値をいかにして提供するかは、次の2つの観点が必要となる。一つは顧客がどのようなチャネルでそのブランドの商品・サービスを購買できるようにするか。二つ目は、顧客に適切に消費／受容してもらえるような環境をいかにしてつくりあげるか。この2つによって、市場のメインターゲット／顧客層との間に継続的なブランド利用のサイクルを回していくようにする。

これが具体的なブランド・マーケティングの概要であった。

顧客提供価値を創造するファクト・ベース・ステップ

本章では、ブランドの提供価値の体系が創出されて確定している段階で、先述した具体的な商品・サービスをブランド・マーケティングしていくフェーズについて言及する。前提をより明確に規定する意味で、ある特定の商品・サービスを新規開発し、想定したター

ゲットとなる顧客層へ向けて上市・販売して活用/消費を促進していく状況での話として
ご一読いただきたい。

n＝1分析と9segsモデルで顧客を理解する

ここではP&G出身でロート製薬やロクシタン、そしてSmartNewsで成功を収められている西口一希氏が提唱されたマーケティングフレームワーク「9segs（ナインセグズ）モデル」と、顧客理解手法としての「n＝1分析」を例に、具体的にターゲットすべき顧客層をどう特定していくかを解説する。

日本が経済大国化して、昭和の最後のバブル経済を経た中で、多くの消費者がその身をもってピンからキリまでの生活を経験した。特に、上位の「ピン」まで体感・目撃したことで、高度経済成長期の生活レベルは金太郎飴のように周囲・全体で均等に上昇していった。これはつまり、顧客が織りなすセグメント/層は、その消費形態においてもどれをとっても一様に同じような傾向が見られたことを意味する。

このような「我も我も」と消費に邁進する時代から、身を引くようにマイルドな消費トレンドが跋扈するようになったバブル崩壊〜失われた30年間においては、高頻度かつ購買額が大きなセグメントを特定しようとしても、薄く広く消費される傾向が一般化していった。

これによって、ターゲットとなる顧客層を特定できても、ブランドに求められるニーズと提供すべき価値を明確に規定しづらい状況が続いてきた。

そうした中で、GAFAMと呼ばれる米国発のIT企業が、それまでにはない方法で一般消費者のニーズを強く喚起した。ご存じの通り、密接に受容されるエポックメイキングな商品・サービスのローンチが続いた。それはアップルのi-Phone然り、Google mapやAmazon GoのようなWEB・流通サービス然り、である。これらは微に入り細を穿った消費行動、消費者マインドのニーズを微細に深掘りしていき、他社が一朝一夕には模倣できないほどに深いレベルでのユーザーニーズへのマッチングを実現する先端技術を駆使してつくり込まれたものである。

これらの手法はWEBが市民の生活に台頭・勃興してくる以前には一般的だった、集団に共通する思考・振る舞い・消費パターンを炙り出すマス・マーケティングとは一線を画すものだ。極端に言えば、ごく少数の、たった一人の実在する消費者をターゲットとして、嗜好やニーズを何から何まで深掘りし、さらにその商品・サービス領域に関わりの深い既存商品・サービスの消費シーンを深掘りし、その人のインサイトをつまびらかに掘り下げていく調査・分析の方向である。

先述したように、現在の消費ニーズや欲求は、高度経済成長期に見られた強さに比べて薄く淡くなり続けているため、ニーズの深掘りが難しくなってきた状況だと言える。それこそが正に、少数ながらも強い消費欲を抱えた特定の人の消費にまつわる様々な深掘りをした調査から浮かびあがる「ファクト／facts」が、消費者インサイトを的確に捉える上で重要である、という示唆を読み解くことができる。

ここで、一つの問題が浮上する。n＝1分析の結果が有用な意味を持ち、正しい商品・サービス開発へと誘導できるファクトが含まれている場合を想定しよう。その際、「そもそものn＝1はどういう人なのか？」「どのような人口動態の特性、消費の特性を持つ人から選ぶべきか？」というサンプリングの的確性が問われるのである。

これに応えるのが、9segsモデルによる消費者層の切り出し、セグメンテーションということになる。9segsでは、

・認知：そのブランドを知っているかどうか？
・購買経験：これまでに買ったことがあるかどうか？
・購買頻度：どれくらいの頻度で購買しているか？

という認知購買に関する3つの問いにより、顧客を5つに分類してできる「顧客ピラミッド／5segs」に加えて、

・次回購買意向：そのブランドを次も買いたいと思うか？

という問いを掛け合わせることで、最終的に顧客を9つのセグメントに切り出していく分類法である。このセグメンテーションにより、「ブランドに対するロイヤルティが高く、離脱のリスクが極めて少ない顧客」、「ブランドの名前さえ知らず、購買へのハードルが高い顧客」、「ロイヤルティは高いが、何らかの理由で購買しなくなった顧客」など、顧客を細分化することができる。

マーケティング部門のジレンマとしてよく起こることに、「顧客獲得のための販売促進活動と顧客のロイヤルティ向上のためのいわゆるブランディング活動の足並みが揃わない」であるとか、「ブランディング活動の費用対効果の測定ができない」といった悩みが散見される。そこに、この9segsモデルを用いることで、これら両面の投資効果を可視化でき、会社全体として取り組むべき具体的な戦略とアクションに落とし込むことができるようになる。実際には、さきほどのn＝1分析と組み合わせることで、この9segs

モデルで重要視されるべき顧客セグメントを特定した上で、そのフォーカスすべきセグメントに所属する顧客からn＝1分析にかける調査対象者を選んでくるという手順になる。

実際のn＝1分析において、どのように深層心理を深掘りするのか？ といった調査手法の詳細については後述するが、基本的には定性調査と呼ばれるタイプの調査が実施される。それは単純にデプスインタビューなどのように、1対1のインタビューでおこなうこともできる。

ただし、それはインタビュアーがマーケティングリサーチに長けた経験の深い調査員であり、綿密に準備したインタビューガイド（何を尋ねるかを、課題分析から説き起こして論理的かつ厳格に構築された聴取の流れを詳細に記したもの）に沿って、対象者の消費者インサイトを詳らかに掘り起こせるだけの力量が必要となる。そしてもう一つ、これは消費者インタビューで往々にして起こることであるが、インタビュアーとインタビュイーの相性がうまく合う、少なくとも手練手管に長けたインタビュアーの制御可能範囲内に収まることが成立の要件として重要である。

現在は、こうした原理的かつ始原的な手法としてのデプスインタビューのみならず、民俗学で文明社会から隔絶して生きている少数民族の生態を解明する目的で発達してきたエスノグラフィー調査であるとか、あるいはブランドの価値連鎖を解明するためのラダリング調査のように、定性調査にもいくつも高度に進化した調査手法がいくつも考案され、様々なマーケティングリサーチで実施されてきている。

カスタマージャーニーの構築によって顧客体験価値／CXを向上させる

本節の冒頭で述べたように、企業のブランド戦略に照応する形で具体的な商品・サービスを開発し、マーケティングで販促していく活動は、顧客を特定し（WHO）、商品・サービスを具体的につくり込み（WHAT）、彼らの嗜好・ニーズを喚起しながら適切にサプライチェーン・マネジメントを実行して手元に届ける（HOW）という図式である。

だが、11章で述べた多岐にわたるブランド・タッチポイントを通じて、消費者の購買行動モデルであるAIDMAやAISAS等（第5部16章で詳述）と重ね合わせながら、顧客に対して商品・サービスが企業のブランディングの一環として機能していくように、商品・サービスの認知・邂逅から購買・消費に至る一連の流れをカスタマージャーニー／Customer Journeyとして設計する必要がある。

顧客は、カスタマージャーニーにおけるブランド・タッチポイントにおいて、どのような顧客体験を経験していくのか。その過程におけるCXの一つひとつが良いものになり、総体としてのブランド好意・愛好を高め、ブランドロイヤルティを育成するブランド・エンゲージメントのベストプラクティスとなるようにカスタマージャーニーをデザインするにはどうすべきか。こうした観点で、各ブランド・タッチポイントにおける企業側の想定アクションを、ブランディングの観点から設計していくことが昨今おこなわれるようになっている。

余談ではあるが、n＝1分析における対象者選定の考え方に通じるターゲティングについて2つ明記しておく。

一つは、旧来のマス・マーケティングにおいても、特に嗜好性の高い商品開発においては熱烈な愛好者層の動向・ニーズを把握するということが行われてきた。この層のことを英語のenthusiast（熱狂する人）から取って、エンスー層などと呼び、たとえばスポーツカーなど、特定のニッチセグメントの消費開発における各種調査対象者として活用されてきた。

もうひとつは、昨今、マーケティング業界でもテレビ視聴率の低下が話題になることがあるが、TBS系列で放映されている『マツコの知らない世界』が、n＝1のイメージをうまく表わしている。視聴されたことのある読者はおわかりかと思うが、あの番組は、比較的身近な食品であるドーナツやハンバーガー、あるいはその逆に身近な存在とは言えない豪華客船での外国クルーズ旅行に至るまで、様々な商品・サービスカテゴリを扱い、ある意味オタク的な博覧強記を開示する番組である。毎回1つのトピックスごとに、そのカテゴリのスーパーヘビーユーザー／変態さんやエンスー層に属するであろう一般人をゲストに招き、その人の深い知識や、領域に対する深い見識、インサイトを披露するという番組構成になっている。ここに招かれる各エリアのエキスパートとも言える非常に強烈な愛好家の言動は、n＝1分析が対象とする非常に尖ったスーパーヘビーユーザーのイメージとしてわかりやすいのではないだろうか。

エビデンス・ベース・マーケティングの実践

エビデンス・ベース・マーケティング／evidence-based marketingはマーケティングを実施するにあたって現在主流となっている重要な考え方である。それはデータや実際の現象の観察結果にもとづいてマーケティング活動を計画し、遂行し、評価自体も極力データを取得し、実態を観察することでPDCAサイクルを回していくアプローチを指す。

エビデンス・ベース・マーケティングの主な目的は、客観的なデータや証拠を活用することで、より実態に即した効果的なマーケティング戦略や施策を実行することにある。それは、主観的な意見や経験に頼るのではなく、データにもとづいた意思決定と戦略策定判断が優先されるという意味でもある。

近年は、コンピューティング能力の増大に後押しされたデジタル・マーケティングが急速に発展し、それに伴って消費者行動や市場動向に関する大量のデータが生成され、取得され、利用可能になってきている。このため、エビデンス・ベース・マーケティングはますます重要になりつつあり、多くの企業がデータ分析や市場調査を通じて効果的なマーケティング戦略を立案するようになってきている。

しかしながら、あえてここで、声高にエビデンス・ベース・マーケティングを唱える背景には、まだまだ実践的に活用されていない企業、セグメントなどが存在するからだ。

それは、実際には次のような状況による。

1、データや観察結果の活用スキルが不足している

これは由々しき問題であり、「まだまだすべての企業やマーケターがデータ分析や市場調査のスキルを持っているわけではない」という状況によるためである。昨今のデータサイエンス隆盛における状況下で、データサイエンス系学部・学科が急速に日本の大学に設置されるようになってきている。これによって、新入社員を含めたビジネスパーソンは一定水準以上のデータサイエンススキルを持つ人材が増える傾向にある。

しかし、それより以前に修学し、就職したビジネスパーソンは、特に文系学部出身者の場合において、マーケティングで頻繁に実施する各種市場調査の実施、およびその解析に必要な基本的な数理統計の知識が十分でない場合が多く見られる。加えて、特に企業規模が小さい場合には、そうした数理解析スキルを持つマーケターや、クォンツ*といった職

*クォンツ：高度な数学的手法を用いた様々な市場、金融商品、投資戦略を分析すること、または、その分析をする人。Quantitative／数量的、定量的という言葉から派生。

層の社員を採用する余裕がないということにも起因する。こうした諸原因によって、データや証拠を十分に活用できない状況が起こりやすい。

2、データへのアクセス環境が限定的である

特に中小企業の場合、十分なデータや情報にアクセスできないことがある。これは情報システムを筆頭に、製造ラインや流通の仕組み構築がオンラインで連携・統合運用できるように構築されていないために生じている状況とも言える。ここを原因として、客観的な意思決定が難しくなることがある。

3、勘や経験に依存する文化が固定化されている

一部の企業やマーケターは、長年の経験や直感にもとづいた意思決定を重視する文化が根づいており、エビデンス・ベース・マーケティングの重要性が十分に認識されていない場合がある。これは企業が長きにわたり、勘と経験によるマーケティングで成功体験を収めていればいるほど、エビデンス・ベース・マーケティングに舵を切ることを逡巡してしまい、いまだに勘と古い経験のマーケティングを軸とする考え方がまかり通ってしまうためである。これは決して旧時代の化石的逸話ではなく、筆者の経験上では今でも一定数、跋扈している状態のように思う。

近年のコンピューティング能力の向上とメモリ増大を背景としたデジタル・マーケティングの発展・流布により、取得できるデジタルデータが指数関数的に増大している。また、これに並行してデータ分析技術が進歩している。さらには、先述のデータサイエンティスト要員の爆発的な増大などの複数要因が相乗効果的に起因することで、ますます多くの企業がエビデンス・ベース・マーケティングの重要性を認識し、実践するようになってきているのも事実である。

ファクト・ベースのコンサルティングと論理的思考

エビデンス・ベース・マーケティングに類するものとしては、経営コンサルティング会社の先駆けであるマッキンゼーが提唱しはじめたファクト・ベース／fact-basedというコンサルティングのプロトコルがある。

経営コンサルティングの世界でも当初、グレイヘアコンサルティング／gray-hair consultingと呼ばれたように、年配者の勘と経験にもとづく助言が重宝されていた。ここに、マッキンゼーは若手であってもきちんと状況を捉え、関与する必要な事実を収集し、論理的思考にもとづく課題分析／issue analysisを施すことで経営の諸課題の解決を可能にするエポックメイキングなパラダイムシフトを起こした。

「fact：事実」はしばしばデータと読み替えられることもあり、データとロジックにもとづく仮題解決の提案に経営コンサルタントの真骨頂がある。このことから、マーケティングもまったく同様に、エビデンスにもとづいた実行を目指すように変化しつつある。

データサイエンス隆盛下でのマーケティングのあり方

ここで少し、別の角度からデータサイエンスに関する考えを述べておきたい。

筆者は理論物理の研究者という立場から、経営コンサルタント、マーケター、ブランドコンサルタントとして、経営やブランド・マーケティングに携わってきた。1990年代には広告会社や実業会社の経営・運営にコミットしてきた立場から、デジタル・マーケティングをプランニングしたり、実業側で運用する立ち位置に立ったりしつつ、さらに最近の10年あまりは、データサイエンスをどのように経営課題解決に活かしていくか？という命題に対して、解析コンサルタントの立場からコミットしてきた。

次に述べることは、筆者のこうした体験・経験による考えである。

1、マーケターや上級管理職、経営層に文系人材が就くことが多い

マーケティングにおいては後述するように、様々な多変量解析の実施が必要となる。その基本として位置づけられるのは、理系学部の大学の教養課程で修学する程度の線形代数学への理解である。こうした線形代数を修学しないままマーケターになった場合でも、昨今の高度なGUI*の恩恵を受けることで、根本の数理のからくりを理解せずとも統計ソフトを使用して、何らか相応に意味のある解析を実施することが可能になった。これによって、勘と経験で乗り切るマーケターや、数学アレルギーであることを隠さない上級管理職や経営者が増えつつあることを感じている。

2、データサイエンスの学びを自ら閉ざさず数学アレルギーを克服せよ

データサイエンスがビジネスに活用されるようになってきた今、数学アレルギーを払拭する方向に舵を切るべきである。実はデータサイエンスにおける数理は、難解な現代数学の中では比較的簡易な線形代数の初歩さえ理解すればよいものである、ということをお伝えしておきたい。おそらく、数学アレルギーを発症させるきっかけとなっているのは、2×2を超えるn×mの行・列と任意の自然数個まで和を取ることを形式化する「Σ記号」にあるのではないかと推察している。しかし、これは本質ではなく、ただの見かけの問題であろう。つまり、気持ちを切り替えて、いかに自分のために数学と向き合うか？という

* GUI：グラフィカルユーザーインターフェース／Graphical User Interfaceの略語。コンピュータへ出す命令や指示が画面上で視覚的に指定できるもの。より直感的な操作が可能になった。

問題にすぎない。

3、後学でデータサイエンスを独習することは難しくない

筆者は教員として務める大学において実際に、文系出身でデータサイエンスに関する修学をされてこなかったビジネスパーソンに向けてあとづけで学びを得られる修学を提供している。ご自身のビジネスに活かすための必要十分なレベルまで知識・知見を高めるために、どんな学びが必要で、どのような手段とステップがあり、自習も含めてどのような教育機関で学ぶべきか等まで網羅した修学の方法論である。この方法論については、その概要を後述の「多変量解析の話」で説明しよう。

「実際に、どのように学んでいくのか？」という出発点は、その人が自社ビジネスで管轄する階層や範囲によって何通りか考えられる。典型として、部門長などが関与するビジネス部門のトップの例で説明しよう。

データ解析やデータサイエンスに関連した諸技術を活用して、新しい商品やサービスを上市する場合、部門トップは、管轄部署におけるプロジェクトとして具申される内容を承認することが求められる。ここで本来的に必要なスキルとしては、データサイエンスおよび数理的な側面からプロジェクト運営に関与すること、技術的な活用方法とその意義の理

解、収益性と基本要件を検証するために必要なデータサイエンス領域の目利きを実行するための知見を備えていることである。同時に、プロジェクトの進捗内容に対する適切な指示出し、すべてが適切であることを担保・許可する承認者として必要な検証力と実際の承認、プロジェクトの完遂・完了判断に至るまでの一連のステップにおいても求められる。ここには、理想を言えば、いざという時にはアナリスト・リサーチャー・エンジニアと交代できるレベルの知見と技能を蓄えることまで含まれるだろう。

大学の理系学部で修学する基本レベルの数学を学ばなかった場合、こうした内容が自身が携わるビジネスにまつわるデータサイエンスの知見をあとづけで学んでいくステップになろうかと思う。

なお、より詳細に本格的な習得のステップを学びたい諸氏には、筆者が別途、執筆している書籍(現・仮題『非理系・非エンジニアのためのデータサイエンス独習の方法論:数学的思考法の習得』ダイヤモンド社)をお読みいただければと思う。

様々な調査手法で実践のためのデータを入手する

さて、ここからは市場の状況を正しく把握できるデータとしてのエビデンス／ファクトにもとづいてマーケティングを実行していくフェーズである。その際、それらのデータをどのように入手するかが次に重要なポイントとなる。

データの入手方法は、広義では「調査の実施」である。ここで「広義では」と前置きしたのは、先述したデータサイエンス隆盛の現在において、データの入手方法が幅広くなりつつあるためだ。

たとえば、マーケターによる旧来の消費者調査に代表される調査を経て、エビデンス／ファクトデータを手にする典型的な手法がまずある。ここに加えて、大規模情報システムに時々刻々と流入してくる様々なデータを加工して得られるデータや、特定の分析のためにこの情報システムを利用して、新たなデータを収集しにいくことも含まれる。また、これら広範なデータを様々な分析にかけて有益な情報を取り出すことも、広い意味では「調査」に類すると考えるためである。

こうした昨今の情報網・システムの整備にともなう広義のデータ収集と生成については、のちほど解説しよう。本節の前半では、データ収集のために実施する旧来的な意味での市場(顧客・消費者)調査を対象に説明していく。

情報収集の調査手法の分類

前著『値上げのためのマーケティング戦略』では、マーケターや企業が直接調査を通じて収集するデータを「一次情報」とした。また、既に別の意図で調査が実施されて公開されているデータや、インターネット・各種ビジネス用途として有料サイトで公開されているデータベースに収録されている情報を「二次情報」として、ロジックツリーとともに詳述した。

今回は、前述・前著で一次情報と分類した、みずから実行する調査で得られるデータと、情報システムを通して得られるデータの収集手法を対比する形で考える。

なお、前著の出版から10年近く経った。当初の一次情報の収集方法は、オフライン的手法と言える訪問面接調査、留置調査、郵送・FAX調査などが含まれていた。現在、これらが失われた手法というわけではないものの、コスト面・オペレーション面での優位性に立脚してインターネット調査が圧倒的に主流になった状況を鑑みて、特に定量調査の軸の切り口についても改訂して解説する。

データ生成軸×分析の多様性軸で分類されるエビデンス／ファクトとしてのデータ生成・発生機構のバリエーション

○データ生成の仕組みの違い

データサイエンスが盛んな現状においては、エビデンス／ファクトとなるデータの取得・生成源としての違いに着目すべきだろう。

ひとつは、特定の目的に適う調査を設計・実施する場合だ。これは前著で「一次情報」とした一連の市場調査に該当する。もうひとつは、入手したいデータが発生するビジネスシステム／バリューチェーン上のステップの一つひとつ、あるいは関与するステークホルダーとの相互作用としての売買や使用・消費・フィードバックを構成する様々かつ組み合わさったシステムの機構からデータが発生・生成される場合である。

これら「データ生成」のからくりの違いについて、これ以降は簡潔に、「市場調査」と、「情報システム等からのデータ取得・生成」と表現する。

○データ分析の複雑性の違い

もう一つの軸である分析の多様性について述べる。筆者の経験上、分析難易度の段階づけというものがある。これは先述の、みずからのビジネスの必要性からデータサイエンスをあとづけで学ぶことになった方々のサポートをしてきたことによる経験から述べるものである。

・データ分析の難易度／第1段階「データ集計とレポート作成」

ビジネスにおいて極めて一般的なマイクロソフトのエクセルを用いた簡易なデータ集計とレポート作成のこと。エクセルなどの表計算ソフトにデータを入力してデータベースを作成し、演算コマンドを用いて必要なデータ分析を進める。たとえば平均値や標準偏差といった統計的に大きな傾向値を表す基本的な指数計算などが代表的である。必要な指標／指数をこのように算出することを「データ集計」と呼び、得られた有益な指数を用いて検討対象とするデータベースの傾向に言及することを「レポートを作成する」と表現する。

実際の市場調査において、この第一段階に相当するのは、いわゆるアンケート調査に代表される定量調査の結果をデータ分析する際などが代表的である。もっとも基本的な調査で得られたデータに対して、設定した条件に合致したレコードの総数を数えあげる、あるいは特定のフィールドに記録された一項目の調査結果を数えあげることなどである。

要するに第一段階では、各フィールドの回答の種類ごとのカウントやすべてをひとくくりにしたレコード／IDの総数といった、単純な数の勘定にしたがって得られる数値が主となる。これを「単純集計」と呼ぶ。

・データ分析の難易度／第2段階「クロス集計」

第2段階に相当するのは、いわゆる「クロス集計」の解析であり、定量アンケート調査の設問同士で掛けあわせられた回答ごとに数えあげる。アンケート調査を実施した際に、その対象者のデモグラフィック特性*の中で、分析で重視すべき属性について、たとえば男女別のように回答を分けて集計するもので、人口動態特性の変数で切りわけていくことが多い。

踏み込んで例えると、男女別に加えて支出傾向の違いで区分けして捉えたいような場合は、対象者の収入をいくつかの区間で区切り、それぞれに該当する対象者ごとに設問の回答を分けて集計するといった分析作業を指す。具体的には、5段階評定の設問の場合であれば、1と回答した人、2と回答した人……これらそれぞれをグループとする。そしてグループ1は、別の設問にどう回答しているのか、その回答の状況をグループ1に特定のものとして分析する。

こうした分析作業は直感的にイメージしやすく、とても基本的な分析の深掘りと捉えることができる。そして第一段階に位置づけた、特定の条件に当てはまる回答数を数えあげることや、第二段階のように、回答肢ごとに分析するクロス集計に至るまでは、原則「数

*デモグラフィック特性：調査対象者の性別・年代・家族構成・職業のカテゴリ分け、居住地や居住住宅が自己所有・賃貸か等々の様々な属性のこと。人口動態特性とも呼ぶ

えあげる」ことに終止する。

なお、クロス集計の場合も、第一指標の選択項目ごとに、個別に抽出してきた第二指標の回答分布という部分集合に対して平均値、標準偏差等のごく基本的な統計量を計算などもおこなっていく。

・データ分析の難易度／第3段階「多変量解析」

さて、第3段階は「多変量解析」と呼ばれる、一群の統計手法を用いた分析となる。前述のように、筆者の経験から、ビジネスパーソンにとっての一つの関門となっているのではないかと感じている。

多変量解析とは、複数の変数／要因が相互に関連するデータを分析するための統計的手法のことである。データのパターンや関係性を理解し、予測や分類をおこなうために使用するもので、具体的には、主成分分析、因子分析、クラスター分析、重回帰分析、判別分析などが挙げられる。

多変量解析は統計学、社会科学、経済学、生物学、医学などの様々な分野で広く応用されているが、マーケティングの文脈においては顧客の行動・市場の特性を理解すること、あるいは実行したマーケティングの効果測定・評価に活用できる。具体的には、顧客数や商品単価、店舗数などから将来の売上高を予測する、あるいは大量のPOSデータから顧客特性を似たグループに振り分ける、などといった目的で活用する。

昨今、リスキリングと称して、ビジネスパーソンが今後の業務に必要となるスキルを習得することが盛んになりつつある。こうしたシーンにおいて、実際に多変量解析をビジネスで活用するための正攻法として学ぶべき事は、次の5点である。

1、線形代数の基礎
2、統計学の基礎
3、確率の基礎
4、プログラミングスキルの習得
5、理論と実践の統合

具体的には、3までをある程度理解できるようになると、多変量解析の数学的な仕組みについて理解できるようになる。その学習と並行する形で、4以下を学んでいくことが、実際的なリスキリングとして多変量解析を修得する方策と考える。

5の理論と実践の統合とは、習得した多変量解析の分析手法を実際のビジネスのデータに応用して意思決定に活用する方法を学ぶことを指している。これは、データの前処理と解析作業、そこから得られた分析結果を解釈し、これをいかにしてビジネスに適用するかというプロセス全体の理解、および、ビジネス現場における具体的な課題解決に適用するといった経験値を積み、勘所を養うことを指す。

しかし一方で、日本のビジネスシーンにおいては数学アレルギーが跋扈し、データ解析の一般化を妨げる大きな心理的障壁になっているのではないだろうか。そこで、以下のように取組むことを提案する。

昨今、調査会社が抱える、いつでも調査回答を依頼できる集団に対して、ネットを通じてパネル調査を依頼し、PC・スマートフォンを使って回答してもらうところまで進んできている。この時、定量調査を調査専門のリサーチ会社に依頼する場合、あるいはパネル調査だけ事業者のものを活用する場合でも、出てきた結果をGoogle formsなどを用いて自分で解析するマーケターが増えている。

調査会社に依頼する場合、通常は調査会社のリサーチャー・アナリストが多変量解析も含めた複雑な分析を実施してくれる。しかし、自社の多変量解析の分析プラットフォームを依頼主に使わせてくれる場合も多い。もちろん、その調査に限定して、ではある。

Google formsなどを通して調査をした場合、多変量解析はエクセルのマクロで実施することもできるが、エクセルのマクロは他人のものを使う場合には、修正などが普通のプログラム言語以上に分かりづらい場合が多い。この欠点を鑑みれば、ＳＰＳＳであるとかtableauのような解析ソフトを用いて分析する、あるいはプログラムできるマーケターであれば、PythonやRを用いて自分でプログラムする方が、いま仕掛かっている調査の分析に相応しい解析を自由に実行できるようになるだろう。

血の通った多変量解析をビジネスに活かすための理論と実践

いま急にビジネスの現場で多変量解析を自分で取り回していくことを求められた場合においても、前述の線形代数の基本から学習・習得をはじめていくことが正攻法となる。とはいえ、急いで取りかからなければならない時にあっては、時間が足りない場合もあるだろう。

その際にはまず、前述の調査会社から提供される解析ソフトウェアの環境や、ＳＰＳＳ、tableauのような解析専門ソフトを用いることをお勧めする。これは、ＧＵＩが高度にユーザーフレンドリーな設計になっていることで、本質的な線形代数の知識がなくとも、喫緊で実施を求められている特定の多変量解析をかろうじて実施できるためである。

ただし、多変量解析の特定の手法の一つひとつが何をしていることに相当しているのか、という理解を持つことが必要だ。たとえば、もっとも直感的にわかりやすい「回帰分析」と、マーケターがよく使う「因子分析」を例にとって説明しよう。

「回帰分析」とは、ある2つの指標群の間に、一方が増えるともう一方も増える、あるいは逆に一方が増えるともう一方が減るなどのように、「潜在的に関係づけられる因果関係」の存在が見られる指標を数学的に突き止めるものである。

「因子分析」は、いくつかの指標が様々な値を持つ中で、手で数えられる5個前後の抽象的な変数がある場合、それを数学的に特定する作業である。たとえば、自分の高校生時代や身近な高校生を想定してほしい。まず、主要科目を国語、数学、英語、物理、化学、日本史、地理と仮定する。これら7科目のテストの得点を100点満点とし、全学年300人分のデータベースをつくるとする。この300人×7科目のデータベースは、0~100点までの得点がランダムに記載されている。ここには、いわゆる文系・理系を問わず、国語・英語・日本史・地理の得点が高い生徒、数学・物理・化学の得点が高い生徒、といったように分布が偏るであろうことは想像に難くない。

これら国語・英語・日本史・地理の得点から「文系力」、数学・物理・化学の得点から「理系力」とも言うべき抽象的な概念が感知され、それを統計数理的に表わしてみるものが因子分析と呼ばれる解析の概観である。

こうした「直感的理解」を得ながら、ユーザーフレンドリーなGUIを持つ統計解析ソフトを用いて、実際に多変量解析を自分で扱ってみることが習熟の第一歩である。これらを徒手空拳の独学・独習で進めることもできなくはないが、ビジネス現場での要請を受けての習得である前提を考えれば、部署や会社にいるデータサイエンティストの手ほどきを受けながら、徐々に習得していく方が望ましい。

さらには、並行して線形代数も修学しつつ、先述した本来の正攻法も学ぶことをお勧めする。実際に線形代数でやっていることは高校で学んだ2×2の行や列が2を越えていくだけのシンプルなものであり、本質的には四則演算以上に複雑なことをやっているわけではない。

数学が苦手な方は、最初は線形代数における行や列での四則演算の総和を意味するΣに拒否感を覚えるかもしれない。その気持ちは理解できる一方で、しかし一つひとつ理解を進めてΣなどに代表される表記のからくりさえ理解してしまえば、拒否感を感じたことが「案山子に驚く」に過ぎなかったことに気づき、感覚的な多変量解析の習得とともに数理を押さえた理解を深めていくことができるだろう。

さて、「統計解析ソフトを用いた多変量解析」「社内のデータサイエンティストの手ほどき」「線形代数の独習」をセットでおこなう最大のメリットは、実際のビジネスにおけるデータ解析の真価を発揮することにある。理論のみならず、実際にどのように実践すべきかがわからなくなってしまっては本末転倒だからだ。

現実的に起こりうるケースとしては、本質的な数理理解を脇に置いて、統計解析ソフトの手順だけが記されたようなマニュアルを受け継いだ場合が挙げられる。これはいわば、ユーザーフレンドリーなGUIのサポートを頼りに、部署で伝統的に口伝されてきたようなアンチョコのようなものだ。プログラム上のからくりを理解しないまま手順のみにしたがって解析ソフトを動かすやり方では、なぜその手法が有効なのか、その結果が持つ意味がどのようなものかを理解できない。これでは、定石から外れたような状況に遭遇した場合、解析結果がたちまちおかしなことになり、対処できずにお手上げとなってしまう。

理論・実践を統合した学びは、ビジネスで多変量解析を効果的に活用する鍵なのである。

「案山子、恐るるに足らず。」

ぜひ、これらをあわせて多変量解析を習熟していただきたいと願う。

不可避な調査バイアスとソーシャル・メディア・リスニング

2010年代以降、もはやSNSの口コミ分析を無視することはできなくなった。筆者は2010年前後、米国ニールセンと国内IT企業のトランスコスモスがジョイントベンチャーとして経営していたネットレイティングス（現在はニールセン傘下のニールセン・デジタル）の経営に携わっていた。同社はネット視聴率データのパネルをもって視聴率などのデータ提供サービスをする企業であった。

当時は、SNSプラットフォームの基盤をつくり、いまでも盤石な地位を占めるTwitterやFacebookなどが日本に上陸した時期である。それまでは各種ブログが主流であり、ニールセンは主要国でNielsen Buzzmetrics®というネットの書込み情報を自然言語解析するAPI*サービスを展開しはじめていた。筆者は、その日本での展開責任者として、主たるクライアントへのトップ営業と並行して、日本発・日本語の口コミ分析をサービス提供する主要各社の経営陣とも協働しながら、口コミ分析の有用性を説いて回っていた。

ニールセン流なので英語表現であったが、この口コミ分析をSocial Media **Listening**と標榜していた。この表現は、一般的な消費者調査が必然的に避けては通れない、調査バイ

*API：Application Programming Interfaceの略。「アプリとプログラムをつなぐもの」を意味する。具体的には「機能とデータを公開しているアプリケーション」と「その機能とデータを使いたいアプリケーション」をつなぐ窓口となるインターフェース。

アスに対するアンチテーゼを示している。それは、定量・定性どのような調査手段を用いても、消費者調査は不可避的に調査フローに起因する認知バイアスが内包されているためである。

わかりやすい例として、代表的な定性調査であるフォーカスグループインタビュー調査／FGI：Focus Group Interviewを取りあげよう。しばしば略して「グループインタビュー」と呼ばれる、「座談会形式」のインタビューセッションのことである。まず、「特定のデモグラフィック特性」×「調査対象商品・サービスのヘビーユーザーなどの消費動向にまつわる特性」で絞り込み、選定した調査対象者を数名*ほどを調査会場に集める。

新旧自社商品・自社サービス、およびその業界、あるいは競合商品・競合サービスについて、見本などを会場に持ち込み、その場で飲食などのトライアルをしてもらい、感想を聞くなどする。これは、モデレーターと呼ばれるプロの司会者（原則：リサーチャー）の取り回しのもとで行われる。

この実施は、商品・サービスのマーケティングに活用する大まかな仮説を得たい場合であっても、プロトタイプをつくるためのヒントを得たい場合であっても、どちらも実施には「インタビューフロー」の設計が必要だ。時間は一般的には2時間ほどかけて対象者グループにインタビューをしていくものとなる。

グループインタビュー開始直後は、クライアントが聞きたいと思っているであろう自社

*旧来は5～7名程度を1グループとしたが、昨今では4～5名と、若干少なめのグループにすることが一般的になってきている

の商品・サービスについては聞くことを控えて、その商品・サービスが属している業種・市場の消費動向、競合商品・サービスを含めたSWOT分析に関わる項目について尋ねる。そして徐々に核心に迫るかの如く、より具体的なフローである使用感や愛好度などへと調査を進めていく。

対象者の選定には、「機縁法」と呼ばれる、リクルーティングを担う調査会社の調査員の幅広い知己の人脈を通して対象者を探し集めてくることが多い（昨今ではインターネットを通じて、本来は「機縁」と呼ぶほどではない対象者集団から求める属性に合致した人に一斉に募集メールを送り、応諾した人を対象者とする簡易型もある）。そこでは、何度もグループインタビューを経験して場慣れしている対象者も散見される。そのため、グループインタビューの途中で突然、「これって、〇〇社の調査ですよね」と言い出す人もいる。これは調査実査を担うマーケティングリサーチ会社や事業会社にとって喜ばしいことではない。

ここが、グループインタビューが不可避的に持たざるを得ない、調査バイアスの問題を孕むポイントである。どんなに周到に聞く順番を考え、調査主体の企業がわからないようにフローを組んだとしても、調査対象者はうっすらとか、あるいははっきりと「恐らく、これは〇〇社の調査だろう」ということに気付く。これは自然なことではあるものの、気付かれた段階でどうしても回答にバイアスが生じかねない。その企業のロイヤル・ユーザーであったり、どちらかというと好きではない人など様々に存在する対象者から得られる回答において、企業やブランドに対する姿勢、本来の使用実態や感想に影響を与えてしまう。これが「調査バイアス」である。これはグループインタビューではない定性調査しかり、定量調査であっても同じだ。

その過程において、企業やブランドを特定される、もしくはなんとなく商品・サービスカテゴリにあたりをつけられてしまうことを避けるのは難しい。どんなに周到に設計をしても、調査の最後までまったく気付かないということはありえないだろう。

どのような種類のものであれ、調査であるということは、英語で表現すると、それはすなわち調査会社・調査実施社が「ask」していることに相当する。そうした時には必ず、前述のような調査バイアスが大なり小なり発生する。

一方で、SNSやブログの分析は、「Listen」することに相当する。そのため、ここに原則、バイアスは生じにくいのである。ある調査を設計して実査をおこなうこととは異なり、調査対象とするブログ・SNSから発せられる情報は、原則として調査主体である企業が何かについて調べたい・聞きたいという状況とは無縁だからだ。それは起筆者の「表現したい」「誰かに意見を見てもらいたい」という自発的な欲求のみによって生まれるがゆえ、ネットの口コミ情報の分析は、調査バイアスが少ない自然な意見の発露を抽出できる。ブログ・SNSにおける分析は、ここが大きな利点として捉えられている。

ただし、こうしたソーシャル・メディア・リスニング／Social Media Listeningがバイアスとまったく無縁というわけではない。Twitter、Facebook、Instagram、YouTube、TikTokのいずれにしても、「投稿する人」と「投稿はしないが他人の投稿を読んだり見たりする人」と、使用者の属性が大きく二分される点を考慮する必要がある。

つまり、先述の「SNSを通じて発信される情報・意見」で言及した内容は、「比較的頻繁にSNSで情報発信している人」の意見のことである。残りの、過半数を占めるであろう「普段は情報を発信しない人々（いわゆるROM専）」の意見がListenされることはほぼない。その意味では、やはり一定のバイアスが存在する。

こうしたソーシャル・メディア・リスニングにおいては、SNSから特定のブログに至るまで、ネットに書き込まれている様々な口コミは、「人の噂も75日」である。筆者がネットレイティングス時代にグローバル企業の複数国での口コミを分析していて感じた事は、日本人の話題の移り変わりの速さである。特に、政局絡みで揶揄される我が国のバズワードの隆盛スピードは特筆すべきものだった。

日々の人々の関心事がすばやくリアルタイムに、文字通り走馬燈のように現れては消えていく。そうした様子を無料、あるいは比較的安価で利用できる口コミ収集の情報プラットフォームを用いてデータ収集・分析をすると、図のようになる（図12－1）。理想的には、1つのトピックスがあり、それが契機となり、口コミが発生し、連鎖反応的に盛りあがってフォローされる現象や、もしくは関係者の次なるネタがなければ沈静化していく様が示されている。

このような波形を分析するには、図示した指標を数値化していけばよい。株価の推移と同様に、何日かの間隔をとっての移動平均線のような指標も含めて11個の指標を目的に応じて算出する。その上で経時変化などを取る、あるいは似たようなケースの過去事例から同等の指標をとって比較する。そうすることで、その口コミの元になった情報の与えるインパクトの大きさに言及したり、あるいはネガティブな炎上ネタの沈静化までの推移を予測したりすることができる（図12－2）。

炎上ネタは、関係者インタビューなども含んだメディアによる追加取材による記事や自

図12-1 マーケティングの単一イベントモデル

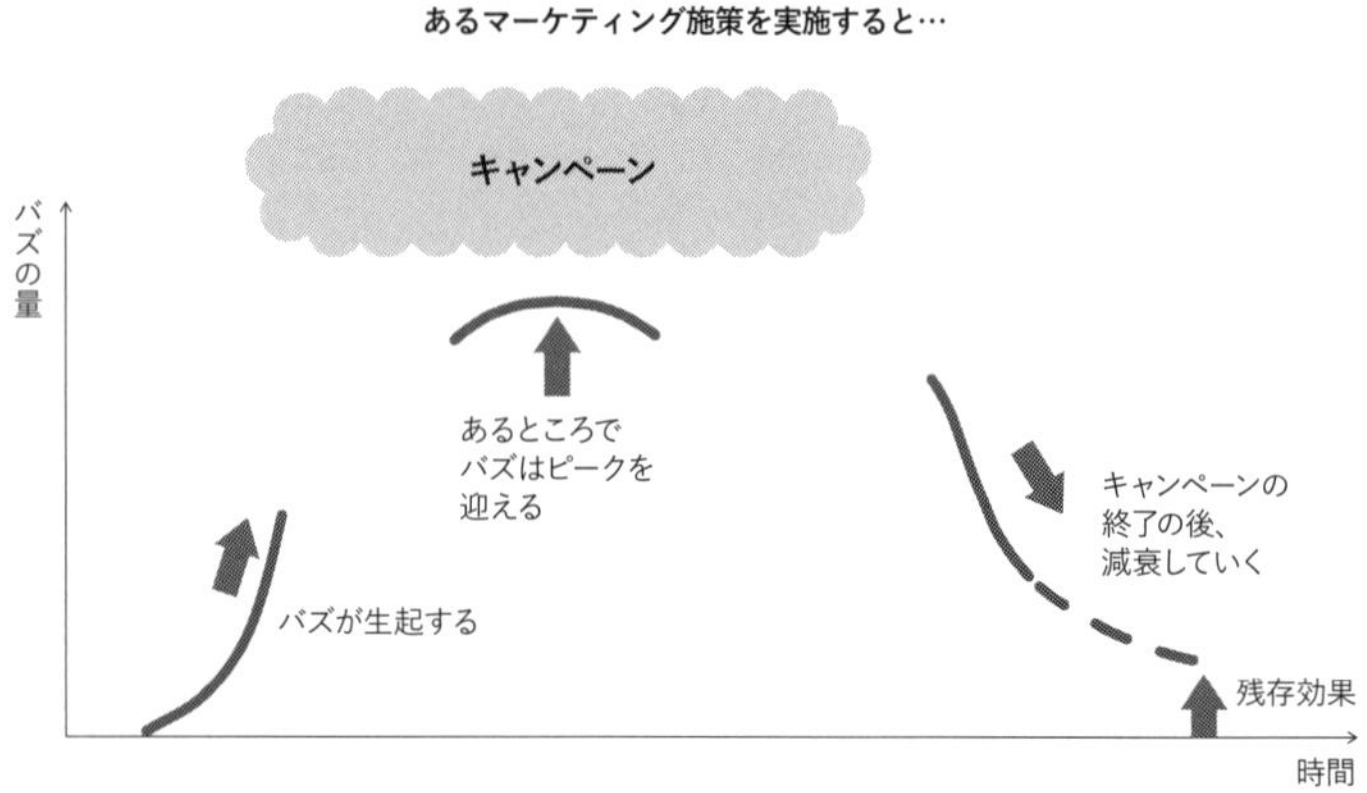

発的な投稿などが、連鎖反応を引き起こし、炎上状態が一定期間続く場合もある。そのような場合は、図のように、一つひとつのネタが原因となって発生している「波」を重ね合わせていくことで表現される。その際は、一つひとつのネタが原因となる波の形状を、影響のインパクトとなる最大ピークの大きさ（バスの数）などで比較することが主な分析の方法の一つとなる。またこのピークの大きさを含めて、11個の指標の特徴的な数値を、他の事例などと比較する「ノーム値分析」も有用である。炎上ネタのように、後から後から口コミが増加するような状況下においては、ノーム値分析などで一回一回の要因による波形を、ある程度の予測も交えながら推定して、個々の波形に分解していく。これによって、より細かい口コミが伝播するモデルを解明して

図12-2 単一イベントによる口コミ生起パターンの基礎指標（0、1次指標例）

一つのイベントが生み出すバズの時系列変化を単純にモデル化すると11の指標に分類できる。

一次独立なのは、その内の7指標である。

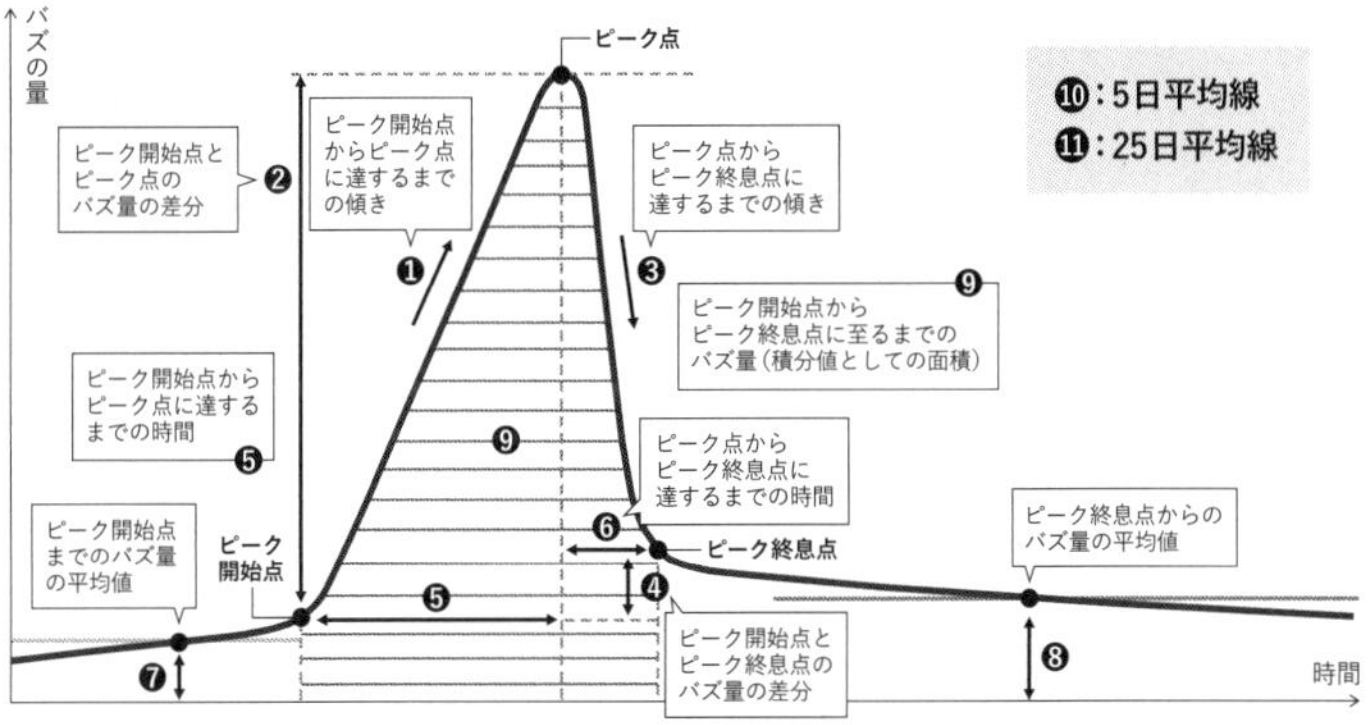

いくことも可能になる。このようにして、ある特定の話題に関する口コミの発生、そして関連ニュースの発生をもとに、複数の波形の重なりとなる状態を分析していくことができるのである（図12−3）。

そして、こうして波形分解も含めて分析していく中で、11個の様々な指標を単純に取得するだけではなく、その時間変化を取る、一定時間を置いた時点同士で相関係数を取るなど、数学的に見ると高次の効果まで含めて数値分析をすることで、より深掘りした分析も可能になる。こうした点を踏まえてチャートにまとめている（図12−4）。

実際には複数の分析が存在するが、ここまで解説してきたものは主に口コミ波形の分析に焦点をあてたものである。分析の広げ方としては、ネットの情報であることを鑑みれば、

図12-3 マーケティングの複数イベントモデル

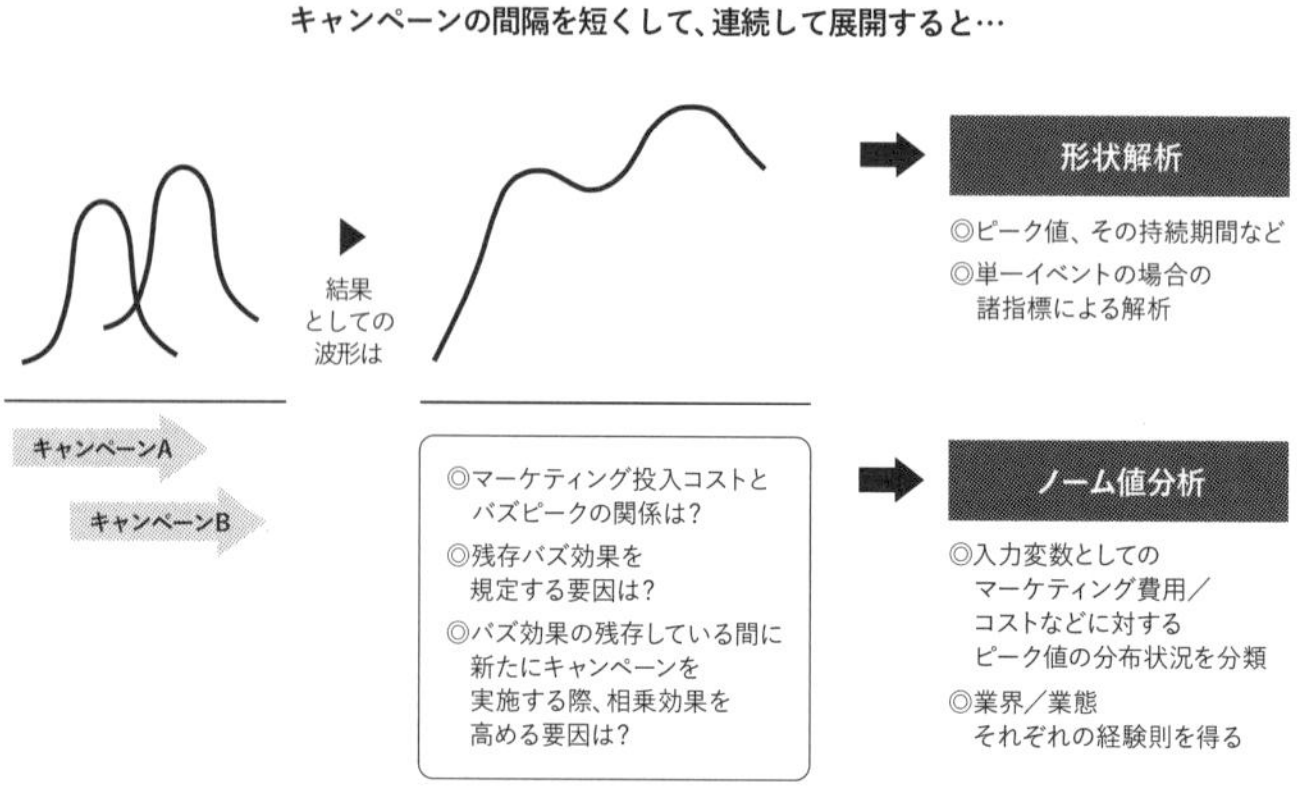
キャンペーンの間隔を短くして、連続して展開すると…
結果
としての
波形は
キャンペーンA
キャンペーンB
形状解析
◎ピーク値、その持続期間など
◎単一イベントの場合の
諸指標による解析
◎マーケティング投入コストと
バズピークの関係は?
◎残存バズ効果を
規定する要因は?
◎バズ効果の残存している間に
新たにキャンペーンを
実施する際、相乗効果を
高める要因は?
ノーム値分析
◎入力変数としての
マーケティング費用／
コストなどに対する
ピーク値の分布状況を分類
◎業界／業態
それぞれの経験則を得る

図 12-4 口コミ分析の指標の段階論

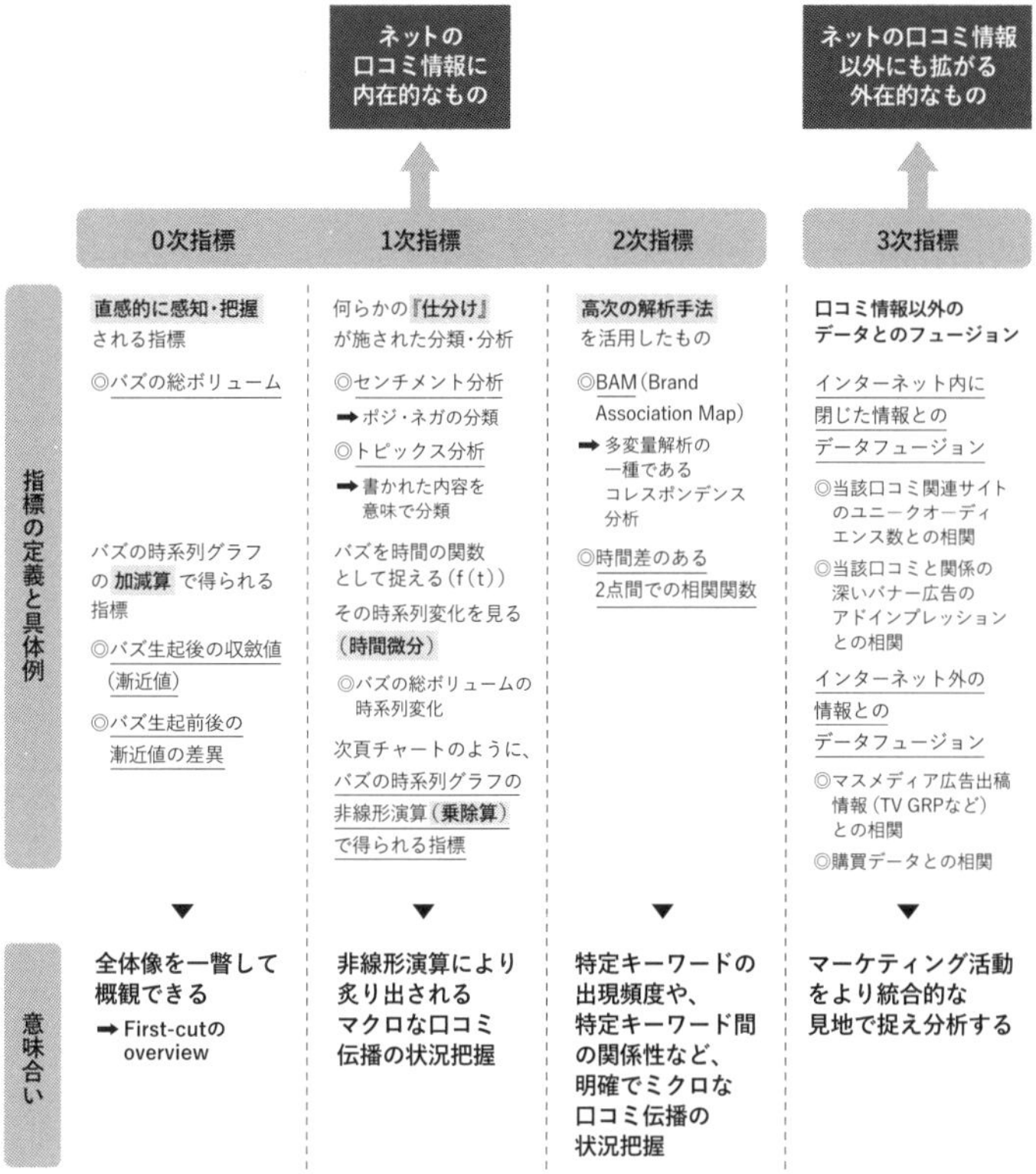

ネットの口コミ情報に内在的なもの
ネットの口コミ情報以外にも拡がる外在的なもの
0次指標
1次指標
2次指標
3次指標
指標の定義と具体例
直感的に感知・把握される指標
◎バズの総ボリューム
バズの時系列グラフの 加減算 で得られる指標
◎バズ生起後の収斂値（漸近値）
◎バズ生起前後の漸近値の差異
何らかの『仕分け』が施された分類・分析
◎センチメント分析
➡ポジ・ネガの分類
◎トピックス分析
➡書かれた内容を意味で分類
バズを時間の関数として捉える（f（t））
その時系列変化を見る（時間微分）
◎バズの総ボリュームの時系列変化
次頁チャートのように、バズの時系列グラフの非線形演算（乗除算）で得られる指標
高次の解析手法を活用したもの
◎BAM（Brand Association Map）
➡多変量解析の一種であるコレスポンデンス分析
◎時間差のある2点間での相関関数
口コミ情報以外のデータとのフュージョン
インターネット内に閉じた情報とのデータフュージョン
◎当該口コミ関連サイトのユニークオーディエンス数との相関
◎当該口コミと関係の深いバナー広告のアドインプレッションとの相関
インターネット外の情報とのデータフュージョン
◎マスメディア広告出稿情報（TV GRPなど）との相関
◎購買データとの相関
意味合い
全体像を一瞥して概観できる
➡First-cutのoverview
非線形演算により炙り出されるマクロな口コミ伝播の状況把握
特定キーワードの出現頻度や、特定キーワード間の関係性など、明確でミクロな口コミ伝播の状況把握
マーケティング活動をより統合的な見地で捉え分析する

企業ネタの場合は関連する企業のウェブサイトに関わる数値情報を時系列変化も含めて活用していくことが可能だ。

たとえば、新車の発表に伴う車種に関する口コミの分析を考えてみよう。新車発表に際しては、事前に様々な形で徐々に情報を出す場合も含めて、ここまで説明してきた口コミの波形分析が有益である。また、企業サイトなどへのアクセス数を筆頭に、複数のアクセス解析情報とあわせて口コミ情報とともに各日の時系列変化を分析していく方法も興味深い。

これにより、企業側の広報・広告活動他のブランド・タッチポイントでの効果測定も評価するなど、口コミの波形分析以上に多くの意味合いを見つけることができるようになる。

さきほど、「ask vs listen」においては、調査バイアスのない自然な意見の聴取ができるというソーシャル・メディア・リスニングなどの口コミ分析の利点を詳述した。しかし、実はここにもう一つの大きな利点がある。それは旧来の調査と違って、ネットの口コミ分析は、「SNSやブログ記載のログが残っている限り、時間を遡って調査することが可能」という点だ。そもそも、調査という目的とはまったく無縁なところから多くの情報がサーバーに蓄積され、関係するログに至るまでそのまま残っていることが理由と言えよう。これは従来の調査にはなかった利点である。

なお、SNSやその他の口コミ分析は波形分析に加え、アクセス解析分析や企業のマス・マーケティング、マス・コミュニケーションの影響を踏まえたTVの視聴率データ、店舗等での売上などのデータまでも含め、複合的かつ統合的に分析することで、一層深い発見が可能になる。

一方で、やみくもに分析対象データの種類を増やすことは難解になる。まずは事象に対して「なぜ、それが発せられたのか？　その背景、要素、仕組みはどのようなものか？」という問いとともに論理的に整理すること。つまり、データを収集・分析する前に、分析のデザインを綿密におこなうことも重要である。

これは、もはや分析フローの前段に必ず組み込み、検証していくべき必須のプロセスである。なぜなら、次項に述べる様々な情報プラットフォームを活用することで、かつては考えられなかったような容量のデータを取得できる時代になったからだと言えよう。

オムニチャネル・マーケティングに必要な2つの視点

情報システムに残ったログの分析という文脈に即した調査に関するテーマとして、ぜひ触れておかなければならないのは、ここ10年のデータサイエンスをビジネスに活用する大きな流れにおける「調査」という視点である。

たとえば小売チェーン店舗の駐車場に買物客が駐車する車のナンバープレートを防犯カメラとOCRで読み取り、陸運局の登録データと突き合わせ、町丁目レベルでどこから買物に来たのかを特定し、事前に撒いたチラシのポスティングや新聞折り込みチラシの効果を図ることができるようになった。また、あるいは企業サイトに仕込んだ様々なプロモーションのキャンペーンページ毎にLP*を変えて具体的なキャンペーン毎の効果を測定することも可能になった。

つまり、オンラインとオフラインを融合したセールス・プロモーションの効果測定、オンライン上での複数の効果測定など、マス・マーケティング時代とは比べものにならない量の大量データが取得でき、データの種類と掛け合わせのパターンも飛躍的に増大した。

こうした状況下では、ここまでの調査に加え、プラットフォーム化している情報システムに流入してくるデータに対してフィルタリングをおこなう必要がある。そして事前に設計した分析シナリオに沿って、リアルタイムにデータ収集・分析を施すことが求められる。それは一部の業態におけるマーケティングを除いてオンライン・オフラインの領域を分ける意味がなくなりつつある現状、議論の余地がないほどに明白なパラダイム変化だと言える。

*LP：ランディングページ

同時に、必然的にマーケターは、データサイエンティストの素養を大なり小なり体得する必要に迫られている。後学のデータサイエンスで活躍する上では、数理解析のスキルは前述のリスキリングを積み重ねるとして、データ分析の前半とも言うべきデータ収集は、多変量解析で述べたものと同様、はじめは見よう見まねでSEと協働しながら教えを請うのがよいだろう。そうして一歩ずつ自社の情報システムの特徴やできることの理解を深めていく。ゆくゆくは最先端のマーケティングを実践できるようになるだろう。

これ以上は本書の主旨から大きく逸脱するため留めておくが、1点だけ言及したいことはマス・マーケティング時代にパイロットテストと呼ばれていた「部分ローンチ」の現状についてである。これはセールス・プロモーションや新商品・サービスの提供エリア、あるいは対象メディア、チャネルを限定しておこなう。

ここまで述べてきたような情報プラットフォームに加えて、ICT*などのテクノロジーをベースにマーケティングを進めると、システム固有の工程管理であるアジャイルや、PoC／Proof of Conceptといった考え方・仕組みと融合せざるを得ない。それはオンラインマーケティングでのABテストしかり、である。

こうしたオン・オフを融合した状態は、まさに「オムニチャネル・マーケティング」である。そしてβ版としてアジャイル的に新しい商品・サービスの展開をはじめる際、オンラ

*ICT：Information and Communication Technologyの略で、情報伝達技術の意味。ITとほぼ同義だが、ICTでは情報・知識の共有、つまり「コミュニケーション」の意味合いが強調されている。

インでのマーケティング効果測定も、どのようにデータ分析していくのか？　といったような「データサイエンティスト×マーケターの視点」が求められるようになる。

カスタマージャーニーを綿密に考案し、マーケティングキャンペーンをプランニングしていくと、情報システムの采配を管掌下におき、情報システム部門と交渉し、システム要件として要望し、具体的なカットオーバー*に向けてコミットし、運用時にはシステムサイドと協働していくことが必要である。

マーケターの旧来スタイルからのパラダイムシフト

こうして現状を概観すると、既にマーケティング活動そのものがデータ収集・分析活動となっている現状が明白になってくる。それは、クライアント企業からも直接的に要望されることも意味する。これはつまり、分析における数理統計解析への造詣を深めることが、マーケターにとっては必須のキャリアパスになってしまっていると言えよう。大いなる奮闘を期するところである。

データドリブンマーケティングの歩みは既に、一歩どころではないほどに日々進歩している。先述したファクトベース&エビデンス・ドリブンマーケティングを標榜せずとも、これを必須のものとして着実に遂行していくのみ、ということになる。

では、大上段に構えたマーケターの情報システムとの協働、その主産物としての数理統

*カットオーバー：新しく開発されたシステムが稼動すること。転じて開発作業の終了を意味する。「サービスイン」と呼ばれることもある。IT業界用語。

計解析の造詣を備えるべき仕立ての話はここまでとして広げた風呂敷を若干畳み、旧来的な意味における調査手法の具体的な活用に話を戻そう。

価格支配力を生み出すデータ分析と応用法

ここからは解説してきた「市場調査」「情報システム等からのデータ取得・生成」で得たデータの分析手法と応用について、大きく2部にわけて説明していこう。

ひとつ目は、本書のタイトルであり、もっとも重要な概念である「価格支配力」に関する調査・分析の手法と、昨今のトレンドに言及する。

もうひとつは第4部第11章で述べたブランド・マーケティングで実施する様々なキャンペーンのプランニングの前に知るべき事、実施中に得られたデータの分析、実施後の振り返りと分析の概要についてである。これが、説明してきた「エビデンス・ベース・マーケティング」の真骨頂となる。

市場調査を説明する前に、まずは価格弾力性の重要性について説明しておこう。

需要と供給の「価格弾力性」

価格弾力性とは、商品・サービスの価格が変動する場合、需要や供給がどのように増減するかの割合である。

まず、需要と供給それぞれに定義がある。需要の価格弾力性は、「ある商品・サービスの需要量の変化率と価格の変化率の比率」と定義される。一方の供給の価格弾力性は、「ある商品・サービスの供給量の変化率と価格の変化率の比率」と定義される。

需要の価格弾力性は、価格変化によって需要が減退する場合、数値が負の値になる場合もあるが、基本は正負を取らない絶対値（0以上）で考える。そしてその基準を1と考える。つまり、価格変化に対して需要変化が同じ比率で発生することを基準に置く。この「基準値：1」を下回る場合は価格弾力性が小さいと捉え、上回る場合は価格弾力性が大きいと捉える。

代表的な品目では、青果品やコメなどの食料品、生活必需品では一般に価格弾力性が小さい。一方、高価なアクセサリーなどの嗜好品や贅沢品と呼ばれるもの、あるいは生活用品の中でも供給側のプレイヤーが多く、競争が激しいような品目において、一般に価格弾力性は大きくなりがちである。

需要の価格弾力性が大きいことは、価格の変化率に対する需要の変化率が大きいことを意味する。つまり、価格を大きく変更すれば、需要も大きく変化することを示している。したがって、需要の価格弾力性が大きいとわかれば、その商品・サービスの需要を増やすための価格調整（値上げ／値下げ）が有効であると判断できる。

かたや需要の価格弾力性が小さい場合、大きな値上げ／値下げをしても、需要は変化しにくいことを意味する。需要の価格弾力性が小さい商品は、先述の食料品・医療品などをはじめとする生活必需品や、特定の業種のみが使う薬剤や工作機械などのような競合が少ないもの、供給側のプレイヤーが限られているもの、供給商品・サービスの競合優位性が高いもの、手に入れにくい希少性・付加価値が高い商品・サービスが挙げられる。

プライシングの目的に応じた「調査手法と使い分け方」

価格設定に役立つ消費者調査にはいくつかのタイプがある。それぞれの調査が提供する情報を活用し、効果的な価格戦略を立案することができる。

・ＰＳＭ分析／Price Sensitivity Measurement：消費者が商品・サービスに対してどのような価格帯を期待しているかを知るための定量調査。消費者は、自分が支払いたいと思う価格帯を選択することができる。

・ガボール・グランジャー法／Gabor-Granger method：ＰＳＭ分析のひとつ。消費者に様々な価格帯での購入意欲を尋ね、最適な価格帯を見つける方法。これにより、価格と需要の関係を理解し、最適な価格設定を決定できる。

・ファン・ウェステンドルプ法／Van-Westendorp Model：PSM分析のひとつ。消費者が安すぎる／高すぎると感じる価格、割安感／割高感を感じる価格を尋ねる方法。消費者が許容する価格帯を特定できる。

・コンジョイント分析：消費者が商品の様々な特徴（たとえば品質、デザイン、価格など）にどれくらい価値を置いているかを調査する手法。価格設定に影響を与える重要な要因を特定できる。

・ポケットプライス分析：収益の改善・獲得に特化した手法。商品が流通している複数チャネルの各ステップで発生するリベート、アローアンス*を商品・顧客・注文ごとに分析して、稼げているかどうかといった実効価格の実態を把握できる。

これらの調査を通じて、消費者の価格感度や商品・サービスに感じる「価値の認識」を把握することが可能だ。つまり、これらの情報をもとに競合他社との差別化を図る独自の価格戦略を立案して「最適な価格設定」を決定できるようになる。

さて、これらの手法と、これまでご紹介した他の調査方法との優劣について、ここで言及しておこう。

・目的の違い：ポケットプライス分析は価格感度や実効価格に特化した手法である。これ

*アローアンス：販売店の販促活動を援護するために奨励金的な活動の総称

に対してコンジョイント分析、ガボール・グランジャー法、ファン・ウェステンドルプ法は、目的に応じて価格設定の様々な要素を調査するための手法である。

・適用範囲：先に言及した調査方法は、複数の要素を総合的に評価する特性がある。そのため、全体的な価格戦略を立案する際に柔軟性が高く、幅広い商品・サービスや市場状況に適応できる傾向がある。一方、PSM分析は、特に新製品・ニッチ市場に適しており、一方でポケットプライス分析は既存商品や市場全体の価格設定に適している。

・精度と柔軟性：PSM分析やポケットプライス分析は、価格弾力性や実効価格に焦点を当てた手法であるため、それぞれの観点からの精度が高いと言える。

さてここから、価格決定に関してマーケターに重要な示唆を与えてくれる「PSM分析」「ガボール・グランジャー法」「ファン・ウェステンドルプ法」「コンジョイント分析」と、関連するそのほかの手法についても一つひとつ、順を追って詳しく解説していこう。

○PSM分析

PSM分析は、消費者が価格変動にどれだけ敏感かを測る手法だ。特定の商品に対する消費者の価格感度を把握することで価格弾力性を評価すれば、最適な価格を決定できる。PSM分析は、主に、新製品やニッチな市場での価格設定に適している特性を持つ。

PSM分析とは別に、マッキンゼーなどで活用されてきたポケットプライス分析がある。ポケットプライス分析は、企業が実際に収益として得られる価格／ポケットプライスを調査する方法だ。割引やプロモーションを考慮した実効価格を分析し、競合他社との価格差を評価することができる。

また、顧客別や地域別の価格差異についても調査できるため、特定の価格で販売・提供するエリアで統合的に設定し、その功罪を検証する。この時、ミクロスコピック／微視眼的な視座で詳細に分析することが可能だ。

なお、ここから解説するガボール・グランジャー法とファン・ウェステンドルプ法は、PSM分析の代表的な手法であり、価格感度を調査する際に広く使われている。それぞれに見ていこう。

○ガボール・グランジャー法

消費者に複数の価格帯を提示し、それぞれの価格帯で商品を購入する意向があるかどうかを尋ねる。たとえば、ある商品に対して5つの価格帯を提示し、価格帯ごとに購入する気がどのくらいあるかどうかを消費者に回答してもらう。回答結果を集計し、価格帯ごとの購入意欲の割合を算出する。そして、購入意欲の割合×価格帯の乗算を通じて、「売上を最大化する最適な価格帯」がわかる、というものである。

たとえば、ある食品企業が新しいスナック商品を開発して、「最適な価格設定を見つけたい」と考えているとする。その場合、企業はガボール・グランジャー法を用いて消費者調査をおこなうことができる。

①まず、企業は消費者に対して複数の価格帯を提示する。

②たとえば、100円、200円、300円、400円、500円の5つの価格帯を用意すると仮定する。

③企業は消費者に、それぞれの価格帯で新しいスナック商品を購入する意向があるかどうかを尋ねる。

④調査結果を集計し、各価格帯での購入意欲の割合を算出する。

⑤購入意欲の割合×価格帯の乗算によって、「売上を最大化する最適な価格帯」として提示される。

⑥企業は消費者が受け入れる価格範囲を把握することができ、最適な価格を決定できる。

○ファン・ウェステンドルプ法

まず、調査で得られたデータを用いて、次の4つの価格に関連する割合を計算する。

Ｐ１　安すぎて品質が疑われる価格
Ｐ２　ちょうどよい価格／適正価格
Ｐ３　高いが、それでもまだ購入される価格
Ｐ４　高すぎて購入されない価格

これらの設定のもと、以下の手順で各割合を求めていく。

①回答データを価格帯ごとに集計する。たとえば、価格帯を５００円刻みとして、各価格帯で回答者数をカウントする。
②各価格帯における累積回答者数の割合を計算。これにより、価格帯ごとのＰ１〜Ｐ４の割合を求める。
③これらの割合を用いて４つのグラフを描く。縦軸に割合、横軸に価格帯をとり、Ｐ１〜Ｐ４の割合をプロットする。
④グラフ上で以下の交点を探す。
④－１、価格が安すぎると感じる割合（Ｐ１）と価格が高すぎると感じる割合（Ｐ４）が交差する点
④－２、価格が高いが購入する割合（Ｐ３）と価格がちょうどよいと感じる割合（Ｐ

2）が交差する点

⑤④－1と2の交点が、消費者が感じる適正価格帯を示している。ファン・ウェステンドルプ法により、消費者の価格許容範囲を把握して効果的な価格戦略を立案することができる。

ガボール・グランジャー法とファン・ウェステンドルプ法に加えて、他にもいくつかのPSM分析手法が存在する。以下に、いくつかの代表的な手法を紹介していこう。

○コンジョイント分析／Conjoint Analysis

コンジョイント分析は、消費者が商品やサービスに対してどのような属性（例：価格、品質、デザイン）を重視しているかを調べる手法である。消費者に複数の商品やサービスの組み合わせを提示し、それぞれの組み合わせを評価してもらう。その結果から、価格以外の属性との関係を考慮した消費者の価格感度を把握することができる。

補足としては、効用値を算出することで、様々な属性（価格、品質、ブランドなど）の相対的な重要性を把握し、最適な価格設定を見つけだすことができる。この手法では、価格や他の属性が連続値を取ることが可能であり、消費者の選好がより広範囲にわたって分析される。

○ブランド価格トレードオフ／Brand Price Trade-Off：BPTO

BPTOは、消費者が価格とブランド間でどのようにトレードオフをおこなっているかを調べる手法。消費者に複数のブランドと価格の組み合わせを提示し、どの組み合わせを選ぶか尋ねる。その結果から、ブランドと価格の関係にもとづいた消費者の価格感度を把握することができる。

なお、消費者に提示される価格帯があらかじめ設定された範囲内となるため、調査結果はその範囲に限定される。この方法では、消費者の選好を離散的な価格帯で分析して、各ブランドと価格の組み合わせに対する消費者の反応を調査する。

コンジョイント分析とBPTO、どちらの手法を選択するかは、調査の目的や企業のニーズによって決定される。コンジョイント調査は、価格や他の属性が連続的な範囲にわたって分析されるため、より広範な価格設定の検討が可能である。これに対し、BPTOはあらかじめ設定された価格帯にもとづいて消費者の選好を調査する。このため、その範囲内での最適な価格帯を見つけることが目的となる。同時に、BPTOは連続値を取る価格全般に関する検証が難しい結果になりがちである。

○モノプライシング調査／Monadic Price Testing

モノプライシング調査は、それぞれの価格帯での購入意欲を調査することに重点を置いている。まず、異なる価格帯で同じ商品を提示し、消費者の購入意欲を調査する。各価格帯での購入意欲を比較することで、最適な価格帯を見つけることができる。

以下に、モノプライシング調査の手順を示していこう。

①まず、調査対象の商品やサービスについて、複数の価格帯を設定する。たとえば、100円、200円、300円、400円、500円の5つの価格帯を設定してみる。

②次に、消費者を5つのグループにランダムにわける。各グループには、異なる価格帯で提示された商品を割りあてる。

③それぞれのグループの消費者に、割りあてられた価格帯で商品を購入する意向があるかどうかを尋ねる。

④各価格帯での購入意欲を集計して比較する。これにより、最適な価格帯を見つけることができる。

モノプライシング調査の特徴は、消費者が他の価格帯の商品を比較することなく、「提示された価格帯での購入意欲だけを評価する点」にある。これにより、消費者が価格に対する直感的な反応を把握することができる。一方、先述のガボール・グランジャー法では、「消費者が複数の価格帯を比較して購入意欲を評価することを求めること」が可能である。

モノプライシング調査は、消費者の購入意欲を単一の価格帯に焦点をあてて調査する方法であり、ガボール・グランジャー法やファン・ウェステンドルプ法とは異なるアプローチを取る。それぞれの手法は、目的や状況に応じて選択することが重要だ。

モノプライシング調査やガボール・グランジャー法は定量調査／アンケート調査の一種で、通常、企業が実施する場合は数百人から千人単位の調査対象者が対象となる。もちろんこの調査規模は企業の目的や調査対象の範囲、予算などによって異なる。

実際は、大規模な調査を実施することで、より正確で信頼性の高い結果を得ることができるが、それに伴って調査費用も増えることが一般的だ。そのため、企業は調査の目的や予算に応じて、適切な規模の調査をおこなうことが求められる。

また、調査対象者の選定も重要である。対象者は、調査の目的や商品・サービスのターゲットとなる消費者層に合わせて選ばれる必要がある。たとえば、特定の年齢層や性別、地域などをターゲットにした商品・サービスの場合、調査対象者もその属性にあわせて選定することが望ましい。これにより、調査結果が現実の市場状況をより正確に反映することができる。

各種調査方法のまとめとそれぞれの関連性について

さて、価格決定に関する市場調査の手法それぞれの関係性を整理すると以下のようになる。

- PSM分析：価格感度測定
- ガボール・グランジャー法：価格設定の範囲を検討する際に、消費者が購入意欲を持つ価格帯を特定する。
- ファン・ウェステンドルプ法：消費者が適正と感じる価格や、安すぎる／高すぎると感じる価格を明らかにする。
- コンジョイント分析／Conjoint Analysis：製品やサービスの異なる属性（価格、デザイン、機能など）が消費者の選択にどのように影響するかを分析し、それぞれの属性の相対的な重要性を評価する。
- ブランド価格トレードオフ／BPTO／Brand Price Trade-Off：複数のブランドと価格の組み合わせを提示し、消費者がどの組み合わせを選ぶかを調査することで、ブランドの価値と価格の関係を理解する。
- モノプライシング調査／Monadic Price Testing：それぞれの消費者に対して異なる価格で提供される同一製品を評価させることで、価格変動が製品の評価や購買意向にどのように影響するかを分析する。

○コンジョイント分析とその他の手法の関連性

コンジョイント分析は多変量解析に相当し、通常はＳＰＳＳなどの専門的な統計ソフトウェアやPythonなどのプログラミング言語を用いて計算する。

それに対して、ガボール・グランジャー法とファン・ウェステンドルプ法では、グラフを作成したり比較的単純な計算をおこなったりするだけで分析ができる。そのため、コンジョイント分析と比較すると、分析手続きが簡単である。

ブランド価格トレードオフ／ＢＰＴＯやモノプライシング調査の場合も、調査結果をカウントして基本的な数勘定をおこなう分析が可能である。したがってこれらの方法では、比較的簡単な手続きで消費者の選択や評価に関する情報を得ることができる。

それぞれの手法には、独自の特性と適用範囲があるが、全体としてコンジョイント分析はより高度な分析手法であり、ガボール・グランジャー法、ファン・ウェステンドルプ法、ブランド価格トレードオフ／ＢＰＴＯ、およびモノプライシング調査は、比較的簡単な手続きで分析がおこなえる手法と言える。

ブランド・マーケティングと全調査の相関を理解する
ブランド構築のための「全戦略&見取り図」

企業の経営戦略をブランド戦略に落とし込む手順と分析手法

ここまで述べてきたように、現代的な経営とマーケティングにおいては、ファクトやエビデンスに代表される「事実」にもとづく適切な方法で得られた「データ」で采配されるべきという考え方が主流になりつつある。それはつまり、旧来的かつ属人的な「勘と経験」にもとづく経営やマーケティングからのパラダイムシフトと言ってもよいだろう。

この状況を、企業経営、事業運営という観点から大局・総合的に俯瞰しつつ、事業戦略の策定とそのための調査方法・各種フレームワークの思考法および一連の実行方法は、第2部・第5、6章で詳述した通りである。あらゆるマーケット調査を経て、業界の理解、顧客の理解を深め、市場機会の識別・特定をおこない、潜在的なリスクも織り込んでマーケティング戦略を策定していく。

ここで重要なのは、「ブランド戦略」をこれらの計画・戦略の一部として策定・構築することである。ブランド戦略を企業・事業戦略に矛盾なく当て込むにあたっては、これまでの章で解説してきたマーケティング手法を「ブランドを創出し、構築し、機能させる観点」からもう一度なぞる部分もあることはあらかじめお伝えしておく。

さて、ブランド戦略としては、11章で述べた「ブランド価値既定」（P322）が戦略の基調プラットフォームを成す。ブランド・エッセンスとブランド・パーソナリティが中核となり、ブランド・ターゲットカスタマー等の諸概念を明確に規定していく。

このブランド・パーソナリティの規定には、ペルソナマーケティングで一般にも知られるようになってきた「ペルソナ規定」と同様の手法を用いる。それは、これから狙うべき、あるいは既に展開している市場におけるカスタマー調査にもとづいておこなわれる。ここまでに述べてきたような「企業戦略↓ブランド戦略」という棚卸から演繹される、企業として市場に価値提案すべきブランド要素の反映、あるいは企業意思を込めるようにしてブランド・パーソナリティは規定される。

それゆえ、そこには企業意思と市場観察というファクトを融合する形でのエビデンス・ベース・（ブランド）マーケティングが実践されることになる。

未来のユーザーイメージを規定する「ブランド・パーソナリティ」

ブランド・パーソナリティとマーケティング戦略におけるペルソナは、その規定へ向けた調査の内容がほぼ同じものだが、活用の仕方が若干、異なる。

ペルソナは、狙おうとしているメインのターゲット顧客層の中心を成す顧客イメージである。メインの購買層として、その商品・サービスの購入、使用、さらにアフターサービスに至る「具体的で如実な使用実態」が想定されなければならない。そのため、マーケットの市場実態などの側面をより強く捕捉する調査に重きが置かれる。

一方のブランド・パーソナリティは、ブランドの喫緊のみならず、中長期的な展望を踏まえた「近未来のビジョンを後押しするユーザーイメージ」を担う部分がある。そのため、ペルソナ策定と調査実査は同じであっても、そこに「近未来予測の要素」が加味される点で異なる。同時に、実際のマーケティング・オペレーションよりも理念寄りのブランディング・フレームワークとしての「思想的要素」を炙り出す点、あるいは企業経営者筆頭に企業内ステークホルダーの意思を反映した「情緒的要素」を構築する点でも違いがある。こうした理由から、策定のオペレーションに違いが生じることもある。

憲法として価値を端的に宣言する「ブランド・エッセンス」

もう一方のブランド・エッセンスは、企業戦略の提供価値を継承するものであり、ブランドが標榜する価値を「端的に宣言するもの」である。往々にして、その宣言に照応する形で、ブランド・コミュニケーションに活用するブランド・スローガンなど、コミュニケーションツールとしてのコピーライティングされた文言ツールに適用されていく。そして11章で述べたように、ブランドはブランディングを展開していく際に、企業の様々なブランド・タッチポイントにおいて受容する側の顧客を筆頭とする様々なステークホルダーがブランドを感知する階層構造としての価値連鎖構造がある。

くり返しになるが、ブランド・エッセンスは、この価値連鎖構造を厳格に規定する「ブランディングの憲法」としての役割を果たす。つまり、すべてのステークホルダーに対して、同じ様に価値を知覚してもらうために、ブランド側でおこなうあらゆる活動が、このブランド・エッセンスに沿って提供されなければならない。

この規定をファクトベースでおこなうために、やはりマーケット調査が実施される。この種の調査は、価値連鎖構造における機能・精神・社会それぞれの階層が持つ定性的な価値が、顧客層に受容されるという証を得るためにおこなわれる。ゆえに、階層ごとに受容されるであろう価値を抽出しなければならない。一方で、そうやって抽出した価値が、一定レベルで定量的に受容されることを確認するためには、定量調査の側面を担保する必要もある。この定性／定量両方の側面を持ちつつ、細かい価値連鎖構造を解明する調査は非常に複雑である。

基本的なアイデアは、ブランドの市場における顧客の商品・サービス活用の状況を深掘りする「インタビュー」の形式を採る。この時、抽出される価値観要素を定量的な繋がりとして計量化する分析が必要であり、ラダリングと呼ばれる一連の調査があてはまる。

まとめよう。ブランド価値規定の2大要素のブランド・エッセンスとブランド・パーソナリティは、マーケット調査を活用して、必要な要素をファクトベースで取得し、そこにブランド・マネージャーやCBO、CEOといった経営トップの意思も加えて規定していく。その上で、ブランドが顧客を筆頭とした各種ステークホルダーと対峙するブランド・タッチポイントを洗い出し、その全体像を把握する必要がある。そして、あらゆるブランディング活動がそれぞれのブランド・タッチポイントで同じ様に受容されるよう、綿密にプランニングしていくことが重要である（図12－5）。

2つのレイヤーで実践するブランド・マーケティング

ここから先は、こうした特定ブランドの傘の下で、具体的な商品・サービスを提供していくブランド・マーケティングのレイヤーがテーマとなる。つまり、ここまでにファクトをしっかりと織り込んだ形で経営戦略・ブランド戦略を規定してきている前提が必要となる。そして、特定商品・サービスのブランド・マーケティング戦略をどのように構想・策定していくのか、その作業に必要なマーケット調査をどのようにあてがっていくのかを説明しよう。

ブランド・マーケティングは、2つのレイヤーで実践していく。

ひとつは、ある商品・サービスについての顧客の消費行動の実態を解明し、顧客が商品・サービスを知覚／認識し、使用／消費の選択肢に参入し、実際に選定して購入・消費し、さらにはアフターサービスなどの補修を施したり、追加で同じブランドを継続して買う・使用するという顧客行動モデルを突き止めていくことである。消費行動モデルや発展系としてのカスタマージャーニーのように、顧客のブランドとのエンゲージメントを動的／dynamicに捉える運動系としての理解であり、モデリングである。

もうひとつは、どちらかというと静的／staticに、競合との覇権優位性を巡って現在の市場で日々、競争関係にある状態を特定の時点で捉え、いわゆる市場のブルーオーシャン／レッドオーシャンを把握し、現在の自ブランドの占めているポジションを競合との関係で捉えていくイメージに即したマーケティング・プランの策定のためのファクト把握、そして打ち手の策定という方向性である。

○消費行動モデル「AIDMA」「AISAS」

先述の動的／dynamicな運動系として消費行動を捉える考え方は、AIDMA（アイドマ）やAISAS（アイサス）などのモデルが提唱されている。具体的な商品・サービスの知

図 12-5 全体のマップと相関の概観図

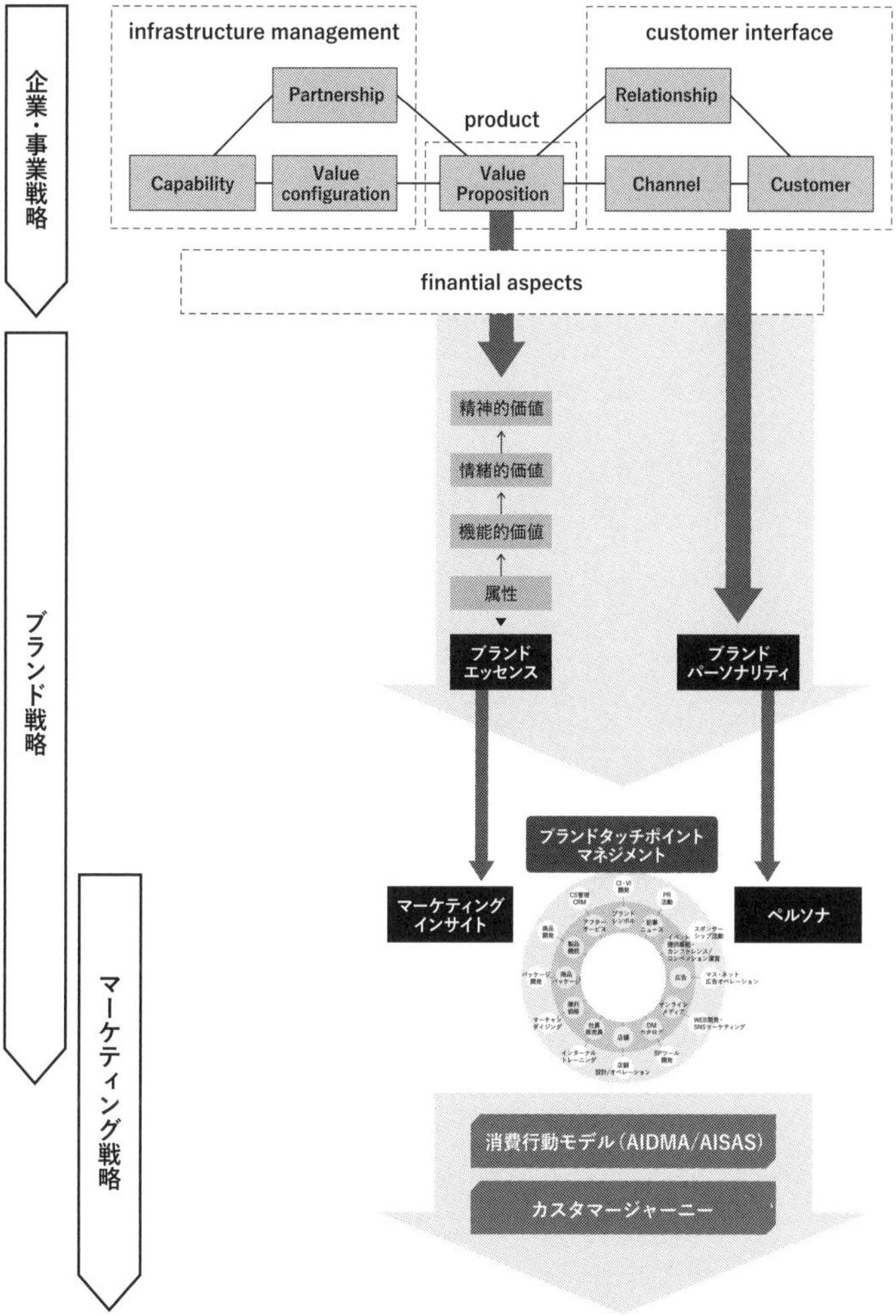

覚から消費、その後のブランド・ロイヤルティ醸成がどのような知覚経路で進展していくかを、「一連の連続する線形なプロセス」と捉えた消費行動モデルである。

ＡＩＤＭＡ（アイドマ）は主にマスマーケティングに適していると言われている消費行動モデルである。ブランドの商品・サービスを認識・気付いて／Attention、購入・使用に興味を喚起され／Interest、欲しい・使いたいと思うに至り／Desire、記憶に留まり／Memory、実際に購買して使用する／Actionというものである。

片や、ここまでに述べたとおり、消費行動においては、インターネットが情報受発信の主要手段となるだけではなく、情報探索としてのネット検索／Search、ブログや各種ＳＮＳを通じて使用にまつわる感想を共有すること／Shareが消費者個人としても極めて一般的にできるようになってくるに従い、ＡＩＳＡＳ（アイサス）という消費行動モデルが提唱されるようになってきた（Attention→Interest→Search→Action→Share）。また、ネットを消費行動のどこでどう使うかなどの解釈、モデリングによってはＡＩＳＡＳ以外にも種々のモデリングが提唱されているが、ここでは割愛する（第5部・第16章で詳述）。

いずれにせよ、ＡＩＤＭＡ、ＡＩＳＡＳ、それ以外のモデルであっても、最初に広く商品・サービスが市場に新規投入された時点で、顧客の目に留まり耳目を惹き、第一段階の

Attentionを惹くところでは、比較的、多くの対象者の目に留まる。そこから実際の購入・使用であるActionに至るまで、段階を辿るつれて人数は確実に減っていく。このような推移を指して、漏斗（じょうご・ろうと）にたとえて英語のfunnel（ファネル）をもとに「消費ファネル」と呼ぶ。

なお、ＡＩＤＭＡ／ＡＩＳＡＳの両者は旧来的なマスマーケティングにおいてはＡＩＤＭＡで、ネットが台頭してきた昨今はＡＩＳＡＳと一刀両断に区分けされるものではない。ネットが隆盛を極めている昨今でも、日用品で情報検索をせずに購入・使用するものに関する消費行動モデルとして、依然としてＡＩＤＭＡを用いる商品・サービスもあるし、熱心に検索したり、使用感をネットでフィードバックしたりするＡＩＳＡＳ型の消費行動を取る顧客もいる。

重要なのは、顧客層の理解、その消費動向を調査などできちんとファクトとして押さえ、適切に説明できる消費行動モデルを当てはめることであり、そのためにも調査結果の活用が重要視される。

○「カスタマージャーニー」2つの手法

「カスタマージャーニー」について説明しよう。カスタマージャーニーについては第1部・第3章、および本章でも解説しているが、ここではブランド構築の視点を交えながら見ていく。まず、ここまで説明してきた消費ファネルで示されるような消費行動モデルは、Attention から Action に至る顧客の心理状態の遷移はいわば「線形／リニア」であり、モデリングを一意的に次の段階に遷移して「行ってしまう」と捉える。顧客は一度購入を決定すれば、継続してそのブランドに忠誠を保つ、という考え方にもとづいてマス・マーケティング型（AIDMA）であろうと、ネット検索・共有型（AISAS）であろうと、Action を取らせることさえできれば、ブランド・エンゲージメントは強固になり、継続購入・消費に至るという考え方のモデルである。

こうした消費行動モデルに対して、カスタマージャーニーは顧客の消費行動が「より動的で、反復的なものである」という前提に立ってモデリングをおこなう。顧客は、ブランドとのエンゲージメントを絶えず評価しつづけ、その選択を常に見直す可能性があると捉える。

つまり、カスタマージャーニーとは、消費行動モデルにおける線形なプロセスのモデリングからシフトしたものだ。様々な提唱パターンがあるが、主にはマッキンゼー流と呼ばれるものと、同じくマッキンゼー出身ではあるが英国のデイビット・カール・エデルマン／David C. Edelman によるものの2つのタイプが主流である。ここでは、わかりやすいようにマッキンゼータイプとエデルマンタイプと呼ぶこととする。

マッキンゼーのカスタマージャーニーは、消費者決定ジャーニー／Consumer Decision Journeyとも呼ばれ、以下の4つの主要なステージで構成される。

①初期考察、検討：顧客が商品やサービスを必要とする際に最初に検討するブランドの範囲を決定する。
②アクティブな評価：顧客が検討の選択肢を追加し、選択肢を絞り込んでいく過程。
③購入：顧客が最終的な決定を下し、商品・サービスを購入する。
④購入後（ポストパーチェス）：購入後の消費体験が、次のサイクルとしての「初期考察」や「アクティブな評価」に影響を与える。

先述したように、このモデルでは、顧客がブランドとのエンゲージメントを絶えず評価し続け、その選択を見直すという現代の消費者行動を反映し、消費モデルは循環／サイクル型を想定したものとなっている。

エデルマンのカスタマージャーニーもマッキンゼータイプ同様に循環するサイクル型でモデリングしている。エデルマンタイプでは、カスタマージャーニーを考える際、顧客の信頼構築と維持に重点を置いており、購入前、購入時、購入後までの3つの主要なフェーズで構成されている。

購入前：このフェーズでは、顧客が商品・サービスについて認識を深め、信頼を築くための情報を得ることが重要と位置づける。

購入時：ここで顧客が購入決定を下すために必要な信頼が試される。そこには、商品・サービスの品質、価格、利便性などが影響を与える。

購入後：このフェーズでは、ブランドの価値が再確認され、顧客との長期的な信頼関係／ブランド・エンゲージメントを築くための活動の提供がブランド側に求められる。

このように、エデルマンタイプでは「信頼」という視点で、ブランドと顧客との関係に焦点を当てるモデルとなっている。なお、エデルマンは、2016年6月号のHarvard Business Reviewで新しいカスタマージャーニーを提唱している。それは、消費者の購入決定プロセスが早まり、従来の考察や評価フェーズが圧縮・省略されるという現代の消費者行動を反映したモデリングとなっている。つまり、ブランドが顧客を初回の消費行動からいきなりロイヤルティループ（継続的にブランドを消費するロイヤル・カスタマー化へと至る一連のプロセス）に引き込むことを目指すとしており、顧客との長期的な関係構築を目指すものと位置づけられている。

マッキンゼータイプにせよ、エデルマンタイプにせよ、基本的な考え方は似ている。すなわち、「消費者の購入決定プロセスは従来の単純な一方向性／線形のものではなく、デジタル技術の進化や情報の豊富さによって、より複雑で反復的なものになっている」という認識にもとづいた「循環タイプのモデリング」となっているのである。

ただし、それぞれのモデルは強調する点が異なり、先述の通りエデルマンの新しいカスタマージャーニーは顧客をいきなり、かつ直接的にロイヤルティループに引き込むことに焦点をあてている。これに対し、マッキンゼーのカスタマージャーニーは、消費者が常に選択肢を評価しなおして最終的な決定を下すという点を強調している。そのため、どちらのカスタマージャーニーを採用するかによって、ブランド・エンゲージメントを強固にするためにどのように能動的であるべきかが変わってくる。そして、実施している様々なブランディング活動の成果を確認するため、複数の顧客調査を実施していく。ただし、こうした分岐によって、それらの調査項目も調査手法も異なってくる。

たとえばカスタマージャーニーを変更する上で役立った消費者調査の好例として、P&G社のファブリーズという消臭剤のケースが有名である。発売当時、「日常の嫌なニオイを消す」というコンセプトで発売された。しかし、売上が伸び悩んだためにユーザー調査やインタビュー調査を実施したところ、ヘビーユーザーの使用実態から「掃除を終えた自分へのご褒美として、非日常感のある香りを楽しみたい」というインサイトを発見した。

そこで、コンセプトを「掃除を終えたご褒美」や「日常にフレッシュな香りを加える」に変更して、臭いを取り除くだけではなく、香りを付加した。その香りを女性たちが楽しんでいる様子を中心とする広告キャンペーンを大々的におこない、プロダクトをリポジショニングした。こうしてリニューアル2ヶ月で売上が倍増し、その後の大ヒットに繋がっていった。このように、商品によってはカスタマージャーニーを少し変えるだけで爆発的に顧客数が伸びることもある。

「価値観クラスター」で価値観をマッピングする

企業戦略からはじまり、ブランド戦略を構築、展開、実施し、その傘の下で具体的な商品・サービスのブランド・マーケティング戦略を構築し、マーケティング活動にコミットする「戦略策定ファネル*」の壮大な戦略見取り図をもとに話を進めてきた。

ここにおいて、商品・サービス階層のブランド・マーケティング戦略における調査には、消費行動モデルという動的／dynamicな解明に直結するタイプと、市場全体を観察してブルーオーシャン／レッドオーシャンを推定する静的／staticな調査があると述べた。

*ファネル：ここでは、より上位概念の企業から、ブランドを経て、より下位の階層の商品・サービスレベルでの具体的なブランド・マーケティング戦略に落とし込んでいく状況を言い表す

ここからは、この後の調査について言及していこう。新規参入市場、既存市場のいずれの場合であっても、顧客の価値観分析をおこない、「価値観クラスター」を明らかにする調査を実施する。これによって、市場の競合、状況の把握（新規市場の場合は予測）、ブルーオーシャン／レッドオーシャンの地勢図を策定する。

たとえば、企業ブランドが既に商品・サービスを展開している、ある市場を想定してもらいたい。それはあるワゴン車、液体洗濯洗剤、デパ地下を主戦場とするような高級バームクーヘン等々、日用消費財、耐久消費財、廉価なもの、高級なもの、何を例として考えていただいても構わない。

まず、顧客の消費頻度などにあわせて定量調査の調査対象者条件を絞り込む。アンケート調査では、商品・サービスの使用実態を、使用ブランド、消費支出額、頻度など多岐にわたる項目を聴取していく。あわせて、対象者の生活観、生活信条などのいわゆる「価値観」にまつわる設問を用意する。

本書の主旨からは、ここでこの調査の詳細を説くことはせず、既に述べた多変量解析の修得ステップも踏まえて、「こうした調査手法で、こういうことがつまびらかになる」という理解で、まずは第一段階としていただければと思う。

多変量解析の因子分析を活用し、調査対象者の集団が商品・サービスに関連する生活に関する価値観に共通して持っている志向・嗜好の因子／要素を抽出する。そして、それら因子の強弱に応じて、調査対象者がどのような価値観のかたまり／クラスターに分解していくのかを「クラスター分析」を適用して炙り出す。この時、この調査対象者の選定が調査会社のパネルなどから抽出してきた場合においては、全体集合を満遍なく反映したサンプリング結果と仮定し、「ウェイトバック*」という割り戻し手法を用いて、あたかも「日本全体での状態はこうである」といった推定に仕立てることも多い。

因子分析とクラスター分析を実施することで、第11章の図11－5のように、ある商品・サービスに関係の深い一般消費者の価値観をマッピングすることができる。この種の価値観クラスターを解明することは、商品・サービスを展開する上では企業側はぜひとも知っておくべきことであり、その解明はマーケティングに大いに役立つ情報である。

「ブランド戦略の見取り図」から最適なポジショニングとアプローチを策定する

調査の中で、市場での代表的な商品・サービスに関する使用実態・選考意向も聴取しておく。ここでコレスポンデンス分析を併用して、解明した価値観クラスターマップに、現在の商品・サービスの代表ブランドを配置しよう。

このマッピングは、市場の対象顧客セグメントとして、価値観クラスターの人口動態特

*ウェイトバック：調査結果の偏りを正し、実態に即した調査結果を知るために有効な集計手法。回収されたサンプル／標本を母集団の構成にあわせて集計する。

性と、市場に深く関与する価値観ごとに顧客層がどう分布しているかがわかるメリットがある。それだけではなく、既に投入展開されている既存商品・サービスが、どのような分布をしているのかも、つまびらかになるメリットもある。

図12－6をご覧いただければわかるように、商品・サービスによっては大票田の特定の価値観を特徴とするクラスターとほぼ被っている傾向が見られたり、逆にまったく被っていないものも明らかになる。前者は、被っているクラスターに受容されやすい、あるいはされている商品・サービスということになる。一方、後者はまったく外れてしまっていて、相手にされていないブランドであることを示していることになる。

また、価値観クラスターと現在商品・カテ

図 12-6 価値観クラスターの例③

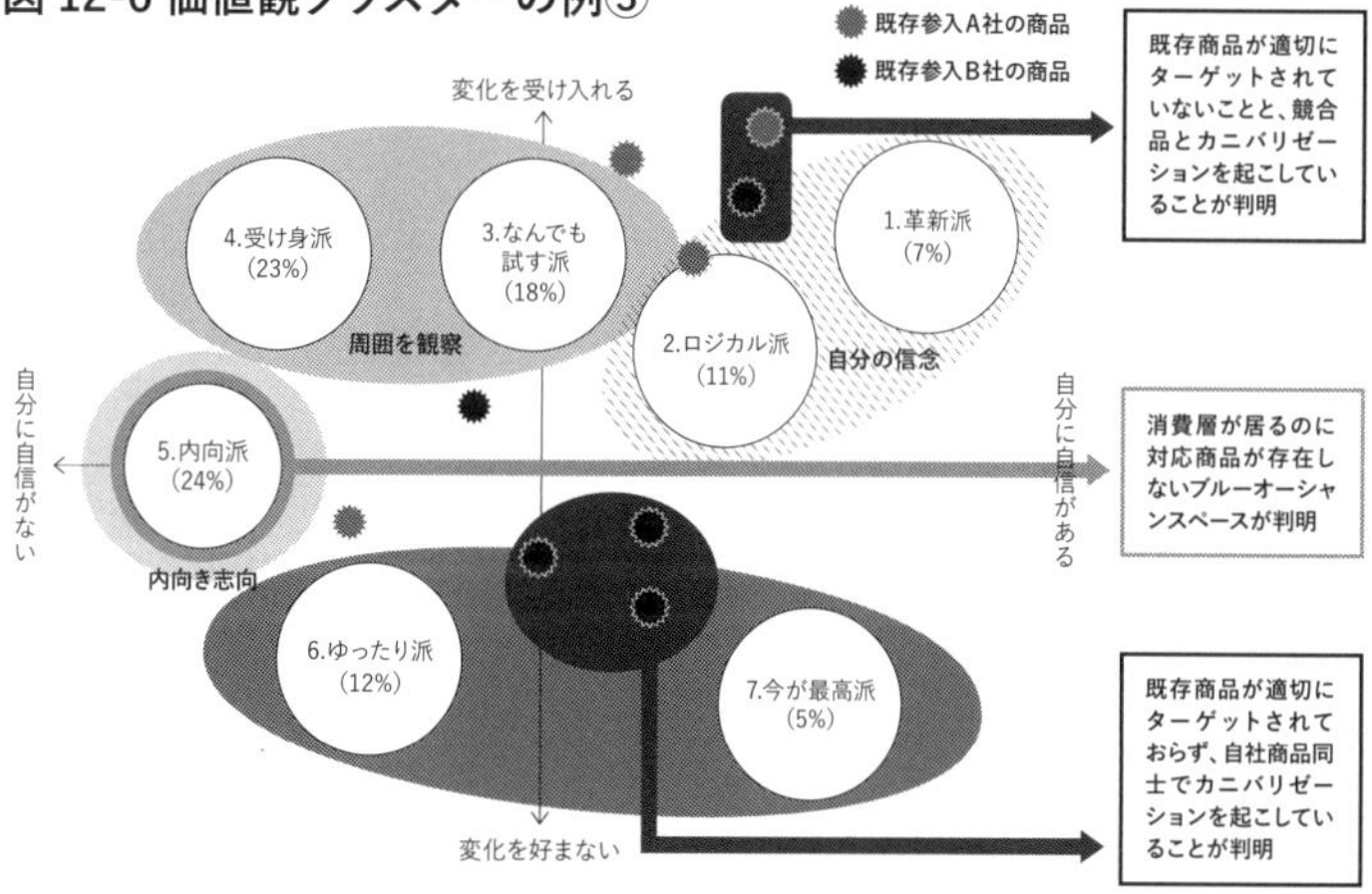

ゴリの主要なものを配置することで、大票田のクラスターに該当する商品・サービスがまったくない状態のもの＝ブルーオーシャンや、比較的小さいクラスターに競合を含めて多くの複数商品・サービスがひしめきあっている状態＝レッドオーシャンを特定することができる。

このような「戦略の見取り図」が得られれば、企業ブランドはリブランディングをおこない、仮に現状が競合でひしめきあい、ターゲットとしている顧客層も比較的小振りのレッドオーシャンであるという判定をおこなうことができた場合、別のもっと大きなクラスターで、しかも競合商品・サービスが被っていないブルーオーシャンを見つけることができる。あるいは仮に価値観クラスターのポジショニングマップから、顕著なブルーオーシャン自体がない市場であったとしても、自社ブランドの立ち位置を再検証することに役立てることができる。これによってポジショニングは変えずとも、提供価値／Value propositionを変えて、同じ立ち位置で被っている価値観クラスターに対して、従来とは異なる受容に訴求するようなアプローチが可能となる。ここから生まれるマーケティング上の効果は、計り知れないものがあることは想像に難くないだろう。

以上、提供価値を顧客にどうやって届けるのかという主要課題に対する調査によって、ファクトベースなエビデンス・ベース・マーケティングの実践をおこなう話にはじまり、その調査がどのような広がりを持ち、具体的にどのように実査をしていくべきなのかについて論じてきた。

途中、データサイエンスのビジネス活用が本格化する中で、そのtipsをマーケターがどのように自己修学すべきかとあわせて、情報システムを活用したマーケティングが本格的に実践されつつあるトレンドの話も述べた。ソーシャル・メディア・リスニングのように、あえてバイアスがかかることを承知の上で、「ask」するスタンスではなく、自然な聴取を可能にする手法の活用、あるいは情報プラットフォームから様々なデータを自在に取り出し、活用することで、マーケティングを実践しつつも、その効果検証までおこなう流れも紹介した。

マーケティングそのものの位置づけや手法が劇的に変化している昨今、これらはかつてないほどに密接、かつ表裏一体の関係になりつつある。

ここに、計り知れないほどのパラダイムシフトが起こっている現状を俯瞰しながら、これからの未来を切り開いていくマーケターへ向けて、一石を投じさせていただいた。

第13章

顧客価値を創造する「カスタマーソリューション」

菅野誠二

Customer Solution／カスタマー・ソリューション：顧客課題解決戦略は、顧客が持つ課題、つまり欠乏や悩み、ありたい姿とのギャップを埋めたい思い／ニーズ、具体化した欲求／ウォンツを満たすなんらかの解決手法を提供する戦略である。

第1部・第3章「『価格〝無〟支配力企業』のチェックポイント」で、「マーケティング・イノベーション志向」（P95）のことを述べた。このマーケティング・イノベーションの中でも、Customer Solutionそのものを生み出す「プロダクト・イノベーション」による顧客価値創造のための要点を解説したい。

プロダクト・イノベーションで顧客の課題を解決する

3つのアプローチは全て有効

新商品や新事業を企画するには、通常は次の2つの方法があるといわれる。ここにもう一つを加えて、それぞれ少しかみ砕いて解説していこう。

①自社のシーズ発想企画「プロダクト・アウト」
②顧客発想の企画「マーケット・イン」
③生活者志向／n＝1開発「ユーザー・イン」

①プロダクト・アウト

「日本の家電業界ではTVの3D化に心血を注いで開発したが、結局は技術シーズ発想で顧客にアピールできず、2017年に全メーカーで生産中止になった。だからシーズ発想のプロダクト・アウトは駄目なのだ」などと、シーズ発想を否定する風潮がある。つまり、「顧客の声を聞いてマーケット・インで企画すべきだ」という主張だ。

誤解してはいけないが、シーズ発想は必ずしも技術の強みだけではない。シーズとは、「ビジネスの種」という意味だ。独自のアイデア、ノウハウ、自社が有する特殊材料や設備などもシーズである。シーズは、競争優位の源になりえる。

一般論ではなく現実を見よう。営利法人オープンＡＩのChatGPTのように卓越した技術力があるならば、プロダクト・アウトで圧倒的な優位性を確保し、マイクロソフトとともに世界を席巻することは起こりえる。

②マーケット・イン

「市場や消費者が欲しがるものを商品化すべし。」という主張に異を唱える人は少ない。しかしながら、すでに顕在化している顧客ニーズは競合も簡単に気がつくのだから、それが商品化されていないのは何か障害があることだという点は既に言及した。課題解決につながる近しい技術はどこかの実験室には存在しながらも、ほんのちょっとした技術の壁や、あと少しといったコスト低減ができないのだ。それ以外の、誰でも思いつく多くのことは実現化されている。また、一般顧客にヒアリングしてもインサイトは簡単に手に入らないということも述べた。

私は①か、②のみ、どちらかが王道という議論はナンセンスだと考えている。どちらも「あり」だ。ただし、これらがイノベーションに結びつきにくくなったことによって、③のユーザー・インの手法が脚光を浴びている。

③ユーザー・イン／n＝1

スティーブ・ジョブスがソニーの当時の盛田社長を尊敬していたのは「自らが市場をつくる」という精神に共感を覚えていたからだ。ともに天才的なマーケターだったから直感的にユーザーインができていて、「ちょっと先の未来に一般の人が普通に利用しているおもしろい商品」の姿か、「自分自身がそれを楽しんでいる姿」が見えたのだろう。両者とも顧客の欲しいものをつくることでなく、顧客のためになるものを提供する道を選んだ。

では、残念ながら、彼らほどの天才ではないマーケターはどうしたら良いだろう。参考になるのは第1部・第3章「n＝1開発で顧客インサイトをコンセプトへ。新カテゴリーを創造するプロダクト・イノベーション」（P108）で述べた思考法だ。変態さんをつぶさに観察したりデプスインタビューしたりすることも、インサイトの仮説を創造する上で役立つ。

また、第2部 第5章「バックキャストで実現する『First-to-Market』」で述べた、未来洞察によって未来の顧客ニーズを客観的な事実の収集から想像してみることだ。加えて、第5部・第12章「『ファクトベースの調査』と『ブランドの全戦略見取り図』」でその手法を解説したソーシャル・メディア・リスニングや顧客の行動データ解析から特異なニーズの発見ができる可能性もある（P389）。アイデアのきっかけそのものよりも、それを商品に昇華させる仕組みの方がカスタマー・ソリューションには重要なのだ。

アップルやグーグルはインサイト開発に強い開発者が新製品のコンセプトを創造し、素早くプロトタイピングをして周囲の極端なユーザーに触らせ、そしてつくり直す手法をとる。世界的に有名になった米国デザインコンサルティング会社のIDEOも同様に、顧客参与観察とプロトタイピングの手法を活用している。

前述の3つの手法は、最終的に顧客ニーズを深く掘っていき、その後に検証するのであれば、どれでも有効だ。

「デザイン」の意味を変える

「design／デザイン」という言葉には狭義の芸術、美術的な意味だけでなく、目的を持つ人間の行為をよりよい形で叶えるための「計画」を意味する。そして近年、デザインは観察などの調査や分析による「問題発見・問題解決手段」という役割を担うことまで期待されている。

たとえば、英国では1997年のトニー・ブレア政権発足から2008年の「Creative Britain」策定までのおよそ10年間に、デザインを重視してクリエイティブ産業の振興に向けた様々な政策を実施した。公共機関の椅子と机のデザインを変えることでひったくり犯罪などが起きにくいようにしたり、周囲から中が見えにくく、危険だったバスの待合所を透明にして犯罪率を低下させることに成功した。また、国を挙げてポップミュージックなどのコンテンツ産業を振興して成功を収めた。

あとを追うようにして韓国でも「クール・コリア政策」がはじまり、大統領直属の国家ブランド委員会を設立して韓流ドラマ、ポップアイドルを支援し、日本市場だけでなく世界を席巻した。それらソフトの人気度が高まると韓国企業ブランドへの好意度が高まり、売上も増加するというシナリオを描いて着実に実行してきた。日本でも「クール・ジャパン政策」を遅まきながらも開始したが、漫画、アニメ、ゲームという強いコンテンツ以外は残念ながら道半ばである。

アップルの商品のデザイン性が高いことに異論を唱える人は少ないだろう。だがスティーブ・ジョブスは見た目としての意匠/デザインが成功の鍵と言われることを嫌ったそうだ。デザインは「人間の創造の根本にある魂であり、それ/デザインが最終的には製品やサービスの表層にも立ち現れてくる」と説明している。

日本の家電製造企業は「韓国企業に対して優位性を保っている」と幻想を抱いていた間に、素早い模倣者／Fast Followerを標榜するサムスン電子に追い込まれ、あっという間に抜き去られた。

サムスンは、デザイン志向でブランドに対して高いこだわりを持つことは、日本で意外に知られていない。1993年、李健熙《イゴンヒ》会長は「妻と子ども以外はすべてを変えよう」と全社を鼓舞して経営改革を断行した。

その後、戦略としてソニーやパナソニックブランドを超えることを目標にしてブランドの強化に力を注いできた。日本に住んでいると韓国企業のブランド力やデザインの進化に気がつかない消費者が多いだろうが、残念ながら日本以外の国では「サムスンのTVのほうがカッコいい」というユーザーが多い。

情緒的価値の中核であるデザインやブランドをもう一度見直すことは、もう避けられない。そのためにはデザイナーでないビジネスパーソンもデザインの持つ力を信じ、「観察」などの調査手法や分析による問題発見・問題解決をおこなう「デザイン思考」を身につける必要がある。

サイズダウンに納得できるメッセージで価格支配力を保つ

パッケージサイズを変更して価格とのバランスを採ることで、実質的な値上げを狙うことができる。商品に修正を加え、単純に価格の新旧比較ができないようにする意思決定のリフレーミングには、「変更の意味を伝えるメッセージ」が重要だ。商品サイズを追加することや、価格を覚える基準価格／Reference Priceが記憶に残りにくくすることも有効である。しかしながら、これは諸刃の刃となりうる。

2016年、明治は「おいしい牛乳」を1ℓから900㎖にサイズダウンして、価格を据え置いた。その根拠は「これまでの消費者調査の結果、1ℓでは飲み残しがあるために、100㎖減らして注ぎ口が閉めやすい機構にした」との説明だった。この実質的な値上げに対しては消費者から「姑息だ！」との怒りを買って販売量が低下した。2022年には、この経験をもとに、率直かつ丁寧にコストプッシュに対する企業努力の限界を説明して、値上げへの理解を求めている。

途上国では、最低所得層の人々にも何とか手が届く商品と価格のバランスにするため、流通枚数が多い貨幣にあわせて、サイズを小さくした1コインパッケージにすることがある。これによって商品を使いはじめたBOP／Base of Pyramid*市場の顧客は余裕ができたときに本来サイズの商品が買えるようになる。「手が届く」という意味で「アフォーダブル・プライシング／Affordable Pricing」と呼ばれるアプローチである。

* BOP／Base of Pyramid：世界で所得がもっとも低いが人口は多数を占める層。年間所得が3000米ドル未満をBOPと定義している。発展途上国を中心に約40億人、人口比率で世界の7割程度が該当する。

味の素はＡＳＥＡＮ諸国に進出したかなり早期から、日本円で数円単位の主流通貨毎に味の素をパッケージ化してまず試してもらい、余裕ができたら大袋の味の素を購入してもらうというマーケティングで成功して市場に浸透していった。
サイズダウンには、顧客が納得する理由が必要であることがおわかりいただけるだろう。

高付加価値ブランドを管理する海外戦略を持つことで価格支配力を獲得する

国内市場の収縮に苦慮する日本企業では、グローバライゼーションに対応した戦略やマーケティング手法、スキルが真剣に模索されている（図13－1）。従来から規模の経済を狙って「②輸出」ステージにいた企業は、その後、徐々にプロダクト・アウト志向を改め、マーケット・イン発想の商品開発を重視してきた。そうなると地域特性に対応したり、商品の現地化が必須だ。

これが「③地域に焦点」をあてるステージだ。これを推進していくといつの間にか商品数が飛躍的に増加し、1商品あたりの売上が下がるだけでなく、その管理コストだけでも収支を圧迫しはじめる。ある加工食品メーカー企業でも多くの新製品を海外発売したが価格支配力を構築できず、ヒット製品の減少と利益率の低迷に悩んでいる。

一方で、アップルのようなグローバル企業は強いブランドと絞り込んだ商品、サービスの提供でかつてない最高利益を謳歌し、「④国境なきグローバル事業」段階まで発展した。

ネスレやP&G、ユニリーバなどのグローバル企業は、発展途上国市場においても先進国の世界戦略ブランドと同様の高付加価値で顧客の憧れを誘う。一方でローカル・ブランドを冠して小分けしたパッケージをもってアフォーダブル商品・価格戦略でボリュームを稼ぐ。高付加価値ブランドを地域レベルからグローバルレベルまで同時に管理するスキルを蓄積して高収益を稼ぎ出している。ブランドだけでなく、人材管理、資金管理、調達・製造戦略も本社機能と世界地域本部、各国との役割分担が高度に管理されている。

こうなると、「③地域に焦点」をあてるステージの企業は「うまく、よいモノ」をつくるだけの経営戦略の限界から抜け出さなければならない。もっとも、③にも達せずに②の日本

図13-1 自社はグローバリゼーションのどの段階にいるか？

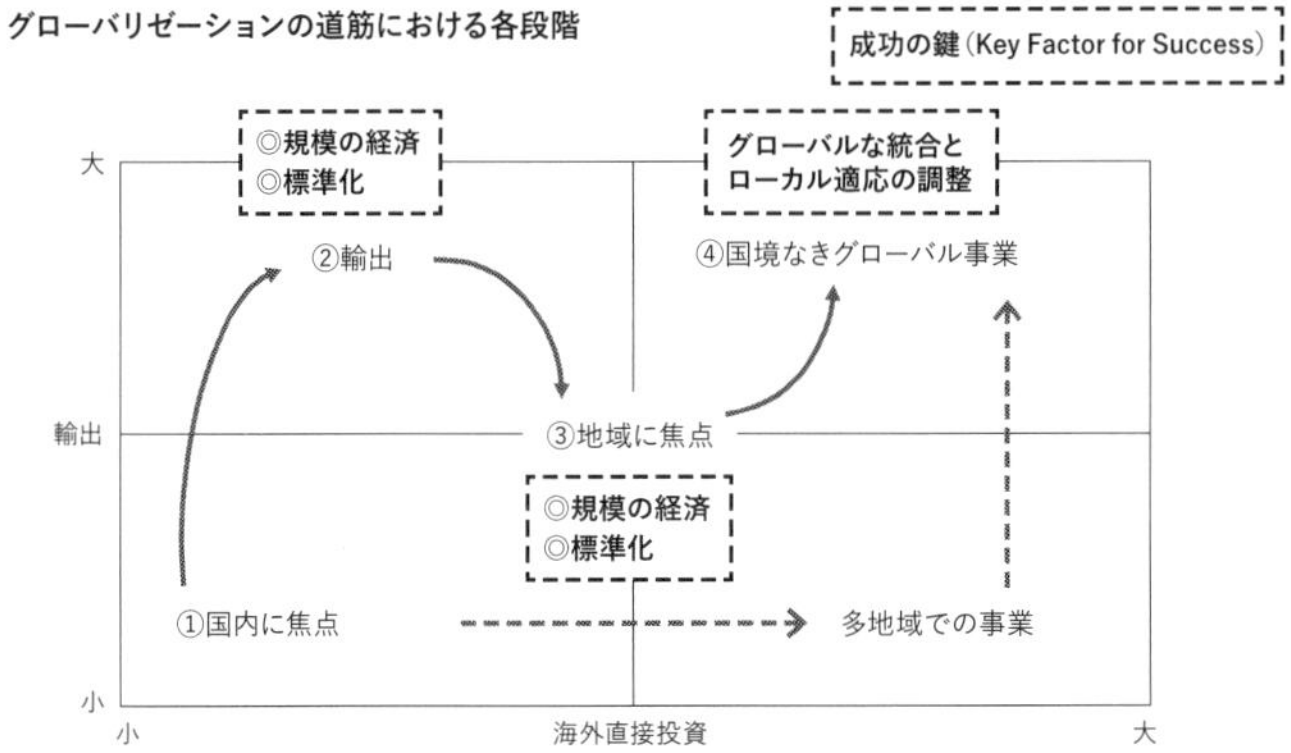

※出典：J.Stewart Blackand Allen J. Morrison, Sunset in The Land of the Rising Sun
「なぜ、日本企業は「グローバル化」でつまずくのか」ドミニク・テュルパン、高津尚志 P43　日本経済新聞出版社

仕様商品を単に世界中にばらまくように輸出している日本企業も少なくない。グローバル市場では商品の高性能化・多機能化だけではモノを買う理由にならない。そのような環境でも勝てる技が必要なのだ。

第1部・第4章「中小企業が価格支配力を持つには」（P156）で述べた「隠れたチャンピオン企業」のように、②のステップはテストに留めて一気に③でブランドを直接管理可能な価格支配力を持つ子会社を設立すべきだろう。その際には支社長を「ストレス耐性」で選ぶのでなく、「ブランド育成ができるマーケター」を重要な選択基準にしてほしい。私はこの失敗例をいくつか見てきた。それは、デザインやブランドといった情緒的価値に訴求して顧客に「共感」してもらう仕組みが必須だからだ。

第14章

価格支配力で実行する「顧客価値創造プライシング」

菅野誠二

唯一、直接的かつ柔軟に利益を生む「プライシング」をいつ実行するか

ハーマン・サイモン教授が価格戦略に関して興味深い指摘*をしている。

価格戦略はマーケティングミックスのなかでもっとも柔軟に運用でき、かつ効力の高い武器としてしばしば攻撃的な文化にどっぷり浸らせることになる。なので、いつやるか、どうやって、どこまでやるかよりも重要な問いは、『なぜいま、価格改定をするのか？』である。

*『Raise Your Prices to Get the Profit You Deserve』Hermann Simon, Frank F. Bilstein, Frank Luby／Harvard Business press

他のマーケティングミックスは戦略決定から実行までに時間がかかり、コスト要因が結びついてしまって簡単には変更できない。それに比べてプライシングはもっとも柔軟に対応策が打てる。もっと言えば、唯一「直接的に」利益を生む打ち手である。

それゆえ、自社が支配力を持ったと過信すると頻繁に価格改定をおこないたい誘惑に駆られるようになる。これが加速して限界を超えたとき、顧客は価格改定時に納得感を感じられなくなり、受け入れられなくなる。また、コスト競争力を過信して価格を低下させれば、それが不毛な価格戦争を引き起こす可能性まで高めてしまう。

商品のライフサイクルで価格戦略を考えると、「① 新製品導入時」と「② 既存商品」にわけられる。①の新製品の価格を決定する際には、顧客が感じる価値基準＝「顧客が価値を感じたいと願う基準」が存在するため、「自社のコストに希望利益を乗せて設定したい」という企業側の願望から生まれる基準を多少下回ることになる。そのため、この二者間の基準を踏まえながら、「いかにして顧客価値をつかむか？」を念頭に置き、どこかに妥協点を見いだす必要がある。しかしながら第2部・第5章で論じたFirst-to-Marketが実現できれば価格支配力を発揮できる。

新製品導入の価格戦略：顧客価値を見定め、つかむ

新製品導入時のプライシングに関してはここから、価格策定における基本的な3つの戦略をあらためて解説しておきたい。基本的にはいずれも第1部・第2、4章のWHYとの関連で紹介したものだが、このHOWの文脈でもマーケティング・ミックスの要素において、顧客価値への貨幣の対価設定として活きてくる考え方である。

第4章のマーケティング・イノベーション・マトリクスで紹介したように、価格支配力を持つ企業は上澄み価格とブリッジベター価格の設定をおこなう（図14－1）。

○上澄み価格設定／スキミング・プライシング

企業が新製品を開発した時、新製品の受容度と支払い性向の高いイノベーターやアーリーアダプターを狙って初期価格を高く設定し、少数ターゲットであることを理解した上で収益をすくい取る「上澄み価格」を設定することができる。

アップルは、あえて短い新製品サイクルで新製品に上澄み価格戦略を採用して一定期間に大きな収益をあげつつ、旧製品は急速に陳腐化させながらブリッジ・ベター価格でマス

顧客向けに誘導していく。自社と同等レベルの価値を持つような商品を、競合他社が容易に上市できない場合にブランドが確立され、顧客満足を得られるのであれば、それはとても利益率の高い商品になる。

ルイ・ヴィトンやエルメス、ロレックスのようなラグジュアリーブランドは超上澄み価格を設定する。これは顧客にとってはラグジュアリーブランドの超高価格が品質を担保するだけでなく、ステータスシンボルとしてのシグナルでもあるからだ。

○ブリッジ・ベター価格設定

中間層の多様なターゲット・セグメンテーションのニーズにあわせて、価格を設定する。価格だけでなくその他の要素、つまり心理コストや物理コストを含め、スイッチングコストを想定して決める。競争環境に大きな影響を受けるので、上澄み価格と浸透価格を取る競合商品の、どの商品に対抗して価格設定すべきかを熟慮する。プライシングのためのデータサイエンスが必要だ。

単品でなく製品ミックスの組みあわせで細分化したターゲットをそれぞれ狙う価格設定もありうる。

○浸透価格設定／ペネトレーション・プライシング

市場シェアの素早い獲得を目指して、マス顧客へ「市場浸透」する低価格戦略が浸透価格設定／ペネトレーション・プライシングだ。市場での差別化が困難な場合に、シェアの拡大による規模の経済や学習効果を見込んで採択する場合が多い。成功する要件としては、次の二つだ。

①市場が価格に敏感で、低価格で市場拡大が望めること

②単位商品あたりの生産、流通、マーケティングコストなどが販売量の増加によって大きく低下すること

この戦略で勝利する企業は圧倒的なシェア

図14-1 顧客が受容するコストポイントを引きあげる

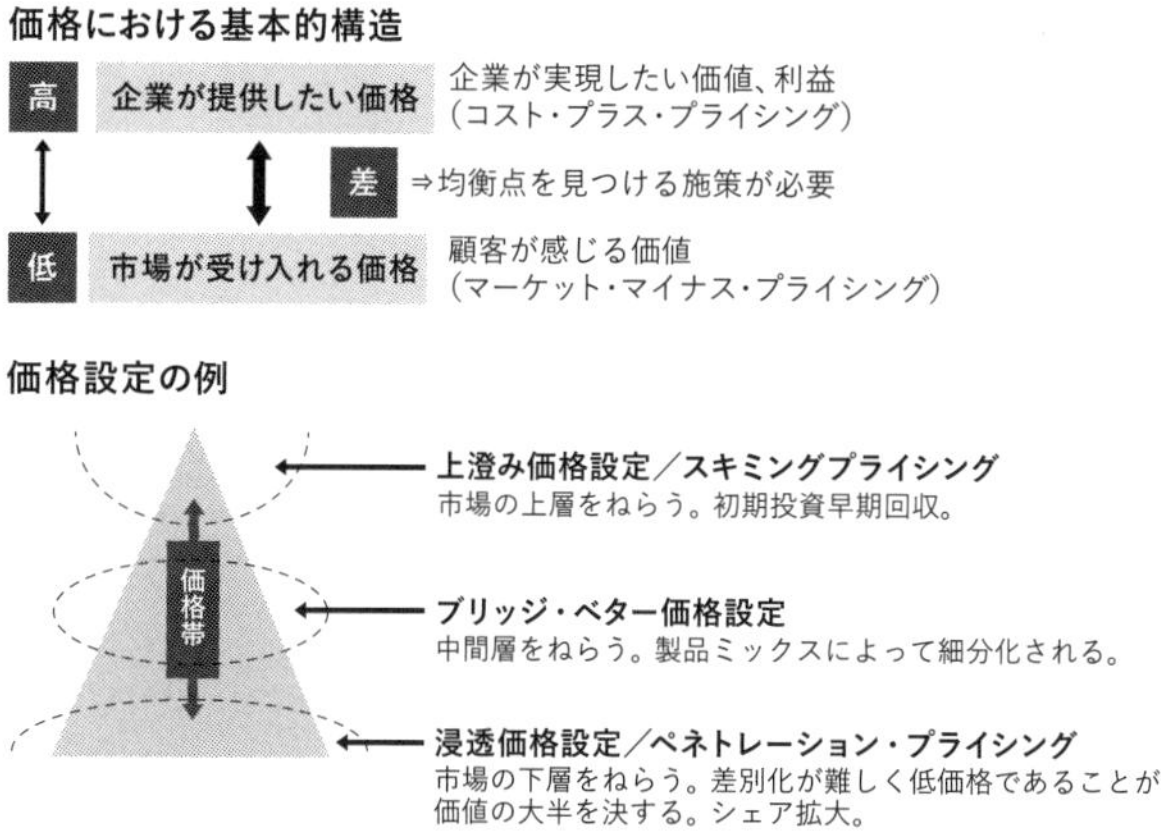
価格における基本的構造
高
企業が提供したい価格
企業が実現したい価値、利益
（コスト・プラス・プライシング）
差
⇒均衡点を見つける施策が必要
低
市場が受け入れる価格
顧客が感じる価値
（マーケット・マイナス・プライシング）
価格設定の例
価格帯
上澄み価格設定／スキミングプライシング
市場の上層をねらう。初期投資早期回収。
ブリッジ・ベター価格設定
中間層をねらう。製品ミックスによって細分化される。
浸透価格設定／ペネトレーション・プライシング
市場の下層をねらう。差別化が難しく低価格であることが
価値の大半を決する。シェア拡大。

でその地位を占めることができる、限定された数社である。

新製品導入プライシングを「6視点&3ステップ」で考える

私がディズニービデオを製造・販売する企業でマーケティングの責任者をしていた時、営業ディレクターの意見を参考にしながらも、最終的にはマーケティング視点で価格を設定していた。しかし、特殊なケースに関しては社長決裁を得てから意思決定をおこなうようにしていた。

ただ、そこで決定した価格がそのまま店頭の価格となるほど、ことは簡単ではない。価格決定に対する利害関係者には、3つのレイヤーがあるからだ。

①マクロレベル：主原料の相場でほぼ決まるガソリン価格や政府の意向が強く反映されるビール系飲料価格などのように、私企業の管理を越えたマクロレベルのレイヤーでほぼ決定されるもの
②マーケティング戦略レベル：自社、競合、チャネル、顧客の力関係といったマーケティング・レイヤーのステークホルダーによって決まるもの
③営業戦略：営業と買い手の交渉によって決まるレイヤー

○利害関係の異なる6つの立場と視点を把握する

ここで6Cの観点から価格設定における力関係の整理・分析をしてみよう。

たとえばメーカーと小売の場合、前線にいる営業がバイヤーと商談をして納入価格が決定される。しかし、担当営業にかかる売上ノルマの圧力、あるいは、それがなくとも営業の裁量による値引きやバックマージンの発生によって価格が乱れる。

加えて、小売のバイヤーの購買力と交渉力によって、その条件は常に変化する。商品によってはチャネルに段階があって、メーカーから小売の間に特約店や卸が介在するので、価格決定の変数が増えて複雑化する。そして、最終消費者のエンドユーザーに対しては、小売で値決めの決定権を持つ店長や部門担当者、バイヤーが絶対的な影響力を持つ。

このように価格決定は何層ものレイヤーにまたがった意志決定を経て実行されるわけだが、ここで状況を管理しづらくする要因は自社から見た他のプレーヤーにとっての利害と、その関係性がそれぞれに意味が異なるためだ。エンドユーザーに対しては価値訴求手段の一つであり、競合に対しては優位性確保の手段の一つであり、チャネルや協業者とは共存共栄のための礎となる。

こうした双方向の視点を踏まえたバランスの手綱を上手に握りながら、最終的に確実な利益をあげるためには、自社に明確な責任と権限の規定やITを含んだ情報管理の仕組みがない限りは「顧客価値創造プライシング」を管理するのは至難の業だ。自社は長年の価格変更に伴ってどのような利害関係の調整があったか、その際のキーポイントは何であったか、記録に残っているだろうか。

○価格戦略を策定・実行する3ステップ（図14－2、図14－3）

ステップ①　現状を把握する「事前分析」

・マーケティング担当者だけでなく、社内の経営企画、財務、ITシステム、営業などの価格戦略に関連する代表者を含み、権限を与えたチームを発足する。外部の専門家、コンサルタントの活用も検討する。
・自社の価格戦略と値引き方針の決定プロセスをベースにして、前述の「マクロ・マーケティング戦略・営業戦略レベル」の3レイヤーごとに実際の意思決定者を特定する。そのうえで、現状からあるべき姿までの仮説を記録に残す
・価格・販売量・コスト増減が利益に与える感度を分析する
・価格戦争時の競合優位性を関係者と確認する。各種対策を確認しながら、実際にそのケースが発生した時にパニックにならないようにする
・ブランドのSKUごとに損益計算をして、耐えうる価格最低水準を知る
・自社情報システムの実態を把握する

・ここまでで戦略を設定するには不足していると思われる項目、あるいは証明したい仮説を抽出して、ステップ②のフィールドワークや分析の設計を進める

ステップ② 価格の実態を調査・分析する

・必要であれば外部のコンサルタントや専門家にインタビューし、ブレストを実施する

・顧客に対するコンジョイント分析を実施する

・ポケットプライス分析を実施する

ステップ③ 実行。そして、今後への展開決定

・価格戦略策定には、目標設定と打ち手ごとの意味合いの明確な言語化・指導を徹底する（ディスカウントの予算、売上・利益目標、成果判定の指針は？など）

図14-2 プライシングを「6視点&3ステップ」で考える

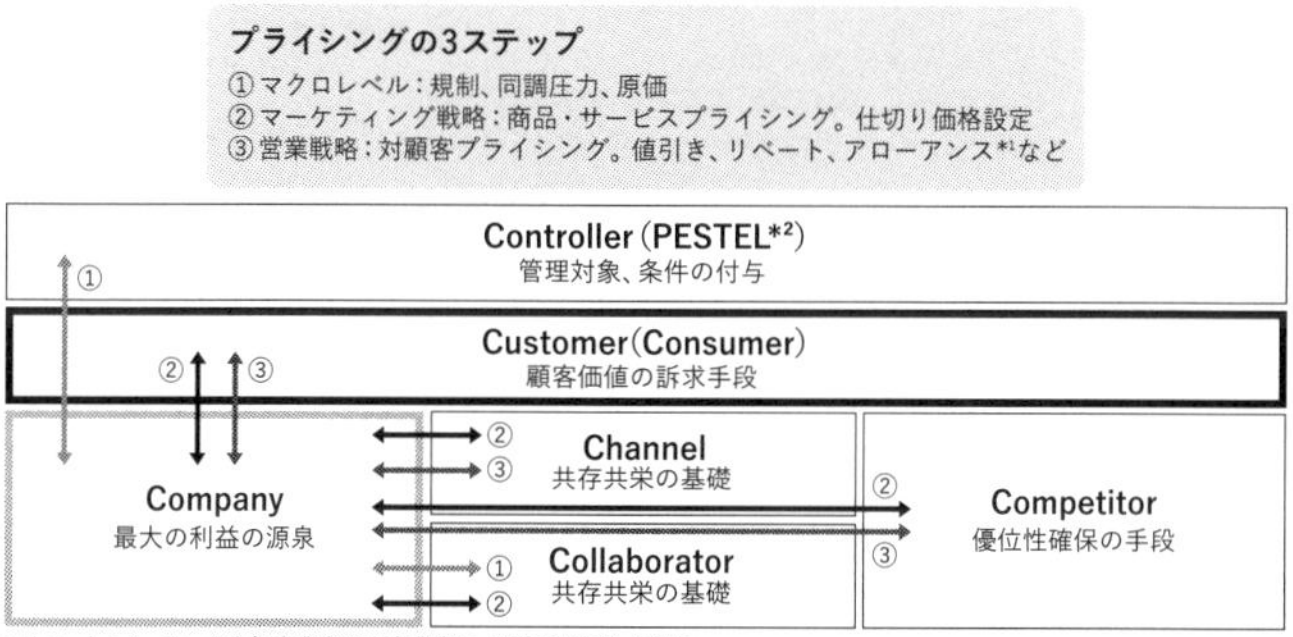

*1リベート：メーカーから卸売業者や小売業者に、通常の取引とは別に、一定期間の取引量や取引金額に応じて支払われる代金の割戻し。日本に多い商慣習であり、通常は非公開
アローアンス：商品を販売してもらうためにメーカーが支払う協賛金。オープンで共通の支払い基準（例：広告、陳列アローアンス）

*2 Politics（政治）、Economy（経済）、Society（社会）、Technology（技術）、Environment（環境）、Legal(法制度)の頭文字をとったもの

図14-3 価格戦略策定・実行は3ステップで

ステップ①
事前分析

自社の価格戦略、値引き方針の決定プロセス、決定権者の特定

感度分析
価格1％の上下が与える利益へのインパクト。売り上げ増加やコスト削減のインパクト

価格戦争時の競合との優位性
耐え得る価格最低水準

自社情報システムの実態把握

フィールドワークの設計

ステップ②
価格実態調査・分析

専門家インタビューとブレスト

顧客へのコンジョイント分析
◎インタビューによる効用の属性、水準出し
◎実査、分析

ポケットプライス・ウォーターフォール分析
要素の顧客別感度分析（どの項目が効くか。削がれるものは？）

ポケットプライス・バンド分析
◎PPバンド±20分析
◎PPバンド要因分析
◎ターゲット顧客毎の感度分析（効く要素は？）
◎PP改善のベストプラティス分析

競合の過去の価格対応調査（価格戦争への可能性）

ステップ③
実行、今後への展開決定

価格戦略策定
◎目標設定
◎打ち手ごとの意味合いの明確化と指導徹底（ディスカウントの目標は？など）
◎テストマーケティング地域の選定（条件設定パターンを変えてみる）

組織的な取り組み案策定
◎価格ポリシー決定者プロセスの明確化
◎組織での評価、インセンティブ制度への意味合い出し
◎営業トレーニング・プラン（分析、トーク）
◎システム改善プラン
◎実行プラン

周知徹底

実施・フィードバック

・組織的な取り組み案の策定においては、社内組織での評価、インセンティブ制度への意味合いを精査して、システムの改善ニーズも抽出・予算化する。最後に実行プランに落とし込む

価格戦略策定の詳細プラン「製品ミックス」で価格を設定する

図14－4に製品ミックスがある場合の戦略をまとめた。当該製品が製品ミックスの一部を構成している場合、全体の利益を最大化できるようにそれぞれの価格の最適化を模索していく。

特に、安価なカミソリ本体と高価なリフィルの替え刃などのように、関連製品や顧客が購入を避けられない「キャプティブ製品」は、付加価値の高いプライシングを可能にする。

図14-4 製品ミックス価格設定

ある製品が製品ミックスの一部を構成している場合、
全体の利益を最大化するようにそれぞれの価格を模索する*

価格設定戦略	摘要
製品ライン	上・中・下のような製品ライン間で段階的な価格を設定する。競合の価格帯によってすでに業界水準がある場合が多い　※例：男性用スーツ、パソコン
関連製品	アクセサリーなどの関連商品の価格は、標準品を中心にする場合組み入れるが、低価格を謳う場合、外出しにして新たな収入源とする　※例：低価格航空キャリアの食事
キャプティブ商品 ※captive： 束縛され逃げられない、 内部消費用の	主製品に付属している製品やサービスを売る価格設定。主製品の価格を抑えて普及させ、キャプティブ製品で利益をあげる。　※例：ジレットモデルは柄を低価格で提供し、カミソリの刃交換で儲ける。ゲームのソフトも同様　※サービス例：ディズニーランドの入場料の基本料金に加え、土産物売店、レストランで収益をあげる
副産物	主製品の副産物でできる商品。このマネタイズができれば主製品のコスト構造も改善される。　※例：日本酒メーカーの酒粕、製鉄所の水素
製品ハンドル	いくつかの製品やサービスをまとめてそのセットを割引で提供する。劇場やスタジアム、スポーツクラブの年間チケットなど。　※例：テスラは自動車に、常時接続でソフトウエアのアップデートサービスをバンドルする、サブスク・モデル

*出典：「マーケティング原理」フィリップ・コトラー、ゲイリー・アームストロング（ダイヤモンド社）に事例を加筆

また、テスラのように製品とソフトウエア・アップデートサービスをバンドルすることで競合と価格比較しづらくすることも極めて有効だ。

既存商品の価格戦略：心理戦で顧客価値を創造する

既存製品における「価格調整戦略」とは、顧客の属性や競合状況の変化に合わせて、標準価格の調整をおこなうことだ。中でも特に注目すべきは「心理的」価格調整戦略である（図14－5）。順を追って説明していこう。

認知バイアスをプライシングに活用する

複雑な問題を解決したり、不確実なことがらで何かを意思決定する場合、経験則にもとづいて使用する簡便な方法を「ヒューリスティック／Heuristic：便宜的な手続き」という。日本語では簡便法、または目の子算とも言って、限られた時間内で能力を発揮する手続きであり、正解に近い値を得られる場合もあるが、正解から大きく外れる場合もある。

これはヒューリスティックの使用によって生まれる認識上の偏りがあるためで、その偏りを「認知バイアス／Cognitive Bias」と呼ぶ。認知バイアスについては第2部・第5章P

185「未来洞察を狂わせる『3系統8種の認知バイアス』」でも触れたが、このプライシングのフェーズにおいては逆に、認知バイアスを利用することで顧客のコストに対する痛みを感じにくくすることが可能だ。

米国の行動経済学者でノーベル賞を受賞したダニエル・カーネマン*らが主張した主なヒューリスティックの例は3つある。ここでは組織内で起こりがちなヒューリスティックをもとに説明しよう。

①利用可能性ヒューリスティック／Availability Heuristic

物事の起こる頻度や確率を推定する際、最近の事例や記憶に残っていて思い出しやすく、利用可能性が高い情報をもとに意思決定するプロセスを「利用可能性ヒューリスティッ

図14-5 顧客の種類や競合状況などの変化に応じて標準価格の調整を行う*

価格調整戦略

戦略事例	摘要
割引とアローアンス	代金の早期支払いや製品の販売促進などに報いるための値引き。値引きの条件として、現金払い、数量、機能／販売、保管、物流、記録など、達成、季節対応など。
差別型	顧客セグメント、製品、地域の違いによって価格を調整。　※例：映画館のデート用プレミアシートなど
心理的	心理的影響に対して価格を調整する。顧客は商品品質を判断する際の情報や能力を欠いており、判断基準は価格が大きな手がかりとなる。準拠価格／ Reference Priceとして基準を与えると購買行動が変わる。　※例：298円と300円では桁が違うと感じて、バーゲン価格のように見える
販売促進型	短期的な売上増のために一時的に値引きすること。企業が値引きを日常化すると刺激が薄れ、顧客は特売慣れしてもっと値引きしないと購入しない。優良顧客は離反し、ブランド価値は下落する。
地理的	顧客の居住地域によって価格を調整すること。FOB価格（FreeOnBoard）輸送車に乗せた時点での価格付け。購入者が輸送費を支払う。または一律価格設定。
国際的	国際市場に対する価格の調整。

*出典：「マーケティング原理」フィリップ・コトラー、ゲイリー・アームストロング（ダイヤモンド社）に、加筆

*ダニエル・カーネマン：イスラエル・アメリカ合衆国の心理学者、行動経済学者。経済学と認知科学を統合した行動ファイナンス理論、およびプロスペクト理論で著名

ク」という。

たとえば少数のサンプルによる結果から、一般的な傾向を引き出してしまうことを「少数の法則」という。提示した適正な価格を「高い！」と言い張る購買担当がいる場合、まさにこの利用可能性ヒューリスティックに該当してなんらかの認知バイアスがかかっていて、一部のベンダーの一時的な特別価格に囚われている可能性がある。単に値下げを強要しているわけではないのであれば、具体的な根拠をヒアリングするといい。プライシングの決定要因にかかわるバイアスの正体がわかるかもしれない。

②代表性ヒューリスティック／Representative Heuristic

特定のカテゴリーにおいて、典型的と思われるような発生確率を過大に評価する意思決定プロセスのことを「代表性ヒューリスティック／Representative Heuristic」という。

たとえば、自分の妻を日本人の典型的な中年女性として認識しているために、新製品開発の会議中、「50代の女性は皆、こんなものは好きではない」などと発言する部長がいれば、これはまさに代表性ヒューリスティックであり、認知バイアスがかかっている可能性が高いだろう。収入やライフスタイルの面において、部長の置かれている環境が世の平均と異なること、あるいは該当製品のターゲットペルソナと異なることを統計的なファクトベースで説明する必要がある。

③アンカリング効果／anchoring and adjustment：係留と調整

最初に与えられた情報が印象に残り、その後の基準点／アンカーとなる。こうした認知バイアスを「アンカリング効果／anchoring and adjustment」という。顧客の視点からすると、最初の情報の印象と基準／アンカーに調整を加えながら考え、検討し、判断するために、最初の情報を極端に重視する意思決定プロセスを指す。

顧客に対する「アンカリング効果」で印象を操作する

価格戦略上では、このアンカリングで「第一印象」の効果を利用する手法がある。最初に見た価格が基準値になるため、他の価格が安すぎると違和感を覚え、高すぎると特別なオケージョンによって特別な商品になる。特に、相場がわからないような商品に「定価」と銘打って価格を表示してから、そこに期間限定と書いて値下げすると、とりわけお買い得に思わせることができる。

ただし、ブランドの棄損は避けるべきだし、二重価格は景品表示法で禁止されている。実際の通常価格からの値下げであることが求められる。

カーネマンたちは実験対象者に、本当の質問の前に、まったくその文脈に関係ないものとして、ルーレット状の円盤を回し、出た目より少ないと思うか、多いと思うかを答えさせた。その後、「メインの質問です」といって、「国連加盟国のうち、アフリカの国々が占める割合」について尋ねた。すると、最初のルーレットの値が10のときは回答の中央値が25であり、数値が65のときは回答の中央値は45であった。つまり、問題とまったく関係ない数字であっても回答に大きな影響を及ぼすという結果が出たのである。

このことから、まず店頭や商品の品揃えを提示する際に比較的高額な商品を見せて印象づけをしてから、そのあとに実際に相手を落とすためのターゲット価格帯を示すことが有効と言えるだろう。

狙った価格帯の商品に導く「妥協効果」

人は極端な選択を避ける傾向がある。はじめて経験する商品に対してはなおさらのこと、失敗を恐れて無難で折衷案となるような選択をしがちである。そこで、「アンカリング効果」と「極端の回避性」を組みあわせると、意図した価格帯を妥協して選択してくれるような「妥協効果」へ導くことができる。

実際には、3パターンの価格を設定した商品を想定してみよう。我々はAの高価格製品を売りたい。そのため、商品群の価格帯の幅がA、Bの2つだけではBの低価格製品が選択される確率が増加してしまう。そこで、A、Bに加えて「おとり商品」として超高額の商品Sを出して、アンカリングする。

その上で3つのうち、比較してSとAの価格は違うが、それぞれの効用値は大きく隔たりがないとわかるように設計する。ただし、Sのアンカリング価格は高すぎてはならない。高額になりすぎれば競合商品に目が向いてしまったり、低価格品Bの品質そのものに疑いを持ったりする可能性がある。はじめて入った著名なレストランで、最高額のセットメニューは選択しかねるものの、最低価格も「失敗したくない」と感じて、結局は中間の高級料理を選択した経験はないだろうか。こうした判断は、コンサルティングサービスなど、品質が標準化しにくく競合との質を比較しにくい業種においてアンカリングが働きやすく、同時に妥協効果も得やすい。

つまり、サービスすべてを盛り込んだような総花的Sプランを提示したあと、標準的なAプラン、手数を多くかけないBプランを提出する。実質的にはAが上限価格、Bが下限価格である。これはエステティックサービスやレストランなどにも活用可能だ。

また、高級自動車やデジタル一眼カメラなどのように、いくつもの効用値があり、多品種多機能で、簡単に全体効用が判断できない商品にも有効だ。マニアはちょっとした効用値の高いSのクラスに憧れて、まずはソニーの事例のようにミラーレスカメラという商品カテゴリーを選択し、結局、商品としてはα9を購入してくれるし、中でもとびきりのマニアは最高機種α1を選択するだろう。

なお、価値の大きさは金額に比例しない。この現象は金額が2倍になると、価値は2倍にはならず1・6倍くらいほどに感じられるのは「限界効用の逓減*」であると説明することもできる。

価格調査の専門家リー・コールドウェルによればS：A：Bの理想価格の指数はそれぞれ6：4：3だという。

認知的不協和をブランディングと顧客満足度に活かす

「認知的不協和／Cognitive Dissonance」とは、矛盾する認知を同時に抱えた時に覚える不快感をあらわす社会心理学用語である。人はこれを解消するために自身の認知を変化させることで逓減し、納得し、態度や行動を変更すると考えられている。逓減するには、「①現実そのものを変えるか、自らの考えを変える　②事実を無視、または軽視する　③へりくつや問題のすり替えをおこなう」3パターンがある。

プライシングはブランディングとポジショニングの大きな要素である。気に入ったブランドが思いがけず大幅に値引きして売っているのを見た場合、その顧客は「なんてお買い得なんだ！」と感じるだろう。しかし、それが何度も何度も続けば「このブランドがこの商品をずっと大幅に値引きしているなんて、何か問題があるのでは？」と不安が生まれてい

*限界効用の逓減……限界効用とは財の追加的一単位の消費による効用の増加分。喉が渇いている時は1杯目のビールの効用値が高い＝満足度は高いが、2杯目の効用は1杯目と異なる。これを限界効用逓減の法則という

く。そして棚ざらし品であるとか、1シーズン前のものであるとか、何か安い理由を探しはじめる。それが発見できない場合、安いにもかかわらず、購買しなくなってしまう。次第に「このブランドは落ち目なのだなあ」とブランド認識を変えはじめる。プライシングで認知的不協和を抱くと、このようになんらかの認知の調整が起こることは留意すべきである。

あるいは一度は購入を考えたが、結局は手が届かないために諦めたブランドに対して、人は「成金趣味でいやだ」とか「ムダな機能ばかりついていて使いにくそう」などといったように、自分の認知的不協和に理由をつけて気を紛らわせるようにもなる。

顧客は購入後、使用する中でちょっとでも不安が生じた場合、自己判断が間違えていなかったどうか、あるいはその判断を正当化するために情報を検索しはじめる。新車のディーラーはそうした折、間髪入れずに購買後フォローをして「ご購入1ヶ月が経ちましたが、何かご不明な点はありませんか?」と接触するとよいだろう。

この不安をピンポイントで解消してあげれば、認知的不協和は逓減され、安心し、満足する。そのあとによい口コミにもつながっていくだろう。

マーケターは、こうした認識の変化を、常に繊細に捉える力を養い、身につけておきたい。そして上記のような「購入しない理由」をヒアリングしたとしても、発言をそのまま真に受けるようなことはないようにしたい。その向こう側にある、そう感じるに至った経緯までさかのぼって深掘る分析が必要なのだ。

常に価格戦争への対抗策を準備するための「プライシング変更戦略」

価格戦争は、経験の蓄積と規模の経済を甘受できて、コストリーダーシップを取ることができる限られた企業だけが勝者となる。

短期間で勝負がついて自社が疲弊しなければよいが、競合も市場撤退を選択しない場合、徹底抗戦になだれ込む。こうなると一定期間は業界全体の疲弊につながるため、誰が勝者かわからないような状況に陥る事態は全力で避けたい。

そのために必要なのは、価格戦争によって引き起こされる事態の事前想定と、対抗策のオプションを考慮しておくべき、ということだ。価格支配力があって価格を引きあげられる状況であればよいが、反対に価格が泥沼のように下がっていく事態も想定しておくべきである。

ある挑戦的な企業が価格戦争の宣戦布告を発して、競合企業がそれに反応して値下げをした場合、歴史的に見て、次から次へと報復的な値下げの応酬が続き、最終的には業界全体の利益が大幅に低下することが多い。

世界で有名なのは、米国の航空業界の事例だ。1981年、ピープル・エクスプレス社による低価格キャリアが業界を震撼させ、対抗措置としてユナイテッド航空やデルタ航空などの大手キャリアがピープル・エクスプレス社の路線を狙い撃ちして運賃を下げた。ピープル・エクスプレス社はその後、経営が悪化して買収された。しかし、1990年代にはアメリカン航空やノースウエスト航空なども巻き込んだ全面価格戦争に発展した。

最終的には総輸送旅客数は伸張したが、大手各社とも極めて巨額の損失を被った。エアラインの座席はそのコストのほとんどが固定費で、かつ在庫しておくことができない性質を持つ。その結果、エアラインは変動費(一人の旅客が乗ることによる切符発行の費用、手荷物取り扱い費用、機内食、燃料費の増加分など)を超える値段で切符が売れれば、空席で売上機会を損失するよりマシだと考えてしまいがちだ。そこで貢献利益が多少でも増えるなら、という考え方から値下げに走りやすい。一見、合理的な判断に見えるが、こうして本来、正規料金を得られる顧客のチケット料金も影響を受け、最終的には儲けを失うことになる。

この対応策から生まれた価格戦略が「イールドマネジメント」であり、後述するダイナミック・プライシングである。

欧米企業から「チャイナ・プライス」と畏怖を込めて語られるように、中国市場での価格戦争はまた、際だった意味を持つようだ。1995年までIBM、HP、コンパックといった米国企業に席捲されていた中国のパソコン市場では徹底的な価格戦争の末、1998年にはトップ5の順位が中国国内企業にひっくり返された。テレビや携帯電話でも中国メーカーの価格戦争によって欧米のメーカーが苦戦を強いられている。

この理由は、中国メーカーが自国市場で規模の経済の恩恵を受けていることによるもので、市場拡大基調のビジネスタイミングをうまく捉えて、トップダウンで大胆な価格戦略を採用する傾向があるためだ。そして価格攻勢で勝利することを崇拝する風潮が中国のビジネス界には存在することが指摘されている。だが、それだけでなく、特にデジタル機器のように、模倣が比較的容易で、規模の経済が効きやすいビジネスにおける必勝パターンを学習していることが大きな要因だ。

自動車産業も同じパターンを踏む可能性が高い。CASE*が一般化しつつあり、ネット接続や自動運転、エンジン車から電気自動車への変化、車体構造のモジュール化の浸透によって、産業構造がデジタル機器に近づきつつあるためだ。これら激動の変化で自動車は、あたかも携帯電話と同じようなゲームのルールに移行していく。こうした未来予測は自明であるがゆえに、失うものの少ない野心的な中国企業は価格戦争をしかけ続けるだろう。

* Connected：ネットワーク接続された、Autonomous/Automated：自動化で運転できる、Shared：共有、シェアリングする、Electric：電動化された

古いデータだが、サイモン・クチャー&パートナーズの「Global Pricing Study 2012」レポートによれば、日本企業の91%が価格戦争を体験しているという。これは日本が世界一の価格戦争勃発地帯であると言ってよい。

一方の米国は64%、ベルギーは60%、英国は68%だった。そしてそのうち、全体の75%の企業はこの価格戦争に応戦した。価格戦争の94%は競合企業からしかけられたもので、巻き込まれたと感じているのだ。この調査から10年間、デフレ時代を通じて、日本企業が価格戦略から逃れられてきたのかどうかには、大いに疑問がある。

このような業界を揺るがす価格戦争をしかけられた場合、どのような戦略を選択すべきだろうか。古くからのマーケティング教科書にある王道の教えは「差別化による付加価値を創出して、自社が価格戦争に巻き込まれないようにする」ことである。だが、はたしてそれは可能だろうか。可能であれば何よりであるが、不可避の場合はどうするべきか。

ここからは、価格戦争に関して企業がなすべきことを述べていこう。

意味のある価格戦争かどうかを「市場構造」で見極める

価格戦争をしかける意味のある市場は、「商品に対する顧客の需要が高い価格弾力性を持つ場合」だ。企業は価格引き下げによる売上数量の増加によって利益を増加させることを期待できるからである。突出した強い競合がなく、市場におけるポジションをいまだに誰も確立していない場合には、ブランドスイッチが起きやすいため、むしろ好都合だ。

価格戦争で利益をさらに増加させるなら、損益分岐となる売上数量増加率を計算して、その数量を超える目論見を立てることが一般的だ。

「増分損益分岐分析」で必要な売上増分に解を出す

値下げによる必要な売上増分は、CM／Contribution Margin：貢献利益率が40％で、もし、△C／販売増加による単位あたり費用の削減率が10％であったとする。この場合、25％の価格引き下げの結果として必要な売上増加分は90・5％となる。

つまり、販売を約191％にまで伸ばせる確信があるのなら、損益分岐を超して儲かるのだから「価格戦争をやるべき」という結果になる。競合がこうした調査、分析をした上で価格戦争をしかけてくるとしたら脅威である（図14－6）。

市場が成長過程にあり、利益率の高い産業で、かつコストアドバンテージのある効率のよい経営をしている企業にとって、この戦略は有効だ。それは規模の経済性を活かすことができるためだ。△Q／損益分岐となる売上数量増加率が少なくて済むので決断のハードルが低い。さらに中国企業などのように為替優遇を受けながら製造コストが低い場合、先進国の産業に価格戦争をしかける動機となるだろう。

競合要件と時期を見極める

価格変更をしかける側の企業から見ると、競合の経営効率のバラツキが大きくコスト構造が悪い場合、勝敗が早期につきやすい。その場合、ターゲットを絞って駆逐しにいける。

たとえば競合他社の組織が硬直的、あるいは本社が海外にあるなどして、現地の事情に疎く、判断に時間がかかるといった場合、もしくは厳格な戦略方針として本社がブランドビジネスでの成功パターンを掲げている場合などは、価格戦争をしかけられた時に対応が後手に回ってシェアを失いやすい。これらの競合要件はビジネスチャンスである。ここにしかけていく企業は、これまでの経験とマー

図14-6 増分損益分岐分析の式

$$\Delta Q = \frac{\Delta P - (1 - CM) \times \Delta C}{CM - \Delta P + (1 - CM) \times \Delta C}$$

$$= \frac{\text{値引き率とコスト削減効果の和による実際の利益率悪化分}}{\text{新たに生まれる利益率分とコスト削減効果の和}}$$

- **ΔQ** 損益分岐となる売上数量増加率
- **ΔP** 価格引き下げ率
- **CM** 貢献利益率（Contribution Margin 価格改定前）
- **ΔC** 販売増加による限界費用削減率

出典：『スマート・プライシング』（朝日新聞出版） 訳：藤井清美、著：ジャグモハン・ラジュー／Z・ジョン・チャン

ケットインテリジェンスを駆使して絶好のタイミングを計ることになる。

日本でもマクドナルドは1995年に、それまで210円だったハンバーガーの価格を40%オフに近い130円に変更し、業界に大きなショックを与えた。対抗上、これに追随して値下げをするファーストフードチェーンが続出し、価格戦争が起こった。

マクドナルドは事前に売上2000億円を超えて業界No・1の規模の経済を活かしつつ、世界規模での調達システムを駆使し、長期の為替予約をした上でしかけたのだから、コスト優位性は明らかだ。これは見事な価格戦略である。

1997年には年商3000億円。2000年には平日半額の65円まで価格を下げ、売上4000億円を達成。「デフレバーガー」の流行語を生み出すほどの圧倒的な売上と市場シェアを確保し、デフレ時代の勝ち組になった。

しかしその後、2002年に円安によりハンバーガー価格を80円にしたり、これが不評で59円にしたりと価格戦略が迷走した。低価格に慣れてしまった顧客には値引きだけでは魅力が乏しく、マクドナルドブランドの毀損につながってしまった。また、2013年にはハンバーガーの価格を120円に上げ、商品価値そのもののアピールに努めたが、奏功していなかった。競合がハンバーガーチェーンのみならず、コンビニ、牛丼チェーンなどの低価格フードの提供者まで広がったことも一因だ。価格戦争をし続ける体力勝負は必ずしも成功しない。

長期的な価格ポートフォリオ戦略で価格支配力を実現したマクドナルドの事例

そのマクドナルドが2014年のベンダー起因の期限切れチキンナゲット販売で打撃を受け、2015年には異物混入問題によって深刻な顧客離れを経験した。その後、2016年からV字回復を果たしたが、ここにはいくつかの成功要因がある。

2015年からカサノバ社長のリーダーシップのもと、「ビジネスリカバリープラン」を立案して、キャッシュフローが厳しい中でも投資を怠らなかった。その戦略の内容は「よりお客様にフォーカスしたアクション：メニュー、バリュー、お客様とのつながり」を見直したことである。社長自らメイン顧客である「ママ」と直接対話を重ね、まず「食の安全」と「清潔さ」「接客」を第三者機関のチェックによる食の安全担保、店舗改装やオペレーション向上の徹底によって改善して、復活の基盤を得た。

その上で新しい店舗体験の提案としてマクドナルドの最新メニューや、クーポン情報などが見られる公式アプリの推進、楽天ポイントなどと連携し、キャッシュレス化などを進めた。「Fun place to go／マクドナルドに行けば、何か楽しいことがある」というコンセプトを実現するために2016年7月に携帯ゲームアプリ「ポケモンGO」とのコラボレーションをおこない、2017年「第1回マクドナルド総選挙」を実施。遊び心をもって顧客と双方向のコミュニケーションを促すキャンペーンで店舗を活性化し、ネガティブイメージを払拭した。

改革でもっとも重要なのは、安売り・デフレのメニューから付加価値を稼げるメニューへの移行だ。ここでは「おいしさ」をちゃんと伝えたことが功を奏したわけだが、これはまさにコマーシャル・イノベーションである。この動きは元P&GのCMOに率いられた成果である。

当時の顧客のマックへの期待値は「それなりにおなかを満たせて500~600円のセット価格」というものだった。そこで、まずはチキンチーズバーガーやスパイシーバーガーといった200~220円をバリューアイテムとして位置づけしたセットを500円のアイテムとして確立させて、きちんと儲けられる原価構造で売上の下地を作った。その確立をもって売れ筋である季節限定商品の値上げへと進めていった。このメニューのポートフォリオ構築が奏功し、ファミリー層顧客が復活した。

2017年にはレギュラーメニューの強化を進めた。次いでプレミアム感の演出という時代のニーズを捉えた本格メニューとして厳選素材をふんだんに使ったプレミアムバーガー「グランシリーズ」を発売して大ヒット。

マクドナルドの新ブランドショップ「マックカフェ・バイ・バリスタ」では、専門店のような本格コーヒーやスイーツでさらに大きく価格水準を向上させた。近年では定番メニューに100円プラスすることで、パティが2倍になるといった夜食に応えるボリュームのバーガー「夜マック」へとつながり、価格向上と販売数量を同時に達成している。

価格支配力は一夜にして構築することはできない。一気にやるのではなく長期的な視野が重要だ。マクドナルドは5年以上かけてポートフォリオの再構築を実行した。マクドナルドも道半ばで数多の失敗を経験しながら、徐々にこの境地にたどりついたそうである。戦略ビジョンをもって消費者を納得できるストーリーをつくる。そこに企業文化をシフトさせていく際の設計、実行する胆力、ブレない戦略性が必要だ。

価格〝無〟支配力に甘んじる多くの企業は、中長期のゴールを決めて大きくどう動いていくのか、戦略的な思考が苦手なのではないだろうか。

ダイナミック・プライシングを活用する

イールド（収益、歩留まり）マネジメントとは商品やサービスを一物一価として設定するのではなく、需要と供給の変動にあわせて料金設定するものである。これは収益の最大化を目的としたものだ。第1部・第4章P168のアパホテルの事例でも触れたように、航空業界では1970年代から活用されてきた手法だが、ホテル業界、需要変動が激しいレジャー産業などにも広がりを見せた。

それは供給量に限りがあり、在庫が繰り越せないサービスにおいて、有償座席利用率や客室稼働率を管理することが収支に直結するからである。現在ではレベニューマネジメントと呼ばれることもあるが、ほぼ同義である。

その中核のシステムは「需要予測にもとづく販売管理」と「在庫管理」「価格管理」だが、「需要予測にもとづく販売管理」においては顧客セグメントごとのニーズや行動パターン、特に価格の支払い性向の把握が重要だ。

ホテルや航空チケットは「早割」を狙う価格に敏感な層でベースを埋めていき、次いで従来の正規料金を支払う顧客分で空室を埋め、最後に急遽予定が入って予約をする価格感度の低いビジネスパーソンの分を、どの程度ギリギリまで残しながら見込むかが勝負！　といった具合である。季節や天候変動、周辺でのイベント、競合の打ち手など、さまざまな変数の分析が成功のカギだ。

価格変動にはタイミングによって事前に価格を決めておく「静的」なものと、「動的」に変動させるダイナミック・プライシングという手法がある。

近年ではデジタル・マーケティングと相性のよいダイナミック・プライシングがさまざまな業界で活用されるようになってきた。従来、使用されていたアルゴリズムは競合価格の監視や在庫量にあわせて価格を変動させる自動化レベルだった。ここに数理、統計をもとに決定を補佐する「機械学習」や、AIが天気・イベントなどから需給に関連する変数をもとに収益最大化の選択肢を提示する「強化学習」が加わっている。

メリットは収益性の向上と在庫の低減にある。一方でデメリットは、極端な価格変動を体感して「損した」「ぼったくりだ」など、顧客からの不信を生みかねず、ブランド棄損につながる可能性があることだ。システム導入のコストも高く、解析のための人的能力が必要だし、一定量のデータ蓄積が必要で、成果が出るまでにそれなりの時間がかかることも懸念点である。

AIとホテル支配人の人智を組みあわせたダイナミック・プライシングを活用し、成功している好事例は、第1部・第4章のマーケティング・イノベーション・マトリクス（P131）の右下「集約化・買い手市場」における④「マス高付加価値商品」で紹介したアパホテルだ。一時期、アパホテルに対して繁忙期の価格が高すぎるという不満がSNS上で炎上し、2017年に日経ビジネスが実施したホテル満足度調査では35社中最下位だった。しかし、日経ビジネスからのインタビュー*に対してアパグループの元谷外志雄代表の対応には、価格支配力への強い意思と戦略性を感じる。

一般論で言えば、価格設定がうまく機能して宿泊料金を上げれば、利用者の評価は下がる。価格設定が不十分で、高く売れる日に安く売っていれば評価は上がる。裏を返せば評価が低いということはそれだけ、うちは価格設定がうまいと言えなくもない。だから非常に高い評価を維持しているホテルは、本来高く売れるのを安く売っているから評価が高いとも言える。

……儲からないホテルはいいホテルと言えないと思います。赤字で破綻するようなことがあれば、社会に対しても従業員にも迷惑をかけます。

……いずれにしてもうちとしても利用者の評価を上げていこうと今、努力中です。

実際、顧客満足度を向上させるために価格の上限にキャップをかぶせて表示価格／正規料金の1・8倍とし、ポイントバック制度を活用して設備リニューアルを積極的に導入している。また、各ホテルの支配人の評価基準をＲｅｖＰＡＲ／Revenue Per Available Room：販売可能な客室1室あたりの収益を稼働率×単価であらわす値としているため、稼働率が他社と比べて高い。ダイナミック・プライシングの導入には顧客への丁寧な説明をするコ

*『アパホテル、繁忙期の料金高騰に不満相次ぐ　元谷外志雄代表・芙美子社長が夫婦で語る料金の秘密』日経ビジネス／2017年11月6日

ミュニケーション能力が問われてくる。

株式会社ローソンは2019年、経産省の主導で「コンビニ電子タグ1000億枚宣言」を採択し、コンビニ各社と共同でコンビニ電子タグを活用してダイナミック・プライシングの実証実験をおこなった。この際、同社以外にも5社が実験に参加した。

日本の大きな社会問題であるフードロス対策ソリューションを目的として、である。電子タグで在庫管理し、そのデータをサプライチェーンで情報共有する。棚に設置したリーダーでタグを読み取ると消費期限が近い商品を特定でき、実験用LINEアカウントで登録している顧客は、その対象商品を購入するとインセンティブとしてLINEポイントで値引き分が還元される。

ローソンをはじめ、参加企業各社は2025年までに全商品に電子タグを貼付して、商品の単品管理をおこなうといった旨の宣言をしている。こうした事例を鑑みると、フードロス対策にはダイナミック・プライシングが有効かもしれない。

第15章 「価格戦争」に向けた攻めと守りの対策

菅野誠二

平時、準備期間に「攻めにより守る」こと。それでも価格戦争が起きたら「攻める」こと

戦う前に競合の気を挫くことができれば、無意味な消耗戦を回避できるかもしれない。つまり、相手が価格戦争をしかけてくる前の準備期間に、第5部・第14章・P471・図14−6の式における△Q（損益分岐となる売上数量増加率）を吊りあげ、高いハードルをつくることである。

対策の王道は第3部・第8章「ファン化するための『ターゲティング』」の「顧客を自社ブランドの強力なファンにする（P283）」の項で述べたように、自社製品の差別化を徹底して顧客のロイヤルティを高め、ブランドスイッチが起こりにくくなるような状況をつくく

ること。また、しかける企業に隙を見せないためには、応戦の可能性を事前に想定して「攻め」の準備を怠らないことだ。また、場合によってはその市場から撤退するオプションの分析と準備も必要である。

この時、価格関連のマーケットインテリジェンスを担い、戦略を取りまとめ、実行能力がある「価格戦略チーム」が設置されていると、有効策が全社横断で齟齬なく、遅滞なく実行できる。

こうした体制づくりに必要な視点を、ステークホルダーごとに解説していこう。

対顧客：価値創造と共にスイッチングコストを引き上げ続ける

スイッチングコストを引きあげることにフォーカスしよう。複数の商品やサービスをパッケージ化して提供することで、低価格の単品では代替できない状況をつくり、納得感を醸成しておくことが重要だ。

たとえば、顧客へのロイヤルティ・プログラムの提供で、長期的な関係に意味があることを実感していただく。「自分／自社の状況をよく理解してくれている」という情緒的な価値と、将来に渡ってよりよいサービスを提供する可能性を実感していただくのだ。

この時、顧客の中で、特にロイヤルティが高く、ＬＴＶが高いセグメントを特定しておくことが必要だ。そうしておいて、このセグメントが価格攻勢によって剥落率が高まったら、経営への警戒信号を点滅させる。顧客価値創造プライシングによってきめ細かく顧客別の対応をしておき、各種ディスカウントや追加サービスプログラムを深く検討していただき、自社が提供する商品・サービスがよい取引であることを折に触れて納得してもらう。

値下げ合戦がはじまり、応戦してきた参入者が圧倒的なシェアを得たことによって我々が撤退する未来があるとする。そうした場合、顧客は「低コスト」という短期的な恩恵を享受できるかもしれない。だが、長期的には商品やサービスを自由に選ぶ幅や選択肢がなくなる可能性があるということは、誠実に伝えるべきだろう。

もし、そうなれば顧客側の比較購買が難しくなり、競合が寡占したあとのサービスや商品レベルそのものが向上しにくくなることを丁寧に説明し、刷り込んでおく。

対競合：差別化・競争力の開示による牽制と競合価格把握

自社の戦略上のポジショニングや能力を周囲に開示しよう。「価格で戦うのではなく、サービスで対応します」と差別化ができていることを明らかにしておく。そして地域戦が勃発したら十分にコスト競争力があることを明示しておき、やられたら徹底的に付加価値で闘う意思と能力があることを競合に宣言し、牽制しておくことが重要だ。

また、競合の△C（販売増加による限界費用削減率）を概数でもよいので把握しておく。既存の競合の動向に対して、マーケットインテリジェンスの一部に継続的に価格情報を追い続ける仕組みを入れ込んでおくべきだろう。新規参入企業に関しても、調査会社のデータだけでなく、自社の営業の密接な接点を活かして、流通関係者からの競合情報を常にアップデートする仕組みが必要だ。

対チャネル／コラボレーター：協力体制を構築する

ベンダー、補完的サービス提供者を含む対チャネル／コラボレーターに対しては、日常的に意思疎通のコミュニケーションをとっておくこと。もし価格戦争に陥ったなら、業界全体が疲弊してダメージを受けることを説明し、事前にアピールしておく。また、その際の協力体制も構築する。たとえば、顧客に付加価値サービスを素早く追加提供する仕組みの検討などだ。

自社内：原資を保ち、反撃オプションを用意する

競合の値下げに対する戦略オプションを決めておき、冷静に対応できるようにしておく。コスト構造の効率化に努め、反撃原資を保つ。前述のようにマーケットインテリジェンスの構築は重要である。

価格戦争がはじまったら、第一にすべきは「状況把握」

まず第一に、状況を正確に把握しよう。6C（統制者、顧客、自社、チャネル、競合、協業者）の情報収集と分析が必要だが、特に重要な項目を以下に挙げていく。

競合の価格ニュースが現場から挙がった場合、営業がパニックに陥っている可能性がある。だが、それは地域的・突発的な事件かもしれない。市場からの情報収集は期限を短く設定して、営業にヒアリングさせよう。簡易な顧客アンケートを準備して、顧客向けのコンジョイント分析をおこない、価格を含む部分効用値を把握するとよいだろう。

そして自社のブランドやサービス、機能の優位性が金銭換算でどの程度顧客に評価されているかを把握することで、「いくらまでなら競合価格に対して上乗せしても勝つことができるのか？」を判断するのだ。

顧客分析：ロイヤル顧客はどのくらい反応しそうか？

競合の新価格にスイッチしそうな顧客率はどのくらいになりそうか？　その中で特に、

自社の重要セグメントにいる顧客はどうだろうか。このように重点顧客の重みづけをして、予測ダメージを算定する。

目先のインセンティブで簡単に態度が変わってスイッチするような顧客は、自社にとってはそもそもの顧客提供価値が低い可能性が高い。そのセグメントの顧客はのちに好条件を出すと簡単に戻ってくる可能性もある。いまここで深追いして対抗条件を出せば、本当のロイヤル顧客から得られたはずの利益を失いかねない。ここではロイヤル顧客の剥落率を注意深く追っていく。

競合分析：価格攻勢の意図にあたりをつける

しかけてきた企業は単なる一過性の反逆者か、あるいは本当に実力のあるプレイヤーか……。ここでいたずらに、最安値を提示しているプレイヤーの価格に惑わされないことだ。我々がパニックに陥れば、自ら全面戦争の引き金を引くことになりかねない。そして、その競合は、この戦争を遂行し続けるだけの能力があるかどうか。競合の△C（販売増加による限界費用削減率）を再確認してみよう。

もし、能力と意思が確認できたら、長期にわたる戦いに対する競合経営陣のコミットメントがあるかどうかを想定しよう。当然ながら、拙速に全面戦争に突入しないようにしたい。彼らはそうした事態を望んでいるのか？　地域限定・特定顧客限定の狙いがあるのか？

その慎重な見極めが、極めて重要だ。

自社分析：値引きに応戦するか、シェアを落とすか検討する

利益を減少させるレベルの値引きは、どのラインか？ また、現行価格は維持しながらどこまでシェアを落とせば、対抗して値引きを実施した場合の総利益と同等になるのか？ これらをシミュレーションする。シェアを数ポイント落とす方が、総利益を確保できる場合がある。

顧客対策：顧客にとってのリスクを説く

ロイヤル顧客に低価格製品を採用した場合に起こりうる未来のリスク、性能面のリスク、スイッチングコストが高まる可能性を顧客に説く。我々がこの地域やセグメントから撤退した場合に起こりうる、「顧客にとってのリスク」をもう一度説得する。

競合対策：部分／全面抗戦か、回避か、撤退か。

A　限定的対応：全面戦争にならないよう限定的に徹底抗戦する

競合が市場テストをしていて対象地域や顧客セグメントが限定的な対応をしているのであれば、△Q（損益分岐となる売上数量増加率）の目標を達成させないことが肝要である。

全面戦争に発展しないように、徹底的に撃退し、攻撃的シグナルを送り続ける。

B　全面戦争志向：市場シグナル＋徹底抗戦、回避、撤退を選択する

競合が全面戦争を志向している場合の選択肢は左記の3つだ。

前線で徹底的に戦うか？

紛争を回避するか？

撤退するか？

B－1　市場シグナル＋徹底抗戦の場合：「勝てる価格」と「ファイティング・ブランド」で戦う

独占禁止法に抵触するような事態を避けるのは当然だ。その前提で徹底的に戦う場合でも競合とは直接接触できないので、全面戦争に入る前に市場（顧客、流通業者）にメッセージを送る。競合に「やる気ならば、徹底的にやる。しかし体力勝負で決着がつくまで戦って、お互い疲弊するようなことは得策だとは考えていない」というシグナルを出す。これによって、お互いに手打ちをする場合もある。

だが、手打ちの兆しがなければ「対抗的プライシング」を実行する。ロイヤル顧客対象の

コンジョイント分析から得られた結果をもとに、付加価値を稼ぎつつ、勝てる価格を決定する。さらなる高付加価値サービスに対して顧客の反応がよければ、価格変更ではなく徹底的にサービスの質を高める。現実的には、高付加価値サービスを追加しつつ、追加価格を徴収しないことで本体価格は維持できるかどうか、がポイントである。また、ロイヤル顧客以外でも価格感度よりも品質感度が異なるセグメントが存在するので、そこを攻める。

ほかのアイデアとしては、早期にファイティング・ブランドを対抗投入することだ。ブランドを変えることで現行商品のプレミアム分と顧客のロイヤルティを守り、商品のスペックをそぎ落として、「低価格にした」理由を説明できるようにする。

B－2　回避する場合：戦略的シェア減退か、ロイヤル顧客以外の声から短中長期策をまとめる

対象商品の差別化を継続する。顧客ヒアリング、アンケートを通して浮かびあがってきたロイヤル顧客の価格「以外」の施策希望を仕分けして、短期〜中長期で実行できる策をまとめる。この際、ＲＯＩ／投資収益性を勘案することは言うまでもない。

なお、３Ｍやデュポンはプロダクト・イノベーションによる新製品を追求する戦略をとっているため、シェアが減退することを受け入れ、価格戦争には参加しないことを決めている。

B－3　撤退する場合：部分撤退か、全面撤退かを決断する

競合のコスト優位性が高く、かつ経営陣の価格戦争への意志が強固である場合の最後の選択肢である。

全面撤退をするのか、あるいは部分撤退によって地域や顧客セグメントで対競合優位性のないところから撤退するかを勘案する。撤退タイミングをシミュレーションして、最後まで収支に配慮すべきだろう。

先制攻撃：条件がそろった時のみ可能な、稀なる打ち手

もし、以下に述べる条件が整っているのなら「攻撃は最大の防御」と考えて、こちらからしかけることもできる。しかし、これらの条件が十分に揃うことは極めて稀だ。また、一度踏み出して、大きく下がった価格は一朝一夕には戻らないことを覚悟した上で意思決定する必要がある。

○マクロ環境

対象地域政府の過剰な関与がない

○ターゲット市場環境

成長過程で利益率の高い産業である

顧客の需要に価格弾力性がある

ブランドスイッチが起きやすい

○競合環境

突出した競合がなく、市場におけるポジションがいまだ確立されていないため、コスト構造が弱く、簡単に市場撤退しそうなターゲット競合がある

競合が戦略判断に時間をかける傾向にあり、行動が遅いことが見てとれる

競合が本社のポリシーに縛られていて、柔軟な対応ができない

○自社

対競合でコストアドバンテージのある、効率のよい経営をしている

必要な売上増分の損益分岐分析の結果、増加販売数量が確保できる目算がある

何よりも、最後まで闘いをやり抜くトップマネジメントの強い意志がある

第16章 「価値の伝達」

川崎稔

企業が自信を持って世に送り出した商品やサービスは、適正な価格で購入してもらいたいものだ。そのためには、消費者にその価値を正しく伝え、納得してもらう必要がある。そして、その価値を維持する仕組みが必要であり、コミュニケーションがその大役を担うことになる。さらに、欲しいときに手に入れられるように流通の仕組み、コンビニエンスを整備することも必要だ。

では、まずは顧客価値を知覚するプロセスから見ていこう。

消費者購買モデルの変化

マス・マーケティングの時代には、消費者の購買決定プロセスを説明するためのフレームワークとしてＡＩＤＭＡ／アイドマというモデルが使われてきた（第5部・第12章 Ｐ422で詳述）。

マスメディアが有効だった時代には、大量のテレビ広告や有名タレントなどで「注目」を得て、「おや？」と思わせるキャッチコピー、新聞、雑誌広告などの媒体を駆使して「興味」をつくりだし、街頭のサンプルなどで「欲望」を起こさせ、店頭で広告に連動したＰＯＰを見て「記憶」を強化して「行動」、つまり購入してもらう流れをつくることが理想とされた。

しかし、インターネット検索の普及やソーシャルメディアによる口コミの有効性が高まるにつれ、マーケティングの環境が変わり、商品特性も変化してきたことから、さまざまな消費者の購買モデルが生まれてきた。

図16－1に消費行動モデルの変化を示しておこう。新規顧客へのマス・マーケティングの考え方であるＡＩＤＭＡに対して、ＡＭＴＵＲ／アムツールはリピート購入に重きを置く考え方だ。顧客ロイヤルティの構築が最重要であることを意識して考案された。その後、電通が、購買に至るまでの途中での情報検索／Search、購買後に感想をシェア／Shareするモデルとして ＡＩＳＡＳ／アイサスを広めていった。これらは自社ブランドに対して、「純粋想起*の認知度と助成想起**」「商品への興味」「使ってみたいか」「買ってみたいか」

*純粋想起：ブランドの認知度調査で、写真などのヒントの提示などをはじめとした助成がなくとも想起できたもの。ブランドの浸透度が高ければ純粋想起率が高い。事例：「炭酸飲料と言えば思い浮かぶものは？」との問いに「コカ・コーラ」と答えた被験者の割合が純粋想起率。

などをアンケートすることで、それぞれのプロセスで滞留している見込み顧客の数量を判断し、次に注力すべきマーケティング戦略、コミュニケーションのメッセージやメディアを選択するために使用する。

詳しくは後述するが、AISCEAS／アイシーズは趣味性の高いバイクや高級ワインなどの「複雑購買型商品」に有効で、AISの後に他ブランドと比較検討／Comparisonして、実際の商品を触る、味わうなどして体験／Examinationして、購買行動／Actionに導き、シェア／Shareを促すというモデルだ。

最初の「認知」のステップで自社ブランド商品の認知が80％あれば問題ない。仮に、その次の「興味」、「検索」で10％ずつ下落し、60％まで見込み客レベルが落ちており、一番落ち込みが激しかったのが次の「比較検討」で、そこが20％下落だったとしよう。こうした場合、直接の競合商品に対する優位性をアピールする必要がある。専門誌、専門サイトなどの納得性が高く情報密度の高い媒体を使用することが重要だ。また、「試用」に弱点があれば、商品やサービスの無料提供が効果的である。

**助成想起：ヒントを提示されて答えた率。純粋想起されたブランドよりブランド力は落ちる。事例：「炭酸飲料のブランドでこの中で知っているものはどれですか？」と問いかけながら、コカ・コーラ、ペプシコーラなど複数のブランド名を提示して調査。

図16-1 消費行動モデルの変化

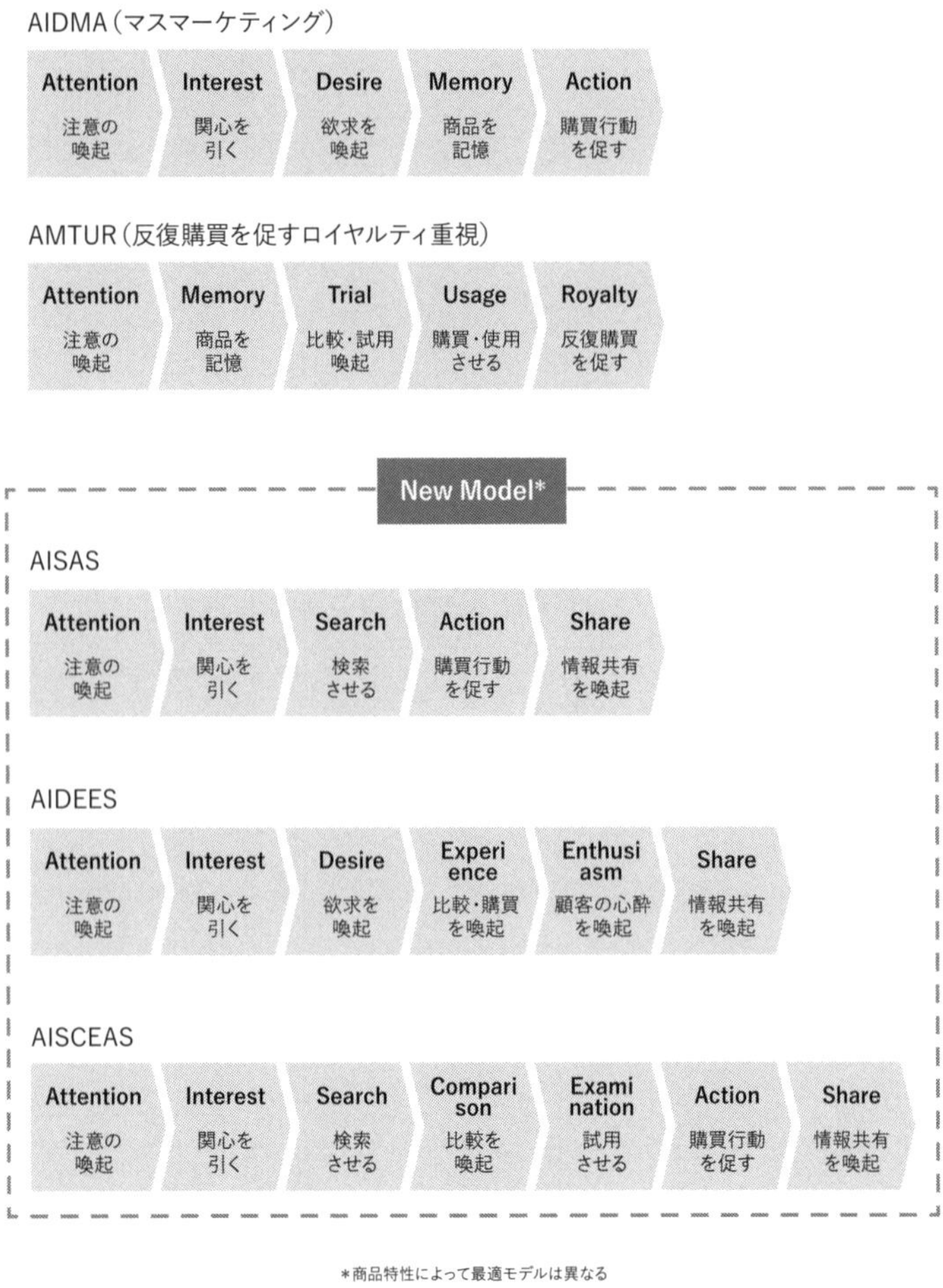

＊商品特性によって最適モデルは異なる

商品カテゴリーとブランドごとに「最適なコミュニケーション」がある

購買モデルは時代とともに変化してきたが、最新のものが正解というわけではなく、最適なコミュニケーション手法は商品カテゴリーによって異なる。そのため、自社ブランドにあわせて最適なモデルを選択する必要がある。ここではこのモデルの最適性検討について、「関与度」と「ブランド知覚」という2軸からコミュニケーションを考えたい。

アメリカの消費者行動研究者ヘンリー・アサエルは、「消費者の購買行動は製品のタイプによって異なる」として、製品群を4タイプに分類しており、それぞれに適したマーケティングをおこなうことが効率を高めるとしている。

アサエルは、「関与水準（消費者と製品の関わりあいの程度）」と「ブランド間の知覚差異」という2つの軸を組みあわせ、それぞれの高低により図16－2の4タイプに製品をわけた。消費者が自己イメージと製品が強く結びついていると感じる場合や、商品機能が重要だと感じる場合、あるいはこだわりや思い入れを持っている場合、「関与水準」は高くなる。もう一方の「ブランド間の知覚差異」とは、消費者がそのカテゴリー内にあるブランドの違いを明確に知覚できる程度のことである。

① 複雑購買行動型の製品

自動車、高級なカメラ、マンションの人的販売、高価なワインの試飲販売などが典型例だ。ブランドロイヤルティが構築しやすく、したがって価格プレミアムが取りやすい。顧客は多くの情報や学習が必要となり、その学習行為そのものが喜びに直結するようなブランド・ストーリーが求められる。

購入前に熟考するため、マス媒体での大量出稿による「認知度アップ」、タレントや文化人による「権威づけ」といったコミュニケーションに加え、WEBで情報収集することを促すような施策も効果的だ。その後の「評

図16-2 ①複雑購買行動型は直接ブランドロイヤルティを高める
②多様性追求型は告知の継続

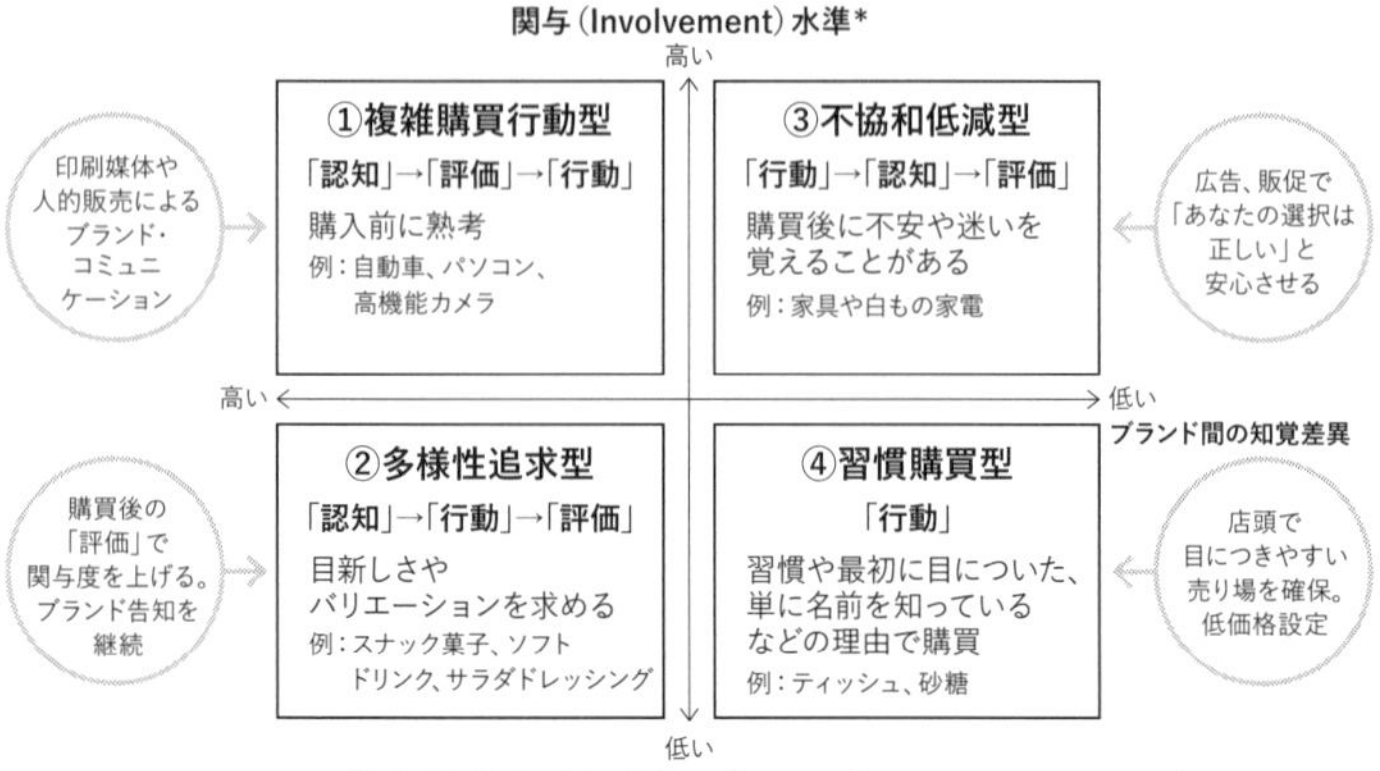

関与（Involvement）水準*
高い
低い
高い
低い
ブランド間の知覚差異
①複雑購買行動型
「認知」→「評価」→「行動」
購入前に熟考
例：自動車、パソコン、高機能カメラ
③不協和低減型
「行動」→「認知」→「評価」
購買後に不安や迷いを覚えることがある
例：家具や白もの家電
②多様性追求型
「認知」→「行動」→「評価」
目新しさやバリエーションを求める
例：スナック菓子、ソフトドリンク、サラダドレッシング
④習慣購買型
「行動」
習慣や最初に目についた、単に名前を知っているなどの理由で購買
例：ティッシュ、砂糖
印刷媒体や人的販売によるブランド・コミュニケーション
広告、販促で「あなたの選択は正しい」と安心させる
購買後の「評価」で関与度を上げる。ブランド告知を継続
店頭で目につきやすい売り場を確保。低価格設定

＊こだわりや重要性、思い入れの度合い　※『Consumer Behavior and Marketing Action』ヘンリー・アサエル

価」で、「高価なのは理由がある」と納得してもらえるよう、実際に消費、操作、比較してもらい、その意味の深さを実体験させることが有益である。また、その際の人的販売のスキルは購買の意思決定に大きく影響を及ぼすことは押さえておきたい。

②多様性追求型の製品

スナック菓子やソフトドリンクなど、多様性が求められる商品が該当する。関与度は低い場合が多いが、味の違いなどのブランド間の知覚差異は感じている。ブランドロイヤルティはそれほど高くなく、気分に応じて様々な商品を試す。こうした商品は購入後の評価で違いを知覚させ、ブランドへの関与を引きあげる施策を試す価値があるだろう。

コカ・コーラの認知度は圧倒的に高いが、それでもコミュニケーションに力を入れるのは、「こんな時はコークに限る」とオケージョン／シーンを想起させることによって、反復購買のきっかけを与えるためだ。また、ブランドへの関与度を高めるための施策として、ウェブやSNSを通じて共感を向上・拡散させるキャンペーンもおこなっている。

③不協和低減型の製品

家具や白物家電などがこれに該当する。冷蔵庫や洗濯機は購入後に他社商品と比較する機会が少ない。家電量販店に出向き、そこではじめて様々な商品を見せられることで最新の機能を知り、勧められるままに購入してしまう。購入後、思ったように動かない、あるいは機能が使いこなせない場合に「この選択は間違っていたのだろうか？」と感じやすい。

この認知的不協和（第5部・第14章P464「認知的不協和をブランディングと顧客満足度に活かす」で詳述）を解消するためには、テレビ、WEBなどで、「顧客満足度 第1位」「実験で実証された洗浄力」「実際の顧客の声は……」といったように、「購買が正解であったこと」をコミュニケーションする必要がある。

④ 習慣購買型の製品

ティッシュペーパーや塩、砂糖などがこれにあたる。家にあったから、名前を知っているから、などの理由で購買が始まり、あとは習慣でリピート購入するような商品である。商品に関する情報収集や他商品との比較をしない傾向が高いので、一度習慣に刷り込めればよい。店頭での露出や安売りで習慣化することも多い。

ブランド化は容易ではないが、それでも「こだわりのある塩」をつくり出せるし、ブランド名を冠したバナナも存在する。その際は単なる塩ではなく、産地や製造方法からストーリーをつくりだし、知恵を使ったコミュニケーションによってコモディティ化の罠から逃げ出すことが効果的だ。

消費によって「価値を常に知覚させる」

第1部・第2章・P50、第4章P168で述べたとおり、「顧客にペインを感じさせない」ことが価格支配力をベースとした顧客価値創造プライシングにおける勝ちパターンのひとつだ。

しかし、ここには大きな落とし穴がある。

金銭を支払ったというペインをあまり感じず、やすやすと商品を手に入れてしまった場合においては、「その商品価値のありがたみが薄れてしまう」ということだ。同じブランドもののバッグが2つあり、1つは極端なバーゲン品で購入した場合などには、時間の経過とともに、なぜか定価で購入したバッグのほうに価値があるように思えてくる。そうなるとバーゲンで購入したほうの商品を使う頻度が減り、リピート購入の低下にまでつながる可能性がある。

また、別のケースとして、利用してもらえば良さがわかるからといって、リゾートの無料優待券などを配ったとしても、実際にそこへ足を運んでもらわなければ、その価値を認識してもらうことはできないだろう。

そもそも商売は前金を受け取った時点で完結するものではない。実際に消費されて、はじめて会員資格を延長しようと思ってくれるし、改良された新製品に手が伸びるものだ。「サンクコスト*効果」として知られているが、人は先に投資した金や時間がムダになってしまうことを避けようとする。投資理論では、「サンク／埋没してしまったコストは将来への判断に影響を及ぼさないように切り捨てるべきだ」と解説するが、通常の生活に応用するのはなかなか難しい。

スポーツクラブなども、まとめて年会費を支払う顧客より、毎月の支払いを選択した顧客のほうが継続率は高くなるそうである。これは「今月も支払った」と意識し続けるため、「使わなければもったいない」と感じ、実際に消費が進むからである。使用頻度によって次回の購入確率が異なることは、各種調査結果によって証明されている。

顧客を一定期間つなぎとめる効果や、前払い金が目前のキャッシュフローを潤沢にする効果などに誘惑を感じて、長期間の契約を安値で受注する企業が多い。すると結局、利益を損ない、皮肉なことに顧客の使用意識が低くなるために、かえって顧客との持続的な関係を壊すことになる。

*サンクコスト／sunk cost：埋没費用。事業に投下した資金のうち、事業の撤退・縮小をおこなったとしても回収できない費用。

この事態を避けるためには、たとえば語学学習アプリのように、毎週の学習成果と順位をレポートして使用感を明示し、もっと使用させるように促す事が重要だ。

ブランド・ストーリーで「顧客の共感」を生む

ブランドを伝えるには、ストーリーが重要だ。機能性商品であっても、一部のマニア／イノベーターやアーリーアダプター以外の層に購買してもらうためには、ストーリーに共感してもらう必要がある。

たとえばスマートフォンは、OSで大別するとiphoneとAndroidにわかれるが、iphone、つまりアップルは初期の頃から「iphoneのある生活」を広告で描いてきた。ユーザーが共感し、自分も参加したいと思わせるストーリー性がある。

一方、Androidは、iphoneのみならず、多数のAndroidメーカーとも競争しなくてはならないため、画素数などスペック訴求を繰り返してきた。その結果、価格競争に自分たちを追いこんできたように思える。

最近でこそ、自分たちのストーリーを語るように変化してきたが……。

ストーリーは実り豊かで夢があり、多くの人から賛同されて共感される大きな世界観を内包していなくてはならない。価格に見あう納得感、あるいは期待に見あう納得感を提供する、といったような考え方では、それなりの価格をつけることしかできないだろう。重要なのは「消費者の期待を超えること」だ。これによってのみ、ブランド価値を高めることができる。

以前、筆者がグローバルな広告代理店のクリエイティブ部門で働いていたとき、ワールドワイドクリエイティブディレクターから聞いた言葉がある。

「ラグジュアリーブランドにとって一番の広告は、広告しないことだ。」

これは、あえてコミュニケーションを制限することで、高嶺の花として認知されることの効果を語ったものだ。「こんな高級品、いったい誰が買うんだ？」と思わせることも、ひとつのストーリーなのだ。

ブランド・ストーリーを構築するために必要な要素は以下の4つである。ブランドを独自のキャラクターを持った人間に例えて、そのストーリーを想定してみてほしい。

①ターゲット

「私は誰のために存在するのか？」コアターゲットのペルソナを簡潔に想定し、定義する。

②ブランドの定義

「私は何者か？」商品、サービスの中核的キャラクターを設定する。

③ベネフィット

「お客様にどのような便益を提供するのか？」効用を明確にする。

④主張の根拠

「なぜ、そのベネフィットを主張できるのか？」ブランドの歴史、素材・技術的根拠、科学的根拠、権威性につながる著名なユーザーの使用話や出来事などといった根拠を明確にする。

米国マーケティング界で著名なセス・ゴーディンはブランド・ストーリーがマーケティングにとって、いかに重要かを力説している*。情報過多の世界では、「物語は世界を理解しやすくしてくれる」、そして「広がっていく物語を語らなければ、時代遅れになってしまう」。

だから、「マーケターが物語を語り、消費者はその物語を信じる」という。

*『価格戦略を知るものが「利益」を制す』DIAMONDハーバード・ビジネス・レビュー編集部（編）／ダイヤモンド社（2005年）

その一例としてワイングラスの高級ブランド、リーデルのブランド・ストーリーがある。それは、「リーデルのグラスの大きさと形状は葡萄の品種に最適なデザインを施しているため、リーデル製のグラスで飲むと、ワインの味がよくなる」といった内容で、十分に研究がなされたからこそ生み出される、限りなく深い知識に裏打ちされたストーリーが語られている。さらに、ワイン評論家として名高いロバート・パーカー・Jrを筆頭に著名なワイン評論家がそのすばらしさを讃えているのだ。

そのような物語を信じて一般ワイン愛好家がリーデルを買う。かくして評論家も一般愛好家も、自分たちの友人に対して、「やっぱりリーデルだよね」と話すことで、物語の共感者＝共犯者になっていく。

しかしながら、グラス形状がわからないようにテイスティングする二重盲検法という厳密な実験を実施した結果、誰一人として1ドルのグラスと20ドルのグラスで飲むワインの差異を知覚できなかったそうである。つまり、リーデルの製造原価が他社と比べて多少高いとしても、差額の19ドルは下記の3つの訴求がミックスされたブランド・ストーリーへの共感にほかならない。

①「創業250年の名門。あのロバート・パーカー・Jrのお墨付きだ」という「権威性による信頼への訴求」

② 「世界で初めてブドウ品種ごとに理想的なグラスの形状を開発した。これらのグラスは、世界中のワイン生産者たちと共に〝ワークショップ〟と呼ばれるテイスティングを繰り返して生み出されている」という理屈による「合理への訴求」

③ ワイン愛好家なら「その味の差がわかるはず」という「感情への訴求」

「個人的ニーズ」における最高位レベルで重要な渇望のひとつは「知識欲・レベルアップへの欲求」である。ここが刺激されればコストを超えた価値を感じやすくなり、付加価値に対する対価を支払う意欲が増す。言い方を変えれば、消費者は「よいストーリーを信じたい」のだ。

しかし同時に、消費者は愚かではない。「信じたい嘘」を目の前にしたときに、自分の心の世界観／フレームに応じて反応する。

ちなみにセス・ゴーディンは自著に「嘘を語れ」という扇情的なタイトル*をつけた。その本の中味が空虚な「嘘」でしかなければ、セス・ゴーディンというブランドの信頼は地に落ちてしまう。

しかし、よい意味で期待を大きく裏切り、「信じられる物語のつくり方」を説いている。

*『マーケティングは「嘘」を語れ！―顧客の心をつかむストーリーテリングの極意』セス・ゴーディン／ダイヤモンド社（2006年）

顧客の共感を生むブランド・ストーリーの重要性

「共感」は「Sympathy：相手の状況に対する同情」ではなく、「Empathy：他人の主張や感情を、あたかも自分自身のものであるかのように理解し、感じる」ことであると考えている。そして「ストーリー」については、社会学や心理学、医療分野などにおいては「物語的手法／ナラティブ・アプローチ：narrative approach」と呼ばれる調査や研究方法がある。

これは医療分野では、治療の限界を補完する手法として使われ、心理カウンセリングやコーチングでは、患者や対象者の物語を引き出して、治癒や自己理解・肯定を促進する手法として活用されている。ナラティブは出来事の時間的連鎖である「物語」そのものと「語る行為」を同時に内包する。

ストーリーとは、その「物語」にプロット／筋立てが加わり、意味性／情緒性が増したものである。そして、ある個人のストーリーを聞いた時、聞き手が「それはまさしく私の話だ！」と共感を覚えるものを「コレクティブ・ストーリー」と呼ぶ*。この物語的手法は近年、経営学のストーリーテリングへとつながった。

*『ナラティヴ・アプローチ』野口 裕二／勁草書房（2009年）

マーケターは周囲をワクワクさせるブランドのビジョンとストーリーを語り、聞き手から「その顧客は私だ」という共感を得なければならない。そのためにはストーリーそのものだけでなく、「ストーリーテリング／それを語る行為そのものの手法」が重要である。

日本のテレビコマーシャルは30秒や15秒が基本だ。ベンチャー起業家が、投資家が乗ったエレベーターに駆け込み、目的階に着くまでのわずかな時間で自分のアイデアを売り込む「エレベーター・ピッチ」でも、与えられるのはせいぜい30秒から1分以下だ。この凝縮された時間でストーリーを語る必要がある。そのためには相手の課題や悩み、嗜好を研究して物語を練りあげなければならない。特にマーケティングであれば、「誰が、誰に向かって」語るのか？を明確にしなければ、エッジの効いたストーリーは生み出せないだろう。

世界中の女性から共感を得たDoveの事例

ここで世界中の女性から共感を得たブランドキャンペーンを紹介しよう。ユニリーバにおけるシャンプーや洗顔料などパーソナル・ケアのブランド、Ｄｏｖｅは「リアルビューティー　スケッチ」というブランドキャンペーンを行なった。これはＦＢＩの似顔絵捜査官に女性の似顔絵を二枚ずつ描いてもらい、その様子をＴＶＣＦで紹介するというものだ。

一枚目は、その女性本人が自分の容姿を言葉で説明して、似顔絵を描いてもらう。捜査官にはその女性の姿はまったく見えておらず、言葉だけを頼りに描いていく。二枚目は、第三者がその女性の容姿を説明して、似顔絵を描いてもらう。すると、完成した二枚の絵はまったく異なっており、第三者の説明にもとづく似顔絵の方が美しく、幸せそうで、しかも実際の本人に近いものだった。

「あなたは自分が思うよりも、ずっと美しい。」

それは驚きとともに信じられるメッセージとして受け入れられ、世界中の女性たちからの共感を得た。この動画は公開後12日間で5000万人以上の人が視聴し、現在までに1億8000万回以上再生されている。

企業の価値観＝WHYを伝えるSHISEIDOの事例

日本ではSHISEIDOが、SDGsに取り組む独自のグローバルプロジェクトの一環として2022年9月から「SEE, SAY, DO.」プロジェクトを展開している。性別・年齢・国籍などにとらわれず、誰もが自分らしく人生を楽しむために「自分らしい美しさを制限する無意識の思い込みや偏見／UBB：Unconscious Beauty Bias」に注目するものだ。

この一環として、中学生向けの無料教材を開発した。多感な時期の子供たちに「自分の知らない美しさ」について考える機会を提供し、ブランドの根底にある考え方「誰もが自分らしく美しくいられる世界へ」を体現する取り組みだ。

広告でメッセージを発信するだけでなく、活動を通じて企業やブランドが大切にしているものを訴えるこうした事例は、企業の存在理由の根底にある「ＷＨＹ」を認識してもらうことにつながる。

驚異的な賛同者を生み出したREIの事例

共感を得ることに大成功したキャンペーンをもう一つ紹介しよう。全米に１５０以上の店舗を持つアウトドア用品専門店「ＲＥＩ」は、アメリカ人が1年でもっとも買い物をするとされる11月の感謝祭と、その翌日の「ブラックフライデー」にあえて全店舗を休業した。そして約１万２０００人の社員に有給休暇を与え、家族や友人たちと過ごそうと奨励した。世間に対しても「その日は屋外へ出て自然を楽しもう」と呼びかける、アウトドア活動のすばらしさを伝えるキャンペーンをおこなった。

「#OPTOUTSIDE」（アウトドアを選ぼう、の意味）のハッシュタグは全米でシェアされ、24時間でメディアインプレッションは27億回、最終的には67億回に達したという。１４０万人がキャンペーンに賛同し、その日をアウトドアで過ごした。さらに１５０を超える企業が店舗を休業し、複数の州立自然公園が無料解放したのだ。

時に企業は商品そのものの売上よりも、時代の空気を読み、適切な社会的メッセージを発信することで顧客とのエンゲージメントを深める。その結果としてビジネスの質を高めることが重要だということを実証してくれた、素晴らしい実例だ。

生活の質的向上と環境貢献で評価されたダイキン工業の事例

優れた広告とは自分自身を語ることではなく、「自分が愛するものについて語る」ことができているものだ。しかし、さらに環境や社会問題の解決に企業が積極的に関わっていることへの興味を喚起し、ブランド価値を向上させながら利益を得ようとするマーケティング手法を「コーズ（主義、主張）・マーケティング」と呼ぶ。

ダイキン工業は、２０１９年からタンザニアでエアコンのサブスク事業をはじめた。それまでタンザニアでのエアコンの普及率は１％足らずで、しかも故障したものはそのままになっており、実際はほとんど使われていなかった。ダイキンのサービスは、エアコン本体料金は無料で、初期費用は取り付け工事代と保証料のみ。スマホアプリで先払いすると、パスワードが送られてきて、それを入力するとリモコンが使えるようになる。省エネ性能が高いダイキンの製品は電気代を従来品の約半分にでき、故障した際の修理にも対応している。

灼熱の地で暮らす人々の生活の質を高め、環境への貢献にもつながることから、ダイキンはＳＤＧｓに配慮したブランドとして、グローバルで価値が認められようとしている。

「心の豊かさがブランディングの本質」と考える和僑商店の事例

ブランド構築とストーリーが重要であるのは大企業に限ったことではない。若手経営者の葉葺《はぶき》社長*は糀《こうじ》ブームの立役者の一人で、彼が経営する株式会社和橋《わきょう》商店は、ブランド・ストーリーを構築している。店舗と商品デザインがシンプルで美しいことは特筆すべきことだ。

葉葺社長は自社のホームページに「古町糀物語**」というストーリーを自ら執筆した。すべては小さなおにぎり屋さんからはじまったこと、素材を吟味するうちに、幸運にも糀という素材と出会えたこと、そして古町という、かつて新潟市の一大繁華街が衰退したことを憂いて、2009年に糀ドリンクの店を開店して見事に成功したこと、さらにその後2012年には松屋銀座店、自由が丘店、渋谷ヒカリエ店と都心一等地を中心として計4店舗まで拡大したこと。

「わらしべ長者」のようなストーリーに、ついつい引き込まれる。おにぎり屋のファンだった人たちが糀ドリンクの新店の噂を聞きつけて足を運ぶそうだ。

葉葺社長曰く、「ブランディングとは、事業を通じて『心の豊かさ』をいかに表現できるか？」という解釈をしているという。

*取材当時の肩書
** 古町麹物語：http://www.furumachi-kouji.com/kmonogatari.html

4大メディアは時代遅れか？

外資系の会社ではマーケティングの費用を大きく二つに分類している。

一つは、「Above the line／ブランド構築に寄与する広告費」のこと。二つ目は「Below the line／店頭活動やリベートなど販売促進費」である。そしてリセッション／景気後退期においては、①Aboveが削られて②Belowが積み増しされる傾向が強い。これは時間のかかるブランド構築よりも短期的な売上アップを狙う傾向があるためだ。

そのため、マスメディア中心に広告コミュニケーションをおこなっていた時代には、①Aboveの割合が高かったが、最近ではペイドメディア／純広告、つまり広告費を支払って使うメディアの投資効率が落ちてきており、某大手食品会社ではBelowが80％を超える状況にあるという。ペイドメディアには、TVCFやラジオ、新聞、雑誌、イベントのスポンサーシップ、インターネット広告などがあり、自社で発信したい情報やコンテンツを掲載できるため、ブランドイメージなどを細かくコントロールできる。しかし、コストがかかる上に効果測定が困難なため、近年はインターネット広告が4大メディア（テレビ、ラジオ、新聞、雑誌）の売上を抜いて一人勝ちしている。これは、ユーザーの属性にあわせて適切なメッセージを配信でき、しかも低予算からはじめられることや、効率がよい上に広告効果を測定できることなどが人気の理由である。

たしかにデジタルメディアは効果測定しやすいために企業の担当者も使いやすく、広告メディアとして急成長している。とはいえ、4大メディアも商品とターゲット、さらにその特性を考慮して活用することで大きな効果をあげられる。

たとえば、明治は「チョコレート効果」というブランドのプロモーションにラジオ番組を活用した。TBSラジオの「生島ヒロシのおはよう一直線」という番組内のコーナーではCMを流すだけでなく、健康というブランドの訴求ポイントを中心にゲストが話し、話題づくりの起点となっている。

ロングセラーを狙う「チョコレート効果」の商品戦略と、いつも積極的にラジオ番組を聴いてくれるリスナーに向けて、じっくりゆっくりと浸透させていくコミュニケーション戦略が合致し、大成功を収めている。

また、新聞広告を出稿する企業は減ってきているものの、最近ではルイ・ヴィトンがフルカラーで大きな紙面を活かしたブランド広告を連続で出稿し、スマホの小さな画面とは比べものにならないインパクトを与えた。新聞購読者は減っているが、この広告はWEBニュースでも取り上げられ、広告掲載紙がネットで売買されたほどだ。話題作りという点から見ても、大きな広告効果をあげている。

他のメディアも考察してみると、テレビはBSやCSなどチャンネルが増えたため、商品特性と媒体特性を活かして戦略的に使うことで大きな予算がなくてもCMが放送できるようになり、60秒を超える長尺CMも増加傾向にある。

つまり、伝達力を増すためには既存マスメディアとインターネットメディアを上手に融合するコミュニケーション戦略が必要だと考えてよいだろう。

ソーシャルメディア、オウンドメディアなどの新しいメディアを使いこなす

ペイドメディア以外の、インターネットメディアについて話を戻そう。ソーシャルメディアとも呼ばれるアーンドメディアと、自社で管理できるオウンドメディアを費用対効果の高い共感訴求ツールとして活用する企業が増加している。

これらを活用することで、企業は顧客からの生の反応と共感が得られ、そして時には商

品開発にも参加してもらうことで「協創」し、その商品への普及活動にまで広げることができる（図16－3）。

ブランド・ストーリーの伝達には、サポーターが欠かせない。このソーシャルメディアとオウンドメディアを用いたアプローチが、いかに旧来の手法と異なるかを述べよう。

ソーシャルメディアを活用したブランドの育て方を、アイドルの変遷を例に考えてみる。かつてのアイドルは、新曲のプロモーションを頻繁におこない、CMやドラマ、映画などに出演することで認知を高め、ファンを獲得していった。つまり典型的な「縦の関係」を構築するものであり、ファンはアイドル側からの情報を受け取るだけの存在だった。

一方、AKB48以降のアイドルは劇場に足を運ぶ熱狂的なファンによって支えられ、草の根運動のようにして人気を獲得し、TVなどに出演するようになるのは、そのあとだ。アイドルと「推し」は「横の関係」で結ばれている。そのアイドル＝ブランドは与えられたものではなく、自分たちが見つけ、育てたという強力な絆が生まれているため、ファンは積極的かつ主体的に関与していく。

ソーシャルメディアは、公式情報を手に入れるだけでなく、ファン同士の情報交換の場であり、さらには直接アイドルと会話を交わせる場にもなった。

また、スモールビジネスのソーシャルメディア活用の例として最近注目されている、南部鉄器を使ったエフェクターを紹介しよう。エフェクターとは、エレキギターに接続して独自のサウンドを創りあげる、さながら電気信号変換器とでも呼べるものだ。

KGR HARMONYはエフェクターのボディに鉄瓶などに使われる南部鉄器を使うことで、いままでにないサウンドを創りだした。これをソーシャルメディアで紹介することで、世界中のプロのミュージシャンから支持されるようになったのだ。そして、このエフェクターに惚れ込んだアメリカ人とともに、アメリカにも会社をつくることになった。

代表の福嶋圭次郎氏は、もともと神奈川県在住のサラリーマンで、趣味のギターが高じてエフェクターを自作するようになったそう

図16-3「3メディア×4スクリーン」によるコミュニケーション

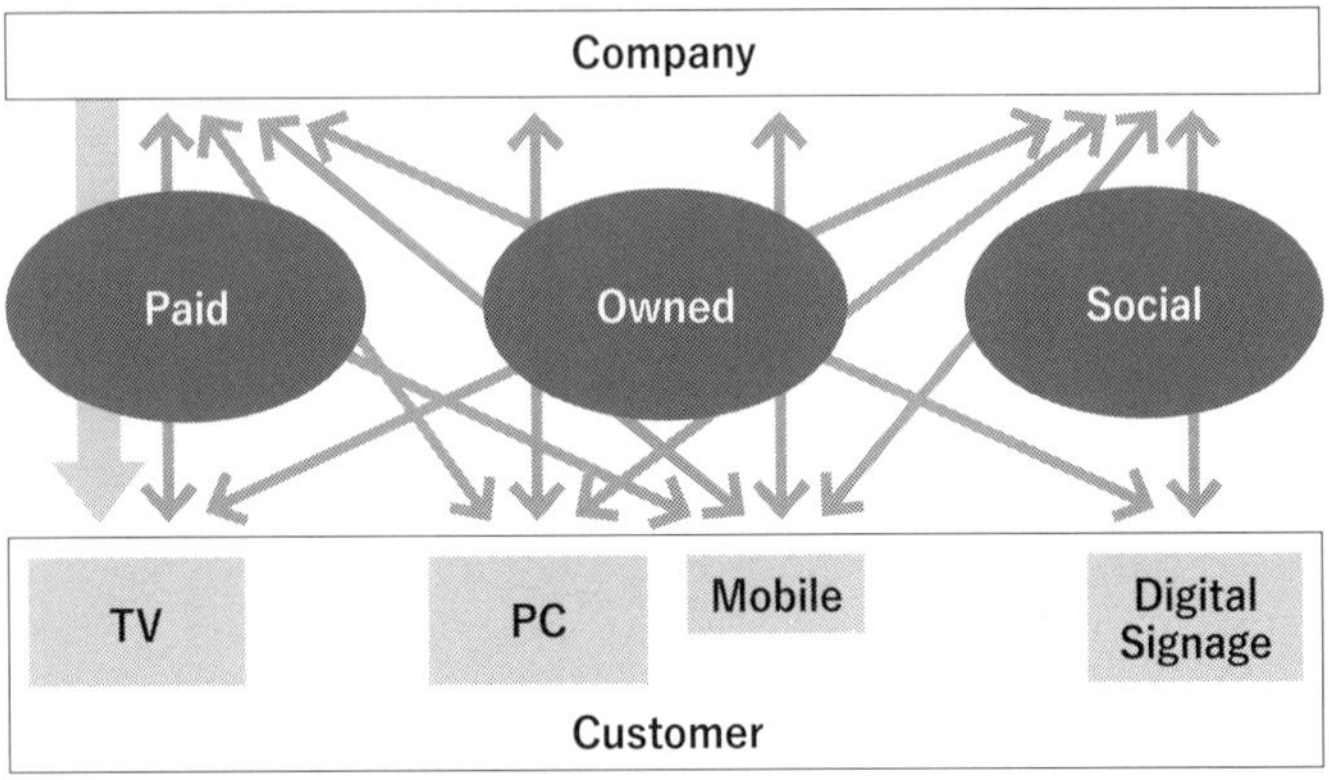

だ。そして、日本縦断旅行中に岩手で南部鉄器職人と出会い、エフェクターの筐体に南部鉄器を使うことを思いつく。それからすぐに岩手に移住して、鉄器工房の一隅に住み込み、職人の指導を受けながら自ら鉄器を鋳造している。そうしたユニークなストーリーも、ブランドの価値を高めている。

ソーシャルメディア活用のヒントはキュレーター（情報の目利き。もとの意は学芸員）の存在である。よいキュレーターとつながることで、彼や彼女に信頼と共感を抱く人々が人間関係図として浮かびあがってくる。このソーシャル・グラフ＝人間相関関係図、特にウェブ上の人同士の結びつきが今後、共感を生むうえではますます重要になっていくだろう。

さらに、顧客と直接的な関係性を創造するオウンドメディアは、情報発信だけでなく商品・サービスの販売チャネルにもなりえる。実物を店頭で見て、購買はインターネットでおこなう「ショールーミング」も一般化しつつある。

今後はソーシャルメディアの発達と顧客の情報リテラシーの向上によって、広報活動とブランドコミュニケーションは統合されていくだろう。ターゲット顧客にあわせて、3つのメディア（ペイド、アーンド、オウンドメディア）と4つのスクリーン（テレビ、PC、携帯、デジタルサイネージ）上でブランドメッセージを効果的に使いわける必要がある。

そうなると単なるマス広告だけではなく広報、ソーシャルメディアなどのＩＴ技術の進化も俯瞰して、判断ができる組織や責任者が必要とされるようになる。外資系企業ではその調整役／オーケストレイター：Orchestratorとしての役割をＣＭＯが担っている。

第６部・第18章Ｐ５７３「ＣＭＯを活用することがマーケティング体質の組織と文化の第一歩」でも後述して言及するが、ＣＭＯがほとんどいない日本企業にとって、この観点が大きな課題だということがおわかりいただけるだろうか。

購買利便性を設計する

コミュニケーションがＷＥＢやスマホに比重を移すことで、販売までの導線が購買利便性設計／Convenienceにつながることは、既に述べた。ここでは現実の流通戦略について話を進めよう。

図16－4を見てほしい。流通には「直販モデル」と「間接販売モデル」が存在する。間接販売モデルは中間に流通業者を介することでメーカーが関わる取引数を低減でき、効率化が図れる。その反面、コントロールがしにくく、ブランドやプライシングの管理が困難になるデメリットが生じる。

チャネル媒介者の数を決定するには3つの選択肢がある。チャネル媒介者の数を絞り込み、自社のブランドや価格を維持したい場合には「排他的流通」を選択し、最寄り品などを大量に配荷したい場合には「開放的流通」を選択する。「選択的流通」はその中間で、前二者間のいいとこ取りを狙うものだ（図16―5）。

アップルのように圧倒的なブランド力を持つ場合、自社でアップルストアを運営して理想的なブランドコントロールをしつつ、家電量販店でも間接販売するという、直販・間接販売のハイブリッドなチャネル戦略を用いて高収益を確保することができる。こうした仕組みを「垂直的マーケティングシステム」という（図16―6）。

最近の潮流として、ショールーミングとい

図16-4「直販モデル」と「間接販売モデル」

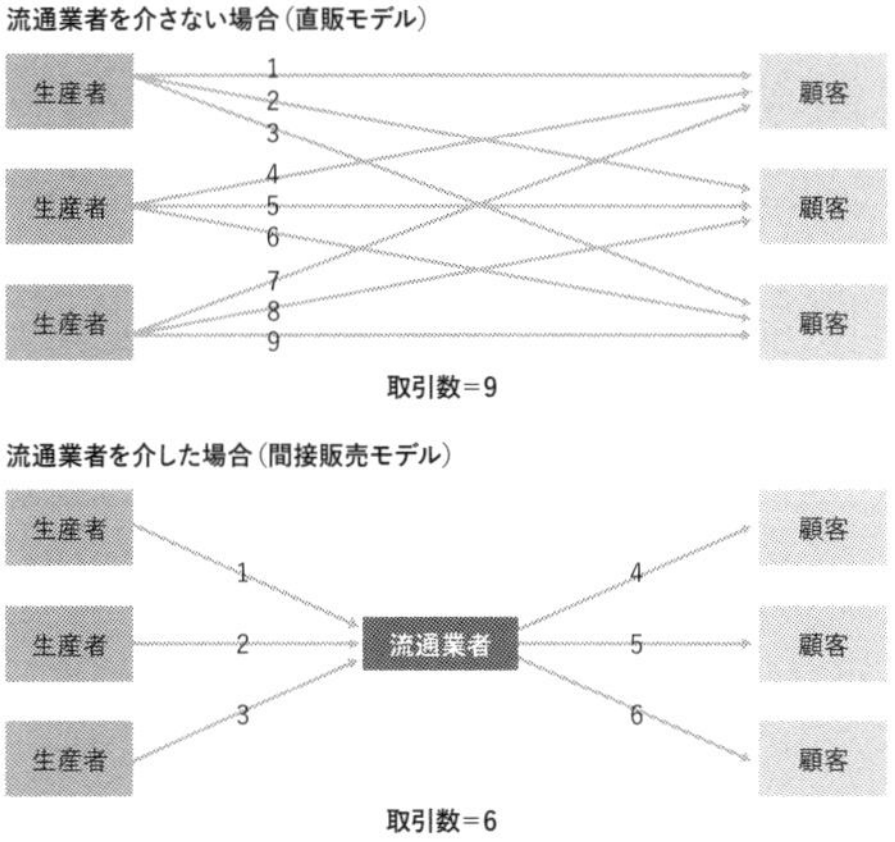

う購買行動があることは前述したが、これに目をつけた企業がある。b8taという会社だ。小売店舗を展開する企業なのだが、実際に試してもらうことで商品特長をより深く理解できるような製品を集めて販売する特長を持つ。さらに、消費者に体験してもらう場を開設して接客し、企業に消費者の行動データを提供するB2Bビジネスも展開している。

企業側のメリットとして、実店舗で販売チャネルを開くコストが削減でき、商品に対する消費者のリアルな反応を収集できる。

消費者側のメリットとしては、怪しげなオンラインの口コミに頼ることなく、商品を実際に手に取って体験し、押し売りされることなくじっくりと検討してからネットで購入できる。特に「買い物に失敗したくない」と考える傾向を持つZ世代にはとても有効なサービスだ。

通常の店頭販売では、どうしても値引き額などが購買を決める要因になりがちだが、こうした企業と消費者間の3rdプレイスのような場で商品を体験することができれば、ブランドのストーリーをしっかりと伝えながら適正価格を維持することができる。

この章では、顧客とのコミュニケーションとコンビニエンスについて考察してきた。

自社の商品やサービスを適切な価格で販売するためには、そのブランドならではの魅力的なストーリーを消費者に伝え、共感を持ってもらわなければならない。消費者とのタッ

図16-5 チャネル媒介者の数を決める「3つの選択肢」

	開放的流通	選択的流通	排他的流通
特徴	できるだけ多くの店舗に在庫・販売してもらう	◎開放と排他の中間 ◎選択した中間業者との良い関係値を構築	◎媒介業社数を少なく、慎重に選択 ◎選択先にその地域での一手販売権を付与し、他製品の取り扱いを禁止
メリット	最寄り品などを顧客の手にとってもらいやすくする	◎媒介業社の平均以上の販売努力を期待 ◎適度な流通管理と、比較的低コストでの市場カバレッジ獲得	◎媒介者の販売努力を最大化 ◎販売方法の管理によってブランドイメージの管理、高利益の確保
事例	◎菓子 ◎飲料	◎ソフトウェア ◎化粧品 ◎家電製品	◎自動車 ◎服飾ブランド ◎家電製品

図16-6「垂直的マーケティングシステム」

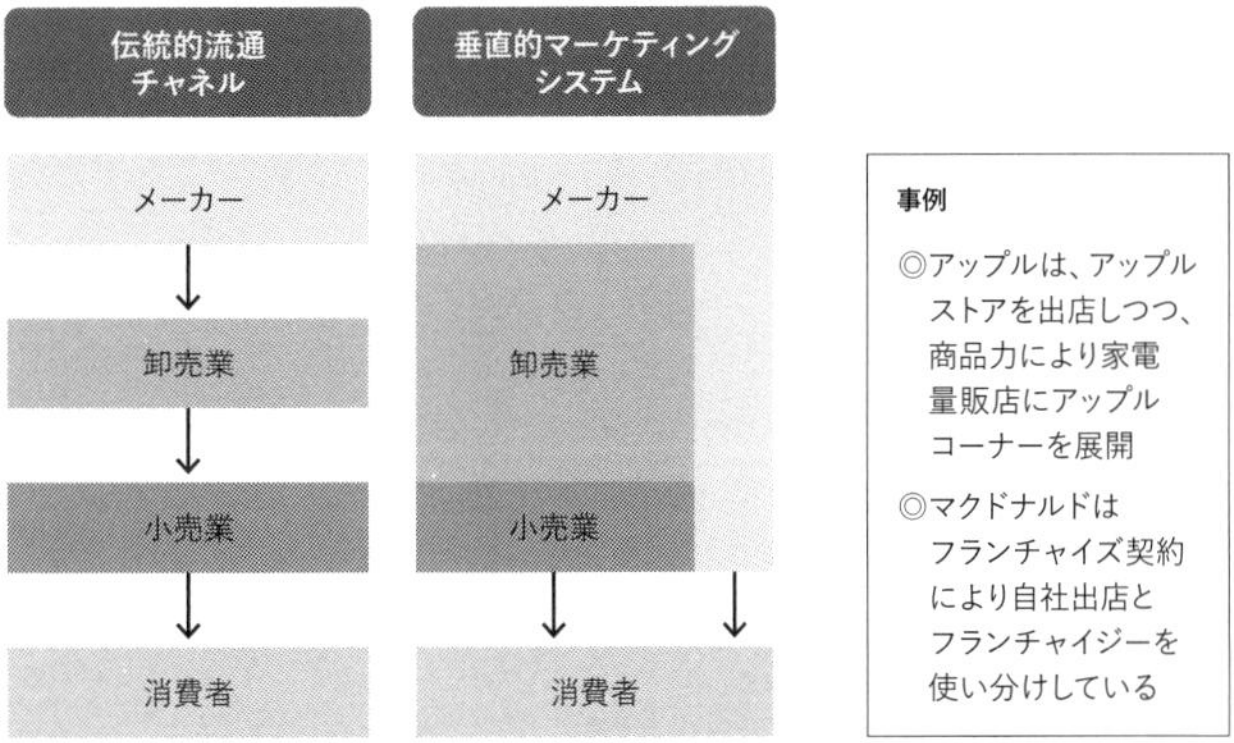

チポイントはすべて、「ブランド・ストーリーを伝える大切な機会」であり、同時に「ささいなミスや誤解で信頼を失いかねないリスクポイント」でもある。商品やサービスそのもののすばらしさはもちろんだが、広告や店頭の世界観、商品パッケージや問いあわせに応えるオペレーターの言葉遣い、さらには企業の社会貢献まで、すべてがそのブランドらしさを体現している必要がある。

自社商品の値決めを市場に委ねるのではなく、自分たちで手綱を握って上市するためには、それら細部に至るまで心を配り、自信を持って、ステークホルダー全員でブランドのエバンジェリストとならなければならない。

そして、購買者にもエバンジェリストとなってもらえるように、ブランドの情熱まで伝えるようなマーケティングを実施することが大切なのだ。

第17章　B2Bビジネスにおける価格支配力

村田真之助

B2Bビジネスの価格を「価値の総体」で捉える

B2Bビジネスの価値を「カテゴリ」と「レベル」で整理する

B2Bビジネスにおける価格、あるいは価格支配力がなぜ重要なのかを理解するために、まずは「価値」を整理しよう。はじめに、価値を「横軸：価値のカテゴリ」と「縦軸：価値のレベル」にわけて考えたい。

横軸の「価値のカテゴリ」において、顧客企業が知覚する価値に訴求するためのアプローチは「1、ゲイン／付加価値の付与」「2、ペイン／貨幣・物理的・心理的コストの解消」「3、それ以外」に分解できる。

1のゲインと2のペインは第1部・第3章・P74で説明した意味と同じだ。ただ、「3、それ以外」に関してはリスク回避やCSRの向上など、間接的・中長期的なゲインの付与、あるいはペインの解消につながる価値である。

この3つを踏まえて、「価値が高い状態」とは、1のゲインが増大し、2のペインが極小化される状態を指し、これらの要素を横軸の「価値のカテゴリ」とする。

一方、縦軸の「価値のレベル」に分類されるものは、上層から「1、情緒」「2、意味」「3、機能」となる。「縦軸:価値のレベル」に関する具体的な例として、産業材として提供される機械装置を取りあげる。下層の「機能的価値」に関しては、製品の性能や価格、アフターフォローである。中位に位置する「意味的価値」は、商品が提供する機能によって得られる便益であり、業務生産性や付加価値の向上、信頼性などを指す。そして、最上位の「情緒的価値」は、商品/ブランドへの愛着や提供企業の理念や価値観への共感、そして自社のビジョンとの合致性だと言える。

これら横軸/縦軸の価値を、顧客が複合的・重層的に知覚・イメージしたものを「価値の総体」と呼ぶ。以下に、価値のカテゴリ、価値のレベルの両観点を図式化したため、事例と共に参考にしてほしい(図17－1)。

なお、多くのB2Bビジネスを営む企業が提供する価値について、特筆すべき点は顧客企業との間に「人」が介在する点にある。この「人」とは、つまるところ「営業担当者」のことであり、先述の「縦軸の価値のレベル」で言うと、営業担当者は顧客の課題を発見し、商品を通じて解決をする役割を担っている。すなわち、顧客に対して「意味的価値」を提供する存在であり、営業担当者のコミュニケーションが重要な価値のレバーになりうる。

また、営業担当者は自社ブランドの伝道師として、ブランドの理念や価値観を伝達する役割を担う点において、情緒的価値を提供する存在である。この点からもB2Bビジネスにおいては、営業担当者の役割が相対的に高い重要度を持っていると言えるだろう。

図17-1 B2Bビジネスの「価値の総体」

価値のカテゴリ／価値のレベル	ゲイン（付加価値）の付与	ペイン（貨幣、物理的・心理的コスト）の解消	その他
情緒	◎商品／ブランドへの愛着 ◎提供事業者の企業理念／価値観への共感 ◎自社ビジョンとの合致		
意味	◎業務生産性の向上／時間あたりの生産個数増大等 ◎付加価値の向上	◎信頼性 ◎安全性 **価値の総体**	◎リスクマネジメントによる信用の確保 ◎CSR活動を通じた社会価値の創造
機能	◎製品の性能 ◎デザイン	◎製品の価格 ◎製品の性能 ◎納期 ◎アフターフォロー	

B2Bビジネスの「セグメンテーション」と「ターゲティング」

B2Bビジネスにおける価格戦略を検討する上では、B2C事業と同様にセグメンテーションとターゲティングが重要な意味を持つ。第1部・第2章「コストと価値の関係」（P46）で触れたとおり、「価格は価値と交換される」という考え方にもとづけば、顧客がどのようなニーズやインサイトを持ち、どのようなソリューションに価値を感じるのかが肝であることは言うまでもない。ここを深いレベルで理解することはB2Bビジネスにおいても欠かせない重要な前提だ。

ターゲティングの観点においては、自社が提供する商品の価値・価値観・理念に対して共感を得られる顧客を発掘することが、LTVを最大化する上で重要なポイントだ。また、ビッグデータとAIを駆使した分析等を通じて、ターゲティングの精度ならびに営業、マーケティングプロセス全般の生産性を引きあげることも重要な課題になる。

DMUで顧客意思決定の構造を捉える

次にB2Bビジネスにおける「顧客の意思決定の構造」について解説する。この図17－2をみてほしい。この図はB2Bにおける購買の意思決定をおこなう単位を示しており、これをDMU／Decision Making Unitという。

B2Cのように家庭内において意思決定をおこなう比較的シンプルな構造とは異なり、B2Bでは複数のステークホルダーが意思決定に関与する複雑な構造を示していることがわかる。

販売側は、提案先企業のゲートキーパーと呼ばれる受付（総合受付・秘書など）をはじめとして最終的に意思決定をおこなっていただくまでに様々な「関門」が待ち受けている。ゲートキーパーを通過後、案件に関連する部門の担当者に対して提案をおこなうことになるが、担当者が抱えているニーズに見合う提案をおこなうことができれば、社内において稟議が起案される。

起案者の大半は意思決定者ではないため、最終的に意思決定をおこなうまでに複数の承認プロセスを経ることになる。販売側の営業担当者は、顧客企業の各キーパーソンの存在を把握すると共に、思考の特徴や癖なども把握することに努める必要がある。特に商談の規模が大きくなるほど、決定者が購買者ではなく経営の中核である社長や経営企画の責任者になり得るし、社長の決定が承認者である会長の一存で変更されることもある。

なお、これらの承認プロセスにおいて忘れてはならないのが決定者に影響力を与えるインフルエンサーの存在である。インフルエンサー／影響力者とは、意思決定が必要な際に決定者が意見を仰ぐ人である。つまり、技術、法務などの専門的知見や特別な利害関係を持っており、意思決定に影響力を持つ人を指す。インフルエンサーは、社内で経験値が豊富なシニアスタッフや外部のコンサルタントの場合もあるだろう。B2Bの、特にエンタープ

図17-2 DMUとして顧客を捉え、キーパーソンを特定する

Decision Making Unitの構造

★キーパーソン（決定力のある重要人物）は、決定者だけではない。影響力者の場合も想定する

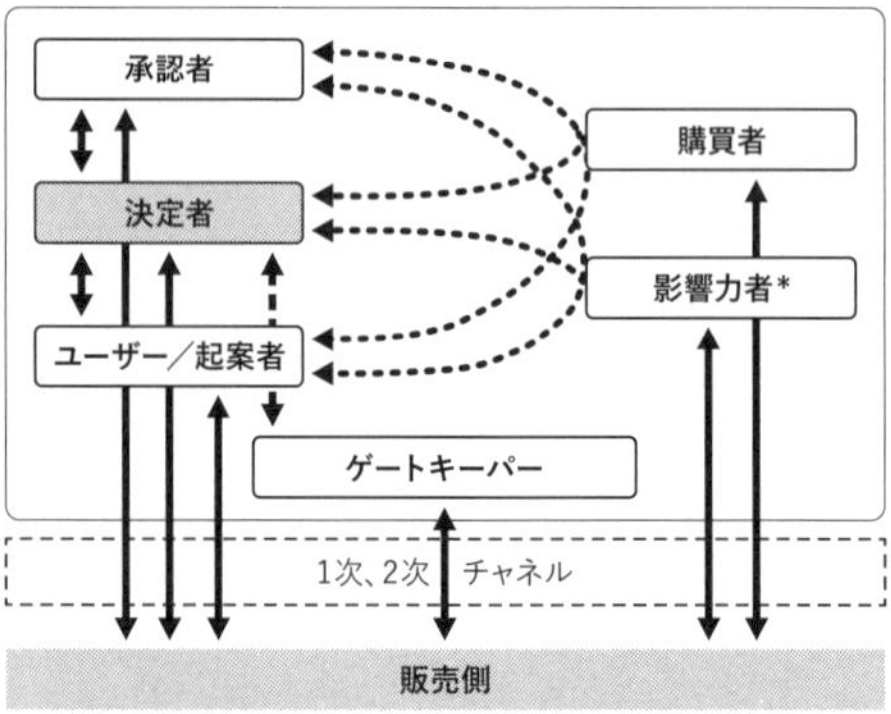

＊技術、法務など専門的な知見や、特別な利害関係を持ち、決定に影響力を持つ人

ライズ向けの商品を提供する営業担当者は、顧客の名刺の肩書だけではなく、DMUの力関係を理解することが肝要である。

ここで、筆者がこれまで様々なB2B案件に携わってきた中で、DMUの詳細な把握をおこなった結果、大規模な契約に結びついた事例を紹介する。クラウドシステムに関する営業の責任者をしていた頃、見込み顧客の契約獲得のために顧客企業のDMUについて調査を実施した。通常、「企業」の場合は組織形態がピラミッド構造となっており、意思決定者や影響力者などのDMUを構造的に把握することは、それほど難しくない。しかし、本件の見込み顧客は「学校法人」であり、一般企業にみられるような比較的わかりやすいピラミッド型の組織構造ではなかったため、DMUの構造を把握することに大変苦慮したことを覚えている。

最終的には、情報システム部門の担当者をはじめ、経営企画部門の担当者や教員の先生など、様々な方々に対してヒアリングを行なった結果、意外にも情報システムに詳しい、ある学部の教員がキーマンであることが判明した。そして影響力者への説得を重点的におこなうことで、契約に結びつけることができたのである。

提案先顧客の組織内において意外なところに影響力者が存在するようなケースがあるため、顧客とのリレーションを絶やさず、DMUの情報収集とアップデートに努めてほしい。

また、DMUに関する情報を営業担当者の脳内に留まらせずに、SFA／Sales Force AutomationやCRM／Customer Relationship Managementなどのシステムやツールを用いて組織的な管理運用をおこなうことが営業の生産性を維持、拡大する上で重要なポイントとなる。しかし、これができていない、あるいは情報の鮮度が落ちている、更新されていない、現実を反映していないなどのように、中途半端な運用となっている企業が大半である。

顧客企業のDMUが自組織内で申し送りされない状況は、顧客理解の核となる情報が途切れることを意味している。この致命的な状況を避けるためにも、組織横断的かつシステマティックな管理運用が求められることを強調したい。

サイエンスとアートで「価格支配力を強靭化させる」

本項よりB2Bビジネスにおける価格戦略の要諦を説明するが、まず、B2B企業の価格戦略におけるキーコンセプトについて、結論からお伝えしておく。それは、企業組織全体が「サイエンス」と「アート」の両輪思考を通じて、顧客企業に対する高付加価値化を実現する「価格支配力の強靭化」が重要である、ということだ。

ここでいうサイエンスとは、科学的視点に立脚したアプローチであり、キーワードとして、「分析」「論理」「理性」「客観」に軸足をおいた考え方である。一方で、アートとは、サイエンスの対極に位置づけられるもので、「総合」「直感」「感性」「主観」に軸足をおいた考え方を指す。これらは、それぞれの思考様式がいずれかに偏重することなくバランスを保つこと、あるいは両者が対立した場合においても、繰り返し比較・分析する等の反復によって新しい概念を発見し、発展させていく弁証法的な超越を実現することで高付加価値化を実現し、価格支配力を強靭化する考え方である。以下に順を追って解説する。

「サイエンス」としての価格戦略　重要ポイント1：プライシング

まず、「サイエンス」としての価格戦略を紐解く重要なポイントとして、「プライシング」「マーケティングコミュニケーション」の2つの視点から説明する。

B2Bビジネスにおいて商品の高付加価値化と価格支配力を実現している企業の共通点は何か。結論としては「独自性」と「価格を上回る価値」が要諦として挙げられるが、具体的な事例を交えながら説明する。

まず、「バリュープライシング」を実現している企業を紹介しよう。バリュープライシングとは、顧客に対して唯一無二、または希少性の高い提供価値を起点としてプライシングをおこなう戦略だ。

具体的な事例として、美容室向けにヘアケア商品等を製造・販売するミルボン、また第1部・第4章P143「第二象限　集約化・売り手市場『エントリーバリア商品』」で紹介された、センサー・測定器・画像処理機器等の製造、販売するキーエンスについて、ここではB2Bビジネスの観点から紹介する。

○バリュープライシングの事例1：ミルボンの教育と行動基準

ミルボンは1960年に鴻池一郎氏が創業した美容室向けのヘアケア商品を製造、販売する企業である。創業以来、一貫して美容室に特化したビジネスを展開しており、2022年度の営業利益率は16・7％を計上している。

ミルボンが美容室への商品提供を経てエンドユーザーに提供されるスタンダードなシャンプーの販売価格は、商品によってばらつきはあるものの一般にドラッグストア等で市販されているシャンプーの価格の数倍であり、かなり高い水準で提供されていることがわかる。

ミルボンがこうした商品の高付加価値化を提供できている理由がある。それは「ミルボンイズム」という企業哲学を土台として、美容室に寄り添いながら問題を発見、解決する「フィールドパーソン」の存在によるものだ。さらに、このフィールドパーソンがソリューションを実現するための「製品開発システム」が両輪となり、ビジネルモデルを構成している点である。ミルボンのフィールドパーソンは、課題解決型の提案営業を通じて「モノではなくコンセプトを売ること」を徹底的に教育される。つまるところ、ミルボンはストーリーを売ることによって高付加価値化を実現する。

また、ミルボンは行動基準としての「現場、傾聴、自立」を掲げている。

一見すると対立しそうな傾聴と自立の考え方だ。しかしミルボンでは現場が徹底的に顧客の生の声に傾聴し、その声を踏まえ、自社においてどうすればイノベーティブな製品開発ができるのかを自らの頭で、ここでもまた徹底的に考え抜くことを意味している。

ミルボンの高付加価値化は、顧客の目線に立ち、顧客の事業に寄り添いながら価値創造をおこなうことを通じた「シェアオブポケット」、つまり「顧客あたりの単価をあげること」が可能となる点は注目に値する。

○バリュープライシングの事例2：キーエンスの全社最適

第1部・第4章P144でキーエンスの事例が解説されているが、本項では筆者が15年以上にわたって営業・マーケティング組織のマネジメントをおこなってきた経験から、組

参考：楠木建氏によるミルボンへのインタビュー記事：https://www.foresight.ext.hitachi.co.jp/_ct/17431988

織マネジメントの観点を踏まえてキーエンスの「凄み」を考察する。

先述の通り、キーエンスの理念は「付加価値の創造により、社会に貢献する」ことだ。ただ、組織マネジメント上の本質的な凄みは、細部に渡るあらゆる事業活動において、顧客に対する最大の付加価値創造という事業目的からブレない点である。

たとえばＢＩツール*の自社開発や顧客インサイトへの徹底的にこだわった商品開発などの取り組みをはじめとして、手段を問わずに実行するのである。さらに、これらの事業活動が部門最適に陥ることなく全社最適にもとづいて仕組み化され、企業文化にまで昇華させている点は他の企業でもやすやすと真似できるものではないだろう。

仮に他の企業が営業やマーケティング、商品開発のプロセスや手法を模倣できたとしても、それは手段だけを切り取って部分的に模倣しているに過ぎない。事業目的で形成された仕組みや文化として定着しない限り、成果はもとよりアクションを持続させることさえ困難だろう。

また、他の企業では部門最適と全社最適の関係性については、部門利益と全社利益が一致せずに相反を起こす事態が多々散見される。たとえば、Ｐ１４４のキーエンスの事例で紹介した、営業がノルマ達成のために案件を隠すといった行為が、全社にとっては利益拡大につながらない場合がそうだ。組織内において比較的、独立性が高い営業組織は、特に

* BIツール：Business Intelligence Toolの略語。ERPや基幹システムによって蓄積されたデータを分析および可視化するツール。

部門最適化に陥る傾向が強いため、組織マネジメントには留意が必要だ。

では、自社組織をキーエンスのマーケティングや営業モデルに近づけるにはどうすべきだろうか。それは、先述の通り、明確に言語化された「事業目的、ならびに目的達成のための全社最適という2つを価値軸としていること」。そして「利害関係者のすべてがスピーディーに意思決定すること」が重要だろう。

一般論として、企業組織は創業時、一人の顧客や社会への価値創造を大義として、事業をスタートする。しかし成長して事業規模が拡大するにつれ、相対的に顧客視点が希薄化し、他部門とのネゴシエーションや調整などといった内向きな視点が強くなる。その結果、組織の縦割りサイロ化が進む傾向が見られることが、ままある。

しかし、キーエンスは事業や組織の規模が拡大する中でも営業やマーケティング組織をサイロ化させていない。常に明確な事業目的のもと、全社が最適を志向する習慣が文化として定着している点は学ぶべき重要なポイントだと言えよう。

以上の事例から、バリュープライシングを実現する前提として、重要なポイントは以下の点にまとめられる。

・経営が定めた事業目的や規律にもとづきマーケティング・営業活動を実践しており、かつ目的を絶対にブレない、ブレさせないこと。

・営業自ら現場に入り込み、観察や顧客企業からのインタビューなどにもとづくコミュニケーションを通じて、暗黙知・形式知の双方を共有し、ユニークな課題発見と解決に向けた提案を通じて独自性ある価値を生み出していること。

・「商品」を売らず、「意味」「コンセプト」「ストーリー」を売る、ということを徹底していること。

以上に挙げた普遍性の高い方針を明示し、企業文化として定着させつつ、顧客の動向・変化に対して鋭敏に反応し、実行する組織能力が価格支配力の強靭化を手に入れるだろう。

○B2Bビジネスの値上げで重要な5つのポイント

かつて、通信インフラサービス系の事業会社にて、自社商品の値上げによる価格改定に携わった経験がある。そのきっかけは、「高い競争力を持つ自社商品の価格が、顧客の知覚価値や対競合プライシングの観点において見合っていないのではないか」という議論が起こったことに端を発する。そして、本来の提供価値に対して割安な価格で提供されている状態にあるという判断から、価格改定を実施することになった。

価格改定にあたって重視したポイントは、次の5点である。

参考書籍：『キーエンス解剖　最強企業のメカニズム』西岡杏／日経BP（2022年）
参考書籍：『付加価値のつくりかた』田尻望／かんき出版（2022年）

1：定量・定性両面における価値の再評価と価格均衡＋αの検証
2：顧客とのコミュニケーション設計
3：価格改定によって発生する競合の動向予測
4：顧客流出想定
5：経営トップ主導によるマネジメント

結果的には期待を上回る成果をあげられたため、収益改善を実現できた。その主たる要因は先述の5つのポイントを着実かつ丁寧に実行したことにある。

また、これに加えて改定後の価格においても価値＞価格の状態であるバリュー・プラスの領域に商品を位置づけて競合優位性を確保したこと。また、価格改定と併行して、商品と他の関連商品を併用した場合に自社商品の価格を据え置く対応、つまりある条件下において顧客のペインが発生しない＝バリューを下げない方策を講じたことにある。

この事例の中で特筆すべきは、「価格改定によって、対象顧客がどのような感情の変化や反応を示すのか？」あるいは、「顧客に対してどう伝えればネガティブな感情を極力抑え、これまで通りご利用いただけるのか？」という点に対して想像力をフルに発揮し、経営トップ自らがマネジメントをおこなったことだ。価格改定と顧客とのコミュニケーションの検討プロセスに、経営トップがコミットする形で実行することは、重要な成功要因だと言えよう。

「サイエンス」としての価格戦略　重要ポイント2：マーケティングコミュニケーション

次に、前項の「サイエンスとしてのプライシング」の内容を踏まえながら、B2Bビジネスのマーケティングコミュニケーションが価格支配力に与える影響について展開する。

B2C事業と比較して、B2Bビジネスはマーケティングプロセスにおいて営業担当者が関与する場面が多く存在することは述べた。この特徴に留意しながらマーケティングプロセスの生産性を最大化するためのコミュニケーション機能のあり方を「カスタマージャーニーの設計と最適化／パーセプションフロー・モデルの考え方」「B2Bビジネスにおけるチャネル構成／インサイドセールスとカスタマーサクセスの重要性」の2点から紐解いていく。

○カスタマージャーニーの設計と最適化「パーセプションフロー・モデル」

B2Bビジネスにおけるターゲティングの重要性についてはすでに解説した。では、ターゲティングした顧客に対してどのようなカスタマージャーニーを想定することが高い生産性と成果を生み出すのだろうか。

ここにおいては、第1部・第1章P38でも紹介された、マーケティングコンサルタントである音部大輔氏が提示した『パーセプションフロー・モデル（宣伝会議）』が参考になる。音部氏はカスタマージャーニーに類似した見込み顧客とのコミュニケーションフローの概念として、消費者の行動とパーセプション／認識を起点としてメディアや媒体を設計し、そこからのPDCAを回すことで消費者の行動変容を促し、購買に結びつけることの重要性を説いている。

この考え方はB2Bビジネスでも同様に適応させ、実践することができる。まず、ターゲット顧客に対する提供価値やポジショニングを定義する。その後、ブランドに対するパーセプションの変化に対して、メディアや営業担当者によるコミュニケーションを設計し、実行することが成果の最大化につながる。

パーセプションフローの設計において重要な点は、消費者の行動とパーセプションを起点とする点にある。企業によってはマーケティング、営業といった各々の組織における達成目標を優先しがちだ。そのため、組織間の連携がうまくいかずに、結果として消費者が二の次となってしまう状況をよく耳にする。部門最適の利益を優先するのではなく、あくまでも消費者を起点とし、全社にとって最適なマーケティングプロセスの実行が重要だということは繰り返し述べてきた内容だ。

こうした部分最適に陥ってしまう罠は、実際に筆者も経験してきたことだが、マーケティング、営業組織におけるマネジメントの理解と実行力が肝であり、マネジメントの良し悪しで成否が左右されることは強く認識しておきたい。

○マーケティング・営業フォーメーション「ISとCSの重要性」

先述のとおり、B2Bビジネスでは顧客企業に対するコミュニケーションチャネル、とりわけクロージング機能として営業が関与する場合が多く存在する。

しかし、最終的に営業へ連携するまでには、認知活動を通じて見込み顧客を獲得する機能、見込み顧客の精査をおこない営業担当に渡すべきアポイントメント対象を選定するインサイドセールス機能が存在する。見込み顧客獲得、インサイドセールス、営業は各々で重要な役割を担うが、マーケティングプロセスの生産性を向上させるために注目され、重要性が高まっているのがこのインサイドセールスである。

玉石混合の見込み顧客リストが最終的に受注に至る確率は数%に満たないレベルだが、インサイドセールスは見込み顧客獲得担当から営業担当へ橋渡しをおこなうことで生産性の向上に寄与する。

株式会社WACULの代表取締役である垣内勇威氏が著した『BtoBマーケティング

の定石　なぜ営業とマーケは衝突するのか？』（日本実業出版社）によると、インサイドセールスはリード獲得担当と営業担当の間に位置し、「潤滑油」としてリストを選別する役割を担う。また、マーケティングプロセス全体のマネジメントにおいてはインサイドセールスが起点となる。そして、MAなどのツールを活用しながらプロセス全体の生産性を引きあげることが成果を最大化する上で有効である、という点は注目に値する。

昨今の消費トレンドがモノ消費からコト消費へ変化しつつある状況を受けて、サブスクリプションモデルのビジネスがB2C事業に留まらず、B2Bビジネスにおいても急激に拡大している。サブスク型のビジネスモデルの商品は買い切りではなく、1回あたりの支払額を低く設定し、一定の利用期間を経て収益化をおこなうモデルだ。そのため、いかに商品を長く使っていただくか、という「LTVの最大化」が重要なKPIとなる。

そこでLTVの最大化を実現するために重要な機能が「カスタマーサクセス」である。カスタマーサクセスとは、直訳すれば「顧客の成功」だが、丁寧にひも解くと、既に商品を購入している顧客に対して能動的に関わり「顧客の成功体験の実現」を支援する機能・プロセスを指す。その要諦を一つだけ挙げれば、「顧客や環境の変化に適応し、商品の価値を常に磨き続けること」に尽きる。

LTVを最大化するために、解約を申し出た顧客に対して特典を付与する等の取り組みを見聞きすることがあるが、この取り組みは対症療法でしかなく、商品の価値を引き上げることにならないため注意が必要だ。

B2Bビジネスにおいては、商品(ブランド)の一部でもある営業担当者が顧客企業とよりよい関係を維持し、お客様に「やめよう」と思わせない状態をつくり続けることが、LTVの最大化を実現する上で重要な課題であることを強調したい。

「共感のアート思考」が有意な差をもたらす

さて、サイエンスに対して、ここからは企業経営におけるアートの重要性を解説しよう。昨今、アメリカのビジネススクールがMFA/Master of Fine Arts:美術学修士、芸術修士を取得可能なカリキュラムを増加させている。また、欧州の大学では哲学、政治、経済が必須科目となっていることからも、その重要性が読み取れる。

これからの時代、アートがサイエンスと同様に高付加価値化を生み出すための核となると言ってもよい。これは、マーケティングプロセスにおいて、他者との共感を通じて生きている「人」の関与度が高いB2Bビジネスにおいては特に無視できない。むしろ、アート的視点の重要性の方が増してくると捉えるべきだろう。

山口周氏は、『世界のエリートはなぜ「美意識」を鍛えるのか』(光文社)という著書の中で、あらゆる商品の飽和によるコモディティティ化を背景として、私たちを取り巻く環境は「価値の源泉が利便性／機能から情緒へシフトしている」という趣旨を述べている。世の中は、役に立つこと／利便性の価値が急速にデフレ化する一方で、意味を持つこと／情緒性の価値がインフレしていく。こうした時代において、「意味＝情緒やロマン」の価値が大きく求められるようになりつつある、と説いている。

この山口氏の主張をB2Bビジネスの文脈で捉えてみる。すると、企業は自社が提供する商品／プロダクトのみならず、自社の個性としてミッション・ビジョン・バリューまでもがブランドを構成する要素の一部に組み込まれる重要性に気づくだろう。そして構築したブランドを社内に対して浸透させるインナーブランディングを通じて、顧客企業に対しても自社の価値観やカルチャーを踏まえたコミュニケーションをおこなうことが独自性を生む上で極めて重要となる。これはこれまで語ってきた「企業文化の醸成」にも大きくかかわる領域だということがご理解いただけると思う。ベンチャー企業を創業するアントレプレナーが強い志や思いを基軸として事業を創造するように、創業から年月が経った企業組織においてもこの要素の重要性は変わらない。

マイクロソフトのCEOであるサティア・ナデラは、AIが普及した社会で一番希少になるのは、「他者に共感／Empathyする力を持つ人間＝Empathetic Leader」だと述べている。「共感」を経営の柱にすると打ち出していることからも、その重要性が理解できるだろう。そして、所属する組織の事業目的である存在意義や志を個人の主観に落とし込む、つまり全従業員が志や思いを自分事化することこそが、独自性のあるブランドを構築する上で重要な役割を果たすのである。

先述のキーエンスの事例に見られるように、論理的・分析的な問題発見・解決アプローチに加えて、現場での観察やインタビュー等、他者との相互作用を通じて他者の気持ちや考え方に自らを同調させるアプローチ。そして、それによって他者経験や知識を深く理解する「共感」や「直感」を起点として知を創造する。このプロセスを通じてこそ、独自性のあるソリューションを生み出している点に学ぶことは多い。

ここで、「共感」と価値創造の意味合いについて言及したい。一橋大学の名誉教授である野中郁次郎氏は、「共感は価値創造の起点である」と説く。野中郁次郎氏は『直観の経営「共感の哲学」で読み解く動態経営論』（KADOKAWA）という著書の中で、自身が提唱した組織的知識創造モデルであるSECI／セキモデルを構成する初期フェーズの「共同化（共感などによって暗黙知を獲得するフェーズ）」について、以下のように述べている。

――

たんなる感情移入を超えて相手の立場・視点に立ち、身体知を深く共有する「他者への棲み込み（indwelling）」は、自己を超越し、新たな気づきを獲得することにつながります。

――その気づきが、固定観念や理論の打破につながるのです。

また、野中氏は『共感が未来をつくる　ソーシャルイノベーションの実践知』（千倉書房）という著書の中で、価値創造の動機として、共感が重要な意味をなすとして、以下のように述べている。

――相手の視点に立ち、意識的に本質を探っていくと、相手の不安、悩み、困りごとを解決したい、何とかしてあげたい、自分の人生をかけても「こんなに困っているなら何とかしてあげたい」という行動変容、実践に向けた心の底から湧き上がる強い動機となる。これが働く意味、生きる意味をもたらす。――

「共感」が価値創造に及ぼす影響については、野中氏によるSECIモデルをはじめとして、デザイン思考やシステム思考などにおいてもその重要性が説かれている。事例として紹介したキーエンス、ミルボンにおける価値創造のプロセスをSECIモデルを用いて紐解いてみると、現場の観察やインタビュー等を通じた「共感」を起点として新たな価値創造を実現していることがわかる。このことからも、高付加価値化を実現するためのドライバーとして「共感」が欠かせないことを認識しておく必要がある。

また、人的販売の機能を有するB2Bビジネスにおいては、営業担当者による分析や共感を通じた問題発見や問題解決力を「ブランドの一部としてビルトインする発想」は持っておきたい。これが競合との差異を生み出し、その独自性が顧客企業に認識されることで高い価格支配力をもたらすからだ。

人が商品を購買するといった意思決定をおこなう際、その判断が合理的である割合は20%だと言われている。つまり、直感や感性にもとづいて意思決定をする割合が80%を占めているのだ。これはB2C事業のみならずB2Bビジネスにおいても同様である。なぜなら、企業において意思決定をおこなうのは「人」に他ならないためだ。また、企業は未来のアクションに対する意思決定をおこなう際、常に不確実性が伴うため、合理性を100%追求することは困難である。

したがって、実際には合理性を追求しつつも、その合理性の枠を超えた社会・顧客貢献への期待と、価値観との合致性／信頼性を総合的に勘案した上で意思決定をおこなうことになる。提供者側の論理で考えると、信頼性を土台とした機能的／情緒的価値を内包したブランドを構築することが企業自体や商品の提供価値となり、顧客から選ばれるために必要な要件になる。

※ＳＥＣＩモデルについて（図17―3）

組織的知識創造プロセスであるＳＥＣＩモデルは、個人・集団・組織・社会のレベルの暗黙知と形式知の相互交換を示す集合知モデルである。ＳＥＣＩモデルは、以下の４つのフェーズからなるプロセスモデルである。図17―3において先述のミルボンの事例を紹介しているため、参考にしてほしい。

①共同化／Socialization：個人が他者との直接対面による共感や、環境との相互作用を通じて暗黙知を獲得する。

②表出化／Externalization：個人の暗黙知を対話・思索・メタファーなどを通じて、概念や図像、仮説などをつくり、集団の形式知に変換する。

③連結化／Combination：集団レベルの形

図17-3 組織的知識創造モデル／SECIモデルによる事例：ミルボン

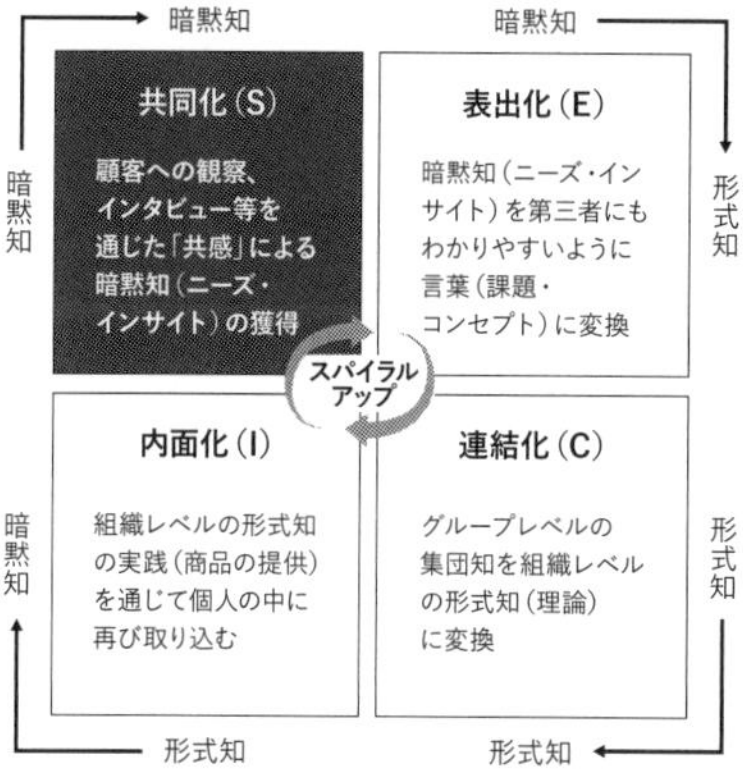

※『直観の経営「共感の哲学」で読み解く動態経営論』野中郁次郎、山口一郎／KADOKAWA（2019年）より引用、編集

式知を組み合わせて物語や理論を体系化する。

④ 内面化／Internalization：組織レベルの形式知を実践し、成果として新たな価値を生み出すとともに、新たな暗黙知として個人・集団・組織レベルのノウハウとして体得する。

①思いに共感し、②共感を概念に、③概念を理論に、そして、④理論をノウハウや知恵に変換しているプロセスを描いたのが、SECIモデルである。

模倣困難かつ有意な差をつくる「両輪思考」

ここまで、サイエンス／アートの両観点において、B2Bビジネスが高付加価値化を実現し、高い価格支配力を持つための要諦を述べてきた。改めてB2Bビジネスにおける価格支配力の要諦に考えを巡らせると、価格支配力を維持・強化するためには、模倣困難かつ有意な「差」をつくること、そして、つくり続けることがポイントとなる。

「差」は「真似されやすい差」と「真似されにくい差」にわけられるが、真似されやすい差は言語化が容易で、再現性のあるテクノロジーを代表とするサイエンスの領域にある。他方で、真似されにくいのはその逆で、言語化かつ再現が困難なストーリーや世界観をはじめとしたアートの領域である。
しかし、どちらか片方では、経営やビジネスは成立しない。模倣困難かつ有意な差をつくるためには、サイエンスに加えてアートを経営、マーケティングに取り込み、両輪思考をもって実践することが必要である。

「サイエンスか？　アートか？」

こういった二項対立で捉えるのではなく、

「サイエンスも、アートも。」

という発想に立ち、ビジネスの状況や場面をダイナミックに捉え、実践し続けることが高付加価値化、ひいては価格支配力を高めるための本質であり、第2部・第6章P252で述べた新・VUCAの時代を生き抜く上で、一層求められる考え方になるだろう。

第6部

CULTURE

仕事の作法と組織の文化

第18章 「価格戦略の責任」と「全社員マーケター文化」

菅野誠二

プライシングの責任者とプロセスは明確か？

プライシングは、企業内で軋轢を生みやすい。それは製品開発、購買、生産から販売、財務まで、すべての部門に大きな影響を直接与えるためだ。その重要なプライシングの決定プロセスにかかわる部署、そして本当の意味で明確に決定権を持つ人は誰だろうか。個人名で挙げられるだろうか？

B・アトキンとR・スキナーの調査研究*によれば価格の「最終決定権限」を持つ決定者はゼネラルマネジメントが38％、セールスまたはマーケティングマネージャーが31％、財務・経理マネージャーが5％だった。そして、なんと「不明」が21％もあったそうである。

日本で数多のクライアントに接してきた経験からすると、この不明の割合は日本企業に

*『価格戦略論』ハーマン・サイモン、ロバート・J．ドーラン／ダイヤモンド社（2002年）

おいてはもっと高いのではないかと推察する。そして、値付けに対する現場の意見、つまり営業サイドで決定される割合も高いのではないか。

ブランドを育成して価格支配力によって利益を向上させたければ、それ相応のプライシング・プロセスと責任者の任命が必要だ。

顧客中心の「全員マーケター組織」をつくる

ドラッカーは「イノベーションと企業家精神」（ダイヤモンド社）の中で「『予期せぬ成功を利用する』ことは、これほどリスクが小さく、苦労が少ないイノベーションはない」としている。

企業は偶然か、あるいは現場の機転によって思いもしなかった成功を得られることがある。しかし、こうした「予期せぬ成功」があったとしても、トップが顧客の変化に気づかず従来の売り方に固執するあまり、市場で起きた小さな変化、それによる小さな成功が伝わらず、伝わっても気に留められない。そしてそれに先に気づいた競合にその顧客を奪われる、という思考を披露している。この現場の変化、小さな成功をくみ取るにはどうしたらよいだろうか？

株式会社和僑商店では「社員が顧客レーダーになる」

第5部16章でも触れた経営者の葉葺社長が経営を司っていた中堅企業、株式会社 和僑商店の事例を、別の角度からもう一度引いてみたい。

同社は銀座のおにぎりや「銀座十石」からはじまり、麹ドリンクの「古町麹製造所」、新潟市の酒蔵「今代司酒造」、味噌蔵「越後味噌醸造」、鮭加工品の「新潟小川屋」まで、事業承継を中心に新規事業を加えて拡大してきた。和僑商店はコマーシャル・イノベーションのよい事例にあふれているのだ。

成功の鍵となるヒントは、葉葺社長のエピソードにあった。

夏に、「新潟冷汁」というごはんにのせて、冷たい水をかけて食べる出汁入りの味噌を販売しています。味噌の消費と食欲がおちる夏に、少しでも味噌をと思い開発しました。今年の夏に、一人で10個買うお客様が何人かあらわれた。売店スタッフには、「いつもと違う買われ方をしたときは必ず理由を聞くように」と伝えてあるんです。スタッフが「どなたかに差しあげるのですか？」と接客時に聞いてみると「夏にも味噌汁が飲みたくて。ただ、鍋でつくるには暑くて、お湯を注ぐだけの、この商品だと便利

なのよね。」といわれたそうで、この内容が日報で報告されたんですね。「ご飯にかけて、冷たい水をかけて食べてもらう」と想定した商品が、味噌汁として使われていたわけです。私たちは「夏に味噌汁は飲まないだろう」と決めつけていましたから、驚きでした。つくるのが暑いからいやという理由にも、簡単につくれるなら夏でも熱い味噌汁を飲む人が多いことにも驚きました。

こうした会話から「クーラーで身体が冷えてませんか？　お湯を注ぐだけで美味しい味噌汁に」というような提案が生まれて、そもそも冷汁ではなく、味噌汁としてバリエーションを増やして商品開発できないか？　という発想に展開していったんです。これは一例ですが、すべての商品でこうしたやりとりが行われています。

このエピソードも含めて葉葺社長に、どのようにしてこのようなマーケティング志向の企業文化を醸成してきたかをお尋ねした。すると、販売員・企画者全員がお客様中心に商売を考え、顧客の購買前の情報取得、店頭での購買前後の行動、購入後の想いなどを行動観察し、お話を聞き、仮説を立て、試してみるという現場づくりを進めている、という。店頭の行動分析では、気づく、興味を持つ、試す、購買という一連の流れを阻害している要因を取り除けば、物が売れだす、と仰っていた。

売店スタッフにはミーティングでさまざまな事例を教えてあげることが重要だ。お客様は店に入ると、まずどこにいくか。何を手にとっているか。どういう質問が多いのか。購買行動にパターンがあるか。など。

次にお客様の購入事前、事後の声を聴く。なぜうちの店に来ていただけたのか、なぜうちの商品を買っていただけたのか。その応答から顧客の喜びの声を発見する。

観光味噌蔵は、販売スタッフが起案した商品づくりや売場の演出を続け、コロナ禍でありながら売上が191%増という成果につながった。

売れている商品には必ず理由があるはずです。「なぜ売れているのか?」そのコアな部分を引っ張り出してくること。それが価値を見つけることだと定義しています。

会社経営はいわば「編集作業」です。我々(中小企業)は情緒的価値で勝負するしかない。機能的価値ではほかの企業とは戦えません。だから、いまある素材・資源を、いかに編集して勝負していくかをずっと考えているんです。

おにぎりの時も、酒の時も、すべて顧客の声が売上増加のアイデアにつながりました。これが大事だったんだと気づいてからは、お客さんの声を大事にするようになった。そうしてお客さんの声を大事にし続けると、表面的な「お客様の声から着想を得る」というレベルではなく、「どうすべきか?」という「あるべき店の輪郭」が明確に見えてくるようになっていきます。

さらに、ここを店頭のスタッフも大事にできるようになると、接客を通じて顧客の歓びを見出すことに目が向くようになり、企画・製造部門は顧客の歓びにどうやって応えるかという視点と機能を持ちはじめます。次第に、会社全体がとてつもない一体感を持てるようになっていきました。

やり続けるうちに、自分の仕事は「リターン業」「利他業」だと思うようになりました。「いいことやってるよね、俺たち」と自ら思えるような伝え方や、そうした循環の仕組みが大事なんです。製造も受付も企画も、自分のやっていることが喜ばれているんだ、ということがわかって、モチベーションが高まっていく。スタッフが、お客様の声を拾うことが役に立つことがわかって、結果につながって、楽しくなる。

そうすると次第に、社員自身が「顧客レーダー」になっていくんです。


越後味噌醸造には、このサイズでは珍しいくらいに座学の経営、小売業に関する勉強会を開き、現場の気づきや知識を共有する仕組みがある。

第3部第8章P286では、ユナイテッドアローズがこうした仕組みをIT／デジタルの力で実現していることを述べた。葉葺社長の話からは、中堅企業で最新のデジタルシステムがなくても同様のことが実行可能だ、ということがわかるだろう。

ネスレ日本の中核にある「全社員マーケター」の思想

ネスレ日本が、対外的に使用している「マーケティング経営」を説明する図式が図18－1である。これは通常のマーケティングの書籍でも同じような図が使われ、「マーケティング部門が全社のハブ、中核になる」と説明される。

しかし、ネスレ日本のそれは、趣が異なる。「メーカーが果たすべき機能は、消費者のニーズがどこにあり、自社の商品とサービスがお客様のどのような問題解決につながるのかを、まず考える。その上で、そのアイデアを商品づくりやサービスの開発に落とし込むのが本来の順番である」との思想から、「マーケティング思考」が中核にある。

マーケティングは、マーケティングに関わる部署だけの仕事ではない。たとえば、製造部門であれば、顧客とベンダーの関係はサプライチェーン全体の中で攻守を変えて多岐にわたる。そのため、顧客がそれぞれに抱えている問題がどこにあるかを製造部門として考えて見つけだし、その問題を解決するような製品を作ることにマーケティング思考を活かすべきだ、と考える。それによってＷｉｎ－Ｗｉｎが数珠繋がりとなり、消費者に対してより高い価値を提供できる。これがネスレ日本のマーケティングの考え方だ。

また、人事部門であれば、従業員や就活生の課題・問題点を調査・分析して、その解決策を考えて実行することで社員の働き甲斐を向上させる。これによって人的価値が高まり、顧客にもよい製品が届けやすくなる。それは、マーケティングの本質そのものだろう。

かつて、マーケティング企業として名高いHPの創業者デイヴィッド・パッカードが、「マーケティングはあまりに重要すぎて、マーケティング部門だけに任せられない。それは社員全員の問題なのだ」という名言を残している。

企業文化の礎「行動指針」をソニー、日清食品に学ぶ

かつてソニーにはソニー文化の象徴とも言える「ソニー開発18か条」*が存在した。これを提唱したのはウォークマンの開発チームを率いて大ヒットさせた大曽根幸三氏で、のちに副社長を務めた。

現役の開発者たちはその存在を一時期忘れ

図18-1 ハブや中核ではなく最上位に位置するネスレ日本のマーケティング思考

ネスレ日本の全部門におけるマーケティングの位置づけ

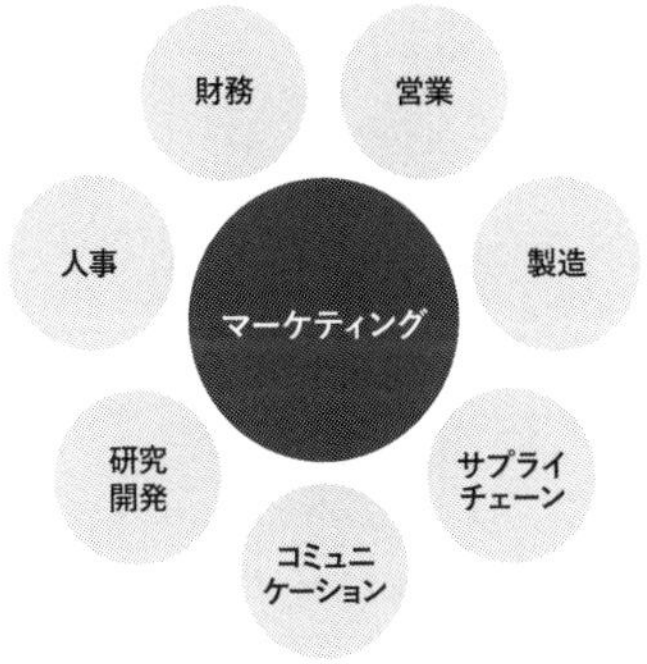

*『ソニーの法則』片山修／小学館（2006年）

去ってしまった様子で、これはイノベーション創出の能力が落ちた時期に符号している。

〈ソニー開発18か条〉

第1条：客の欲しがっているものではなく、客のためになるものをつくれ
第2条：客の目線ではなく、自分の目線でモノをつくれ
第3条：サイズやコストは可能性で決めるな。必要性・必然性で決めろ
第4条：市場は成熟しているかもしれないが、商品は成熟などしていない
第5条：できない理由はできることの証拠だ。できない理由を解決すればよい
第6条：「よいものを安く」より、「新しいものを早く」
第7条：商品の弱点を解決すると新しい市場が生まれ、利点を改良すると今ある市場が広がる
第8条：絞った知恵の量だけ、付加価値が得られる
第9条：企画の知恵に勝るコストダウンはない
第10条：後発での失敗は、再起不能と思え
第11条：ものが売れないのは高いか悪いのかのどちらかだ
第12条：新しい種（商品）は、育つ畑に蒔け
第13条：他社の動きを気にしはじめるのは、負けのはじまりだ

第14条：可能と困難は可能のうち
第15条：無謀はいけないが、多少の無理はさせろ。無理を通せば、発想が変わる
第16条：新しい技術は、必ず次の技術によって置き換わる宿命を持っている。それをまた自分の手でやってこそ技術屋冥利に尽きる。自分がやらなければ他社がやるだけのこと。商品のコストもまったく同じ
第17条：市場は調査するものではなく、創造するものだ。世界初の商品を出すのに、調査のしようがないし、調査してもあてにならない
第18条：不幸にして、意気地のない上司についたときは新しいアイディアは上司に黙って、まず、もの（プロトタイプ）をつくれ

商品企画に携わった経験がある方なら、どれも深くうなづいてしまい、自らが問い正されるような内容だ。特に第1、8、17、18条は自分自身の力量と気概を試される言葉だろう。

また、日清食品には10則という行動指針がある。これは日清食品ならではの、イノベーションを創発するものだ。１９９４年版の「01.顧客の満足のために、本物だけを全力で売れ。」「10.決断なき上司は無能と思え。社長へ直訴せよ。」は強烈だ。２０１８年版はそれを進化させており、「03.自ら創造し、他人に潰されるくらいなら、自ら破壊せよ。」「07.迷った

ら突き進め。間違ったらすぐ戻れ。」は数ある日本企業の行動指針として出色だろう。

〈日清マン10則〉　１９９４年版

01.顧客の満足のために、本物だけを全力で売れ。
02.日清食品のグランド・デザインを描け。
03.ブランド・オーナーシップを持て。
04.ファースト・エントリーを誇りとせよ。
05.常にカテゴリーＮｏ・１をめざせ。
06.実感したことを、自分の言葉でしゃべれ。
07.逃げるな。立ち向かえ。
08.不可能に挑戦し、ブレーク・スルーせよ。
09.セクショナリズムと闘え。
10.決断なき上司は無能と思え。社長へ直訴せよ。

〈日清10則〉　２０１８年版〜現在

01.ブランドオーナーシップを持て
02.ファーストエントリーとカテゴリーＮｏ・１を目指せ

03.自ら創造し、他人に潰されるくらいなら、自ら破壊せよ。
04.外部の英智を巻き込み、事業を加速させよ。
05.純粋化した組織は弱い。特異性を取り込み、変化できるものが生き残る。
06.知識と経験に胡坐をかくな。自己研鑽なき者に未来はない。
07.迷ったら突き進め。間違ったらすぐ戻れ。
08.命令で人を動かすな。説明責任を果たし、納得させよ。
09.不可能に挑戦し、ブレーク・スルーせよ。
10.仕事を楽しむのも仕事である。それが成長を加速させる。

皆さんの会社はどのような、自社ならではの行動指針をお持ちだろうか。その指針は浸透し、血肉となり、企業文化を育んでいるだろうか。

社内でマーケターを憧れのポジションにする

社内でマーケター、特にブランド・マネージャーになりたい人を増やす仕組みを持つべきだ。ある超大手企業のマーケターは仕事量が多く、驚嘆すべき長時間労働で、さまざまな部署からの「下請け屋」になっている。その責任の割には権限が低い。

おのずと各部門の優秀層が、「マーケティング部門にだけは行きたくない」と言っていて、人事ローテーション上の腰掛のようになっている。このような環境で優秀なブランド・マネージャーが育つのは難しく、マーケティングによって優れた付加価値が生まれるはずもない。

対極に位置する日清食品、資生堂、小林製薬、ネスレ、P&Gなどのように、ブランド・マネージャー制度が確立して成果をあげている企業の社内では、ブランド・マネージャーは憧れの存在だ。そう仕向けるようなインセンティブ、風土や文化が存在している。

ブランド・マネージャーの役割をはっきりさせる。そして育成する

ブランド・マネージメントの要になるブランド・マネージャーの役割を定義しよう。

図18－2のように顧客／市場を創造し、維持するという目的を達成するために、4つの経営資源を管理するもので、4つは互いに結びついている。それは「①ブランド資産」「②人、組織」「③予算・実績」に加え、①〜③を管理するために必須となる「④知識、ノウハウ、仕組み」である。なお、このダイヤモンド形の資源管理表は私のまとめ方であり、ネスレ、P&Gのものではないことをお断りしておく。
①の管理のためには、「自社ブランドの何が資源にあたるのか？」に対して定義が必要だ。

そして②と③については、予算と人材に対する権限・裁量を持たない限り、ブランド・マネージャーという肩書きだけあっても絵に描いた餅に過ぎず、ブランドによる価格支配力の創造など夢物語だ。

筆者の経験上、ブランド・マネージャー制を敷いているにもかかわらず、予算権限がまったく付与されていないがゆえに、P&L責任も曖昧な企業を数多く見てきた。また、ブランドのコアを定義したブランド憲章もなく、他国での成功の秘訣を共有価値にするための④の仕組みがない。ブランド・マネージャーを育成するには専門の高度なトレーニングプログラムが必要だが、これも存在しない。

こうした企業のために、ここからはブランド・マネージャーのあるべき役割を、果たし

図18-2 ブランド・マネージャーは目的のために経営資源を管理する

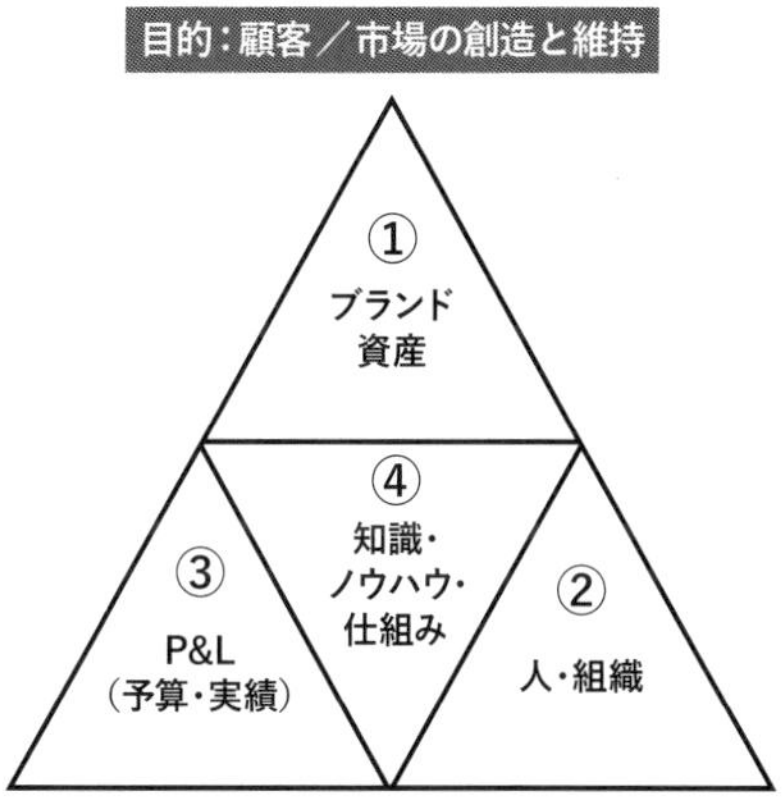

てもらうための仕組みを持ちあわせている企業を紹介しよう。

海外のブランド・マネージャー制度「P＆Gの圧倒的なカルチャーの数々」

P＆Gのニール・マッケロイが1931年にブランド・マネージャーの職務定義に関する提言メモを書いた。これが現在のブランド・マネージャー制度の端緒である。その案をP＆Gが採用して大きな躍進を果たしたことで、世界に広がった制度なのだ。

同社は多数のブランドを管理しているため、ブランド・マネージャーを中心とした組織づくりになっている。P＆Gが企業としてだけでなく、優れたマーケターを輩出している成功の鍵は、上記4要素の徹底した管理であり、特に「知識・ノウハウ・仕組み」が突出している。

○ブランド資産管理

・「ブランド・マネージャーは最小単位の経営者である」という位置づけから、未来の経営者候補であるという意識づけと風土がある

・ブランドマーケティング組織を構築する過程における「共通言語」の策定を重視し、ブランドの規定書が尊重される

○人・組織、文化の管理

・ブランドを持続的に成長させるために、ブランド・マネージャーの評価として実績50%、後任の育成（教育・指導）50%と、育成に大きな比重が置かれている
・Greater or out.「より優れた結果を出すか、さもなくば辞めるか」という文化がある。業績が達成できなければ、それが見える化されているため、会社に留まることが困難な風土がある
・PIE／パイモデルが行動規範になっている。

P：パフォーマンス／実績・結果
I：イメージ／印象
E：エクスポージャー／露出・発信

この3つをすべて実行すること。Pの基本は5段階評価で、1はトップ5%。二年連続で1が取れるとプロモーションされる。まずはパフォーマンスで1をとらなければ発言権はない。Iはどんなリーダー／マーケターになるイメージを持っているのか。Eは、Iをもとに社内でプレゼンスをアピールすることを意味する。自分の武器を見つ

け、徹底的に磨く企業文化が存在している

・現場主義を徹底させる。自宅訪問（Living it）や小売店舗で働き、徹底して現場を知ること（Working it）を徹底している

○P&L管理

・入社後、ブランド・マネージャーとして市場や消費者分析、広告プランニング、新パッケージ開発、販売促進開発、価格戦略などのプロジェクト担当を平均4年ほど経験したのち、ブランド・ディレクターとして若いうちから収益責任を負い、ブランド・マネージャーの部下を4〜5名持つ

・数字をつくるために皆が切磋琢磨して学習するカルチャーがある

○知識、ノウハウ、仕組み管理

・社内教育制度が充実している。入社後の基礎的なコーポレートトレーニングに加えて、マーケティング部門は専門教育を実施。講師はすべてP&Gの実務者で、ワークショップ形式を通じて事例をもとに自分が担当するブランドに照らしあわせて考えていく

・「Share&Reply／世界中の成功事例を共有し、再活用する」という思想がもともとあって、そこから「Innovates & Reapplies／イノベーションを起こし、再活用する」に進化

した。ゼロイチ、オリジナルで考えるのではなく、「あの国でやった、あの取り組みは、いまここでできないのか？」という発想／考え方が根強い。この文化が成功確率をあげている

- マーケティングプラン作成のフレームワークが汎用性高く、かつ実務的。「WHO／誰に－WHAT／何を－HOW／どのように」を基本とする
- 世界中のクリエイティブを紐解いたコミュニケーションアイデア、キャンペーン、クリエイティブ評価をするトレーニングを5日間実施する。成功事例をもとに、「なぜ売れたのか？」「こういうインサイトがあったのではないか？」など、リバースエンジニアリングによって成功理由を自分で整理するトレーニングだ。ゼロからインサイトを見つけるのは難しい。そこで、成功事例をパターン化することによって、自分なりの引き出しが身につく
- Key Learnings／学び重視のカルチャーがある。失敗は学びの必要条件である。失敗しても素早く要因分析をして、対策を練り、業績立て直しを図る。そこから二度と失敗しないための学びをマーケティング・レビューでプレゼンテーションをおこない、Key Learningsを組織に残せれば、咎められることはない

日本のブランド・マネージャー制度「日清食品のマーケティング・イノベーション志向で構築された組織」

日清食品は日本企業の中でも先見性があり、1990年にブランド・マネージャー制を導入した企業だ。マーケティング部にはブランド・マネージャーを中心に9グループあり、ブランド・マネージャーはブランドカンパニーのミニ社長としての役割が付与されている。彼らはバリューチェーン上の研究、開発、生産、物流、販売のプロセスに加えて、利益、品質の責任を負っている。営業や技術開発などの部門は、ブランド・マネージャーのサポート役として存在する。

徹底した社内競争が特徴で「カップヌードルをぶっつぶせ」で有名な、強烈な破壊的イノベーションを信奉している。これによってブランド・マネージャーは自ブランドの成功を社内競争のメカニズムによって鍛えられ続ける。2005年からはブランド・マネージャーは外部登用、内部公募もあり、今では30代若手の抜擢もある。

日経ビジネス（2022／5／26）による記事を引用しよう。

BMの任期中は職務等級に見合った「職務年俸」が支給される。これに業績を勘案した「業績年俸」を加算して合計の年俸が決まる。非管理職がBMに就任すると100万円単位で年俸がアップするのはざらだ。

もちろん、失敗の責任も負わなければならない。不定期開催の「解剖会議」では失敗の原因を徹底解剖。BMはまな板の上のコイとなり、「販促が足らなかった」「広告投下が少なかった」と追及される。日清食品では失敗の原因ごとにプロジェクトに与えた損失額を推定し、「BMは4000万円」「営業本部長は2000万円」といった具合で配賦する。同様に成功時の推定利益額も計算する。その合計額がBMの査定に反映され、赤字が続けば「BMの適性なし」として配置転換の憂き目を見る。

外資系企業では当然のことだが、日本企業でここまでの仕組みを実践しているのは稀である。

創業者の孫にあたる日清食品の安藤徳隆社長が「もう一つ、日清食品をつくる」と大きな期待を込めた事業が「KANZEN　MEAL／完全メシ」である。「即席麺の会社」という歴代の社長が築きあげてきた事業ドメインを創造的に破壊し、スーパーの弁当や社食メニューなど「あらゆる食」に至るまで領域拡大しようとしている。

「完全食」という概念は、技術的なハードルはともかくとして、何をもってして「完全」と言えるのかの定義が難しいため、これまで成功例が乏しい。しかし日清食品はここに挑戦しようとしている。

大企業でありながら、日清食品がベンチャーのようにチャレンジを続けるのは、創業家である安藤家がマーケティング・イノベーションのDNAを持っていることに起因する。時折、炎上することもあるが、あれだけ話題性の高いTV広告を常に世に問い続けるのは、人の感情に訴えるブランディングのためには、アート／クリエイティブの世界観が重要だと確信しているからである。

日清食品では、「なんでもおもしろくしよう！ 同じことをやるにしても面白くしよう！ 仕事が楽しいかどうかが一番大事。だから楽しい！ と、答えられるか？」という考えを、社長が率先して体現しており、それがKPIになっているようだ。

日清食品のアニュアルレポートをダウンロードすると、そのアート性に驚かされる。ぜひ一度、見てほしい（アートの重要性は第5部第17章「『共感のアート思考』が差異をもたらす」に詳述）。

CMOを活用することがマーケティング体質の組織と文化の第一歩

日本のマーケティング組織の大きな課題はCMO／最高マーケティング責任者が存在しないことだ。2013年6月に経済産業省が出したレポート「消費インテリジェンスに関する懇談会報告書*」によれば、マーケティングやブランディングを統括するCMOを配置している日本企業は米国と比べて極端に低い。日本が0・3％、米国は62％である。

2013年6月に来日したフィリップ・コトラー教授は、「フィリップ・コトラー会議2013」で、日本企業への警句を発した。

日本が衰退した8つの理由のひとつは、マーケティング部門が販売促進だけ担当させられていて、他のマーケティングミックスを任されていないため。営業傘下の一部門であることも多い。マーケティング担当者は商品ポートフォリオを決める立場になるべきなのに、これらの力を持っていないためマーケティングの本来の力を活かし切っていない。その力を持つCMOが日本でほとんど存在しないことは残念だ。米国には約3000人

*『消費インテリジェンスに関する懇談会報告書～ミクロのデフレからの脱却のために～』
https://warp.da.ndl.go.jp/info:ndljp/pid/10217941/www.meti.go.jp/press/2013/06/20130619002/20130619002-4.pdf

のCMOがいてお互いに意見交換をし、学び続けている。

残念ながら厳しい指摘であった。米国企業と比較するとマーケティングを経営の中核にする流れは、格段に遅れている。

しかし日本マーケティング学会でも、この状況に対して危機感を持っているようだ。CMOの役割を定義して推進する活動を続けており、現在では、この状況は改善しつつある。近年では資生堂、キリン、アサヒなどの大企業がマーケティングの重要性を再認識して、元外資系企業出身のトップマーケターを経営の上位層に配したり、CMOに任命することが増えてきた。この流れを止めてはいけない。

CMOは先述の「ブランド・マネージャー

図18-3 CMOの役割は全社・グローバル視点に加えてビジネス・イノベーションの検討がある

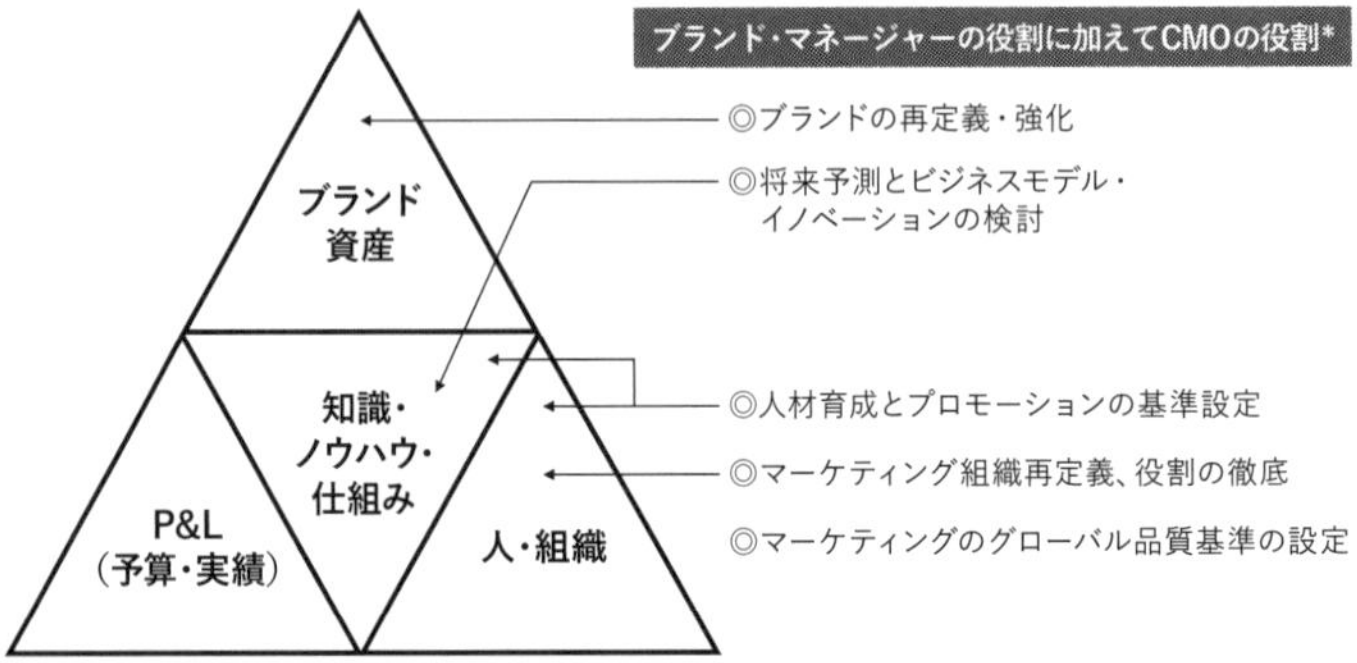

＊ 出典：P&G（元）CMOインタビュー結果（「日本企業のマーケティング」P142山下裕子）／日本企業のCMOの存在と競争力」早稲田大学 経営管理研究科 岩田栄二／日本マーケティング学会 カンファレンス・プロシーディング vol7（2018）

の役割」に加えて「ブランドの再定義・強化」「ビジネスモデル・イノベーションの創造」「グローバル品質基準の実現」を担う。インターネット、SNS、スマホの普及によって顧客接点が増加・複雑化したことで、事業部と部署の垣根を越えて顧客の購買体験を統一し、ブランドを長期目線で育成、管理する役割である（図18－3）。

あるべき権限は「予算の裁量」「ブランドの守護者」「上市の意思決定権」

日本ではCMOは比較的、新しい概念だ。そのため、社内での役割が明記されているかどうか、また、その職務を担うだけの能力・素質が十分な人材かどうかを事前に確認できていることが課題となる。中でも大きな課題は、この図18－4の「CMOの役割」にあるように、「権限」が十分に与えられているかどうかだ。

実際には組織権限が乏しいにもかかわらず、重責だけを課されて短期間のうちに任を解かれるCMOが存在する。こうしたミスマッチは、双方にとって大きな不利益をもたらす。あるべき権限は、「予算の裁量」を第一として「ブランドの守護者」としての必要条件を満たすこと。そして、「商品を上市する意思決定権」が重要である。

事業トップへ向かう登竜門としてのマーケティング部門

価格〝無〟支配力の日本企業の変革を、ずっと考え続けてきた。

その中で確信を得たことの一つが、「『ネスレのマーケティングの位置づけ』『事業部とCMOの関わり方』が日本企業の大きなヒントになるはず」ということだ。

私の実感としてP&Gのような米国系のマーケティングの仕組みと比較すると、ネスレのような欧州のブランド・マネージメントは米系と日本企業との中間に位置しており、日本の価格〝無〟支配力企業との乖離が小さい。ブランドマネージャーの信賞必罰も中間的で

図18-4 CMOは高い能力と権限付与の両輪が必要*

能力

高いマーケティング能力とリーダーシップ／ファシリテーション能力があるか

- ☑国内でのマーケティング経験あり
- ☑海外マーケティング経験あり
- ☑マーケティング統括会議を総括しているか

権限

高い組織権限を持っているか

- ☑トップがマーケティング出身か
- ☑役職が執行役員以上か
- ☑販売促進費用権限を持っているか
- ☑ブランド価値を測定しているか
- ☑上市の権限を持っているか
- ☑ブランド構築予算権限を持っているか
- ☑Mktg KPIが営業活動と連携されているか

＊ 出典：日本企業のCMOの存在と競争力」早稲田大学 経営管理研究科 岩田栄二／日本マーケティング学会 カンファレンス・プロシーディングvol7（2018）

日本企業寄りだ。よって、文化の導入が検討しやすいのではないか。そこで、ネスレ日本の組織体制の特長をご紹介したい。

ネスレ日本の特長。それは、6事業部のトップの方々が全員、マーケター出身という点にある。これは、「6つの事業本部はすべてマーケティング組織」という位置づけ、認識にあることを意味する。

それぞれの領域で、売上と利益目標を達成するビジネスプランを作成し、マーケティング活動を実践するすべての役割を担っている。各事業部長がPL管理をして、営業とコミュニケーションを取る仕組みだ。キャンペーンの主体として、たとえば広告のトーン&マナーまでも決定する。各事業部ではさまざまな専門分野に通じている人員が横串で所属する

図18-5 ネスレ日本の特徴的な組織体

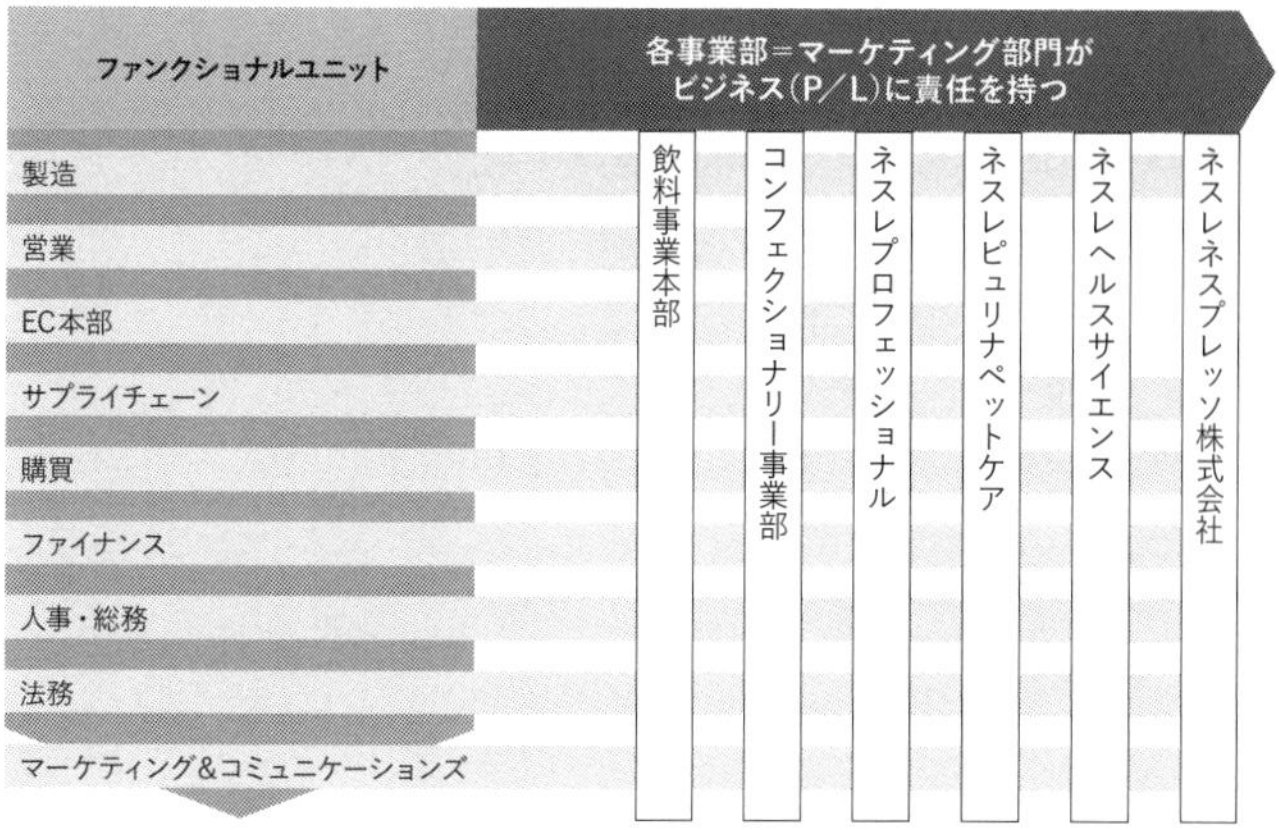

マトリクス組織体だ（図18－5）。

キャンペーンを実行する際には、CMOはコンシューマーコミュニケーションを司る。配下にメディアチーム、パッケージチーム、デジタルチーム、コールセンターが配置されており、これらを統括しつつ、CMOが横串で事業部のプロジェクトや、商品ごとのマーケティング活動をサポートするポジションを担う。

さらに、中でも重要な役割は、ブランド・ガーディアン／守護者として、ブランドが道を踏み外さないように見守ることだ。

同時に、攻めの姿勢でメディアをどう使いこなすか、どのようにコミュニケーションすべきかをサポートする形で、アクセルとブレーキを使いわける役割も担っている（図18－6）。

図18-6 ネスレ日本におけるCMOの役割

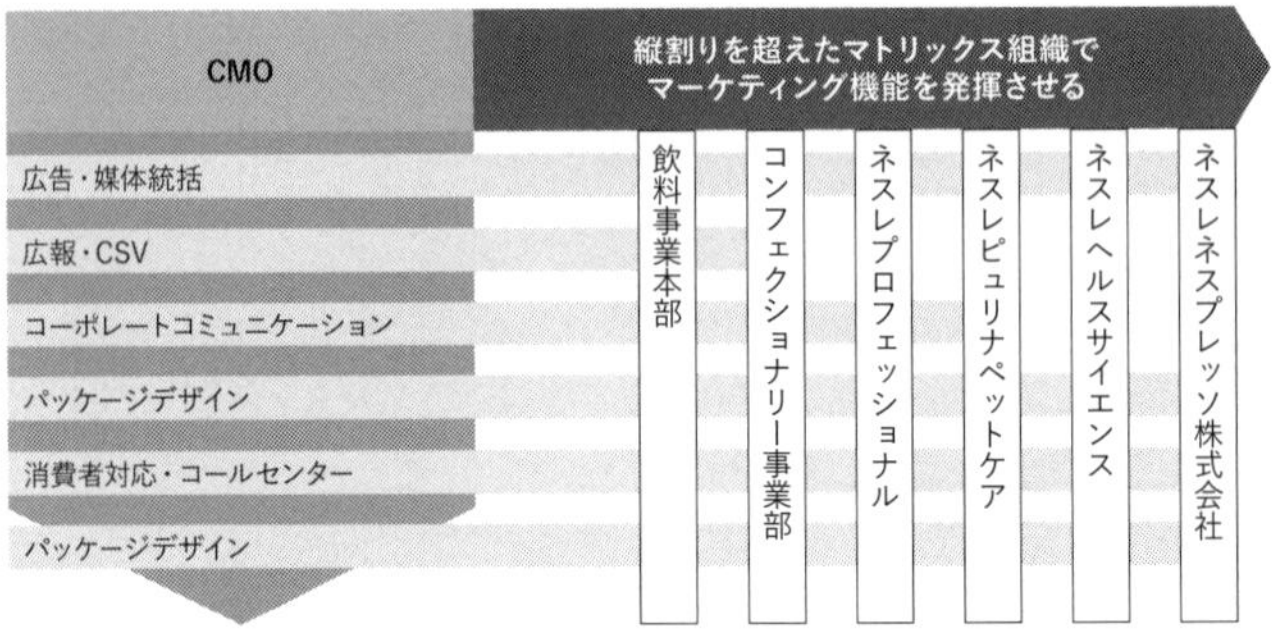

マーケティングドリブンの企業にしてブランド・マネージャー制度を持つ小林製薬・日清食品などは、事業部長や子会社の役員になるには、マーケティング経験者でなければ職責が果たしにくいという認識であると聞く。

将来、経営を担いたい若手にとっては「マーケティング部門」が登竜門になっているのだ。

チャレンジが常識となるネスレ日本の文化「イノベーションアワード」

ネスレでは保守的な文化を打破すべく、高岡前社長の肝いりで2011年から「イノベーションアワード」という社内制度を開始した。全社員が顧客を取り巻く環境、「新しい現実」を見据えて、商品企画や現場の改善を起案・実行する。

アイデア出しのみならず、うまくいくならそのまま推進させてしまい、企業成長につなげようという取り組みである。個人単位でおこなうビジネスのトレーニングであり、イノベーションの創出システム、かつ、上司もこれを目利きできるようにする仕組みとなっている。人事の評価項目にも入っており、ネスレ日本独自の取り組みである。

これによって「新しいことにチャレンジしよう」という風土が常識となり、イノベーションを生み出す企業文化の源泉となっている。最初はやらされ感満載でフィードバックもなかった。しかし、正当に評価し、さらに表彰することで、徐々に変わっていったそうだ。

２０１１年には79しかなかったアイデア応募数は、２０２１年で３４４４にまで伸長した。この取り組みの主な成功要因は、「①トップマネジメントの強いコミットメント ②全社員の参加意識 ③魅力的な賞（金賞１００万円＋スイス研修旅行） ④ビジネスへの貢献」の４つである。

実際にビジネスに発展した貢献事例としては、カフェ・インショップ（２０１２年）、焼きキットカット（２０１３年）、キットカット・ショコラトリー（２０１４年）、ネスカフェ・スタンド＠阪急電鉄（２０１６年）、獣医チャンピオンビジネスとＤＸ（２０１９年）、製造のブースターライン（２０２０年）とイノベーションアワード受賞案件が続いている。

組織的な執念が培われる小林製薬の文化「全社員提案制度」

小林製薬の企業文化の醸成には、１９８２年に導入されてから30年以上続く「全社員提案制度」が一役買っている。社員全員が「新製品」と「会社の業務改善」について、月に1つ以上提案することになっているもので、年間5万件以上のアイデアが寄せられている。アイデアが選択されると、社長から通称「ほめほめメール」で感謝の意が直接届いたり、役員との食事会が設定されたりする。提案が新製品化されると、最大で100万円の賞金が出る。

なお、新製品の提案者は、表彰されているかのように、会社の製品のホームページに開発者としてのタグがつけられる。

小林一雅 代表取締役会長は、全社員提案制度をこう評している。

提案件数は多いものの、その中から大ヒット商品が生まれてくることは期待していない。実際、大した案はめったに出てこない。

では、なぜ提案制度を続けているのか。

私が非常に大事にしているのは提案そのものよりもむしろ、提案制度を通して、「社員みんなが新製品の開発に参画しなければならない」という会社の決意を示すことだ。みんなで考えていれば、いずれ誰かがどこかで大ヒットする新製品にぶちあたるに違いない。そういう気持ちを、絶えず共有できている組織体を作り上げるために、私は提案制度を立ち上げ、維持してきた。(中略)

もちろん、アイデア会議や開発委員会も、小林製薬ならではの緊張感のなかで進められてはいる。しかし、製品開発はメーカーの最重要課題であり、花王やロート製薬、プロクター・アンド・ギャンブル（P&G）といった競合会社は、どこもかしこも力を入れている。

それなのになぜ、うちのアイデア創出が優れているのか、なぜ一歩先んじて成功できるのか。

そこにはわずかな差しかない。

それは、提案制度を通じて全社的に培われた「執念」の差だと私は思っている*。

そして同社のマーケティング部のシニアブランド・マネージャーにインタビューすると、下記のような答えが返ってきた。

> 企業文化の影響で、マーケターの面白いプレゼンには全員が集まる。学びあう風土がある。社長への決裁会議は、どういう提案とフィードバックがあるのかを全員から見ることができる貴重な機会だ。会社にCMOはいないが、社長が持っている価値観を全員が勉強する機会になっている。「社長にはこういう通し方をすると行ける」とか、「この人のコンセプトの考え方がユニーク、新しさがある」などといった具合に、お互いに学び

あっている。小林製薬独自のプレゼン文化があるので、中途で入社したマーケターがびっくりすることはよくある。でも、文化を吸収させる力があるから、中途で入ってきた人もプロパー以上に小林らしい人材になったりする。

*『小林製薬の強みはダジャレじゃない、「ニッチ・わかりやすさ・執念」だ』DIAMOND online：https://diamond.jp/articles/-/200928

第19章

マーケティングは「トップの覚悟」で決まる

菅野誠二

貴社のトップは、ビジョナリーか？

大手の戦略コンサルタントファーム、数多くの外資系企業のブランド・マネージャー、経営企画のマネージャー、日本企業と外資の合弁子会社で役員を経験した方と、日本の価格〝無〟支配力企業の状況に関して意見交換をおこなった。

現状に関する、彼女の見立ては明快だった。

細かいことをトップが気にしすぎではないか、と感じることが往々にして起こっている。

いま勤務している外資系企業の本社トップはとてもビジョナリー（その企業は世界中で急成長し、かつ価格支配力がある）。「このあたりはちゃんとしないとだめじゃないか」と思って指摘することもままあるが、その指摘に対しては、「そんなことはどうでもいい。5年後にこうすると考えている時に、そんなところは気にする必要はない。もっとあとでいい。」と言われる。
日本企業のトップは細かいところまで知っていることが仇になり、心配になって重箱の隅をつついたり、気弱になりがちなのでは。もし、うまくいかなかったら、あとから何とかすればいいというメンタリティが、海外企業には総じてあるように思う。ビジョンさえ決めてしまえば、多少は雑な部分があっても大丈夫なのだが……。

彼女は経歴上、国内・海外の企業の在り方をフラットに、かつそれぞれに深いレベルまで体験しており、背景を踏まえたその発言は非常に納得できた。

価格支配力を創造する成果は「トップの肝の据わり方」で決まる

私のクライアント企業が当時、低い利益体質を克服するために、過去の赤字プロジェクトの原因を調査・分析して、新しい価格戦略の方針を打ち出した。

トップ自らが「プライシングを利益志向にする。闇雲にトップラインは追わない」という宣言をしたのだ。その上で営業現場に対しては「これからは受注金額を追うのはやめて、営業の前線から利益志向になってほしい。営業の業績評価も利益志向に変更する」という号令を下した。

営業にとって、値上げは困難な仕事だ。顧客から露骨に嫌な顔をされるし、失注すれば上司から叱咤をされることもある。それでも何とか1年間、その新・営業戦略を実行し続けた結果として、売上は大きく減退し、工場の稼働率にも大きな影響が出た。しばらくすると、「ある程度の値引きはやむを得ない」という雰囲気がどこからともなく出現し、いつしか価格ポリシーは元の木阿弥になっていった。

顧客からすれば、軋轢を感じながら値上げ交渉に対応したにもかかわらず、最終的には「強く出れば折れる企業」という印象を残してしまった。律儀に値上げを説いていた営業は立場をなくし、現場は混乱して士気は低下した。ここで伝えたいのは、「戦略的で大胆なプライシングには、トップのコミットメントが不可欠である」ということだ。

さて、日本製鉄という日本を代表する大企業が、旧弊を脱して価格支配力を確保した成功事例をここで紹介しよう。

2022年、日本製鉄は大赤字からV字回復して、直近で過去最高益を更新した。13代目社長 橋本英二氏がリーダーシップを発揮し、生産合理化と並んで抜本的な鋼材値上げによって達成した。具体的には30年もの間「ひも付き」と呼ばれる特定の大口顧客向けの安売りを常態化させた慣習や、出荷した後に価格を「後決め」するという理不尽な慣行を止めたのだ。この一見通常の商取引では異常とも見える慣行が、橋本社長以前には打破できなかったのである。日経ビジネスの取材*によれば、

収支管理が困難になる出荷後の価格の「後決め」を、日鉄は21年、この慣習をたたき壊し先決めに変更した。例えば4～9月期の価格だと2～3月に鉄鉱石や石炭の市況見通しを予測。それに従ってコストを算定し、価格に落とし込む。仮に見通しを実際の市況が上回れば、10月～翌年3月期にそのコスト増加分も含め買い手と交渉できるなど、価格主導権を確立した。

トヨタに向かっても社長が矢面に立って「値上げなくして供給なし」というメッセージを送り、関係悪化も辞さなかった。その成果が出た形である。

――トヨタが部品会社に供給する価格を22年度下期は上期よりも1トン当たり4万円と2～

*『トヨタがのんだ大幅値上げ　負け犬体質変えた日本製鉄の改革』日経ビジネス／2022.11.18：https://business.nikkei.com/atcl/NBD/19/special/01280/
（2022年11月21日号10～17ページより）

3割引き上げることで合意した。半期ベースでは橋本体制になって以降の2万円程度の引き上げ幅を上回り、現在の値決め方式になった10年度以降、最大の上げ幅になった。副社長の森は直近の最高益を「収益体質が着実に強化されている証し」と誇る。直近の時価総額は約2兆900億円と橋本の就任時から約1700億円増えた。

価格支配力による顧客価値創造プライシングを実行して利益を得るには、強固な意志を伴ったマネジメントと、それを実行する組織力が欠かせない。

ここでコトラーの日本経営者への激励メッセージ*を紹介する。

CEOは企業成功の要です。何と言っても企業のトップにいるわけですから。だからといって、マーケティングをわかっているとは限りません。実際に、財務畑や法務畑からCEOになる方も少なくありません。

そこで、お聞きしたいのですが、一人残らず財務畑の人からなる社会と、一人残らずマーケティング畑の人からなる社会があるとします。どちらを選びますか？

（中略）リスクを引き受ける案件について、財務畑の人なら多くについて「できません」と一蹴せざるをえないでしょう。結果として見れば、成長の機会は摘まれてしまうでしょう。それもあって、私はCEO向けのマーケティング・プログラムが大切だと考えてい

*博報堂WEBマガジン　センタードット『P.コトラーが問う。日本企業は、創造への 情熱を失っていないか。』https://www.hakuhodo.co.jp/magazine/52489/

るのです。

まず言えるのは、CEOにもっとマーケティングを前向きに学んでほしいということですね。それにも増して重要なのが情熱と志です。

優れたCEOにはあらゆる人々の生活を高めたいという志があります。同時に、何としてでも志を実現するだけの情熱も兼ね備えているものですから。


価格支配力創造に長けた企業にはいくつかの共通項がある。

一つ目の類型は、資本による支配はなくとも、いわゆるオーナー系の企業が多いということだ。創業者のマーケティング能力が高く、創業のスピリッツが浸透し企業人として破壊的なアイデアで新市場を創造して、高付加価値を確保している。そしてそれだけに留まらず、その後継者が、「これまでの弛まぬイノベーションの軌跡＝破壊と創造を繰り返すDNAを企業文化に練りこんでいる」ということである。キーエンス、小林製薬、アパホテル、スノーピーク、日清食品などがこれに当てはまることは、これまでの内容からもご理解いただけると思う。

二つ目の類型としては、大企業になったあとに経営危機に直面し、社会から存続の是非を問われるような関門を超えるために自社の社会的な価値まで遡って問い直し、イノベーション志向の企業に生まれ変わった、ソニーや日立製作所の事例がある。

ここで筆者が問いたいのは、「危機に直面しなければ、目が覚めないのか？」ということだ。ネスレやP&Gのように社歴が長いにもかかわらず、「イノベーション志向」と「企業文化の醸成」を通じた「価格支配力を生み出すマーケティング戦略の実現」に成功している企業の仕組みは、大いに参考になるはずだ。

コトラーが言うように、日本企業は創造／イノベーションへの情熱を失ってはならない。これは筆者の強い想いでもある。

本書が、そのための希望の書となることを願っている。

おわりに

価格支配力という言葉に出会ったときに、「これこそが多くの日本企業に必要な能力なのではないか」と直感した。この概念をなんとしてでも普及させ、その創造の方法論を提示することによって、お客様の満足と付加価値を企業と分かち合うマーケティングを実現したい。そして、その概念を多くのマーケターと討議したいと、強く思った。さらに、それが今後のマーケター養成に繋がるとしたら、望外の喜びである。

今回、弊社のコンサルタントである千葉尚志、松岡泰之と、ＢＢＴ大学でゼミ指導を長年お手伝い頂いてきた仲間、村田真之助氏、川﨑稔氏に執筆をお手伝いいただいたことは、本当にありがたかった。

改訂版の出版のお話を頂戴して、書名を決定する会議では強烈なインパクトを頂いたクロスメディア・パブリッシングの小早川幸一郎社長、字数制限を遵守しない執筆者へ常に丁寧な筆を入れ続けていただいた編集者 金子樹実明氏には、心から感謝申し上げたい。

そして、執筆のための取材に快く応じていただいた多くのマーケターの方々に、最後に深く感謝の意を表したい。皆さんと討議した時の深い啓示と、湧き上がった高揚感を忘れることはできない。この本に関係していただいた皆様。本当にありがとうございました。

菅野誠二

本書は私にとって、アカデミアに主軸を移した契機での書籍刊行でした。折良く先般、再来年開学予定のZEN大学（仮称）（設置構想中）で教員を務める予定も発表されたと共に、非理系・非エンジニアに向けてビジネスを数学的に捉えていく思考方法の変革、併せてビジネス・コミットメントの変更などへの対処法を説いた上梓準備中の書籍の前段として、ブランド・マーケティングでの調査と各種オペレーションをデータサイエンス隆盛下でのパラダイムシフトの潮流に合致させる指南法として説き著すことができた。共著というマネジメントの難しい書籍出版を完遂できるにあたり、編集部 金子氏に大いに感謝したい。

千葉尚志

今こそ、ゼロベース思考。この変化の時代、既存ビジネスの因習に囚われず、貴社事業、そして読者の皆様のキャリアの可能性を、未来に向けて無限に解き放っていただきたいと心から願って筆を執りました。ありがとうございました。

松岡泰之

企業でマネジメントに携わる中で、マーケティングの重要性を日増しに強く感じていた最中に執筆のお話をいただき、日本の企業に微力ながらお役に立てればと思い、筆を執らせていただきました。今回、執筆の機会をいただいたBBT大学の菅野誠二先生をはじめ、共同執筆者のみなさまとの議論・やり取りは刺激的で多くの学びにつながりました。ありがとうございました。

村田真之助

最初に菅野先生から共同執筆のお話をいただいたときは、「面白そうだな」と思っていただけでしたが、他の執筆者と議論を重ねて原稿を読み進めるうちに、とても重要な本になると実感しました。よい経験をありがとうございました。

川﨑稔

［著者略歴］

菅野誠二（かんの・せいじ）

ボナ・ヴィータ代表取締役　ビジネス・ブレークスルー大学教授（マーケティング）、経団連事業サービス主催のグリーンフォーラム講師、イントレプレナー（社内起業家）養成講座の監修、講師

早稲田大学法学部卒、IMD経営大学院修了（MBA）。ネスレ日本株式会社にて営業・ブランディングの経験を経て、マッキンゼー＆カンパニーにて経営コンサルタントとして数々の一部上場企業のプロジェクトを担当。のちにブエナ・ビスタ（ウォルト・ディズニー・カンパニー ビデオ部門）でマーケティングディレクターを務めた。ボナ・ヴィータを設立、コンサルティングによる企業の戦略立案とアクションラーニングを通じた企業変革に関わっている。

著書に『外資系コンサルのプレゼンテーション術』（東洋経済新報社）、『プロフェッショナル シンキング』（東洋経済新報社／大前研一［監修］、BBT大学［編］、共著）、『値上げのためのマーケティング戦略』（クロスメディア・パブリッシング）、訳書に『マッキンゼー流 プレゼンテーションの技術』（東洋経済新報社）等。

https://www.buonavita.co.jp/

千葉尚志（ちば・たかし）

ボナ・ヴィータパートナー・コンサルタント　慶應義塾大学大学院特任准教授　2025年開学予定のZEN大学（仮称）（設置構想中）で准教授就任予定

東京大学理学部卒、東京大学大学院物理学専攻修了、博士（理学）、専門は宇宙論。マッキンゼー＆カンパニーを経て経営・ブランドマーケティング・データ解析系コンサルティングファームにて新規サービス・クライアント事業の創成などを担当。ネットレイティングス（現ニールセン・デジタル）の社長時代以降、米仏のデータサイエンス企業との協働指揮、データ解析領域の新サービス創出、それらを日本・アジア市場で展開することの指揮を執った。現在、学生による企業コンサルティング実践、数理統計未就学の経営／管理者層向けデータサイエンス教程の開発・教示を中心に活動。

著書に『図解でわかるブランドマーケティング』（日本能率協会マネジメントセンター）、『ブランドリスクマネジメント』（金融財政事情研究会）等。寄稿も多数。

松岡泰之（まつおか・やすゆき）

ボナ・ヴィータ戦略コンサルタント　インフレア代表取締役　一般社団法人はりまのこ副代表　NPO法人ひとまちあーと副代表　経団連「ポストコロナの未来シナリオと事業戦略」監修・講師

東京大学理学部卒。東芝を経て脱サラ後、劇団HIROZ設立、エイベックスよりメジャーデビュー。総勢100名を超える劇団員をまとめあげ、地域密着型の専用劇場を全国展開。２社のコンサルティング企業を経て2016年に独立、2018年ボナ・ヴィータ参画。2021年インフレアを設立。経営・事業・マーケティング戦略、組織マネジメントやリーダーシップなどのプロジェクトを企業規模を問わず幅広く提供している。

村田真之助（むらた・しんのすけ）

筑波大学卒、ビジネス・ブレークスルー大学大学院修了（MBA）。NTT東日本、通信インフラ系事業者の営業・マーケティング担当執行役員を経て、現在はソニーグループの通信事業者でマーケティング・営業部門のマネジメントに従事。ビジネス・ブレークスルー大学において、マーケティング・ビジネスプラン関連科目のラーニングアドバイザーとして活躍している。

川﨑稔（かわさき・みのる）

ビジネス・ブレークスルー大学「コンセプトメイキング」講師　全国通訳案内士　国際広告賞ADSTARS2012審査員
法政大学文学部卒、ビジネス・ブレークスルー大学大学院 経営学研究科 グローバリゼーション専攻修了（MBA）。国内／外資系広告代理店でクリエイティブディレクターとしてＣＭや新聞・雑誌広告、Webコンテンツ開発などを手がける。2013年に広告・マーケティング関連業務、翻訳・通訳を行う会社を設立。現在、ビジネス・ブレークスルー大学大学院の卒業生とともに様々なプロジェクトを手がけている。著書に広告関連の翻訳書・ビジネス関連書・児童書など多数。

本文デザイン
都井美穂子

DTP
荒好見・内山瑠希乃

図版制作
長田周平・城匡史・三重野愛梨

校正
RUHIA

価格《か》格《かく》支《し》配《はい》力《りょく》とマーケティング

2023年7月1日　　初版発行

著　者　　菅野誠二／千葉尚志／松岡泰之／村田真之助／川﨑稔

発行者　　小早川幸一郎

発　行　　株式会社クロスメディア・パブリッシング
〒151-0051 東京都渋谷区千駄ヶ谷4-20-3 東栄神宮外苑ビル
https://www.cm-publishing.co.jp
◎本の内容に関するお問い合わせ先：TEL(03) 5413-3140／FAX(03) 5413-3141

発　売　　株式会社インプレス
〒101-0051 東京都千代田区神田神保町一丁目105番地
◎乱丁本・落丁本などのお問い合わせ先：FAX(03) 6837-5023
service@impress.co.jp
※古書店で購入されたものについてはお取り替えできません

印刷・製本　　中央精版印刷株式会社

ISBN978-4-295-40846-8　　C2034